U0572945

本书系国家社科基金项目
"生态文明入宪研究"（项目号：19BFX158）的结项成果

西南政法大学新时代法学理论研究丛书

The Chinese Construction of
Constitutional Ecological Civilization

宪法生态文明的
中国建构

张 震 著

社会科学文献出版社
SOCIAL SCIENCES ACADEMIC PRESS (CHINA)

西南政法大学新时代法学理论研究丛书
编辑委员会

主　　任：樊　伟　林　维

副 主 任：李　燕

委　　员：刘　革　　赵　骏　　张晓君　　周尚君　　王怀勇
　　　　　胡尔贵　　石经海　　张　力　　张吉喜　　张　震
　　　　　陈　伟　　陈如超　　赵　吟　　段文波　　徐以祥
　　　　　黄　忠

主　　编：林　维

执行主编：李　燕　　周尚君　　张　震

总　序

党的二十大报告指出，"深入实施马克思主义理论研究和建设工程，加快构建中国特色哲学社会科学学科体系、学术体系、话语体系，培育壮大哲学社会科学人才队伍"。哲学社会科学是推动历史发展和社会进步的重要力量。习近平总书记在哲学社会科学工作座谈会上的讲话谈道："人类社会每一次重大跃进，人类文明每一次重大发展，都离不开哲学社会科学的知识变革和思想先导。"法学学科作为哲学社会科学的重要组成部分，承担着培养法治人才、产出法学成果、服务经济社会发展的重要职责。法学学科建设离不开法学理论研究的高质量发展。中共中央办公厅、国务院办公厅《关于加强新时代法学教育和法学理论研究的意见》提出要"创新发展法学理论研究体系"，这是新时代对法学理论研究工作提出的要求，也是广大法学工作者投身理论研究事业的使命。

作为新中国最早建立的高等政法学府之一、全国法学教育研究重镇的西南政法大学，自 1950 年成立以来，一直将法学理论研究作为事业发展基础，并取得了丰硕的研究成果。法学理论研究是推动中国法学教育发展的事业，是服务中国法治实践的事业，也是丰富中国特色哲学社会科学体系建设的事业。在党中央、国务院的坚强领导下，尤其是党的二十大以来，西南政法大学始终坚持以习近平新时代中国特色社会主义思想为指导，深入贯彻党的二十大精神和党中央决策部署，深学笃用习近平法治思想、总体国家安全观，全面贯彻党的教育方针，坚持扎根重庆、服务全国、放眼世界，坚持立德树人、德法兼修，发挥法学特色优势，不断健全科研组织、壮大科研队伍，通过各个学院和各大研究机构团结带领本校科研骨干围绕中心、服务大局，在实施全面依法治国战略、新时代人才强国战略、创新驱动发展战略等方面持续做出西政贡献。

为深入贯彻党的二十大精神和习近平总书记在哲学社会科学工作座谈会上的重要讲话精神，具体落实中办、国办《关于加强新时代法学教育和法学理论研究的意见》要求，西南政法大学组织动员本校法学科研优秀骨干，发挥法学专家群体智慧和专业优势，编撰出版了"西南政法大学新时代法学理论研究丛书"。这套丛书具有四个鲜明特点：一是，自觉坚持把对习近平法治思想的研究阐释作为首要任务，加强对习近平法治思想的原创性概念、判断、范畴、理论的研究，加强对习近平法治思想重大意义、核心要义、丰富内涵和实践要求的研究；二是，紧紧围绕新时代全面依法治国实践，切实加强扎根中国文化、立足中国国情、解决中国问题的法学理论研究，总结提炼中国特色社会主义法治具有主体性、原创性、标识性的概念、观点、理论，构建中国自主的法学知识体系；三是，着力推动中华优秀传统法律文化创造性转化、创新性发展；四是，注重加强外国法与比较法研究，合理借鉴国外有益经验，服务推进全面依法治国实践。

出版这套丛书，希望能够为中国自主法学知识体系建设贡献西政智慧、西政方案、西政力量。2016 年 5 月 17 日，习近平总书记在哲学社会科学工作座谈会上指出："一个没有发达的自然科学的国家不可能走在世界前列，一个没有繁荣的哲学社会科学的国家也不可能走在世界前列。坚持和发展中国特色社会主义，需要不断在实践和理论上进行探索、用发展着的理论指导发展着的实践。在这个过程中，哲学社会科学具有不可替代的重要地位，哲学社会科学工作者具有不可替代的重要作用。"2022 年 4 月 25 日，习近平总书记在考察中国人民大学时深刻指出："加快构建中国特色哲学社会科学，归根结底是建构中国自主的知识体系。"这一重要论断深刻说明，对于构建中国特色哲学社会科学来说，建构中国自主知识体系既是根本基础又是必由之路。法学是哲学社会科学的重要支撑学科，是经世济民、治国安邦的大学问。西政是全国学生规模最大、培养法治人才最多的高等政法学府，师资队伍庞大、学科专业门类齐全，有条件、有义务、有使命走在中国自主法学知识体系建设的第一理论方阵。

是为序。

林　维

2024 年 7 月

目　录

中编　生态文明规范体系的分层协同实施机制

下编　生态文明建设迈上新台阶的中国式法治进路

导　论

一　生态文明的基本意涵

探讨生态文明的基本意涵，首先有必要阐明"生态"的含义。从概念上看，生态是指生物在一定的自然环境下生存和发展的状态。[①] 生态与环境的概念既有联系，又有区别。环境是指周围地方的情况和条件。只有在环境保护这个语词中，才有我们讲的环保的意涵。[②] 环境强调以人类生存发展为中心的外部因素，体现为为人类社会的生产和生活提供的广泛空间、充裕资源和必要条件。生态则具有更为综合性、包容性、开放性的蕴涵，其更为强调多重环境要素之间的和谐共生关系：既关注环境要素与其他要素之间的外部关系，也重视各环境要素之间的内部协调性；因而生态较之于环境，表现为一个更高层阶的事物认知体系。[③] 因此，就一般意义而言，相比环境概念，生态的针对性、限定性以及生存和发展意涵，更能直接满足生态环境保护及生态文明建设的原意。

所谓生态文明，"是一种后现代的后工业文明，是人类迄今为止最高的文明形态，是人类文明在全球化和信息化条件下的转型和升华"[④]。长达300多年的工业文明虽然为人类带来了巨大的物质财富，但在工业化进程中人类往往将肆意开垦资源和破坏环境作为代价来满足日益增长的物质需

---

①　《现代汉语词典》（第5版），商务印书馆2005年版，第1220页。
②　《现代汉语词典》（第5版），商务印书馆2005年版，第594页。
③　张震：《生态文明入宪及其体系性宪法功能》，《当代法学》2018年第6期，第50~59页。
④　俞可平：《科学发展观与生态文明》，《马克思主义与现实》2005年第4期，第4页。

要；因而在全球各地都出现了各种各样的生态环境问题，给人的生存带来了严重威胁。人们为了解决生存危机，不断批判和反思人类中心主义思想，并迫切需要一种新形式的文明来指导生活，于是以生态主义为核心的生态文明诞生。从生态文明的本质属性和构成关系来看，生态文明是指人类为建设美好生态环境，在尊重自然和遵循自然规律的基础上，以人、自然、社会三者的和谐发展、共生共荣为核心理念，建立可持续生存和永续发展的物质成果、精神成果和制度成果的总和。"一般而言，生态文明至少包含三个层面，即生态意识文明、生态制度文明、生态行为文明。"① 生态文明强调人面对生态的自觉与自律，强调人与生态之间的相互依存、相互促进、共处共融，既追求人与自然的和谐共生，也追求人与人之间的和谐相处，而且人与人的和谐相处是人与自然和谐共生的前提。从人类文明发展的历史阶段来看，生态文明是一个新的阶段，是继工业文明之后全新的文明形态。生态文明是人类在工业文明已经取得成果的基础上对包括原始文明、农业文明、工业文明在内的传统文明形态进行系统深刻反思的成果，是人类文明的基本理念、发展道路和发展模式的重大提升，也是人类文明发展的历史趋势。

生态兴则文明兴，生态好才能文明旺，国家美才能事业昌。习近平总书记指出："走向生态文明新时代，建设美丽中国，是实现中华民族伟大复兴的中国梦的重要内容。"② 中国梦强调对中华民族5000多年悠久文明的历史传承，这种理念寓意着当代中国生态文明建设必须复归和发展"道法自然""天人合一"等中华传统生态智慧和思想。近代170多年来，为探寻中国梦，中华民族创造了从列强横行到赢得独立解放、从百废待兴再到中国特色社会主义建设创造出经济快速发展和社会长期稳定"两大奇迹"的非凡历史。这种理念要求我们深切感受因饱受屈辱、久经战乱、满目疮痍、山河破碎而导致的中华传统生态思想的历史断裂和历史阵痛，要求我们淡定而理性地看待当代中国生态文明建设的曲折性、复杂性和艰

---

① 王旭烽主编《生态文化辞典》，江西人民出版社2012年版，第139~140页。

② 中共中央文献研究室编《习近平关于实现中华民族伟大复兴的中国梦论述摘编》，中央文献出版社2013年版，第8页。

难性。① 今天，实现中华民族伟大复兴中国梦把生态文明建设作为其梦想照进现实的重要内容，昭示一个以尊重自然、顺应自然、保护自然为文明传统的中华民族伟大复兴。

党的十八大以来，以习近平同志为核心的党中央在推进新时代中国特色社会主义伟大事业、开辟中国式现代化建设新天地、创造人类文明新形态的历史征程中，以前所未有的力度抓生态文明建设，谋划开展了一系列根本性、开创性、长远性工作，特别是把生态文明建设与经济建设、政治建设、文化建设、社会建设纳入"五位一体"总体布局，推动生态文明与物质文明、政治文明、精神文明、社会文明"五个文明"协调发展，我国生态文明建设发生历史性、转折性、全局性变化，创造了举世瞩目的生态奇迹和绿色发展奇迹。2013 年 11 月，党的十八届三中全会提出要建立系统完整的生态文明制度体系。中共中央、国务院于 2015 年 4 月、9 月印发《关于加快推进生态文明建设的意见》和《生态文明体制改革总体方案》，2018 年 6 月和 2021 年 11 月印发《关于全面加强生态环境保护 坚决打好污染防治攻坚战的意见》和《关于深入打好污染防治攻坚战的意见》，2021 年 9 月印发《关于完整准确全面贯彻新发展理念做好碳达峰碳中和工作的意见》，2023 年 12 月印发《关于全面推进美丽中国建设的意见》，2024 年 7 月印发《关于加快经济社会发展全面绿色转型的意见》……有关部门在城乡建设、绿色发展、国家公园、生态环境监测、河（湖）长制、生态保护红线、生态保护补偿、生态产品价值实现、碳足迹、碳交易、生态环境保护督察等领域印发了专项改革文件，全面、均衡地推进生态文明体制改革。一系列配套制度相继出台，数十项改革方案接连实施。聚焦健全自然资源资产产权制度、建立空间规划体系、健全资源有偿使用和生态补偿制度等八大类制度体系建设，生态文明体制改革全面发力，为护佑绿水青山筑牢根基。

2017 年 10 月，党的十九大历史性地将"美丽"二字写入社会主义现

---

① 潘家华等：《生态文明建设的理论构建与实践探索》，中国社会科学出版社 2019 年版，第 23 页。

代化强国目标，提出"人与自然和谐共生"的基本方略，并作出具体要
求：必须树立和践行绿水青山就是金山银山的理念，坚持节约资源和保护
环境的基本国策，像对待生命一样对待生态环境，统筹山水林田湖草系统
治理，实行最严格的生态环境保护制度，形成绿色发展方式和生活方式，
坚定走生产发展、生活富裕、生态良好的文明发展道路，建设美丽中国，
为人民创造良好生产生活环境，为全球生态安全作出贡献。① 2022 年 10
月，习近平总书记在党的二十大报告中强调：中国式现代化是人与自然和
谐共生的现代化；尊重自然、顺应自然、保护自然，是全面建设社会主义
现代化国家的内在要求；必须牢固树立和践行绿水青山就是金山银山的理
念，站在人与自然和谐共生的高度谋划发展。② 2023 年 7 月，习近平总书
记在全国生态环境保护大会上的重要讲话指出：我国经济社会发展已进入
加快绿色化、低碳化的高质量发展阶段，生态文明建设仍处于压力叠加、
负重前行的关键期；必须以更高站位、更宽视野、更大力度来谋划和推进
新征程生态环境保护工作，谱写新时代生态文明建设新篇章。③ 2024 年 3
月 6 日，习近平总书记在看望参加全国政协十四届二次会议的民革、科技
界、环境资源界委员并参加联组会时强调：要守牢国土空间开发保护底
线，完善生态环境分区管控体系，夯实高质量发展的生态基础；全面准确
落实精准治污、科学治污、依法治污方针，推动经济社会发展绿色化、低
碳化，加强资源节约集约循环利用，拓展生态产品价值实现路径，积极稳
妥推进碳达峰碳中和，为高质量发展注入新动能、塑造新优势。④ 2024 年

---

① 习近平：《决胜全面建成小康社会 夺取新时代中国特色社会主义伟大胜利——在中国共
产党第十九次全国代表大会上的报告（2017 年 10 月 18 日）》，人民出版社 2017 年版，
第 13 页。

② 习近平：《高举中国特色社会主义伟大旗帜 为全面建设社会主义现代化国家而团结奋
斗——在中国共产党第二十次全国代表大会上的报告（2022 年 10 月 16 日）》，人民出版
社 2022 年版，第 23、49～50 页。

③ 《习近平在全国生态环境保护大会上强调 全面推进美丽中国建设 加快推进人与自然和谐共
生的现代化》，人民网，http://politics. people. com. cn/n1/2023/0718/c1024－40038452. ht-
ml，最后访问日期：2024 年 3 月 1 日。

④ 《习近平在看望参加政协会议的民革科技界环境资源界委员时强调 积极建言资政广泛凝聚
共识 助力中国式现代化建设》，人民网，http://cpc. people. com. cn/n1/2024/0306/c64094－
40190407. html，最后访问日期：2024 年 3 月 8 日。

7月，党的二十届三中全会再次强调指出："中国式现代化是人与自然和谐共生的现代化。必须完善生态文明制度体系，协同推进降碳、减污、扩绿、增长，积极应对气候变化，加快完善落实绿水青山就是金山银山理念的体制机制。要完善生态文明基础体制，健全生态环境治理体系，健全绿色低碳发展机制。"①

2018 年 5 月，党中央召开全国生态环境保护大会，正式提出习近平生态文明思想，高高举起了新时代生态文明建设的思想旗帜。习近平生态文明思想是习近平新时代中国特色社会主义思想的重要组成部分，系统全面、科学深刻地回答了人与自然关系、经济发展与生态环保关系以及为什么建设、建设什么样、怎样建设生态文明等重大理论和实践问题，彰显了以习近平同志为核心的党中央对生态环境保护经验教训的历史总结、对人类发展意义的深邃思考，贡献了解决人类生态环境问题的中国智慧和中国方案，是新时代新征程推进美丽中国建设、实现人与自然和谐共生的中国式现代化的根本遵循和行动指南。阔步新征程，坚持以习近平生态文明思想为指导，坚持以制度建设为主线，进一步深化生态文明体制改革，协同推进降碳、减污、扩绿、增长，必将为全面推进美丽中国建设、加快推进人与自然和谐共生的现代化注入强劲动力。

二　生态文明入宪的重要意义

2018 年 3 月，我国对 1982 年宪法作了第五次部分修改。这次修宪将"生态文明"正式写入宪法，不仅使之前仅作为政治概念的生态文明跃升为宪法意义上的法律概念，而且使其成为宪法上的重要基本理念之一。这对既有的宪法原理、公权力运用、公民基本权利保障和宪法实施产生深远影响。② 与此同时，基于宪法序言中"推动物质文明、政治文明、精神文明、社会文明、生态文明协调发展"之规定，包含经济建设、政治建设、文化建设、社会建设和生态文明建设"五位一体"总体布局的宪法依据亦得以明确。生态文明的提出、发展、成果取得依托于中国特色的社会主义

---

① 《中国共产党第二十届中央委员会第三次全体会议公报》，人民出版社 2024 年版，第 12~13 页。
② 张震：《生态文明入宪及其体系性宪法功能》，《当代法学》2018 年第 6 期，第 50~52 页。

制度，实践于中国特色的发展环境，将生态文明纳入宪法从而与宪法体系中其他内容形成共鸣，是中国宪法制度的一种创新与升华。具体而言，生态文明入宪的重要意义如下。

（一）为党的意志入宪提供了新的范本

生态文明入宪是执政党意志上升为国家意志的具体体现。党的十八大以来，党中央带领全国人民在深刻总结中国基本国情的基础上，以习近平生态文明思想为指引，把"美丽中国"纳入社会主义现代化强国目标，把生态文明纳入"五位一体"总体布局，把"人与自然和谐共生"纳入新时代坚持和发展中国特色社会主义的基本方略，把"绿色"纳入新发展理念，把"污染防治"纳入三大攻坚战，生态文明建设谋篇布局日益完善和成熟，生态文明建设取得举世瞩目的发展成果。党的十九大报告指出，五年来，"生态文明制度体系加快形成，主体功能区制度逐步健全，国家公园体制试点积极推进。全面节约资源有效推进，能源资源消耗强度大幅下降。重大生态保护和修复工程进展顺利，森林覆盖率持续提高。生态环境治理明显加强，环境状况得到改善。引导应对气候变化国际合作，成为全球生态文明建设的重要参与者、贡献者、引领者"①。党的二十大报告亦强调指出，十年来，"我们坚持绿水青山就是金山银山的理念，坚持山水林田湖草沙一体化保护和系统治理，全方位、全地域、全过程加强生态环境保护，生态文明制度体系更加健全，污染防治攻坚向纵深推进，绿色、循环、低碳发展迈出坚实步伐，生态环境保护发生历史性、转折性、全局性变化，我们的祖国天更蓝、山更绿、水更清"②。

实践证明，实现社会主义现代化和中华民族伟大复兴必须坚持包括生态文明建设在内的"五位一体"总体布局，而生态文明是党和国家、人民履行环境资源及生态环境保护义务的总纲领。生态文明建设来自中国共产

---

① 习近平：《决胜全面建成小康社会 夺取新时代中国特色社会主义伟大胜利——在中国共产党第十九次全国代表大会上的报告（2017 年 10 月 18 日）》，人民出版社 2017 年版，第 5 页。

② 习近平：《高举中国特色社会主义伟大旗帜 为全面建设社会主义现代化国家而团结奋斗——在中国共产党第二十次全国代表大会上的报告（2022 年 10 月 16 日）》，人民出版社 2022 年版，第 11 页。

党的执政意志，这一意志同时也是全体中国人民的共识。生态文明建设已经被写入党章，成为我党的政治纲领；生态文明在宪法规范上的确立实现了执政党的纲领与宪法的统一。"中国法治应有其独立的表达方式和实现形式。这种独立性，既源于数千年的中国法律文化传统，也源于在中国共产党领导下亿万当代中国人在半个多世纪里的法治生活实践。"① 2018 年宪法修改后第 1 条规定了"中国共产党领导是中国特色社会主义最本质的特征"。这从宪法层面确认了中国共产党在中国特色社会主义建设中的领导核心地位，这一规范解决了我国未来发展中核心领导权的归属问题，而"党的领导是社会主义法治的最根本方向"②，因此也为未来生态法治建设指明了方向。

（二）促进宪法环境权的新发展

生态文明入宪，补齐了宪法环境条款的重要短板，使得宪法环境条款体系进一步完善。同时，生态文明从整体上对包括规范国家义务及宪法环境权在内的宪法环境条款起到纲领性的约束作用。生态文明入宪本身是对人民享有优质舒适生态环境的宣誓，对环境权的需求是与时代特征密切相关的，而生态文明建设就是在这个时代对生态环境、生活环境的基本概念总结，因此生态文明宪法化使得宪法环境权得到了进一步的发展。

从规范的角度来看，生态文明入宪后，环境权在宪法体系中的表达更加丰富和多样。宪法环境权的表达体系有三个层次。第一，生态文明建设的整体保障。生态文明在宪法中的表达本身包括了生态文明概念中所蕴涵的一切价值、理念，人民享有美好生活与良好生态环境的权利是生态文明体系的题中应有之义，而生态文明的宪法表达自然也是宪法环境权的宪法表达。第二，国家环境保护义务反向保护公民环境权。国家环境保护义务本身指向于公民所享有的环境权利，国家环境保护义务履行的最终目的在于保障人民权利，为人民创造良好、舒适的生活环境与生态环境。第三，公民权利保障的环境权关怀。国家对公民权利的保障客观上包括了对公民

---

① 付子堂、朱林方：《中国特色社会主义法治理论的基本构成》，《法制与社会发展》2015 年第 3 期，第 24 页。

② 蒋惠岭：《"最本质特征"入宪的五大意义》，《人民论坛》2018 年第 9 期，第 18 页。

享有环境权的保障。环境权蕴涵在基本权利之中，国家对基本人权的尊重和保障势必要求为公民提供适宜、舒适的生活环境与生态环境。公民人格尊严的实现也与宪法环境权息息相关，良好环境下的公民人格尊严才能得到彰显。

（三）强化宪法的实施与监督

宪法实施是指宪法在现实生活中的运用和体现，它是宪法精神、原则以及规范在国家权力运行和公民权利保障中的贯彻和落实。从宪法的属性来看，无论是宪法的制定或是宪法的修改，最终均应落脚于宪法实施。宪法监督，就是为保证宪法实施，由国家和社会各方面力量所进行的督促、监控宪法实施的制度与活动，所以宪法监督也可称为宪法实施的监督。[①]因此，宪法实施是与宪法监督密不可分的。而"生态文明"入宪是宪法生命力的体现，也是进一步完善宪法实施与宪法监督迈出的重要步伐。宪法实施与宪法监督最终遵循于宪法规范，宪法规范的与时俱进是宪法实施与宪法监督逐步完善的根本动力；规范缺失或规范不健全基础上的宪法监督与宪法实施既缺乏法制依据，也无法让公众信服。

生态文明入宪对宪法实施和宪法监督的进一步完善应当从三个维度来理解。第一，充实了宪法实施与宪法监督的规范依据。宪法作为法律规范所具有的正当化功能应当逐步被重视，生态文明入宪后所形成的体系化的宪法环境条款为环境保护和生态建设方向的宪法实施监督提供了规范依据。第二，拓展了宪法实施与宪法监督的范围。"在政治系统中，需要贯彻实施的不仅仅是宪法规范，也包括政治的价值理念和规范，如政治目标、党章党纪等。政治化实施宪法的路径，是将宪法实施置于一个更长的历史维度和更宏观的社会背景下予以统筹安排。"[②] 这样一种政治化的宪法实施的范围非常广泛，但其最终规范来源仍然在于宪法文本，因而生态文明这样具有纲领性作用的生态建设宣言为宪法实施与宪法监督提供了更加广阔的平台。第三，提供宪法实施与宪法监督的动力。党的高度重视及依

---

①　参见付子堂、张震《新时代完善我国宪法实施监督制度的新思考》，《法学杂志》2018 年第 4 期，第 1 页。

②　翟国强：《中国宪法实施的双轨制》，《法学研究》2014 年第 3 期，第 86 页。

宪治国推动着我国宪法实施与监督制度的完善。生态文明建设是党和国家"五位一体"总体布局的重要一环,是党的意志和人民的意志的重要体现,因此也必然增强宪法监督和实施的动力。"宪法可以作为凝聚社会主流价值共识的载体,从而有助于促进社会的稳定和合作,实现社会整合。……一旦一部宪法能够凝聚社会价值共识,协调各种价值立场,那这部宪法就会发挥很重要的作用,乃至可以成为这个国家意识形态统合的平衡器。"①

（四）为我国生态法律体系完善提供直接的宪法依据

进入新时代,环境保护越来越受到人们的重视,生态文明建设思想已经成为我国环境法律规范制定过程中所必须遵循的基本要求,而非环境法律规范的内容也不能和生态文明建设的总体布局相违背。在生态文明入宪之前,生态文明对于我国生态法律体系完善的依据作用主要来自党的意志与国家意志之间的非正式转换,这一转换的正当性来自党的领导的历史正当性与政治正当性。"从历史正当性看,中国近代史上屈辱的一页是在中国共产党领导下结束的;从政治正当性看,我国的人民民主政权是在中国共产党领导下取得的。"② 但在这样一种转换的状态下,宪法的根本法地位无法体现,生态文明与生态法律体系之间无法形成直接的逻辑关系。生态文明入宪后,其不但从序言部分对整个宪法环境条款进行统领,还对部门法乃至整个生态法律体系起到统领作用。在宪法环境条款体系形成的背景下,下一步应当在宪法序言的统领下,"以抽象原则为指引,以基本框架为依托,以主要制度为基点,呈现为协调统一、和谐融通的有机整体"③,从而在习近平生态文明思想和习近平法治思想的指引下构建人与自然和谐共生的生态文明法治体系。

三　国内外现有研究成果概述

国外学者多以反思人类中心主义为基调展开对生态文明诸课题的研

---

①　林来梵:《依宪治国需要发挥宪法的潜能》,《理论视野》2017年第2期,第51页。

②　付子堂:《形成有力的法治保障体系》,《求是》2015年第8期,第52页。

③　王灿发:《论生态文明建设法律保障体系的构建》,《中国法学》2014年第3期,第53页。

究，系统提出限制人类权力的环境伦理等主张；也有学者在"生态中心主义"与新"人类中心主义"之间进行平衡与融合；至于生态文明的制度建构及实施机制，学者多侧重于主张政府出台公共政策以及多元主体的有效参与；有学者主张生态主义在宪法中的实施是实现人与自然和谐的重要途径。这些研究无疑拓宽了视野，提出了一些新的概念，产生了一些方法的启迪，但有的理念过于超前或国别性较强，对于我国当前生态文明建设的法治实践的针对性不够强。

国内学者关于生态文明的研究较多出自马克思主义等学科，为生态马克思主义的重要命题之一。法学界对生态文明的研究中较早并具有代表性的是普通高等教育"十五"国家级规划教材《法理学》。该书于 2003 年修订后的第二版中增加了一章"法与生态文明"，其明确指出生态文明需要法律确认和保护。此外，2020 年修订后的马克思主义理论研究和建设工程重点教材《宪法学》（第二版）在第五章"国家基本制度"中增加了一节，即第五节"生态文明制度"，阐述了我国宪法规定的生态文明制度以及生态文明制度的发展与完善。

梳理法学界学者关于生态文明的研究，在生态文明入宪之前主要从以下四个方面展开。（1）充分关注生态文明建设的法治理论基础。把视角集中于宏观层面的生态文明建设与法治体系的融合上，力求建立起与生态文明相适应的法治系统①。（2）重视环境立法的作用。通过制定、完善环境法律法规为生态文明建设提供法律制度保障的基本依据②。（3）主张环境

---

① 参见蔡守秋《我国环境法治建设的指导思想与生态文明观》，《宁波大学学报》（人文科学版）2009 年第 2 期；徐祥民、梅宏《环境友好型社会建设的法制保障》，《当代法学》2010 年第 4 期；巩固《环境法律观检讨》，《法学研究》2011 年第 6 期；吕忠梅《关于修改〈环境保护法〉的意见和建议》，《郑州大学学报》（哲学社会科学版）2013 年第 4 期；文正邦《生态文明建设的法哲学思考——生态法治构建刍议》，《东方法学》2013 年第 6 期；王树义、周迪《生态文明建设与环境法治》，《中国高校社会科学》2014 年第 2 期；周珂《生态文明建设与环境法制理念更新》，《环境与可持续发展》2014 年第 2 期；孙佑海《新时代生态文明法治创新若干要点研究》，《中州学刊》2018 年第 2 期；曹明德《美丽中国建设的法治保障》，《环境保护》2018 年第 11 期。

② 参见王曦《建设生态文明需要以立法克服资源环境管理中的"政府失灵"》，《中州学刊》2008 年第 2 期；竺效《论生态文明法治建设的六大环节和重点》，《环境保护》2013 年第 13 期；王灿发《论生态文明建设法律保障体系的构建》，《中国法学》2014 年第 3 期。

司法专门化。强调通过环境司法改革及专门化为生态文明建设提供法治保障①。（4）提出综合法律决策的路径。完善健全环境与发展综合决策机制以满足生态文明建设的目标追求。②

　　在 2018 年生态文明入宪之后，法学界围绕生态文明的研究主要聚焦于以下三个方面：（1）生态文明入宪的内涵及其对宪法和环境法等部门法的革新性影响③；（2）习近平法治思想中的生态文明法治理论④；（3）生态

①　参见郑少华《生态文明建设的司法机制论》，《法学论坛》2013 年第 2 期；吕忠梅《环境行政司法：问题与对策——以实证分析为视角》，《法律适用》2014 年第 4 期；王树义《论生态文明建设与环境司法改革》，《中国法学》2014 年第 3 期；于文轩《环境司法专门化视阈下环境法庭之检视与完善》，《中国人口·资源与环境》2017 年第 8 期；张璐《环境司法专门化中的利益识别与利益衡量》，《环球法律评论》2018 年第 5 期。

②　参见吕忠梅《论生态文明建设的综合决策法律机制》，《中国法学》2014 年第 3 期。

③　参见张震《生态文明入宪及其体系性宪法功能》，《当代法学》2018 年第 6 期；王建学《论生态文明入宪后环境条款的整体性诠释》，《政治与法律》2018 年第 9 期；李雷《生态文明入宪的规范阐释》，《新疆社会科学》2019 年第 2 期；江国华《“生态文明”入宪与环境法治新发展》，《南京工业大学学报》（社会科学版）2019 年第 2 期；刘洪岩《接驳与拓展：“生态文明入宪”与环境法制革新》，《吉林大学社会科学学报》2019 年第 5 期；王兆鑫《农民环境权的宪法“关怀”与权利困惑——生态文明时代再考察》，《昆明学院学报》2020 年第 2 期；马平《生态文明入宪的内涵与价值》，《西南林业大学学报》（社会科学）2021 年第 5 期；陈海嵩《中国环境法治发展总体结构与环境法典编纂指引——以“生态文明入宪”为中心的分析》，《法学论坛》2022 年第 4 期；张震《宪法生态文明规范体系对环境法典编纂的制度化依据——以〈立法法〉第二次修改为背景的探讨》，《法学论坛》2023 年第 5 期；徐航《“生态文明”写入宪法意义重大》，《浙江人大》2023 年第 9 期。

④　参见吕忠梅《习近平新时代中国特色社会主义生态法治思想研究》，《江汉论坛》2018 年第 1 期；刘超《习近平法治思想的生态文明法治理论之法理创新》，《法学论坛》2021 年第 2 期；刘长兴《习近平法治思想中生态文明法治基本原则的凝练与展开》，《法学论坛》2021 年第 2 期；于文轩《习近平生态文明法治理论指引下的生态法治原则》，《中国政法大学学报》2021 年第 4 期；徐祥民《习近平生态文明法治思想的基本命题：环境保护优先》，《中国政法大学学报》2021 年第 3 期；吕忠梅《习近平法治思想的生态文明法治理论之核心命题：人与自然生命共同体》，《中国高校社会科学》2022 年第 4 期；赵谦、赵一平《习近平生态文明法治观的规范内涵论》，《高等教育评论》2022 年第 2 期；孙佑海《在习近平法治思想指引下依法打好污染防治攻坚战》，《环境保护》2023 年第 15 期；甘藏春《生态文明法治理论的创新发展》，《环境与可持续发展》2024 年第 1 期；吕忠梅《习近平生态文明思想的“最严法治”论》，《法学》2024 年第 5 期。

文明建设的法治化①、法治保障②以及生态法治体系的完善③等。

整体而言，已有成果从生态文明和生态法治的多维角度进行了较系统和深入的研究。但是，直接以宪法生态文明为研究对象的成果相当之少，迄今在篇名中含有"生态文明"、"宪法"（或"入宪"）的中文期刊论文仅有 20 余篇，其中 9 篇发表于 2018 年。学者们对生态文明入宪的意义、具体建议以及入宪后宪法环境条款的整体性诠释等的研究是富有启发意义的。然而，随着生态文明写入宪法，生态文明已经上升为更高层级的概念体系，具有更加丰富的法学内涵，亟须进行理论创新及系统的规范与制度研究。当前，应加强生态文明在宪法与法律上的体系性、理论性、功能性以及围绕新时代在宪法轨道推进生态文明建设的针对性和系统性研究，有力服务于生态文明建设迈上新台阶。

---

① 参见丁国峰《十八大以来我国生态文明建设法治化的经验、问题与出路》，《学术界》2020 年第 12 期；王海力《乡村振兴背景下农村生态文明建设的法治化进路》，《农业经济》2020 年第 6 期；李兴锋《推进生态文明建设法治化的制度进路》，《中南民族大学学报》（人文社会科学版）2021 年第 6 期；白雪《中国式现代化视角下的生态文明法治体系构建》，《江南论坛》2023 年第 12 期；郭照《贵州区域生态文明法治建设研究——以毕节市生态文明法治工程为例》，《资源节约与环保》2024 年第 1 期。

② 参见吕忠梅《用法治思维和法治方式促进生态文明体制改革》，《中国生态文明》2018 年第 6 期；李磊《加强生态文明建设的法治保障》，《中国党政干部论坛》2019 年第 10 期；张震、张义云《生态文明入宪视阈下生态安全法治保障体系建构论》，《求是学刊》2020 年第 2 期；秦天宝《习近平法治思想关于生态文明建设法治保障的重要论述：整体系统观的视角》，《政法论坛》2022 年第 5 期；薛荣娟《乡村振兴战略背景下农村生态文明法治化保障研究》，《农业经济》2023 年第 4 期；王灿发、张祖增《整体系统观视域下中国式环境法治现代化的宏观样态与建构方案》，《河南师范大学学报》（哲学社会科学版）2024 年第 2 期。

③ 参见方印《如何加强生态文明法治体系研究？》，《中国生态文明》2019 年第 4 期；魏宏《用最严密的法治体系保护生态环境》，《社会主义论坛》2020 年第 7 期；李庆瑞《完善生态文明法治体系，推进美丽中国建设》，《环境与可持续发展》2020 年第 6 期；吕忠梅、田时雨《在习近平法治思想指引下建设生态文明法治体系》，《法学论坛》2021 年第 2 期；江必新《融会贯通习近平生态文明思想和习近平法治思想 全面构建和完善生态文明法治体系》，《环境与可持续发展》2022 年第 1 期；王玮《生态环境法治体系十年得到重构重塑》，《环境经济》2022 年第 17 期；张震《宪法生态文明规范体系对环境法典编纂的制度化依据——以〈立法〉第二次修改为背景的探讨》，《法学论坛》2023 年第 5 期；张震、刘栋阳《面向人与自然和谐共生的环境党内法规的治理逻辑》，《重庆大学学报》（社会科学版）2024 年第 3 期。

四　本书的研究思路及主要内容

生态文明入宪是具有划时代意义的法治大事件，标志着宪法将生态文明所具备的规划国家发展目标，实现中华民族永续发展、伟大复兴以及保障人民美好生活的政治整合功能予以了根本法上的确认，标志着生态文明从政治规范走向了法律规范。当然，作为事实性和有效性之间社会媒介的法律，其基本功能就在于消解二者之间的张力。生态文明成为宪法理念和宪法规范，会对相关部门法体系的概念以及内容产生深刻影响。以宪法为依据，进而形成生态文明的法律规范体系，包括环境法、民法、刑法、行政法、诉讼法等部门法中的涉生态文明法律规范。生态文明的宪法与法律规范体系构成有机整体，合称生态文明规范体系。由此，生态文明入宪的意义不在于其本身，而是需要诠释生态文明的宪法与法律规范体系，在此基础上进行以实施为导向的复合制度建构，进行宪法与部门法的有效对接，实现观念上相互理解、制度上无缝对接、功能上相互补充，并通过严格实施真正推进生态文明体制改革和生态文明建设。基于此，本书通过对生态文明入宪所形成的宪法和法律规范体系的诠释及其实施机制的探索，为推动我国生态文明建设迈上新台阶指明宪法与法律保障路径，为宪法生态文明的构建贡献中国智慧和提供中国方案。

本书是国家社科基金项目的最终结果。通过基于我国生态文明建设实践要求的法治理论体系更新与新的范畴与制度的确立，从而提出系统构建中国宪法生态文明的主张。基本思路如下：首先，诠释生态文明入宪所形成的生态文明规范体系的逻辑性与具体内容，该体系以宪法规范为根本依据，以部门法规范为主要构成；其次，论证生态文明规范体系的立体性决定了其实施机制的分层性，第一层指在法律体系以内和以外的分别实施，第二层指在宪法和部门法中的各自实施；再次，在规范体系诠释以及实施机制构建的基础上，从实践角度提出有利于推动生态文明建设迈上新台阶的宪法与法律保障的具体方案；最后，在实践的基础上，提炼并创新生态宪法及理论内涵，可以满足新时代生态文明建设的法治保障的总的理念更新、新的范畴与制度的确立，从而更好指导新时代新征程生态文明建设的深入推进。

本书在具体内容上，除导论之外，分为上中下三编，共十四章。

上编"生态文明的宪法与法律规范体系"，包括第一章至第五章。该编首先探析了中国宪法的生态观的形成及其结构内涵，然后对中国宪法生态观引领下的宪法生态文明规范体系和以宪法为根据的部门法生态文明规范进行法教义学的诠释，继而基于生态文明宪法与法律关系中国家和公民之间的环境"权利—义务"互动结构，分别对生态文明规范体系中的环境权和公民环境义务从规范依据、价值体系、品性功能等维度进行了系统研究。

中编"生态文明规范体系的分层协同实施机制"，包括第六章至第九章。该编首先梳理了生态文明规范体系分层协同实施的缘由、原则和路径等基本原理，然后围绕宪法与部门法的分层协同实施，着重探讨了宪法生态文明规范与环境法的体系融贯问题、民法典绿色原则的宪法根据及实施问题，并以生态文明部门法规范体系中与生态环境保护和治理关系最为密切、规范内容最为丰富的环境法体系为例，从"立法中的宪法教义学"之视角，对环境法体系进行合宪性审查。通过生态文明规范体系的分层协同实施，实现宪法和环境法、民法等部门法的交互影响及体系性融贯，既发展部门法，也发展宪法。

下编"生态文明建设迈上新台阶的中国式法治进路"，包括第十章至第十四章。基于人与自然和谐共生的现代化是生态文明建设迈上新台阶的核心要义与根本任务，该编首先深度阐释了人与自然和谐共生的中国式现代化之法治意蕴、法治体系和法治方略；其次着重就生态环境立法完善问题，分别探究和描绘了宪法框架下生态环境法典编纂和地方生态文明建设立法体系构建的中国方案；再次基于地方政府环保职责的生态环境治理义务转向，对宪法框架下地方政府生态环境治理法治化的中国实践问题及其完善路径进行了研究；最后，提出了建构中国生态宪法学自主知识体系的主张，加快构建以中国自主知识体系为内核的中国特色生态宪法学学科体系、学术体系、话语体系，及时有效地回应生态文明建设的中国法治实践需求并提供综合法治保障方案，从而为生态文明建设迈上新台阶提供系统完备的宪法与法律保障。

| 上 编 |

生态文明的宪法与法律规范体系

第一章　中国宪法的生态观

2018 年 3 月生态文明入宪，充分体现了新时代中国对生态环境保护重要性的高度重视。生态环境问题，对于我国乃至全球而言都是近些年凸显并极具变化的问题，对我国的宪法文本乃至观念亦提出了新的命题。法学实为诠释、解释之学。① 宪法解释学的基本功能就是，通过建构宪法解释学的方法及理论，回应、解答社会发展中的问题，并对之予以法学提炼，以协调宪法文本与社会现实的反差，从而使社会发展与制度变革均能够在宪法的轨道上进行。"在当下，迫切需要宪法解释机制富有实效地运行起来，以缓和宪法文本与现实的冲突，以实现宪法的发展。"② 因此，面对生态环境问题，有必要以宪法解释学的基本立场与方法，细致地剖析在处于宪法现象的逻辑结构核心的宪法规范③中，作为重要内容的生态文明规范本身，并围绕生态文明规范以及入宪等背景知识提炼出特定的宪法生态观，进而以生态观来诠释生态文明规范，最终实践于围绕生态文明规范与生态环境保护及治理制度的宪法关系。作为核心概念的宪法生态观表达了宪法对国家、人与生态环境关系的最基本、最核心的看法。生态文明新时

---

① 参见〔德〕卡尔·拉伦茨《法学方法论》，陈爱娥译，商务印书馆 2003 年版，第 3、85 页。

② 韩大元、林来梵、郑磊：《宪法解释学与规范宪法学的对话》，《浙江社会科学》2008 年第 2 期，第 138 页。

③ 根据日本"京都学派"宪法学家们的观点，宪法现象的逻辑结构主要包括宪法规范、宪法意识、宪法制度以及宪法关系四大要素。参见林来梵《从宪法规范到规范宪法——规范宪法学的一种前言》，法律出版社 2001 年版，第 1~2 页；韩大元、林来梵、郑磊《宪法解释学与规范宪法学的对话》，《浙江社会科学》2008 年第 2 期，第 136、140 页。

代中国宪法生态观既包括结构生态观，也包括规范生态观。①

第一节　中国宪法生态观的形成

中国宪法的生态观是特定的中国宪法观的有机内容，是宪法上生态文明制度的重要理论基础。只有坚持正确的宪法生态观，才能更好地进行生态文明建设，更好地发展生态文明制度，更好地推进生态环境治理。中国宪法生态观的形成与世界宪法的生态发展潮流、中国经济社会的发展实际和生态环境治理实践以及中国宪法自身的良性发展息息相关。

一　生态环境保护：从依法治理到依宪治理

自20世纪60年代以来，世界诸多国家饱受环境污染之害，各国政府纷纷从政策与法律层面着力推进生态环境保护和治理。从而，生态环境保护和治理成为20世纪中后期世界性的政治议题与社会思潮，生态环境政治成为传统政治之外新的拓展领域。生态环境保护运动全球性的趋势不仅体现在老牌工业国家，也波及新兴发展中国家。②

进入21世纪，我国生态环境问题非常突出。以雾霾为例，其原本为一个专门的环境工学词语，今天已经成为妇孺皆知的日常生活概念。据报道，"雾霾"成为2013年度关键词。2014年开始，国家首次将雾霾天气作为自然灾情进行通报。面对日益严重的环境污染和生态破坏问题，我国政府高度关注，党的十八大报告、十九大报告、二十大报告以及"十三五"规划、"十四五"规划中均高度重视生态环境保护及生态文明建设，"蓝天不应该成为奢侈品"的社会共识，要求各级政府必须全面提升生态环境保护与治理的工作力度。

生态环境治理是一个系统工程，必须多管齐下。但最基本的治理路径就是"依法治理"。社会发展至今，法律已经成为调整社会利益关系和解

---

① 参见张震《中国宪法的环境观及其规范表达》，《中国法学》2018年第4期，第5~22页。
② Russell J. Dalton, Steve Recchia and Robert Rohrschneider, "The Environmental Movement and the Modes of PoliticalAction," 36 *Comparative Political Studies* 743-771 (2003).

决社会问题的最主要的"社会工程"或"社会控制"手段。① 法律控制是
对生态环境影响行为实施约束的最有效和最重要的一种社会控制。② 在我
国，以党的十八届三中全会决定和四中全会决定为指导，健全环境法治是
生态环境治理的必由之路。但环境法治不仅仅是部门法议题，更是一项重
要的宪法议题。

其一，环境污染制约国家经济社会的可持续发展。国内外权威的宪法
学教科书均认为，宪法调整的事项即所谓"宪法保留"事项，主要规定一
个国家社会制度和国家制度的最根本、最重大的问题。③ 当下，环境污染
已经明显制约我国经济可持续发展以及社会和谐稳定。能源和资源的过度
消耗，污染物排放总量居高不下，已经严重威胁全体国民的生存安全以及
未来的发展空间。近年来，我国党和政府的官方文件对生态环境保护和治
理均开始浓笔重墨，生态环境保护和治理日益成为我国经济、社会及政治
建设的核心问题之一。

其二，生态环境关涉人的生存发展乃至尊严保障。良好的生态环境是
人类生存和发展的基本条件。1989 年 3 月，全球大气保护的国际峰会发布
了《海牙大气宣言》，该宣言指出环境退化有损在一个适宜的环境中有尊
严地生活的权利。④ 我国日益严重的生态环境问题已经影响到人的生活质
量，甚至有损人的尊严。宪法是以人为中心并保障人的尊严和生活的法

---

① 参见〔美〕罗斯科·庞德《通过法律的社会控制/法律的任务》，沈宗灵、董世忠译，商
务印书馆 1984 年版，第 9 页。

② 参见〔日〕原田尚彦《环境法》，于敏译，法律出版社 1999 年版，第 12~13 页；吕忠梅
《环境法新视野》，中国政法大学出版社 2000 年版，第 33~34 页；徐孟州、谭柏平《论
环境的社会控制与法律保护》，《北京航空航天大学学报》（社会科学版）2001 年第 1 期，
第 48 页；周珂主编《环境与资源保护法》，中国人民大学出版社 2007 年版，第 93~94
页；等等。

③ 参见俞子清主编《宪法学》，中国政法大学出版社 1999 年版，第 10 页；周叶中主编《宪
法》，高等教育出版社 2000 年版，第 34~35 页；《宪法学》编写组编《宪法学》，高等教
育出版社 2011 年版，第 21 页；〔日〕阿部照哉等编著《宪法（上册）》，周宗宪译，中
国政法大学出版社 2006 年版，第 34 页；等等。

④ David Short, *Assessing the Utility of a Human Rights Approach to International Environmental Protection*, UMI Company, 2000, pp. 56~57.

律；自第一部成文宪法开始，"人"就成为宪法的主体。① 现代宪法理论认为，人性尊严是宪法的核心价值。德国考夫曼教授认为，"宪法的价值体系以社会共同体之中自由发展之人的人格及其尊严为核心"②。因此，从维持人的尊严的意义上说，生态环境问题也应该纳入宪法调适的对象。

其三，生态环境的依法治理首先要坚持依宪治理。党的十八届四中全会决定指出，全面推进依法治国首先要坚持依宪治国。这意味着应当依照宪法处理国家和社会事务，通过宪法治理形成社会共识，建立社会信任，推动国家与社会深化发展。③ 生态环境治理应首先坚持依宪治理：由于部门法在规范内容及法律位阶上的先天局限性，生态环境治理的内涵及实施机制，以及环境权的保障等重大问题，无法在部门法层面进行根本性的阐释，均需要宪法为之提供规范依据和制度保障。

二 环境条款入宪及其呈现的治理逻辑

"二战"结束以后，各国在发展经济的同时没有注重生态环境保护，由此带来了比较严重的环境问题，公害频发；以至于在 20 世纪 60 年代，环境问题成为世界第三大问题。环境问题倒逼生态环境治理。1972 年 6 月，来自 113 个国家和地区的 1300 名政府代表和民间人士在瑞典斯德哥尔摩召开了联合国人类环境会议，共商当代环境问题以及全球环境保护战略等问题。这次会议是人类第一次在全球范围内探讨全球环境问题，会议通过了《联合国人类环境会议宣言》（简称《人类环境宣言》），呼吁各国政府和人民为维护和改善人类环境，造福全体人民，造福后代而共同努力。

（一）中国对人类环境会议的积极参与

1972 年的人类环境会议是当时刚刚恢复联合国合法席位的中华人民共和国政府第一次在国际会议的舞台展现，周恩来总理等党和国家领导人敏锐地认识到从政治和外交层面参加此次会议的重要性，派出了高规格的代

---

① 韩大元：《论克隆人技术的宪法界限》，《学习与探索》2008 年第 2 期，第 94 页。
② 转引自刘幸义《多元价值、宽容与法律——亚图·考夫曼教授纪念集》，五南图书出版公司 2004 年版，第 59 页。
③ 韩大元：《宪法实施与中国社会治理模式的转型》，《中国法学》2012 年第 4 期，第 15 页。

表团参会。周恩来总理指出，要通过这次会议了解世界环境状况和各国环境问题对经济、社会发展的重大影响，并以此作为镜子，认识中国的环境问题。① 在会议中，中国代表积极参与，在对有关宣言修改的协商过程中，我国代表团旗帜鲜明地提出了针对宣言的十点原则意见，受到广大发展中国家的欢迎和支持，同时还提出了具体的书面修正案。在中国与广大发展中国家的共同努力之下，宣言删掉了一些只维护发达国家利益的主张，并采纳了一些发展中国家提出的正确建议，比如"在发展中国家，多数的环境问题是发展迟缓引起的"等。通过参加人类环境会议，中国代表团了解到世界环境保护的浪潮，以及我国存在的环境问题。这次会议对当时闭目塞听的中国人是一次意义深远的环境启蒙，它犹如一把钥匙，打开了中国环境保护通向世界的大门，现代意义的中国环境法制建设从此开始在艰难曲折的道路上前进。这次会议通过的《人类环境宣言》中关于各国应当制定保护环境的政策、法律和标准的原则要求，极大地影响了我国的环境法制建设政策。②

（二）环境条款的入宪及其逻辑

自斯德哥尔摩人类环境会议召开以来，中国的环境保护法制化工作进入快车道。其中，环境条款（1978 年宪法第 11 条第 3 款："国家保护环境和自然资源，防治污染和其他公害。"）写入 1978 年宪法具有标志性意义。当然，在 1978 年《关于修改宪法的报告》③ 中以及相关史料中对于为什么将环境条款写入宪法并未进行明确解释；但在笔者看来，这并不意味着当时环境条款入宪不重要或目标性不强。通过梳理其背后的逻辑更能展现其重要的政治、社会以及规范意义。

首先，应该以问题导向思维来认识我国宪法中环境条款的重要意义。1978 年宪法的环境条款以及在 1978 年宪法基础上予以完善的 1982 年宪法的环境条款所具备的重要意义，是伴随着改革开放，在经济社会高速发展

---

① 刘东：《周恩来关于环境保护的论述与实践》，《北京党史研究》1996 年第 3 期，第 30 页。
② 参见蔡守秋《从斯德哥尔摩到北京：四十年环境法历程回顾》，《2012 年全国环境资源法学研讨会论文集》，第 500 页。
③ 叶剑英：《关于修改宪法的报告》，《人民日报》1978 年 3 月 8 日，第 1 版。

以及环境问题日益严重的背景下，国家发展理念予以调整和转变之后所日益呈现出来的。在环境条款入宪30余年后，党的十八大报告将生态文明建设提升到与经济建设等并列的"五位一体"建设的高度；党的十八届五中全会公报以及"十三五"规划提出将绿色作为五大发展理念之一；党的十九大报告提出建成富强民主文明和谐美丽的社会主义现代化强国，强调生态文明等"五个文明"全面提升；党的十九届二中全会公报再次强调生态建设与绿色发展理念。因而，国家层面对环境问题的重视使环境问题逐渐具备国家根本问题和重大问题的属性，而其作为国家重大和根本问题进而成为宪法调整的重要对象。特别值得指出的是，现行宪法于2018年作出修改，明确写进了"生态文明"，大幅度提升丰富了宪法环境条款的重要意义及内涵。

其次，宪法中的环境条款是对全球环境正义理论的彰显和贡献。所谓环境正义，是指人类社会在处理环境保护问题时，各群体、区域、族群、民族、国家之间所应承诺的权利与义务的公平对等。[①] 环境正义，并非"对环境的正义"，而是指环境利益或负担在人群中的分配正义。[②] 自改革开放以来，我国处于政治稳定、经济大发展的历史时期。在1978年宪法的基础上，现行宪法对环境保护作出明确而具体的规定，不仅仅是解决中国自身的环境问题，也意味着占全球人口约1/5的中国人向世界所作出的环保承诺，也即中国宪法从理论到实践尊重并确保环境正义的实现。近年来，我国党和政府对生态文明建设的极高度重视也使得这种环保承诺兼具政治和法律义务的性质。这一逻辑无疑暗合了"法治是推进全球治理体制变革、促进国际关系发展进步，构建人类命运共同体以及世界新秩序的必然要求"[③] 的命题，中国的环境法治建设对于全球环境治理和环境新秩序的构建日益凸显重要意义。

---

① 王韬洋：《有差异的主体与不一样的环境"想象"——"环境正义"视角中的环境伦理命题分析》，《哲学研究》2003年第3期，第27页。

② See Andrew Dobson, *Justice and the Environment*, Oxford: Oxford University Press, 1998, p. 20.

③ 参见张文显《推进全球治理变革，构建世界新秩序——习近平治国理政的全球思维》，《环球法律评论》2017年第4期，第13、16页。

总之，随着国内环境问题凸显、生态文明深入人心、绿色发展理念的提出以及全球环境治理新秩序的构建，我国宪法中的环境条款日益凸显其重要性，其政治和规范价值不断提升，仅仅孤立的一两条宪法条款已难以涵盖。2018 年修宪，宪法序言中的"国家根本任务"的规定、总纲中的国家目标规范，以及其他与自然资源保护、国家机构职权划分等相关的条款，共同构成我国宪法上的生态文明规范体系。因此，与具体的环境国策、环境权等概念相比，更具有包容性、发展性的生态观日益成为包括政治观、文化观等在内的特定的中国宪法观的重要组成部分。从依宪治国背景下国家治理体系和治理能力现代化的内在需求看，中国宪法的生态观是中国实现国内生态环境治理现代化和积极参与世界环境保护运动的根本法律表达。

三　宪法生态观的内涵及其立体架构

一般意义而言，所谓生态观是指关于人与生态环境相互关系的基本观点。人类的生态观经历过几次重大转折。在古代，由于生产力不发达，人对自然的作用能力甚小，故出现了以天命论为代表的生态观。如中国孔子主张的"畏天命"，其中包含的乃是人只能屈从于自然的观点。后来，随着近代工业化的发展，又出现了"征服自然""统治自然"的生态观。20世纪 60 年代以来，工业发展引起的环境污染和生态破坏对人类的生存与社会的发展构成严重的威胁，于是，人们又否定了"征服自然""统治自然"的观念，强调人类发展与生态环境演化必须保持协调、和谐的关系。这是当代有代表性的生态观。[①]

宪法生态观表达了宪法对国家、人与生态环境关系的最基本、最核心的看法。国家是宪法关系中最基本的主体。人是宪法的第一要素，人的尊严是宪法的核心乃至最高价值。[②] 自"二战"以来，人们在宪法中关注生态环境正是为了破解国家乃至人类可持续发展中存在的难题，是为了国家

[①]　参见《环境科学大辞典》，中国环境科学出版社 1991 年版，第 355 页。

[②]　李累：《宪法上"人的尊严"》，《中山大学学报》（社会科学版）2002 年第 6 期，第 129 页。

乃至人类更有"尊严"的在生物学意义和社会学意义上的延续。如比利时宪法直接描述了环境权利、义务与人的尊严的密切关系。该国宪法第23条规定:"任何人均有权过着符合人性尊严的生活。为此目的,考虑到相应的义务,法律、法令和裁决应保障经济、社会和文化权利,尤其包括:享受被保护的健康环境的权利。"因此,应该放在世界宪法的发展潮流中、中国经济社会的发展实际中以及中国宪法的整体结构中去理解中国宪法的生态观。当前,特定的中国宪法生态观,应强调人与自然的和谐共生,强调经济发展与生态环境保护的互动,强调国家权力与公民权利的合作,强调宪法与部门法的协同。

其一,生态观是中国宪法价值观体系的重要组成部分。生态文明写入宪法意味着中国宪法观体系进一步丰富,即在原有的宪法经济观、政治观、文化观、社会观之外,还形成了特定的生态观。中国宪法的生态观对与环境保护有关的环境观、发展观、权利义务观等的整合,兼顾环境要素与环境保护,兼顾人的权利诉求与生态的发展规律,属于上述几项所涉内容的最高层次。生态观是对原有的中国宪法中的经济观、政治观、文化观、社会观的补充与完善。

其二,生态观完善了宪法关系的传统双方主体,即一方是国家,另一方是公民或者人民。生态观强调了对自然的尊重,主张自然也应该参与到宪法关系中。被誉为"生态伦理学之父"的奥尔多·列奥鲍德就提出"大地的伦理"(land ethic),认为对人与自然关系的调整将成为人类的第三代伦理,土壤、水体、植物、动物或者它们的集合体的伦理规范将被包含到人与社会的关系中的社会的概念之中。[①] 正如党的十九大报告中所指出的,要充分认识人与自然均属生命共同体。自然不再只是被支配的对象,将自然纳入具体的宪法关系中,意味着"自然"应得到足够的尊重和保护;如此对于国家与人民则两利,反之则两损。

其三,生态观丰富了宪法关系的内容。在国家、自然与人三者构成的宪法关系中,三者权利义务的内容均发生了深刻变化。甚至有学者主张,

---

① 〔美〕A. 列奥鲍德:《听到野生之歌》,新岛义昭译,森林书店1986年版,第310页。

自然权利应被认为属于宪法学独有的基石范畴。[①] 国家面向自然，选择尊重自然，意味着不再仅仅只是生态权力和职责，自然将回报国家以可永续发展的利益；公民面向自然，当然应该选择尊重自然，这意味着公民不仅仅只是主张自己的权利，还须履行对国家和公共利益的义务。

其四，生态观将推动宪法和法律的革新与实施。宪法生态观的确立，会对宪法制度比如生态文明制度的系统化等产生内在需求，即便在宪法不再进一步修改的背景下，也可通过宪法解释对宪法上的生态文明条款与其他制度条款之间的逻辑关系作进一步梳理，以构成一个更具有逻辑自洽性和规范自足性的宪法文本。同时，生态文明与生态观，对宪法实施的方式与内容必将产生积极的推动作用。在实证法的秩序中，宪法的根本法地位不容置疑。宪法上的生态观将形塑部门法上的基本概念，例如甚至可能会整合环境资源法学的核心概念范畴，影响《民法典》中分则部分环境条款的最终表达，等等。

此外，生态文明写入宪法，标志着我国宪法形成了有关生态与环境以及生态文明建设的较为完整的生态文明规范体系。这意味着中国宪法的生态观呈现立体架构，应该分层对待：既包括从宪法整体结构以及发展理念等出发的结构生态观，也包括宪法环境条款自身所蕴涵的规范生态观。

第二节　宪法的结构生态观

所谓结构生态观，是把宪法中的生态文明规范当成一个有机联系的整体，强调的是宪法规范中蕴涵的生态环境理念、观念等较为抽象的那部分内容。结构主义强调功能性和整体性。[②] 在笔者看来，公民、国家和社会是当代法律规范乃至宪法规范中最主要的主体性要素；因此，结构生态观围绕公民、国家和社会展开，生态公民观强调公民个体应当持有的有关公

[①]　参见宁凯德《自然权利：宪法学的基石范畴》，《法学论坛》2018 年第 2 期，第 50~57 页。

[②]　参见王至元、陈晓希《从结构主义到建构主义——皮亚杰发生认识论介绍之一》，《国内哲学动态》1983 年第 2 期，第 14 页；周怡《社会结构：从"形构"到"解构"——结构功能主义、结构主义和后结构主义理论之走向》，《社会学研究》2000 年第 3 期，第 55 页。

民与生态环境的基本认识，生态国家观强调国家整体应当持有的有关国家
与生态环境的基本认识，生态社会观强调可持续发展中的社会应当持有的
社会与生态环境的基本认识。

一 生态公民观

生态环境是人的生存发展的必备要素：生态环境成就人的生存和发
展，人本身在生态环境之中。"在近代史上，公民比任何社会人物都更有
活力。"① 从人到公民最大的区别在于，相对于强调个体和自由的人，公民
更关注对公共利益和秩序的尊重以及维护。公民内涵最核心的问题是：公
民是一个社会人及政治人，他是以社会和国家的一个成员身份而存在的。②
因此，不管是从公民的角度，还是从生态环境的角度，应该树立生态环境
与公民协调的生态公民观。这具体包括两层含义。（1）生态环境是公民成
之为公民的基本条件。从公民的个体性角度而言，适宜的生态环境是维持
人生存和发展的基本前提；从公民的群体性角度而言，适宜的生态环境提
供人在共同体中生存和发展基本的秩序。因此，正如约翰·巴里（John
Barry）的"绿色公民共和主义"理论所主张的，公民个体应该具备基于环
境正义认知与情感的生态公民权意识，通过提供某些强制性的可持续性公
共服务来培育自己的生态公民意识及权利。绿色国家是由推动国家发生改
变的绿色公民创造的。③（2）尊重和保护生态环境是公民的基本品质，公
民的含义必然包含生态公民，公民应该具备生态品质。正如安德鲁·多布
森（Andrew Dobson）所指出的，公民环境权提出的直接动因，是如何克服
在实现生态可持续性目标上公民个体行为与态度之间的不一致性，从而有
助于创建一个真正可持续的社会，生态可持续性行为就很可能属于那些虽

---

① Ralf Dahrendorf, "Citizenship and Beyond: The Social Dynamics of an Idea," *Social Research*,
1974 (41).
② 李萍、钟明华：《公民教育——传统德育的历史性转型》，《教育研究》2002 年第 10 期，
第 67 页。
③ John Barry, "Resistance is Fertile: From Environmental to Sustainability Citizenship," Andrew
Dobson and Derek Bell（eds.），*Environ-mental Citizenship*. Cambridge: MIT Press, 2006,
pp. 21-48.

然未必对公民个体有利，但却是正确的或符合公共利益的事情。①

二 生态国家观

随着生态环境问题的凸显，近 10 年来，生态国家或环境国家的概念日益被德国、日本的学者提出和使用。② 从宪法角度看，所谓生态国家应包含以下六层含义。（1）生态环境是国家的基本要素。在宪法学上，国家包含三个基本要素，即领土、人民及主权。随着生态环境的日益恶化，领土应是一个适宜人类生存的生态环境；人民也应该对生态环境有基本的尊重和爱护；同时主权当然应该包括生态主权。（2）生态环境是国家权力的基本行使内容。在生态环境保护日益成为国家统治之正当性基础的背景下，应该在整体的国家治理秩序中划定生态环境保护的领域。生态国家意味着，各项国家权力的行使均应该体现并保护生态环境，即保护生态环境不仅是某项国家权力的内容，而且需要包括立法权、行政权、司法权、监督权等所有国家权力的分工协作。（3）有关生态环境的条款应该成为宪法中的重要内容。宪法规定一国之中最重要的问题、最基本的制度。当生态环境保护成为当代国家的基本任务，就意味着生态环境不但应该入宪，而且须占有日益重要的地位。（4）宪法上的生态国家，既以社会国理念和法治国理念为基础，又具有独立的内涵；不管是理念上，还是内容上，社会国的概念无法包含生态国家的全部要义。（5）宪法上的生态国家是包括生态文明基本国策、国家环境权力与职责、公民环境权利与义务等在内的复合性概念。（6）宪法上所强调的生态国家仍然要体现综合性的一面，即生态国家最终应有益于国家发展、竞争力提升以及人民生活的幸福。

三 生态社会观

所谓生态社会观，是指生态环境本身是社会发展的要素之一，一个可持续发展的、具有竞争力的社会离不开适宜的生态环境。具体包含如下方

---

① Andrew Dobson, *Citizenship and the Environment*, Oxford：Oxford University Press，2003，p. 4.
② 参见陈海嵩《环境治理视阈下的"环境国家"——比较法视角的分析》，《经济社会体制比较》2015 年第 1 期，第 103~106 页。

面：（1）经济发展与生态环境保护的协调。生态环境保护，其最终目的是要实现经济社会的可持续发展。可持续发展理念与宪法的核心价值具有内在的契合性。可持续发展理论的核心还是以人类为中心，强调的是人们更有质量地生活，这恰恰是对人尊严的肯定与满足，而人的尊严是宪法的核心价值所在。（2）生态环境有助于社会竞争力的提升。生态环境不仅是生产力，也是竞争力。良好生态环境可以提升生活品质，提高发展效率，实现可持续发展。（3）生态环境有利于良好社会形态的形成。一个良好的社会形态，包含善治、秩序、有获得感等几个方面，而生态环境无疑属于基础性的环节。（4）应该引导塑造正确的生态社会观，从而实现在生态环境保护、人的尊严与价值以及社会的可持续发展之间最佳的契合度。

第三节　宪法的规范生态观

与结构生态观强调抽象和整体不同，规范生态观与宪法条文密切联系，强调宪法规范中具体的生态环境构成要素，属于宪法条文中直接蕴涵的规范所体现的生态观。规范生态观，直接体现宪法上的规范依据：既包括直接意义上的规范依据，如现行《宪法》序言相关内容以及第9条、第26条、第89条；也包括间接意义上的规范依据，如现行《宪法》第33条、第38条等。

一　突出国家治理

国家治理生态观，指的是生态环境保护与治理是国家发展的重要目标，是满足人民对美好环境生活的向往、实现国家永续发展的必备内容之一；强调在生态环境治理中，国家居于主导地位，应该承担最主要的责任，主张国家权力发挥应有作用。《人类环境宣言》所规定的"保护和改善人类生态环境，关系到各国人民的福利和经济发展，是人民的迫切愿望，是各国政府应尽的责任"即对国家治理生态观的精确描述。其具体包括四个方面。

其一，国家目标。保护生态环境以提升人民的生态品质是现代国家所应担负的主要任务之一，否则，国家将失去其存在的基础及正当性。① 党的十八大以来，党和政府站在人与自然和谐共生的高度谋划经济发展，高度重视生态环境治理，明确了国家推进绿色发展、生态文明和建设人与自然和谐共生的现代化之目标。

其二，主导地位。所谓主导是指生态环境保护主要依靠国家。现行《宪法》第 9 条规定："国家保障自然资源的合理利用，保护珍贵的动物和植物"。第 26 条规定："国家保护和改善生活环境和生态环境，防治污染和其他公害。国家组织和鼓励植树造林，保护林木。"同时，宪法于 2018 年作出修改时，在第 89 条增加规定领导和管理"生态文明建设"为国务院的一项重要职权。

其三，主要责任。既然国家是生态环境保护的主导者，从现代法治原则中的权责一致要求出发，国家当然也是生态环境保护的第一和主要责任者。为保护生态环境利益，需要国家权力在政治经济决策、立法、司法等多方面努力。②

其四，突出权力。具体包括国家权力整体上应该对生态环境进行保护；国家权力应协调进行生态环境保护，要求明确分工，互相配合。

二　复合权利义务

权利义务生态观是指生态文明建设中环境权利观和环境义务观的复合。自 20 世纪 60 年代横空出世以后，环境权日益呈现基本权利属性；时至今日，被认为是维持人的尊严、保障人的生存与发展的基本权利。1978 年宪法和现行宪法在制定环境条款时，并没有直接和明确使用环境权的概念，但至少表明了国家对生态环境问题的重视。从宪法学的意义而言，国家权力的对向内容是公民权利，因此国家对生态环境的保障意味着对公民环境权的

---

① 参见李建良《环境议题的形成与国家任务的变迁——"环境国家"理念的初步研究》，《宪法体制与法治行政——城仲模教授六秩华诞祝寿论文集》，三民书局 1998 年版，第 283、290 页。

② 参见〔日〕黑川哲志《从环境法的角度看国家的作用及对后代人的责任》，王树良、张震译，《财经法学》2016 年第 4 期，第 65~72 页。（《新华文摘》2016 年第 20 期全文转载）

间接肯定和保障。现行《宪法》序言中的"生态文明""美丽"、第9条规定的"国家保障自然资源的合理利用"、第26条规定的"国家保护和改善生态环境和生活环境"以及第89条规定的"生态文明建设"均对公民环境权形成了明确的保障预期。再从宪法文本的整体结构看，结合《宪法》第33条、第38条等规定，可以通过宪法解释的方式证成公民的环境权。

当然，在生态环境保护的法律关系中，并非只有权利的内容。生态环境的公共性决定了维护生态环境不仅是一项权利，也应该是一项义务。但是，我们大部分时候所理解的公民概念，总是对权利投以极大的热情，却对义务采取沉默态度，忽视了公民身份所内含的"权利—义务"互动结构。① "只有环境法律关系的主体在享有适宜环境权利的同时承担保护环境的义务，才能真正实现有关各方的环境权益。"② 正如《人类环境宣言》明确规定的，人人都有在良好的生态环境里享受自由、平等和适当生活条件的基本权利，同时也有为当今和后代保护和改善生态环境的神圣职责。

三 强调积极效能

积极效能生态观是指追求能动的生态环境保护，并以生态环境的切实保护与改善为基本目标。具体包括两个方面。其一，主动保护。如现行宪法生态文明规范中的"国家保障""国家保护""国家组织和鼓励"等规定，均体现了主动保护的国家环境义务。其二，强调实效。如现行宪法生态文明规范中的"合理利用""改善""防治"等规定，均蕴涵了追求生态环境治理良好效能的规范目的。总之，强调积极效能彰显了中国宪法的积极主义生态观，主张积极面对生态环境问题，要看到解决生态环境问题的努力及取得的成绩；而不只是被动地、消极地应对，甚至一味抱怨。

四 严格生态责任

宪法责任以规范国家权力、实现国家的预期发展为主要内容。时至今

---

① 参见秦鹏、杜辉《环境义务规范论——消费视界中环境公民的义务建构》，重庆大学出版社 2013 年版，第 5 页。

② 参见蔡守秋主编《环境法教程》，法律出版社 1995 年版，第 39 页。

日，生态环境保护及治理既涉及公民的基本权益，又关乎国家的可持续发展；国家权力的行使直接影响生态环境保护及治理的效果，因此生态责任也是宪法责任中的重要内容。严格责任生态观强调对生态环境保护不力甚至破坏生态环境的行为应追究严格责任。宪法生态文明规范并非简单宣示国家的自然资源所有权，以保障国民经济的发展；而是设立了一种国家责任，在于确立具有责任性的"规制国家"而非"全权国家"，政府处分自然资源的行为也应符合宪法的规制。① 国家是生态环境责任的主要主体。基于自然资源的公有属性，对自然资源和生态环境的保护应承担最主要责任的当然是国家。但是国家对环境资源的合理使用并非能够进行完全的控制，事实上还需要相关社会组织和公民的配合与协助。因而社会组织和公民也是生态责任上与国家相对应的重要主体。现行《宪法》第9条明确规定"禁止任何组织或者个人用任何手段侵占或者破坏自然资源"。《宪法》第9条和第26条的规定体现了严格的生态责任的倾向，再加上日益严重的生态环境问题以及自党的十八大以来党和国家对生态环境保护及治理的高度重视，实行严格的生态责任制度成为必然。

---

① 参见王旭《论自然资源国家所有权的宪法规制功能》，《中国法学》2013年第6期，第15~16页。

第二章　宪法上的生态文明规范体系

在中国宪法生态观的指引下，1982 年宪法对自然资源和环境保护的规范已经较为全面，但宪法规范和制度体系中却一直没有纲领性的生态文明规范进行引领。2018 年修宪使得生态文明入宪后，生态文明建设的宪法地位、发展方向和建设目标得到确定，宪法生态文明规范体系已经形成。尽管在一国的法律体系当中，宪法的理论性相对于其他部门法较强，但宪法本质上仍属于实证之法。正如有学者所讲，宪法学研究应该以文本为中心，而且在实践上和理论上，均要以宪法文本的理解、解释为基本内容。① 从 2007 年开始，我国宪法学界广泛引入"文本—规范"的研究方法，即以解释学的方法探讨实践中的宪法问题，使文本和解释学逐渐成为宪法学上共识性的研究方法。② 诚如"文本自身是法律分析的明显起点。不看文字无法推断法律的精神"③，宪法的理论性通过宪法文本中的规范得到体现；因此，我国生态环境的宪法治理之理论与规范依据首推宪法中的生态文明规范体系。

---

① 参见《世界各国宪法》编辑委员会编译《世界各国宪法》，中国检察出版社 2012 年版，第 5 页。

② 韩大元：《中国宪法学研究三十年（1985—2015）》，《法制与社会发展》2016 年第 1 期，第 10 页。

③ 法案成为法律这一事实强化了文本主义的重要性。诚然，律师和法官常常会超越法律条文本身，但文本本身显然是法律分析的起点。如果不看法律条文，甚至都不可能推断出一部法律的精神。See Akill Reed Amar, *The Bill of Right*, Yale University Press, 1999, p. 296.

第一节　宪法生态文明规范体系的历史脉络

生态文明入宪之前，单个环境条款是宪法生态文明规范体系的文本体现。但是，生态文明本身不是孤立的概念，其囊括了宪法环境条款。从历史发展的视角来看，宪法生态文明规范的逐渐完善是生态观从朴素走向成熟以及生态文明制度成果不断积累的表现。[①]

一　朴素生态观的体现：1954 年宪法及 1975 年宪法

1954 年宪法及 1975 年宪法中的部分条款反映了当时所倡导的蕴涵于中国社会文化中的朴素生态观，这一朴素生态观来自全民对自然资源及生态环境的内心维护。1954 年宪法第 6 条第 2 款规定："矿藏、水流，由法律规定为国有的森林、荒地和其他资源，都属于全民所有。" 1975 年宪法第 6 条第 2 款规定："矿藏、水流，国有的森林、荒地和其他资源，都属于全民所有。"这些条款背后隐含着相应的生态环境保护逻辑。

作为中华人民共和国的第一部宪法，1954 年宪法除了发挥宪法的功能性作用、树立法制权威外，促进社会变革和移风易俗也是其应发挥的重要作用。1954 年宪法将自然资源所有权赋予全民，是对中国数千年以来自然资源所有权体制的颠覆，能够让全体社会成员对自然资源产生主人翁意识。从 1954 年宪法颁布后党和政府所作的一系列努力来看[②]，其所确定的全民所有制为中华人民共和国成立初期的生态环境治理提供了宪法层面的依据。1975 年宪法基本秉持了 1954 年宪法的原则。因此，这两部宪法均体现了朴素的生态观。世界上第一个将环境权写入宪法的社会主义国家是南斯拉夫，具有社会权性质的环境权亦因能 "发挥着独特的凝聚团队意识

---

① 张震、杨茗皓：《论生态文明入宪与宪法环境条款体系的完善》，《学习与探索》2019 年第 2 期，第 85~87 页。

② 参见张连辉《新中国环境保护事业的早期探索——第一次全国环保会议前中国政府的环保努力》，《当代中国史研究》2010 年第 4 期，第 40~42 页。

的功能"而"被具有社会主义传统的国家所青睐"①。从法制建设的角度来看，权利与义务相对应的要求使得在全面享有所有权的同时必然也存在全面承担环境保护及生态保障义务。两部宪法的文本虽未将这一义务明确，但权利的产生必然代表着义务的存在，这不因宪法文本的规定明确与否而改变；这一义务的创设也为后来宪法对国家自然资源保护义务的设定提供了参考。由此，这两部宪法中的环境条款可以被视为生态文明建设的早期宪法成果。

二　国家环境保护义务具体化：1978 年宪法

相较于 1954 年宪法和 1975 年宪法，1978 年宪法的第 11 条第 3 款规定："国家保护环境和自然资源，防治污染和其他公害。"这一条款首次在宪法文本中明确了国家是环境保护的义务主体，使得国家对自然资源的所有权与环境保护义务之间形成了文本上的平衡。其应当是我国宪法环境条款的发端。伴随物质文明的不断发展，人民在审视自身权利之时逐渐将更多的目光集中在自己是否能够享受到优良环境所带来的福利上。基本人权理论的发展也确认了环境权应当是人民所享有的基本权利；因此，宪法环境条款日益受到各国的重视并逐渐发展完善起来，良好的生态环境已经成为人民的基本诉求之一。1978 年宪法为国家确立了"保护环境和自然资源，防治污染和其他公害"的义务。从宪法文本来看，这一义务主体是国家。文本对国家义务从两个层面进行了阐述。第一层面是国家"保护环境和自然资源"的义务。环境与自然资源为自然所有，并不因为人类的活动而产生。第二层面是"防治污染和其他公害"的义务。国家需要从两个维度来履行其义务：一是污染或其他公害没有发生时，国家应当采取一定的措施来防止其发生；二是当污染和其他公害产生时，国家应采取一定的措施对其进行治理，使之恢复原貌。

三　宪法生态文明规范走向成熟：1982 年宪法及 2018 年修宪

在继承 1978 年宪法的基础上，1982 年宪法进一步丰富了环境和自然

---

① 吴卫星：《环境权入宪的比较研究》，《法商研究》2017 年第 4 期，第 174、175 页。

资源保护条款。具体包括在 1982 年宪法总纲第 9 条第 2 款规定："国家保障自然资源的合理利用，保护珍贵的动物和植物。禁止任何组织或者个人用任何手段侵占或者破坏自然资源。"这一规定与 1978 年宪法规定的"国家保护环境和自然资源"形成了对比，以"合理利用"代替了单一的"保护"，突出了人类与自然之间的和谐关系，显示了立法技术的提升及对生态文明建设的初步认知。现行《宪法》第 22 条第 2 款规定："国家保护名胜古迹、珍贵文物和其他重要历史文化遗产。"这一条款针对的客体是具有典型意义的名胜古迹、珍贵文物和其他重要历史文化遗产，一些珍贵的、具有独特意义的自然资源及景观亦被纳入保护之列，因而此条款可以看作对部分重要环境及自然资源的特殊保护条款。现行《宪法》第 26 条规定："国家保护和改善生活环境和生态环境，防治污染和其他公害。国家组织和鼓励植树造林，保护林木。"从文义上来看，"这一规定是国家对环境保护的总政策，说明了环境保护是国家的基本职责或义务"①。从这些条款可以看出，1982 年宪法已经形成了较为完整的宪法环境条款体系。

2018 年宪法修改时，生态文明被正式写入现行宪法序言第七自然段，生态文明所蕴涵的价值在法律制度中得以合理体现。生态文明被明确写入宪法，结束了长期以来宪法文本中环境条款缺乏统筹的局面，使得宪法文本中的环境条款得以体系化，进而形成宪法上的生态文明规范体系。同时，宪法生态文明规范体系中的环境条款与部门环境法之间的关系得以明确，宪法的根本法尊严进一步得到彰显。由于宪法有了关于生态文明的思想阐述和原则性规定，就可更好地发挥总揽全局的规范作用；我国的基本法律和其他法律、行政法规和部门规章、地方性法规和地方政府规章、民族自治条例和单行条例等，就能全面地、系统地、持续地贯彻和发展生态文明思想，使生态文明建设真正从法律上进入"五位一体"总体布局，真正使生态文明建设在宪法框架下实现法治化。总之，生态文明入宪标志着我国的生态文明建设探索出了符合国情的中国特色环保策略、法治模式和

---

① 谭倩、戴芳:《公民环境权的宪法保障路径研究》,《云南行政学院学报》2018 年第 2 期,第 152 页。

发展道路，由此步入了生态文明建设和发展的新时代。

第二节　宪法序言中生态文明的规范分析

2018 年宪法修正案将序言第七自然段中的"推动物质文明、政治文明和精神文明协调发展，把我国建设成为富强、民主、文明的社会主义国家"修改为"推动物质文明、政治文明、精神文明、社会文明、生态文明协调发展，把我国建设成为富强民主文明和谐美丽的社会主义现代化强国，实现中华民族伟大复兴"。修改后的序言条款解决了生态文明建设这一顶层设计与宪法规范之间的衔接问题，进一步将国家重大决策、人民共识与以宪法为核心的中国特色社会主义法律体系结合起来。

一　修改后的宪法序言明确生态文明的宪法地位

生态文明的提出、发展，与社会现实的发展密不可分，而法律规范的更新在很大程度上是对法律事实的回应。"2013 年以来，生态文明每年都以专门的篇章形式进入政府工作报告，2014 年以来进入了所有修改或者制定的环境保护法律法规。"[1] 因此，必须对生态文明这一已经广泛出现在部门法领域的概念进行宪法地位的确定，从而实现宪法与部门法之间规范逻辑的统一。从具体规范来看，"生态文明"上升到与"物质文明、政治文明、精神文明、社会文明"并列的地位，为我国生态文明建设提供了根本的行为准则。[2] 这一根本行为准则体现在三个方面：一是为宪法环境条款的实施提供了概括性指导；二是为各部门环境法提供了宪法依据；三是为国家下一步生态文明建设提供了根本法依据。

二　修改后的宪法序言明确生态文明的发展方向

宪法序言明确了"推动物质文明、政治文明、精神文明、社会文明、

---

[1]　常纪文：《新时代生态文明进入宪法的相关建议》，《中国环境报》2017 年 12 月 7 日，第 3 版。

[2]　孙佑海、孙熙博：《生态文明载入宪法背景下我国生态环境立法的若干思考》，《环境保护》2018 年第 7 期，第 7 页。

生态文明协调发展"的方向。对此，可以从两个方面进行理解。第一，其他"四个文明"的发展是生态文明建设不可缺少的条件，生态文明建设本身需要依赖其他"四个文明"的支撑。生态文明入宪的基础在于我国物质文明、政治文明、精神文明的发展已经取得了相应的成就，在解决了基本的生存发展问题后，我们有条件去要求获得更好的生态环境，也有能力去追求更好的生活与发展方式。第二，生态文明建设是其他"四个文明"进步的必要条件。文明的发展趋势在不断变化，传统的物质文明、精神文明、政治文明、社会文明的发展需要走出"单行道"，物质文明的发展要追求清洁、高效，精神文明的发展需要良好的生态环境为人民提供自然、舒适的心灵家园，政治文明的进步则与转变发展方式密不可分，因此，生态文明必须与其他"四个文明"同步协调发展。

三　修改后的宪法序言明确生态文明建设的最终目标

现行《宪法》序言规定："推动物质文明、政治文明、精神文明、社会文明、生态文明协调发展，把我国建设成为富强民主文明和谐美丽的社会主义现代化强国，实现中华民族伟大复兴。"对此，我们可以从三个层次进行分析。

其一，生态文明与其他"四个文明"需要共同为把我国建设成为富强民主文明和谐美丽的社会主义国家而努力，这是一种内向型的自我定位及需求，揭示了国家建设的内在方向及人民对国家、社会、生活的最核心要求。生态文明程度是达成这一目标的重要指标，美丽中国的要求更是直接指向高层次的生态文明建设标准。

其二，生态文明与其他"四个文明"需要共同为把我国建设成为社会主义强国而努力，这是一种外向型的定位及要求。"强国"要求我们，一方面在达成自我需求的同时具备区别于其他国家或地区的具有特色的发展模式，另一方面也要求我们在完成自身发展的同时尽可能地为其他有需要的国家提供包括智力支持在内的帮助。因此，生态文明建设既要着眼于中国实际，也要将目光转向具有普遍价值的智力成果探索上。

其三，生态文明与其他"四个文明"需要共同为实现中华民族伟大复兴而努力，这是从纵向的历史维度考察中得出的结论。中华民族在发展之始就着眼于对自然的保护，而良好的环境规划及长期发展中形成的人与自然的协调关系也是中华文明得以延绵不绝并长期屹立于世界文化之林的重要原因。生态文明建设既是国家社会发展的基本策略，也是当代中国及中国人民实现中华民族伟大复兴不可推卸的责任。

第三节　宪法生态文明规范的类型划分

从我国现行宪法文本中关于自然资源、环境保护以及生态文明建设的规范体系来看，在 2018 年修宪将生态文明写入宪法后，宪法生态文明规范体系显然更趋完整和体系化。当然，为保证宪法生态文明规范体系得以有效实施，对宪法生态文明规范首先有必要统合运用规范宪法学和宪法解释学的方法进行类型化的诠释。

一　确认性规范

其一，现行《宪法》第 9 条确认了自然资源的国家所有。所谓自然资源是指当前或可预见的将来能被利用的自然物质和自然力（能量），如土地、水、空气、生物、能量和矿物等。[①] 自然资源除具有财产价值之外，尚具有生态价值与社会价值。[②] 就自然资源的生态价值和社会价值而言，国家作为公共利益和秩序的最主要代表者，对自然资源的有效保护和合理利用具有主体正当性和功能最佳性。因此，在宪法已然确立生产资料实行社会主义公有制的前提下，可转化为生产资料的自然资源被法律规定为国家所有在逻辑上就成为必然。

其二，现行《宪法》第 9 条强调了自然资源在环境保护中的重要地位以及对国家发展的重要程度。作为国家自然环境中重要内容的自然资源，

---

① 肖蔚云、姜明安主编《北京大学法学百科全书·宪法学 行政法学》，北京大学出版社 1999 年版，第 818 页。

② 参见焦艳鹏《自然资源的多元价值与国家所有的法律实现——对宪法第 9 条的体系性解读》，《法制与社会发展》2017 年第 1 期，第 129 页。

是人类生存的基本条件，是发展生产、繁荣经济的物质源泉，对一个国家的经济社会可持续发展有着重大影响。资源的利用对经济社会发展和生态环境保护具有双重效应：既能促进经济社会的可持续发展，又必然对生态环境带来不同程度的负面影响。因此，对于国家经济社会发展不可或缺的自然资源具有多重价值，务必由国家保障合理利用。

二 授权性规范

所谓授权性规范，并非指任意性规范，而是指宪法授予国家权力对生态环境的全面保护和对资源的合理利用，即基于中国宪法生态观的理解，国家有权而且必须积极保护生态环境。基于生态环境的典型公益性、集体性特征，国家应是生态环境保护和治理首要的职权主体和责任主体。国家对未来的国民负有保护其生态环境利益的义务。[①] 结合现行《宪法》序言、第 9 条、第 26 条和第 89 条的规定，其具体包含两个方面。

（一）环境的保护

具体到《宪法》第 9 条和第 26 条，主要使用了"保障""保护""合理利用""防治""组织和鼓励"等字眼。

其一，所谓"保护"，是指尽力照顾，使不受损害。[②] 所谓"保障"，是指保护使不受侵犯和破坏，以及起保障作用的事物。[③] 相对于"保护"，"保障"的程度更高些，强调结果，而且突出了综合性。因此，《宪法》第 9 条使用的"保障"用来规定自然资源的合理利用；而《宪法》第 9 条和第 26 条使用的"保护"指向"生活环境和生态环境"，以及"珍贵的动物和植物"和"林木"。这表明了宪法对生活环境和生态环境保护的过程的强调和未来指向性，因为环境保护是个长期的系统工程。人和自然是宪法中环境的两大组成部分。生活环境主要强调人的因素，生态环境主要强调自然的因素。维持人的尊严是现代宪法的核心价值，自然环境是维持人的

---

① 〔日〕黑川哲志：《从环境法的角度看国家的作用及对后代人的责任》，王树良、张震译，《财经法学》2016 年第 4 期，第 65~72 页。（《新华文摘》2016 年第 20 期，第 140 页）

② 《现代汉语词典》（修订本），商务印书馆 1996 年版，第 44 页。

③ 《现代汉语词典》（修订本），商务印书馆 1996 年版，第 46 页。

有尊严的生活的物质条件，"以人为本，以自然为根，以人与自然的和谐为魂"①，因此宪法通过确认人与自然和谐相处理念对环境予以明确保护。当然，学术界也有不少学者主张不再使用生态环境的概念。② 但在笔者看来，首先，生态环境的提法合乎党的十八大以来"五位一体"总体布局中生态文明建设战略布局的概念与思想，生态环境无疑是建设生态文明的基础条件，在此前提下，应该重视宪法中的生态环境的概念；其次，并非无法确定生态环境概念的内涵和外延，所谓生态环境，概指"与自然活动有关的环境"③，它突出了自然的因素，仅仅使用"生活环境"的提法无法涵盖环境的全部要素。至于"珍贵的动物和植物"以及"林木"，是生态环境的重要组成部分，对于我国的生态多样性以及经济社会发展具有非常重要的现实意义。我国既是动植物和林木资源大国，又是动植物和林木资源穷国；珍贵的动植物和林木资源减少的速度过快。因此，有必要在宪法中突出保护，《宪法》第26条还专门强调了"组织和鼓励"植树造林。

其二，所谓合理利用，是指以合适的方式和程度使事物发挥效能。④《宪法》第9条"保障自然资源的合理利用"的规定重在强调对自然资源使用的方式和程度应该合乎自然资源的特点和规律：既能发挥自然资源对于经济社会发展的功能，又不过度使用。"合理的资源利用既可以最大程度地促进社会经济的发展，又能最大限度地减少对生态环境的不利影响，最终达到或趋向可持续发展的目标。无论是可再生资源还是非可再生资源，其合理的利用都应该在资源的代价性损失范围内，也就是只要能保证资源的利用是代价性损失，人们就不必要去担忧资源的稀缺及其对未来经济发展的约束。"⑤

---

① 蔡守秋：《从环境权到国家环境保护义务和环境公益诉讼》，《现代法学》2013年第6期，第12页。

② 参见竺效《论环境侵权原因行为的立法拓展》，《中国法学》2015年第2期，第256~259页。

③ 参见钱正英、沈国舫、刘昌明《建议逐步改正"生态环境建设"一词的提法》，《科技术语研究》2005年第2期，第20页。

④ 《现代汉语词典》（修订本），商务印书馆1996年版，第507、779页。

⑤ 谭荣、曲福田：《自然资源合理利用与经济可持续发展》，《自然资源学报》2005年第6期，第798~799页。

其三，所谓"防治"，是指预防和治理。① 《宪法》第26条"防治污染和其他公害"的规定意在从消极防御和积极治理的双重角度对环境采取兼具预防式和纠偏式的保护。所谓"公害"，是指对生活环境和生态环境所造成的各种污染损害。② 相对于"污染"，"公害"的程度更深，已经危及公共空间和利益；因此对公害防治，应该极为重视。由于曾深受公害问题的困扰，日本学界对之进行了系统研究。有学者认为，所谓公害是指所有的事业活动及其他人为造成的波及公众健康和生活的障碍，主要包括产业公害、都市公害、设施公害、农业公害、观光公害及开发公害。③ 我国台湾地区有学者认为，公害是人为活动所产生的对环境造成破坏的一种现象、状态或法律事实。④ 如果我国对环境问题不及时予以有效控制，也可能会产生较大规模和较高频率的公害。因此，1982年宪法对公害的规定，具有一定的立法规范上的前瞻性，在立宪理念和技术上均值得肯定。

总体说来，上述用语在现行《宪法》第9条和第26条的综合使用，强调了环境保护的初阶目标，即维持较适宜的环境。

（二）环境的改善

所谓"改善"，是指改变原有情况使好一些。⑤ 《宪法》第26条中的"改善生活环境和生态环境"意在强调在维持现有环境条件的前提下，进一步提高环境质量。改善强调了环境保护的进阶目标，即追求更良好的环境。现行宪法于2018年作出修改，在序言中明确指出，"把我国建设成为富强民主文明和谐美丽的社会主义现代化强国"，这更加凸显了国家环境改善的明确目标。而且，现行《宪法》修改后的第89条，将"生态文明建设"与"经济工作和城乡建设"放在一起作为国务院的一项重要领导和管理职权。这更加明确了领导和管理生态文明建设属于国家行政权中的重要内容和行使目标。

---

① 《现代汉语词典》（修订本），商务印书馆1996年版，第356页。
② 许崇德主编《中华法学大辞典·宪法学卷》，中国检察出版社1995年版，第193~194页。
③ 参见〔日〕原田尚彦《环境法》，于敏译，法律出版社1999年版，第3~8页。
④ 陈慈阳：《环境法总论》，中国政法大学出版社2003年版，第29页。
⑤ 《现代汉语词典》（修订本），商务印书馆1996年版，第402页。

三　禁止性规范

所谓禁止性规范是指国家作为环境公共利益的代表者和被宪法授权者对破坏自然资源以及生活环境和生态环境的组织和公民的行为进行约束、禁止甚至制裁的行为及其制度。包括禁止的对象和方式两个方面。

其一，对组织和个人环境破坏行为的禁止。所谓"禁止"是指不许可。[①] 依据现行《宪法》第 9 条的规定，"禁止任何组织或者个人用任何手段侵占或者破坏自然资源"。这意味着任何组织或者个人，以任何手段对自然资源的侵占或破坏，都是完全不被许可的。该条款不仅动用立法权，也包括行政权和司法权。

其二，禁止侵占或者破坏。所谓"侵占"，是指非法占有别人的财产。[②] 刑法上的"侵占罪"，是指以非法占有为目的，将自己代为保管的他人财物非法占为己有，数额较大，拒不退还或者将他人的遗忘物或者埋藏物非法占为己有，数额较大，拒不交出的行为。[③] 所谓"破坏"，是指违反规定，使事物受到损坏、损害。[④] 自然资源属于公共财产，任何组织和个人不得基于私的利益进行侵占和破坏。

总之，宪法此处规定以禁止性规范的形式，意在从消极防御的角度对自然资源予以纠偏式保障。

四　权利义务性规范

现行宪法虽然没有明确指出公民的环境权利和义务，但是，国家的权力表面上是宪法的授予，实质上是人民的让渡；因此，国家权力本质上是国家的职责，也可以转换为国家的义务。"对国家义务长久忽视，导致公民基本权利因缺乏义务主体而被架空、虚化。"[⑤] 国家的义务其直接指向就

---

① 《现代汉语词典》（修订本），商务印书馆 1996 年版，第 662 页。
② 《现代汉语词典》（修订本），商务印书馆 1996 年版，第 1025 页。
③ 杨春洗、康树华、杨殿升主编《北京大学法学百科全书·刑法学 犯罪学 监狱法学》，北京大学出版社 2001 年版，第 606 页。
④ 《现代汉语词典》（修订本），商务印书馆 1996 年版，第 984 页。
⑤ 袁立：《公民基本权利视角下国家义务的边界》，《现代法学》2011 年第 1 期，第 33 页。

是公民的权利。"国家有权力必有义务，将公民与国家的关系简化为'权利—权力'关系是不正确的，'国家在法律上的代表就是权力'是一个错误的命题。国家的义务是满足公民权利的需要。权利、国家义务、国家权力三者的关系是：'权利的需要'决定国家义务并进一步决定国家权力；国家权力服务于国家义务并进一步服务于公民的权利。"① 因此，《宪法》第9条和第26条对国家环境权力的规定，其背后隐藏的是国家环境职责及义务的规定，而其直接受益者就是公民，从而暗含了公民的环境权利。

同时，现行《宪法》第9条和第26条针对组织和公民的禁止性规定，更是直接明确了组织和公民的环境义务。公民身份的首倡者马歇尔明确指出："如果说公民身份意味着捍卫权利，那就不能忽视与之相关的公民义务。"② 在现代社会中，社会组织对公民的利益诉求以及国家经济社会发展甚至国家的决策等均产生重要影响。因此，除了国家和公民这两大传统的宪法关系主体，"组织"在现代宪法中也被赋予重要的权利和义务内容。环境权利和环境义务是一对孪生体，"生活的全部高尚寓于对义务的重视，生活的耻辱在于对义务的疏忽"③，只强调环境权利而忽视环境义务，不仅在理论上而且在实践上也是有问题的。国家尽管是环境保护的最主要的主体，但是如果没有公民的积极参与，也无法达成环境保护的既定效果。

五　显性规范与隐性规范

（一）显性规范

所谓宪法生态文明规范中的显性规范，是指直接与生态文明的概念关联，直接体现生态文明内涵与要求的内容。④

1. 《宪法》序言中的"新发展理念"、"生态文明"与"美丽"

从宪法文本上来看，"新发展理念"是国家持续推进社会主义现代化

---

① 陈醇：《论国家的义务》，《法学》2002年第8期，第15页。
② T. H. Marshall, *Class, Citizenship and Social Development*, Chicago: University of Chicago Press, 1964, p. 123.
③ 蒋银华：《论国家义务的理论来源：现代公共性理论》，《法学评论》2010年第2期，第19页。
④ 张震：《生态文明入宪及其体系性宪法功能》，《当代法学》2018年第6期，第50~52页。

过程中所要遵循的发展规范。发展规范的目的在于推动包括生态文明在内的"五个文明"的发展，而前两者的最终目标都在于建设"美丽"的社会主义现代化强国。宪法序言中的"新发展理念"包括"创新、协调、绿色、开放、共享"。作为新的国家发展理念之一，绿色发展理念为中华民族永续发展提供路径指引，其中"绿色"强调经济发展与生态环境保护的协调统合。绿色发展理念被纳入宪法生态文明规范体系，意味着宪法确认了经济发展与生态环境保护兼顾的新理念并将进行相关的制度安排。

宪法序言中强调经济建设、政治建设、文化建设、社会建设与生态文明建设构成一个统筹发展与建设的整体，其中的生态文明建设与其他"四种建设"同等重要。作为传统宪法主体的国家与公民，分别是生态文明建设的权力主体以及权利和义务主体。生态文明是一个涵盖多方面内容、多元参与、系统完整的制度体系。当下生态文明建设的重点内容是深入推进生态文明体制改革和健全完善生态文明制度体系。党的十九大报告指出："……到本世纪中叶……把我国建成……社会主义现代化强国。到那时，我国物质文明、政治文明、精神文明、社会文明、生态文明将全面提升"。为此，现行宪法于2018年作出修改，规定"推动物质文明、政治文明、精神文明、社会文明、生态文明协调发展"。这将指向具有生态意义的宪法理念、制度安排与行为模式的变革。

2018年宪法修改后，宪法序言中对国家发展目标之描述由"把我国建设成为富强、民主、文明的社会主义国家"调整为"把我国建设成为富强民主文明和谐美丽的社会主义现代化强国，实现中华民族伟大复兴"。此处修改，就生态文明建设而言，文字上的调整变化主要有四处，即"美丽"、"现代化"①、"强国"以及"中华民族伟大复兴"。从逻辑上看，实现中华民族伟大复兴的前提必然是建成社会主义现代化强国，而建成社会主义现代化强国的标志是"富强、民主、文明、和谐、美丽"，在这五大标志中"美丽"必不可少。因此必须站在实现中华民族伟大复兴和永续发

---

① 在上述三个词语中，对"现代化"有必要加以特殊说明，根据党的十八届三中全会、党的十八届四中全会的精神，"现代化"更为强调的是治理现代化和制度现代化，全面推进依法治国是其必由之路，依宪治国是逻辑前提。

展、国家治理体系和治理能力现代化以及全面建成社会主义现代化强国的高
度，充分认识"绿色"、"美丽"以及"生态文明"的深刻宪法价值与内涵。

2. 《宪法》第9条和第26条中的环境与资源条款

《宪法》第9条和第26条属于生态文明建设的制度性条款。主要包括
三个方面的内容。

其一，生态范畴的宪法界定。宪法上的生态主要包括以下内容。（1）自
然资源。所谓自然资源是指人类可以直接获得并用于生产和生活的天然存
在的自然物，如土地资源、气候资源、水资源、生物资源、矿物资源等。①
（2）生活环境。所谓生活环境是指与人类生活密切相关的各种天然的和经
过人工改造过的自然因素，如空气、河流、水塘、花草树木、风景名胜、
城镇、乡村等，包括自然环境和社会环境。② （3）生态环境。所谓生态环
境是指以整个生物界为中心，可以直接或间接影响人类生活和发展的自然
因素和人工因素的环境系统。③ 上述三个概念中共同含有两点要素，即人
和自然。两者的宪法价值在根本上是统一的。人是宪法的第一要素，人的
尊严与幸福是现代宪法的核心价值；而在当下，只有保护好自然与环境，
才能更好保障人的美好生活。

其二，国家对于生态文明建设的制度性行为。《宪法》第9条和第26
条规定了国家兼具保护环境并改善环境的任务。这既是在进行目标分层，
也会根据不同目标采取不同的治理手段和措施。

其三，生态文明建设中公民的应然行为模式。主要指禁止任何组织或
者个人用任何手段侵占或者破坏自然资源。表面上看，这是对公民违法行
为的禁止，环境属于公共利益，公民当然有保护和改善环境的义务；但事
实上，当公民树立正确的环境观念，规范自己的环境行为，最终的受益者
还是公民自身。

3. 《宪法》第89条中的明确生态职权条款

2018年修宪对《宪法》第89条作出修改，国务院的职权在"领导和

---

① 邓绶林主编《地学辞典》，河北教育出版社1992年版，第1058页。
② 江伟钰、陈方林主编《资源环境法词典》，中国法制出版社2005年版，第789页。
③ 江伟钰、陈方林主编《资源环境法词典》，中国法制出版社2005年版，第789页。

管理经济工作和城乡建设"之后增加规定"生态文明建设"。这就意味着领导和管理"生态文明建设"成为国务院的一项重要职权，而且与经济工作和城乡建设放在一起规定，体现了序言中新发展理念中的绿色发展，即经济发展与生态建设并重。

（二）隐性规范

所谓隐性宪法生态文明规范，是指现行宪法并无明确规定，但是通过显性规范可以诠释出来的有利于生态文明建设的相关规范。依据"法律的意义脉络"的解释法以及关注立法目的的解释法[1]，在宪法条款的结构中，依据生态文明的显性规范所关联的上下文的内涵以及通过 2018 年修宪所呈现的具有明显倾向性的生态立法目的，可以进一步解释识别生态文明的隐性规范。

1. 生态观念

生态文明入宪，不仅意味着生态制度的建构，也意味着生态观念的确立。特定的宪法生态观有助于深刻理解生态文明和绿色发展的概念及其重要意义；有助于主动有效实施宪法上的生态制度；有助于有效规范国家和公民的环境行为。马克思早在《1844 年经济学哲学手稿》中就阐述了人与自然的关系，即人类社会有别于自然界但又紧紧依附于自然界，本质上，人与自然应和谐统一。他指出："无论是在人那里还是在动物那里，类生活从肉体方面来说就在于人（和动物一样）靠无机界生活，而人和动物相比越有普遍性，人赖以生活的无机界的范围就越广阔。"[2] 习近平新时代中国特色社会主义生态文明观是对马克思主义生态观的继承、丰富与发展。[3] 党的十九大报告中提出的"社会主义生态文明观"是对当下生态观念的集中概括，其在宪法上的实质内涵可诠释为通过尊重和保护环境，满足人的美好生活诉求，实现环境治理现代化，保障国家与民族的永续发展。

---

① 参见〔德〕卡尔·拉伦茨《法学方法论》，陈爱娥译，商务印书馆 2003 年版，第 204~208 页。
② 《马克思恩格斯选集》（第一卷），人民出版社 2012 年版，第 55 页。
③ 参见张占斌、戚克维《论习近平新时代中国特色社会主义思想中的生态文明观》，《环境保护》2017 年第 22 期，第 20~21 页。

2. 生态权利

生态文明建设，可以实现国家的可持续发展，最终有利于实现公民的美好生活环境；因此生态文明也蕴涵着生态权利的内容，以公民环境权为核心的生态权利的宪法化是大势所趋。有学者指出，生态权利和生态价值问题的提出，实际上是要求把生态问题列入正常的法律制度框架之内，把所谓的法律体系外部性问题内部化。① 为此，在权利社会化向权利生态化转型的过程中，对"人类和生态共同利益"的保护，即是对"生态权利"的保护，这将成为宪法的中心任务和重要特征。②

3. 生态权力

生态文明写入宪法，意味着生态文明建设应该贯彻到各国家机关职权行使的全过程，特别是人大机关的立法职权以及政府行政职权的行使。因此，除了《宪法》第 89 条第 6 项所明确规定的生态职权，还意味着《宪法》第 62 条规定的全国人民代表大会制定基本法律的职权中有关生态的立法应成为重要内容；《宪法》第 89 条第 1 项规定的国务院制定行政法规和发布决定命令的职权中有关生态的内容也应被充分展现。相应地，不仅仅是中央国家机关，《宪法》第 99 条和第 107 条规定的地方各级人大立法职权和地方各级政府的行政管理职权中也理应包含生态文明建设的内容。③

第四节　宪法生态文明规范体系的内外构造

在现代宪法中，任何一项宪法规范的结构均不是单一的，需要放在宪法文本的整体结构中去考量：既要关注其内部规范要素，也要考察规范形成的历史条件以及规范之间的关系。以我国现行《宪法》第 9 条和第 26 条为核心条款的宪法生态文明规范体系，在一定程度上已经具备了宪法规

---

① 李惠斌：《生态权利与生态正义——一个马克思主义的研究视角》，《新视野》2008 年第 5 期，第 69 页。

② 参见陈泉生《环境时代宪法的权利生态化特征》，《现代法学》2003 年第 2 期，第 136 页。

③ 参见张震、石逸群《特色与融贯：生态文明建设地方立法的体系构建》，《中国人口·资源与环境》2023 年第 1 期，第 15~23 页；张震、杨茗皓《新时代地方政府生态义务的宪法规范诠释与实践供给》，《学习论坛》2020 年第 2 期，第 87~96 页。

范的自洽性。从法律主体上看，既包括国家，又包括公民和组织；从规范属性上看，既包括保障性规范，又包括禁止性规范和鼓励性规范；从规范内容上看，既包括规范手段，也包括规范目的。但需要注意的是，对宪法生态文明规范体系的分析不应仅局限于《宪法》第 9 条和第 26 条的环境条款本身，还应关注宪法生态文明规范体系产生的历史条件，其在宪法文本中的结构位置及其规范属性，甚至其他宪法条款对环境条款的规范供给和补充；因为它们共同构成宪法生态文明规范体系的内外规范结构，并深刻影响宪法生态文明规范体系的法律地位和法律实效。①

一　宪法生态文明规范体系的内部结构

（一）环境保护的主体明确

其一，国家。公共权力的设立是国家的基本特征之一。② 宪法学往往在规范国家权力的意义上使用国家的概念。进入现代社会以来，国家不再是消极的守夜人，国家权力对经济和社会生活的干预和介入日益强化甚至发挥了主导作用。就环境保护而言，基于典型公益性、集体性特征，国家应当是首要的职权主体和责任主体。国家对全体国民负有保护其环境利益的义务。③ 据统计，有 105 个国家的宪法明确规定环境条款，以明确国家在环境保护上的责任。④ 2011 年 12 月 20 日，在我国第七次全国环境保护大会上，时任国务院副总理李克强指出政府必须确保提供包括适宜环境质量在内的公共产品。

其二，公民。"在近代史上，公民比任何社会人物都更有活力"⑤，国家尽管是环境保护的最主要的主体，但是如果没有公民的积极参与和紧密

---

① 参见张震《宪法环境条款的规范构造与实施路径》，《当代法学》2017 年第 3 期，第 32~33 页。

② 孙国华主编《中华法学大辞典·法理学卷》，中国检察出版社 1997 年版，第 209 页。

③ 〔日〕黑川哲志：《从环境法的角度看国家的作用及对后代人的责任》，王树良、张震译，《财经法学》2016 年第 4 期，第 65~72 页。（《新华文摘》2016 年第 20 期，第 140 页）

④ 蔡守秋：《从环境权到国家环境保护义务和环境公益诉讼》，《现代法学》2013 年第 6 期，第 13 页。

⑤ Ralf Dahrendorf, "Citizenship and Beyond: The Social Dynamics of an Idea," 41 *Social Research*, 110 (1974).

配合，也无法达成环境保护的预期效果。我国宪法规定个人不得侵占或破坏自然资源，而修改后的《环境保护法》第6条亦明确规定，"一切单位和个人都有保护环境的义务"，"公民应当增强环境保护意识，采取低碳、节俭的生活方式，自觉履行环境保护义务"。

其三，组织。在现代社会中，社会组织对公民的利益诉求以及国家经济社会发展甚至国家的决策等均具有重要影响。因此，除了国家和公民这两大传统的宪法关系主体，"组织"在现代宪法中也被赋予重要的权利和义务内容。我国宪法规定任何组织不得侵占或破坏自然资源。修改后的《环境保护法》第6条进一步明确规定"一切单位和个人都有保护环境的义务"，"地方各级人民政府应当对本行政区域的环境质量负责"，"企业事业单位和其他生产经营者应当防止、减少环境污染和生态破坏，对所造成的损害依法承担责任"。

（二）环境保护的对象清晰

宪法中环境保护的对象，既要求保护自然资源和维持良好环境，也强调对负面的污染和公害进行有效预防。

其一，自然资源。自然资源为经济发展提供物质基础，对一个国家的经济发展有着重大影响。[①] 因此，对自然资源的合理使用，必须考虑长远需要，做到资源的开发与保护相结合，使之兼有经济效益、环境效益和社会效益。我国宪法通过规定自然资源的国家所有制或集体所有制，否定了公民个人对自然资源的直接占有及支配权，在制度设计上体现了宪法对自然资源进行基于公共利益的预先保护。

其二，生活环境和生态环境。我国宪法将环境主要分为生活环境和生态环境。生活环境主要强调人的因素，生态环境主要强调自然的因素。人和自然是宪法中环境的两大组成部分，维持人的尊严是现代宪法的核心价值，自然环境是维持人的尊严的生活的物质条件，因此宪法通过确认人与自然和谐共生理念对环境予以明确保护。

---

① 肖蔚云、姜明安主编《北京大学法学百科全书·宪法学 行政法学》，北京大学出版社1999年版，第818页。

其三，环境污染和其他公害。公害通常与公益相对应。大气污染、水体污染、噪声污染、振动、恶臭等环境污染和破坏所侵害的是不特定公众的健康、安全、生命及公私财产，所以由此产生的危害一般均称为公害。我国1982年宪法对防治公害作出了明确规定。

（三）环境保护的手段多重

其一，禁止侵占和破坏。自然资源具有公共属性，任何组织和个人不得基于私的利益进行侵占和破坏。我国宪法以禁止性规范的形式，意在从消极防御的角度对自然资源予以纠偏式保护。

其二，防治。从词义上看，"防治"既包括"预防"，又包括"治理"，宪法此处规定意在从消极防御和积极治理的双重角度对环境采取兼具预防式和纠偏式的保护。

其三，组织和鼓励。宪法此处规定强调了环境的积极治理。当然，组织和鼓励所指向的直接行为是"植树造林，保护林木"，一方面表明了国家对林业资源的重视，另一方面则不能理解为国家的环境积极治理仅限于林业方面。

（四）环境保护的目标分层

其一，资源保障和保护。《宪法》第9条中"保障自然资源的合理利用"的规定重在强调对合理利用资源的障碍排除，"保护珍贵的动物和植物"重在强调珍贵的动物和植物资源不受破坏、不被减少。《宪法》第26条中"国家保护生活环境和生态环境"的规定重在强调维持适宜的生活环境和生态环境不受破坏。保障和保护强调了环境保护的第一层次目标，即维持较适宜的环境。有学者指出，在环境领域，国家存在的目的就在于对其人民及其环境具有一定的保护义务。① 这种维持性的保护具体包括三个方面：（1）排除现已存在和出现的对环境的损害；（2）排除或减轻现在对环境可能或潜在的危险性；（3）经由预防措施的采取来防止对于未来环境的危害性。②

---

① 参见宫文祥《中国环境法制战略突破口的另向思考——一个学术对话的尝试》，《上海交通大学学报》（哲学社会科学版）2010年第3期，第30页。

② 参见陈慈阳《环境法总论》，中国政法大学出版社2003年版，第31页。

其二，环境改善。《宪法》第 26 条中"国家改善生活环境和生态环境"意在强调在维持现有环境条件的前提下，应当进一步提高环境质量。改善强调了环境保护的第二层次目标，即追求更良好的环境。自 20 世纪 60 年代以来，环境问题在全世界范围内日益严重，人们对环境保护的内容及目标的认识也不断提升。从早期强调对环境污染的控制到对环境与经济、社会发展的综合考量，进而重建人与环境的和谐关系。例如，日本早期为了应对公害问题，制定《公害对策法》，以保全生活环境为目的；而 1993 年《环境基本法》的制定则实现了从公害对策到环境管理的转变，将构筑可持续发展的社会作为基本立法目的。①

综上，《宪法》第 9 条和第 26 条的规定可作如下理解。（1）有明确的宪法内涵。即环境保护的主体、行为以及所预期达到的目的均明显而确定。（2）明确了国家在环境保护中的义务主体地位。强调国家在环境保护中处于无可替代的核心地位，对国家权力行使的内容和方式等均有明确的指向性要求。

二 宪法生态文明规范体系的外部结构

（一）环境条款制定的历史条件

其一，国际背景。"二战"以来，世界多国在宪法中将环境保护作为基本国策条款，典型的国家有泰国、印度、亚美尼亚、希腊、美国、德国等。②

其二，国家决策。联合国于 1972 年 6 月 5 日在瑞典首都斯德哥尔摩召开了第一次人类环境会议。中国政府派代表团参加了会议。通过这次会议，高层决策者认识到中国同样存在环境问题，需要认真对待。1973 年 8 月 5 日至 20 日，我国召开了第一次全国环境保护会议，并通过了第一个国

---

① 参见〔日〕原田尚彦《环境法》，于敏译，法律出版社 1999 年版，第 12~13 页。
② 有学者曾针对宪法中环境保护的基本国策作比较研究。参见林明锵《论基本国策——以环境基本国策为中心》，《现代国家与宪法——李鸿禧教授六秩华诞祝贺论文集》，月旦出版社股份有限公司 1997 年版，第 1483~1485 页；吴卫星《环境权研究——公法学的视角》，法律出版社 2007 年版，第 37~41 页；See Naney K. Kubasek and Gary S. Silverman, *Environmental Law*（Fourth Edition），Prentice Hall，2002，p. 115.

际环境保护文件——《关于保护和改善环境的若干规定》。我国 1978 年宪法第 11 条首次对环境保护作出规定，即"国家保护环境和自然资源，防治污染和其他公害"。1982 年宪法在 1978 年宪法的基础上，分两条对自然资源及环境保护作出规定。

其三，历史意义。宪法规范不是封闭的体系，"历史性"是宪法规范的特点之一。我国 1978 年宪法及 1982 年宪法在当时国家较低的经济发展水平以及环境问题并不突出的背景之下规定环境条款，既是对国际环境治理的回应和国家环保立场的声明，也是对中国环境保护的预期制度安排。因此，从规范的外部结构上看，该两条规定的历史意义非常显著，对今天的生态环境保护与治理开始呈现强烈的现实效果。

（二）环境条款属于基本国策

严格意义上讲，国策原本属于宪法以外的范畴；但自魏玛宪法以来，规定国家发展指针的国策条款，形成对国家政治发展一种前瞻性的期待成为一种趋势，基本国策成为宪法中国家机关和人权规定以外与前两者对应的"第三种结构"。[1] 因此，从宪法规范内部结构中的国家与公民二元主体的角度看，国策条款可视为宪法规范的外部结构。

1983 年 12 月 31 日在北京召开的第二次全国环境保护会议明确指出环境保护是我国的一项基本国策。2014 年全面修改的《环境保护法》第 4 条第 1 款明确规定："保护环境是国家的基本国策。"尽管我国宪法中的环境条款没有明确冠之以基本国策的字眼，但从我国政府的官方文件表述，修改后的《环境保护法》的明确规定，以及世界多国宪法中环境国策条款的范例，特别是第 9 条和第 26 条在结构上属于我国宪法的总纲部分（集中规定了宪法原则、基本制度以及国策）来看，可以判定我国宪法中的环境条款即属于国策条款。[2]

宪法中的国策条款具有特定的功能。（1）作为国家发展的目标，对国

---

① 陈新民：《宪法学导论》，三民书局 1996 年版，第 429 页。
② 由许崇德教授和郭道晖教授担任顾问，朱峰主编的我国宪法释义的权威性著作即明确提出，现行宪法第 9 条和第 26 条属于我国宪法上规定的环境政策。参见朱峰主编《〈中华人民共和国宪法〉释义》，人民出版社 1993 年版，第 25 页。

家的制度安排及国家权力的行使具有导向作用。有学者指出，基本国策具有控制国家行为的功能，而非仅止于"期待国家有所行为"。① （2）可以成为社会权保障的制度资源。② 社会权对国家经济社会发展的依赖程度较高，而且社会权条款规范内涵的确定性程度低于自由权，所以社会权的保障往往需要综合社会权条款和国策条款的规范和制度资源。

宪法国策条款仅为单纯的立法原则而不具有拘束力的理论，在1949年德国基本法颁布后即遭全盘性否定。取而代之，将其视为宪法委托、制度性保障甚至公法权利的观点成为主流，而以上三种观点均可产生宪法上的规范拘束力。③ 不少学者亦认为，基本国策之规定，应逐条作个别之判断，有些规定属于方针规定或制度性保障，而其他规定多属对立法者之宪法委托性质，少数属于公法上权利之规定。④ 有学者就指出，基本国策本身就是宪法规范的构成要素，而且是核心要素之一。⑤ 在笔者看来，某项宪法国策条款要产生确定的规范效力，须满足以下条件。（1）有明确的规范内涵。宪法学界普遍认为，宪法条款是否产生法律效力要看该条款中是否含有宪法规范。⑥ 基本国策条款与一般宪法条款不同，其规范效力的产生除了具有规范内涵以外，还要求是"明确的"，即须具有明显而确定的规范要素。（2）对国家权力形成明确的指向性。所谓国策条款对国家权力的指向性，是指明确设定了国家权力行使的内容并且具备现实的可期待性，不能仅仅是描述国家发展的目标等宏观愿景。（3）对国家经济社会发展产生现实意义。宪法中有些国策条款仅仅指明国家发展的宏观方向，而有些国

---

① 林明锵：《论基本国策——以环境基本国策为中心》，《现代国家与宪法——李鸿禧教授六秩华诞祝贺论文集》，月旦出版社股份有限公司1997年版，第1475页。

② 参见陈新民《德国公法学基础理论》（增订新版·下卷），法律出版社2010年版，第445页；〔日〕大须贺明《生存权论》，林浩译，法律出版社2001年版，第15页。

③ 参见陈新民《宪法导论》，新学林出版股份有限公司2005年版，第429~432页。

④ 参见许志雄、陈铭祥、蔡茂寅、周志宏、蔡宗珍《现代宪法论》，元照出版公司1999年版，第86页；苏永钦主编《部门宪法》，元照出版公司2006年版，第344页。

⑤ 参见李龙《宪法基础理论》，武汉大学出版社1999年版，第126~128页。

⑥ 参见俞子清主编《宪法学》（修订版），中国政法大学出版社1999年版，第20页；刘茂林主编《宪法教程》，法律出版社1999年版，第17、23页；胡锦光《中国宪法问题研究》，新华出版社1998年版，第77~82页等。

策条款则对国家经济社会发展具有明确的现实指引意义。在日益严峻的环境形势之下，宪法环境条款对于生态环境治理以及生态文明建设具有显著的规范指引作用，生态环境的有效保护和良性治理可以促进经济社会的可持续发展。正如有学者所言，"只有环境保护与经济发展之间的关系达到了协调与平衡，国家和地区发展才能够实现真正意义上的繁荣和强大"。①

第五节　宪法生态文明规范体系的规制效力

宪法生态文明规范体系中的制度安排，以及围绕生态文明规范、生态观和生态环境保护制度三要素所展开的宪法上的生态关系，属于中国宪法生态观及规范表达的制度实践。在当下，生态环境治理的概念可以很好地契合这一特定宪法现象的逻辑结构。所谓生态环境治理，应以生态环境的保护与改善、国家经济社会的可持续发展、公民环境权益的保障为综合目标。从生态环境治理是国家治理现代化的重要内容之一②的意义上讲，当前的生态环境治理应该强调法治性、中国性以及实践性。所谓法治性，是指实现生态环境的依法治理，而宪法是生态环境治理法治化的根本依据和理论支撑；所谓中国性，是指生态环境的依宪依法治理，应该深刻揭示宪法以及法律的中国性，将生态环境法律规范以及环境权融入本质上促进国家发展的宪法与法律机制，解释其背后的社会结构与功能；所谓实践性，强调生态环境的宪法与法律规范的制度实践。充分发挥宪法的规范与机制功能，可以充分满足上述三种属性的要求。围绕生态文明建设进行的宪法修改虽然是由政治决断启动，但政策理念一旦成为宪法条文，就成为指引国家宪法生活的最高规范，构成对国家公权力的宪法约束。③ 宪法规制可以对国家权力的生态环境治理功能进行合理分解并有效整合，为公民环境权的诉求提供根本的理论与规范依据，有机统合各部门法，有效规范政策资源。

---

① 参见吕忠梅《论生态文明建设的综合决策法律机制》，《中国法学》2014 年第 3 期，第23 页。

② 王树义：《环境治理是国家治理的重要内容》，《法制与社会发展》2014 年第 5 期，第 51 页。

③ 参见张翔《环境宪法的新发展及其规范阐释》，《法学家》2018 年第 3 期，第 91 页。

一 宪法生态文明规范对生态环境治理的内部规制

内部规制，是指宪法对法律体系内的公民权利、国家权力和部门法有关生态环境治理的内容所产生的规范效力。

（一）宪法对生态环境治理中公民环境权的保障与规范

公民环境权是生态环境治理的主要理论支撑，通过宪法解释可以证成公民环境权。我国宪法上尽管没有明确规定环境权，但现行宪法序言以及相关条款，可以为环境权提供间接保护。《宪法》序言中的国家目标、第9条和第26条凸显的国家环境义务以及第89条规定的国家生态文明建设的行政职权反向保障公民的环境权；《宪法》第33条的人权条款和第38条的人格尊严条款侧面保障环境权；《宪法》第9条和26条的国策条款属性是宪法上公民环境权规范的外部构造。①

从基本权利功能体系的角度而言，宪法上的环境权包括三个层面。（1）环境防御权。生态环境是公民生活的必备要素，这是环境权具有防御权功能的基础条件；生态环境财产的公共性为环境权的防御权功能提供了法律依据；破坏生态环境行为的大量存在及其流弊反映了环境权的防御权功能的现实必要性。环境权的防御权功能针对的对象既可以是国家，也可以是企业等社会组织和公民个人；因为只要有任何行为主体侵害公民的环境利益，公民都可以依据环境权的防御权功能采取防御措施，这是由环境利益的特殊性及复杂性所决定的。因此，环境权的防御权功能主要包括三个方面，即针对公民的防御权、针对企业等社会组织的防御权以及针对国家的防御权，内容各不相同。（2）环境请求权。环境权基于其特有的属性及权利内涵，形成了独具特色的权利功能体系，即在防御权功能与受益权功能之外，还应包括请求权功能。国民具有"请求其国家保护良好环境的权利……不管公私之性质，国家和地方公共团体对于企业所造成的环境破坏实施的公法性规制，或者为改善已经恶化的环境而所采取的积极性措

---

① 参见张震《宪法环境条款的规范构造与实施路径》，《当代法学》2017年第3期，第38～39页。

施，都是基于国家的环境保护义务的……"① 与环境权的防御权功能不同的是，基于人民主权理论以及社会权的本质属性，环境权的请求权功能针对的只能是国家的权力及行为。自近代以来，普遍认为国家权力主要包括立法权、行政权及司法权。因此，宪法上环境请求权功能的基本内涵主要指向立法、行政、司法三权。具体而言，环境权主体针对立法权的请求权包括积极进行立法规划的请求，立法过程参与的请求，以及立法执行监督的请求；环境权主体针对行政权的请求权包括请求知情环境行政信息、请求获得环境行政保护；环境权主体针对司法权的请求权是指在自身权利受到侵害的情况下，请求国家提供及时和公正的司法救济。②（3）环境受益权。从特征上看，环境权的受益权功能以积极受益权为主要内容，以消极受益权为次要内容，以国家给付义务的存在为前提。由于环境权的受益权功能以国家给付义务为前提，所以环境权的受益权功能的对象只能是国家。从内容上看，环境权的受益权功能包括环境立法受益权、环境行政受益权以及环境司法受益权。

作为环境权的最核心内容，生态环境利益属于典型的公共利益。所谓公共利益，顾名思义，需要大家共同维护，不管是尊重，还是保护和改善，均意味着公民为了更好地享有环境权，应履行合理的环境义务。在理论与实践中，重视生态环境保护义务，可以让公民意识到个体对生态环境保护的责任性与参与性，从而可以提高生态环境意识。所谓生态环境意识，是人类对赖以生存的生态环境这一特定的客观存在的反映。生态环境意识可以能动地作用于客观存在的生态环境。③ 有研究表明，教育对环境意识的提高不无裨益。④ 对环境义务的重视及推行，本身就是一次全民的生态环境教育行为。公民具备较好的生态环境意识，会将其内化为个人的生态环境保护行为，这无疑会增强生态环境保护的实效性。如近年来国务

---

① 〔日〕大须贺明：《生存权论》，林洁译，法律出版社 2001 年版，第 199 页。

② 参见张震《环境权的请求权功能：从理论到实践》，《当代法学》2015 年第 4 期，第 27~29 页。

③ 余谋昌：《环境意识与可持续发展》，《世界环境》1995 年第 4 期，第 13 页。

④ Scott D, Willits F K, *Environmental Attitudes and Behaviors: A Pennsylvania Survey*, Environment and Behavior, 1994, pp. 239–260.

院政府工作报告多次指出的，"保护环境，人人有责。每一个社会成员都要自觉行动起来，为建设美丽中国贡献力量"。环境权是一种社会权；环境义务的确认不但不会影响环境权的权利因素，反而在一定程度上会实化和强化环境权的内容及保障。现行宪法对国家予以生态环境保护的职责设定，意味着对公民不仅仅是进行权利保障，也包括进行义务设定。《宪法》第9条规定的"禁止任何组织或者个人用任何手段侵占或者破坏自然资源"直接表达了公民的环境保护义务。

（二）宪法对生态环境治理中国家权力的功能分解与协同

1. 对立法、行政、司法的规制

宪法中环境条款对国家权力的拘束力指向性明确，而且体现出行使积极性、长期性的倾向。在宪法学上，国家权力与公民权利的关系是最基本的一对范畴，两者须臾不可分离；因此，国家环境权力与公民环境权利具有密切关系。国家与公民在环境权利义务上的关系实际上涉及四个概念，即公民环境权利、公民环境义务、国家环境权力（职责）及国家环境义务。

公民环境权包括三种主体，即后代人、当代人集体和当代人个体。就后代人和当代人集体两种主体的环境权利而言，国家受后代人和当代人集体的委托，基于信赖利益保护①，作为生态环境公共利益的代表者，拥有国家环境权力（职责）；就后代人、当代人集体和当代人个体三种主体而言，公民均可以依据环境请求权主张国家积极行为以维护生态环境利益，由此形成国家的生态环境保护义务。

国家作为公共利益的主要代表者，又对公民环境义务形成了国家环境权力（职责）。具体包括：积极进行生态环境治理的立法规划，并对立法不作为及立法懈怠予以约束；消极的生态环境干预、积极的生态环境治理、生态环境基准的设定、生态环境教育等行政手段以及政府生态环境治理责任应多管齐下；务实提倡生态环境积极司法，稳步推进环境资源专门司法。

---

① 参见〔日〕富井利安等：『環境法の新展開』，法律文化社，1995年版，第57页。

2. 对立法、行政、司法的协同

如前文所述，现行宪法表达了积极的生态观。宪法对生态环境治理中国家权力的规制除了分解，还要综合协调，构建以积极治理为导向、以立法为基础、以行政为主导、以司法为保障的权力合作机制。当然，强调国家的生态环境保护义务，并非不考虑中国的实际情况。生态环境保护的目标应与我国经济社会发展的实际相协调。所谓以发展带动治理，即通过经济发展带动生态环境治理，通过生态环境治理促进经济社会的可持续发展。

3. 宪法对生态环境治理中部门法的规范效力

宪法是环境法、民法、行政法等的规范依据。首先，宪法应为环境法提供足洽的理论和规范依据，环境法则应通过合宪性审查机制实现与宪法生态文明规范体系的主动对接，并在具体的环境法律制度中实现与宪法生态文明规范的立法体系融贯；其次，就宪法对行政法中生态文明规范的规制而言，基于宪法是行政法的根基、是静态的行政法，而行政法是动态的、具体化的宪法，须通过以宪法生态文明规范体系为依据的行政法律规范，诸如《行政许可法》第 12 条中关于直接涉及生态环境保护的事项可以设定行政许可等，保障各级政府及其相关部门运用行政权在生态环境治理中充分发挥主导作用；最后，宪法是《民法典》的立法依据，依托以宪法生态文明规范为依据的民法典绿色原则、绿色条款体系，宪法可对特定情形下的民事活动产生规范效力。

二 宪法生态文明规范对生态环境治理的外部规制

外部规制，是指宪法将政策等法律体系以外的因素纳入生态环境治理法律规制的范畴。

其一，环境国策入宪入法，实现政策思维向宪法思维的转化。首先，基本国策对国家行为的控制功能与宪法规范国家权力的功能异曲同工。环境国策可为生态环境治理的宪法规制提供外部政策支持。其次，环境国策入宪入法，成为生态环境治理之宪法规制的重要构成。"二战"以来，世界多国在宪法中将生态环境保护作为基本国策予以明确规定。自德国基本法颁布之后，基本国策被视为可产生宪法上规范拘束力的宪法委托、制度性保障甚至公法权利，传统认为基本国策并不具有宪法规范上的拘束力而仅为单纯的立法原则的理论主张遭到全盘性的否定和抛弃。我国现行宪法在总纲中明确规定了自然资源和环境保护条款。《环境保护法》第4条第1款明确规定："保护环境是国家的基本国策。"作为基本国策的宪法环境条款含有明确的规范要素，对于生态环境保护和治理以及生态文明建设具有强烈的现实意义。因为，依宪依法推进生态文明建设和有效保护环境资源，可促进经济社会的可持续发展，亦即生态环境保护和治理也可成为现实的生产力。

其二，社会经济条件和市场手段对法律中环境条款的外部影响与宪法规制。具体包括分析社会经济条件、市场手段等对宪法及法律中生态文明规范或环境条款的外部影响，以及反过来通过宪法以及法律对社会经济条件和市场手段等进行有效规制。

第三章 以宪法为根据的部门法生态文明规范

从整个生态文明法治建设的角度来看，生态文明入宪与近年来生态环境相关部门法的制度建设和发展是相统一的。生态文明入宪后形成的宪法生态文明规范体系为部门法领域的生态环境保护制度建设和治理实践提供了总的原则和依据；而关涉生态环境的诸部门法通过立法、修法等法规范完善活动来贯彻落实宪法上的生态文明思想和规范。这既是宪法功能的发挥，也是加强宪法实施的表现。无论是传统环境法部门，还是刑法、民法、诉讼法，抑或规范政府权力的行政法规范，以及直接以促进生态文明建设为目的的地方性法规、规章，都有对生态文明内容或理念的体现；生态文明已经融入我国各部门法律体系的各个环节，形成了以宪法为根据的部门法生态文明法律规范体系。①

第一节 环境法部门中的生态文明规范

在权威的法学教科书中，环境法均被认为属于当代中国以宪法为核心的法律体系的重要法律部门之一。② 而在全国人大官网公布的最新的《现行有效法律目录（300 件）》中无环境法门类，其列举的分别是宪法（1件）、宪法相关法（52 件）、民法商法（24 件）、行政法（96 件）、经济法

---

① 张震、杨茗皓：《论生态文明入宪与宪法环境条款体系的完善》，《学习与探索》2019 年第 2 期，第 85~87 页。

② 参见沈宗灵主编《法理学》，高等教育出版社 1994 年版，第 337~338 页；张文显主编《法理学》，法律出版社 1997 年版，第 106~107 页。

（84 件）、社会法（28 件）、刑法（4 件）、诉讼与非诉讼程序法（11
件）。① 有关环境保护的法律主要归属于行政法部门，有关资源类的法律主
要归属于经济法部门。② 因此，围绕着环境法，关于法律体系以及法律部
门的学理分类和官方分类是不一致的。学理上普遍认为，自然资源法和环
境保护法构成以宪法为核心的法律体系中的环境法部门。③ 有学者指出，
随着环境资源化、资源生态化的趋势日渐明朗，自然资源法和环境保护法
逐渐告别了早期的僵化与隔绝，开启了理念的融合与制度的对接。④ 笔者
看来，自然资源法和环境保护法在立法目的和立法内容上虽然侧重不同，
但自然资源也属于宪法和法律上的环境的内涵，不管是在法律规定中，还
是在词典解释中，所谓环境的概念本身是包括自然资源的。⑤ 也就是说，
自然资源法和环境保护法所调整的社会关系与调整方法均是围绕相同的宪
法上的核心概念即环境展开的。针对自然资源进行立法，不管是以管理为
目的还是以使用为目的，均属于大的环境保护的范畴；所以，应该依据立
法事项本身的概念和内涵的科学性、合理性对立法进行归类，而不应以行
政管理的便利性或原有的部门设置为依据。概言之，环境法是以宪法为核
心的中国特色社会主义法律体系的重要法律部门。进一步讲，在以宪法为
根据的部门法生态文明法律规范体系中，与生态环境保护和治理以及生态
文明建设关系最为密切且规范内容最为丰富的无疑是环境法部门。

一　《环境保护法》中的生态文明规范

《环境保护法》既是整个环境保护法律体系中最重要的一环，也是最

---

① 《现行有效法律目录（300 件）》（截至 2024 年 3 月 11 日十四届全国人大二次会议闭幕，按
法律部门分类），中国人大网，http://www.npc.gov.cn/npc/c2/c30834/202403/t20240315_
436024.html，最后访问日期：2024 年 3 月 15 日。
② 参见张震《环境法体系合宪性审查的原理与机制》，《法学杂志》2021 年第 5 期，第 24 页。
③ 参见沈宗灵主编《法理学》，高等教育出版社 1994 年版，第 337～338 页；张文显主编
《法理学》，法律出版社 1997 年版，第 106 页。
④ 邓海峰：《环境法与自然资源法关系新探》，《清华法学》2018 年第 5 期，第 51 页。
⑤ 环境是指影响人类生存和发展的各种天然的和人工的自然因素的总体，包括大气、水、
海洋、土地、矿藏、森林、草原、野生动物、自然遗迹、人文遗迹、自然保护区、风景
名胜区、城市和乡村。参见韩明安主编《新语词大词典》，黑龙江人民出版社 1991 年
版，第 378 页。以上表述也是《环境保护法》第 2 条对环境的定义。

基础的一环，其制定与实施以宪法为依据。我国 1978 年宪法第 11 条第 3 款规定："国家保护环境和自然资源，防治污染和其他公害。"这不仅是我国宪法中首次出现环境条款，也提供了环境法体系发展的直接宪法依据。在此基础上，1979 年我国通过了第一部专门的《环境保护法（试行）》。《环境保护法（试行）》不仅明确规定其立法目的是"合理地利用自然环境，防治环境污染和生态破坏，为人民造成清洁适宜的生活和劳动环境，保护人民健康，促进经济发展"，而且对各级国家机关、企事业单位在保护环境、防治污染和其他公害方面的职责和义务作了明确和具体的制度安排，并根据"谁污染，谁治理"的原则，建立了环境影响评价、"三同时"等预防性制度和排污收费、限期治理等污染防治制度。这充分表明，《环境保护法（试行）》已初步彰显经济发展与环境保护相协调的生态文明思想理念。此后，我国环境法律规范蓬勃发展，环境法部门日趋成形。

改革开放之后，党和国家对生态环境保护问题的重视日益增长。1982 年全面修宪后出台的《宪法》的第 9 条规定："国家保障自然资源的合理利用，保护珍贵的动物和植物。禁止任何组织或者个人用任何手段侵占或者破坏自然资源。"1982 年《宪法》第 26 条第 1 款规定："国家保护和改善生活环境和生态环境，防治污染和其他公害。"显然，1982 年宪法将 1978 年宪法中的"保护环境和自然资源"修改为"保护和改善生活环境和生态环境"，首次以宪法形式确认了"生态环境"的概念。自此，"保护自然资源和野生动植物"与"保护和改善生活环境和生态环境"成为宪法的基本国策内容之一，为制定和实施环境保护法律法规提供了宪法依据，也为环境法学理论的创建奠定了宪法基础。[1] 1989 年七届全国人大第十一次常委会通过了新《环境保护法》，该法的体系和内容较之《环境保护法（试行）》更为科学，对环境保护的目标、基本原则、基本制度和法律责任等作了更为全面的规定。1989 年《环境保护法》标志着我国环境立法进入新的历史阶段，逐步形成了以污染防治和自然资源保护为两大主干的环境立法体系。[2]

---

① 吕忠梅、吴一冉：《中国环境法治七十年：从历史走向未来》，《中国法律评论》2019 年第 5 期，第 105 页。

② 参见张梓太主编《环境保护法》，中央广播电视大学出版社 1999 年版，第 27 页。

2014 年 4 月，十二届全国人大常委会第八次会议对 1989 年《环境保护法》作了全面修订；与此同时，《环境保护法》在环境法体系中的基础性地位得以确立。① 新《环境保护法》以宪法生态文明规范体系为依据，在该法中存在大量的生态文明规范。首先，新《环境保护法》对立法目的进行了重新设计，将国家"五位一体"战略之一的生态文明建设纳入立法目的。即该法第 1 条规定立法目的是"保护和改善环境，防治污染和其他公害，保障公众健康，推进生态文明建设，促进经济社会可持续发展"。将立法目的推进至生态文明建设，一方面，反映了我国生态环境保护和治理思路的转变，环境保护的重心由污染防治转向生态建设；另一方面，也反映了中国特色生态法治文明的发展，在社会治理的过程中更加注重体系性治理，要求构筑相互衔接、相互配合的治理体系。其次，新《环境保护法》彰显了促进人与自然和谐共生的生态文明价值取向。即该法第 4 条规定："保护环境是国家的基本国策。国家采取有利于节约和循环利用资源、保护和改善环境、促进人与自然和谐的经济、技术政策和措施，使经济社会发展与环境保护相协调。"再次，新《环境保护法》确立了体现生态文明共建共治共享理念的生态环境多元治理体系。即该法明确规定了地方政府的生态环境保护职责以及企业、个人、社会的生态环境保护义务，构建了政府主导、企业主责、公众参与的多元共治新格局，并以"大环保"的理念安排制度体系，统筹考虑生态环境保护与环境污染防治、城市与农村环境治理、统一监管与分工负责等问题。最后，新《环境保护法》在生态文明制度建设方面，既在总结经验的基础上将污染防治领域较为成熟的执法实践上升为法律制度，赋予环保部门按日计罚、查封扣押、限产停产等强制执法权，完善法律责任制度；又在保护和改善生态环境方面着力完善相关制度，规定了生态红线、生物多样性、生态安全、农业农村环境治理、环境与健康保护等新制度。总之，通过在修改《环境保护法》时明确规定环境法的目的是推进生态文明建设，并写入包括生态文明在内

---

① 参见彭波、毛磊《全国人大常委会办公厅召开新闻发布会：环保法 25 年首次大修》，中国人大网，http://www.npc.gov.cn/zgrdw/huiyi/lfzt/hjbhfxzaca/2014 - 04/25/content _ 1861322. htm，最后访问日期：2023 年 3 月 1 日。

的大量生态学术语和概念，我国的环境法逐步实现从以防治污染为标志的环境保护法向以建设生态文明为标志的生态法的历史性转变。[①]

二 其他单行环境法中的生态文明规范

在法律层面，目前我国生效的法律中可以纳入环境法体系的可分为两类：其一，有关环境保护的法律，主要包括《海洋环境保护法》《水污染防治法》《土地管理法》《大气污染防治法》《野生动物保护法》《环境保护法》《固体废物污染环境防治法》《防沙治沙法》《环境影响评价法》《放射性污染防治法》《海岛保护法》《核安全法》《土壤污染防治法》《生物安全法》《反食品浪费法》《噪声污染防治法》《青藏高原生态保护法》（以上 17 部法律在全国人大官网中归属于行政法部门）；其二，有关资源类的法律，主要有《森林法》《渔业法》《草原法》《矿产资源法》《煤炭法》《节约能源法》《水法》《水土保持法》《种子法》《清洁生产促进法》《海域使用管理法》《可再生能源法》《深海海底区域资源勘探开发法》《环境保护税法》《资源税法》《循环经济促进法》《长江保护法》《湿地保护法》《黑土地保护法》《黄河保护法》（以上 20 部法律在全国人大官网中归属于经济法部门）。在上述列举的可纳入环境法体系的 37 部法律之中，除了在环境法体系中具有基础性地位的《环境保护法》有大量的生态文明规范，其他单行环境法中亦有诸多生态文明规范。

仅就立法目的规范而言，上述单行环境法在其立法目的中大多明确宣示保护生态环境、推进生态文明建设或实现人与自然和谐共生。在有关环境保护的法律中，例如《水污染防治法》第 1 条规定其立法目的是"保护和改善环境，防治水污染，保护水生态，保障饮用水安全，维护公众健康，推进生态文明建设，促进经济社会可持续发展"；《大气污染防治法》第 1 条规定其立法目的是"保护和改善环境，防治大气污染，保障公众健康，推进生态文明建设，促进经济社会可持续发展"；《野生动物保护法》

---

① 蔡守秋：《析 2014 年〈环境保护法〉的立法目的》，《中国政法大学学报》2014 年第 6 期，第 32 页。

第 1 条规定其立法目的是"保护野生动物，拯救珍贵、濒危野生动物，维护生物多样性和生态平衡，推进生态文明建设，促进人与自然和谐共生"；《固体废物污染环境防治法》第 1 条规定其立法目的是"保护和改善生态环境，防治固体废物污染环境，保障公众健康，维护生态安全，推进生态文明建设，促进经济社会可持续发展"；《核安全法》第 1 条规定其立法目的是"保障核安全，预防与应对核事故，安全利用核能，保护公众和从业人员的安全与健康，保护生态环境，促进经济社会可持续发展"；《土壤污染防治法》第 1 条规定其立法目的是"保护和改善生态环境，防治土壤污染，保障公众健康，推动土壤资源永续利用，推进生态文明建设，促进经济社会可持续发展"；《生物安全法》第 1 条规定其立法目的是"维护国家安全，防范和应对生物安全风险，保障人民生命健康，保护生物资源和生态环境，促进生物技术健康发展，推动构建人类命运共同体，实现人与自然和谐共生"；《反食品浪费法》第 1 条规定其立法目的是"防止食品浪费，保障国家粮食安全，弘扬中华民族传统美德，践行社会主义核心价值观，节约资源，保护环境，促进经济社会可持续发展"。此外，在有关资源类的法律中，例如《森林法》第 1 条规定其立法目的是"践行绿水青山就是金山银山理念，保护、培育和合理利用森林资源，加快国土绿化，保障森林生态安全，建设生态文明，实现人与自然和谐共生"；《草原法》第 1 条规定其立法目的是"保护、建设和合理利用草原，改善生态环境，维护生物多样性，发展现代畜牧业，促进经济和社会的可持续发展"；《水土保持法》第 1 条规定其立法目的是"预防和治理水土流失，保护和合理利用水土资源，减轻水、旱、风沙灾害，改善生态环境，保障经济社会可持续发展"；《清洁生产促进法》第 1 条规定其立法目的是"促进清洁生产，提高资源利用效率，减少和避免污染物的产生，保护和改善环境，保障人体健康，促进经济与社会可持续发展"；《环境保护税法》第 1 条规定其立法目的是"保护和改善环境，减少污染物排放，推进生态文明建设"；《长江保护法》第 1 条规定其立法目的是"加强长江流域生态环境保护和修复，促进资源合理高效利用，保障生态安全，实现人与自然和谐共生、中华民族永续发展"；《湿地保护法》第 1 条规定其立法目的是"加强湿地保护，维护湿地生态功能及生物多样性，保障生态安全，促进生态文明建设，实现人与自然和谐共生"；《黄河保护法》第 1 条规定其立法目的是"加强黄河流域生态环境保护，保障黄河安澜，推进水资源节约集约利用，推动高质量发展，保护传承弘扬黄河文化，实现人与自然和谐共生、中华民族永续发展"。

三 地方促进生态文明建设的专门立法

2013 年党的十八届三中全会通过《中共中央关于全面深化改革若干重大问题的决定》，该文件明确要求"加快建立生态文明制度"，并强调指出"建设生态文明，必须建立系统完整的生态文明制度体系"。随后，2015 年《中共中央、国务院关于加快推进生态文明建设的意见》又进一步提出"健全生态文明制度体系"，并要求"加快建立系统完整的生态文明制度体系"。此后，全国各地促进生态文明建设的地方性专门立法如雨后春笋般纷纷出台。在省级地方性法规层面，相关立法有《贵州省生态文明建设促进条例》（2014 年）、《青海省生态文明建设促进条例》（2015 年）、《福建省生态文明建设促进条例》（2018 年）、《江西省生态文明建设促进条例》（2020 年）、《云南省创建生态文明建设排头兵促进条例》（2020 年）、《西藏自治区国家生态文明高地建设条例》（2021 年）等；在设区的市一级地方性法规层面，相关立法有《珠海经济特区生态文明建设促进条例》（2013 年）、《贵阳市建设生态文明城市条例》（2013 年）、《厦门经济特区生态文明建设条例》（2014 年）、《湖州市生态文明先行示范区建设条例》（2016 年）、《杭州市生态文明建设促进条例》（2016 年）、《十堰市生态文明建设条例》（2018 年）、《东莞市生态文明建设促进与保障条例》（2018年）、《抚州市生态文明建设促进办法》（2019 年）、《白山市生态文明建设促进条例》（2019 年）、《龙岩市长汀水土流失区生态文明建设促进条例》（2010 年）、《南阳市生态文明建设促进条例》（2011 年）等。

从地方生态文明建设立法的名称来看，只有厦门经济特区、十堰市两地人大常委会在制定地方性法规时，直接选择以"生态文明建设条例"为立法名称。其他省市立法主体在制定地方性法规或规章时，都以"生态文明建设促进条例/办法"为立法名称。"促进"是指推动发展，促使前进，推进、加快。"根据我国地方环境立法实践和发展，地方环境立法可分为三种形式：执行性立法、特色性立法和试验性立法。"①"促进型立法"作为一种新型立法模式，不同于传统法律法规以管制性、约束性规范为主要内容，是以提倡、促进地方式规制为立法对象，从而充分发挥政府的促进引导功能。有学者提到，"'促进型立法'是'管理型立法'的重要补充"。②"促进型立法"是介于传统的管制型立法与政策规范性法律之间的一种新型立法模式，其仍然是由享有立法制定权的主体经过法定程序制定出来，并依法定程序公布实施的，属于现行有效的法。

从地方生态文明建设立法的制定主体来看，绝大多数省市的地方生态文明建设立法都是地方人大及其常委会以制定地方性法规的形式予以通过的，而仅有极少数地方是由当地政府通过制定地方政府规章的方式进行专门立法，例如抚州市人民政府在 2019 年以制定地方政府规章的方式通过了《抚州市生态文明建设促进办法》。地方性法规与地方政府规章是两种不同的立法模式，二者的区别在《立法法》第 93 条第 5 款中也有规定，即"应当制定地方性法规但条件尚不成熟的，因行政管理迫切需要，可以先制定地方政府规章"。

就地方生态文明建设立法的体例内容而言，各地方立法主体积极落实党中央出台的有关生态文明建设的政策性文件，以及宪法中有关生态文明建设的条款，并使地方生态文明建设立法与党中央政策规范、宪法条文之间相互融贯。同时，地方生态文明建设立法应当做到因地制宜，突出地方立法的制度特色、治理特色、地域特色等。因此，各省市促进生态文明建设的专门立法关于生态文明建设并没有形成大体一致的内容。例如，同为省级地方性生态文明立法，《青海省生态文明建设促进条例》的体例内容包括规划与建设、保护与治理、保障机制、监督检查、法律责任五个部分；《福建省生态文明建设促进条例》的体例内容包括生态规划编制与实

---

① 何卫东、周忠：《地方性环境与资源保护立法的几个问题》，《法学评论》1995 年第 1 期，第 62 页。
② 李艳芳：《"促进型立法"研究》，《法学评论》2005 年第 3 期，第 102 页。

施、生态环境保护、生态经济促进、生态文化培育、保障机制、监督考核、法律责任七个部分；《贵州省生态文明建设促进条例》的体例内容包括规划与建设、保护与治理、保障措施、信息公开与公众参与、监督机制、法律责任六个部分；《江西省生态文明建设促进条例》的体例内容包括目标责任、生态文化、生态经济、生态安全、生态文明制度、保障与监督、法律责任七个部分；《云南省创建生态文明建设排头兵促进条例》的体例内容包括规划与建设、保护与治理、促进绿色发展、促进社会参与、保障与监督、法律责任六个部分；《西藏自治区国家生态文明高地建设条例》的体例内容包括生态规划、生态安全、生态经济、生态文化、示范创建、社会协同、保障监督、法律责任八个部分。又如，在经济特区生态文明建设立法层面，《珠海经济特区生态文明建设促进条例》的体例内容包括总则、主体功能区管理、生态经济、生态环境、生态人居、生态文化、保障措施、附则八个部分；《厦门经济特区生态文明建设条例》的体例内容包括总则、优化国土空间格局、划定生态控制线、保护自然生态、改善环境质量、发展生态经济、宣传教育与公众参与、制度建设与保障、法律责任、附则十个部分。出现上述差异，归根结底是各地方立法没有对生态文明建设法律制度形成统一的逻辑脉络。整体而言，地方生态文明建设立法的体例内容日趋齐全，从一开始停留在生态环境保护与治理、监督等方面的规制，再到将"生态经济""生态文化""生态安全""示范创建"等内容写入。这意味着以宪法生态文明规范体系为依据的地方生态文明建设立法的内涵也越来越趋于完善。同时，在尊重地方立法自治权的前提下，各地方生态文明建设立法也应当有"共性"的地方。

第二节　其他部门法规范中的生态文明蕴涵

在以宪法为根据的部门法生态文明规范体系中，除了与生态环境保护和治理以及生态文明建设关系最为密切且规范内容最为丰富的环境法部门中存在大量生态文明规范，民法、刑法、行政法和诉讼法等传统部门法规范中也有诸多生态文明体现。

一 《民法典》中的生态文明蕴涵

以现行宪法的环境条款为立法根据，2017 年十二届全国人大五次会议通过的《民法总则》第 9 条规定："民事主体从事民事活动，应当有利于节约资源、保护生态环境。"这一条款被称为《民法总则》的绿色条款，确立了民事活动的"绿色原则"。2018 年修宪将生态文明、包含绿色发展的新发展、美丽中国等写入宪法，宪法生态文明规范体系得以体系性成形，这也为《民法典》及其绿色条款体系的制定提供了宪法依据。2020 年 5 月 28 日第十三届全国人大第三次会议通过了《民法典》。《民法典》是一部固根本、稳预期、利长远的基础性法律，在中国特色社会主义法律体系中具有重要地位。新中国成立以来的第一部民法典在保持市民社会一般私法的基本属性基础上，被打上了鲜明的"绿色"烙印。《民法典》第一编总则的第一章基本规定之第 9 条再次宣示了"绿色原则"，即"民事主体从事民事活动，应当有利于节约资源、保护生态环境"。此外，《民法典》的物权编、侵权责任编、人格权编等分则中用多个"绿色条款"[①]确立了"绿色制度"、衔接"绿色诉讼"，并与总则第 9 条的"绿色原则"一起，共同形成了系统完备的《民法典》"绿色规则"体系[②]，充分彰显了促进生态文明建设的价值取向。《民法典》绿色规则体系的具体内容及意蕴如下。

首先，《民法典》总则第 9 条规定的绿色原则，虽然没有直接以文本的方式将生态文明纳入规范体系，但本质上是将生态文明中蕴涵的环境价值和生态功能纳入民法的指导性准则。作为私法的《民法典》，针对民事主体，选取生态文明建设中具有关键意义的节约资源与保护生态环境的义务作为指导性原则相对应的客体，是在尊重国家基本方针政策及立法需要的基础上结合部门法特征作出的最合适的选择。这一选择既是对生态法治内涵的遵循，也考量了法律执行过程中的可操作性。

---

① 吕忠梅：《以"绿色民法典"回应时代需求》，《理论导报》2020 年第 5 期，第 58 页。
② 吕忠梅：《实施〈民法典〉绿色条款的几点思考》，《法律适用》2020 年第 23 期，第 11 页。

其次，《民法典》物权编中的第 286 条第 1 款、第 290 条、第 293 条、第 294 条、第 326 条、第 346 条以及相邻环保关系的条款，涉及对生态环境的私益保护和公益保护。一是在环境私益保护方面，例如《民法典》第 286 条第 1 款规定："业主应当遵守法律、法规以及管理规约，相关行为应当符合节约资源、保护生态环境的要求。对于物业服务企业或者其他管理人执行政府依法实施的应急处置措施和其他管理措施，业主应当依法予以配合。"该条明确了房屋所有权人基于绿色原则负有的绿色义务。第 290 条规定："不动产权利人应当为相邻权利人用水、排水提供必要的便利。对自然流水的利用，应当在不动产的相邻权利人之间合理分配。对自然流水的排放，应当尊重自然流向。"第 293 条规定："建造建筑物，不得违反国家有关工程建设标准，不得妨碍相邻建筑物的通风、采光和日照。"第 294 条规定："不动产权利人不得违反国家规定弃置固体废物，排放大气污染物、水污染物、土壤污染物、噪声、光辐射、电磁辐射等有害物质。"以上条款确立了由相邻关系、建筑物区分所有权以及添附和地役权等构成的绿色物权制度体系。二是在环境公益保护方面，内容主要涉及自然资源。例如第 326 条规定："用益物权人行使权利，应当遵守法律有关保护和合理开发利用资源、保护生态环境的规定。所有权人不得干涉用益物权人行使权利。"又如第 346 条规定："设立建设用地使用权，应当符合节约资源、保护生态环境的要求，遵守法律、行政法规关于土地用途的规定，不得损害已经设立的用益物权。"上述条款在重申自然资源国家所有权的基础上，明确规定了对用益物权行使的环保约束，为环境公益保障提供了正向和反向的双重制度激励。

再次，《民法典》合同编中第 509 条第 3 款、第 558 条、第 619 条、第 625 条共同形成了民事合同履行中的绿色约束，以法定义务的方式保护环境。具体而言，《民法典》第 509 条第 3 款规定了合同履行的绿色附随义务："当事人在履行合同过程中，应当避免浪费资源、污染环境和破坏生态。"第 558 条规定了旧物回收义务："债权债务终止后，当事人应当遵循诚信等原则，根据交易习惯履行通知、协助、保密、旧物回收等义务。"第 619 条规定了绿色包装义务："出卖人应当按照约定的包装方式交付标的物。对包装方式没有约定或者约定不明确，依据本法第五百一十条的规定仍不能确定的，应当按照通用的方式包装；没有通用方式的，应当采取足以保护标的物且有利于节约资源、保护生态环境的包装方式。"这是对包装方式约定不明时的合同漏洞补充。第 625 条呼应第 558 条关于旧物回收的规定，增加依照法定或者按照当事人约定"标的物在有效使用年限届满后应予回收"的限定条件，改变了后合同义务的规范结构。[①]

最后，《民法典》侵权责任编第七章用专章系统性规定"环境污染和生态破坏责任"，通过引入生态破坏责任方式来扩大权利救济范围、增设环境侵权惩罚性赔偿来加深权利救济程度，创设生态环境损害赔偿责任机制以为专门环境诉讼确立请求权基础，并通过规定衔接条款以拓展权利救济方式。[②] 具体而言有四个方面。一是扩大环境侵权的救济范围。《民法典》第 1229 条规定："因污染环境、破坏生态造成他人损害的，侵权人应当承担侵权责任。"第 1230 条规定："因污染环境、破坏生态发生纠纷，行为人应当就法律规定的不承担责任或者减轻责任的情形及其行为与损害之间不存在因果关系承担举证责任。"第 1231 条规定："两个以上侵权人污染环境、破坏生态的，承担责任的大小，根据污染物的种类、浓度、排放量，破坏生态的方式、范围、程度，以及行为对损害后果所起的作用等因素确定。"上述条款对"污染环境行为""破坏生态行为"与"环境污染损害后果""破坏生态损害后果"进行区分[③]，由此明确扩大了环境侵权责任的救济范围。二是创设提升救济力度的环境侵权惩罚性赔偿制度。即第 1232 条规定："侵权人违反法律规定故意污染环境、破坏生态造成严重后果的，被侵权人有权请求相应的惩罚性赔偿。"据此，该条款确立的惩罚性赔偿实质上是通过增加违法成本从而达到使加害人不敢故意违法的目的，实现了对传统侵权法理与责任机制难以救济的损害之救济，具有增加

---

① 参见刘长兴《〈民法典〉合同编绿色条款解析》，《法学杂志》2020 年第 10 期，第 23 页。

② 吕忠梅：《民法典绿色条款的类型化构造及与环境法典的衔接》，《行政法学研究》2022 年第 2 期，第 4~5 页。

③ 参见张新宝、汪榆森《环境污染与破坏生态侵权责任的再法典化思考》，《比较法研究》2016 年第 5 期，第 141~143 页；杨立新《民法分则侵权责任编修订的主要问题及对策》，《现代法学》2017 年第 1 期，第 53 页。

违法成本和拓展环境利益救济程度的双重功能。① 三是明确第三人过错的赔偿和追偿制度。即第 1233 条规定："因第三人的过错污染环境、破坏生态的，被侵权人可以向侵权人请求赔偿，也可以向第三人请求赔偿。侵权人赔偿后，有权向第三人追偿。"四是回应生态文明建设的实践需求，专门规定生态环境修复责任和明确"绿色诉讼"（环境民事公益诉讼和生态环境损害赔偿诉讼）的请求权基础。即第 1234 条规定："违反国家规定造成生态环境损害，生态环境能够修复的，国家规定的机关或者法律规定的组织有权请求侵权人在合理期限内承担修复责任。侵权人在期限内未修复的，国家规定的机关或者法律规定的组织可以自行或者委托他人进行修复，所需费用由侵权人负担。"第 1235 条规定："违反国家规定造成生态环境损害的，国家规定的机关或者法律规定的组织有权请求侵权人赔偿下列损失和费用：（一）生态环境受到损害至修复完成期间服务功能丧失导致的损失；（二）生态环境功能永久性损害造成的损失；（三）生态环境损害调查、鉴定评估等费用；（四）清除污染、修复生态环境费用；（五）防止损害的发生和扩大所支出的合理费用。"需指出的是，第 1234 条和第 1235 条虽然不属于严格意义上的侵权责任规范，但实质上构建的是环境侵权责任与生态环境损害责任的沟通与协调机制，从而正式将生态环境修复责任确立为一种法定责任形式，进而明确生态环境损害赔偿的法定范围。

总之，《民法典》的绿色条款体系对民事主体的民事活动提出原则性的规范要求，体现了作为部门法的民法与作为根本法的宪法之间的互洽性。值得强调的是，"公民不当的环境行为，也可能对其他公民的环境利益造成影响甚至损害，因此公民在行使环境权和其他权利时，有不影响他人环境利益的充分注意和不当行为禁止的义务"②。从具体规范来看，民事主体的义务有两个层面，要求民事主体从事民事活动时既要有利于节约资源，也要有利于保护生态环境。这与宪法所规定的国家对自然资源

---

① 参见刘超《〈民法典〉侵权责任编的绿色制度创新》，《法学杂志》2020 年第 10 期，第 31~40 页。

② 张震：《公民环境义务的宪法表达》，《求是学刊》2018 年第 6 期，第 84 页。

的保护义务及对生态环境的保护义务相对应，形成了生态文明建设义务的逻辑链。

二 《刑法》中的生态文明蕴涵

"惩治环境犯罪、预防环境风险是刑法在生态文明时代的重要使命。"[①]《刑法》第六章"妨害社会秩序管理罪"第六节专门规定了破坏环境资源保护罪。从规范的角度来看，刑法对公民权益的处置需要有严格的宪法相关依据，刑法规范用"破坏"的概念对相关行为进行了定义，与宪法生态文明规范体系中所规定的国家环境资源保护义务形成对应。

其一，《刑法》第338条至第343条与《宪法》第9条相对应。具体而言，《刑法》第338条规定了污染环境罪[②]；第339条规定了非法处置进口的固体废物罪和擅自进口固体废物罪[③]；第340条规定了非法捕捞水产品罪[④]；第341条规定了非法猎捕、杀害珍贵、濒危野生动物罪，非法收购、运输、出售珍贵、濒危野生动物或珍贵、濒危野生动物制品罪和非法

---

① 焦艳鹏：《生态文明保障的刑法机制》，《中国社会科学》2017年第11期，第75页。

② 《刑法》第338条规定："违反国家规定，排放、倾倒或者处置有放射性的废物、含传染病病原体的废物、有毒物质或者其他有害物质，严重污染环境的，处三年以下有期徒刑或者拘役，并处或者单处罚金；情节严重的，处三年以上七年以下有期徒刑，并处罚金；有下列情形之一的，处七年以上有期徒刑，并处罚金：（一）在饮用水水源保护区、自然保护地核心保护区等依法确定的重点保护区域排放、倾倒、处置有放射性的废物、含传染病病原体的废物、有毒物质，情节特别严重的；（二）向国家确定的重要江河、湖泊水域排放、倾倒、处置有放射性的废物、含传染病病原体的废物、有毒物质，情节特别严重的；（三）致使大量永久基本农田基本功能丧失或者遭受永久性破坏的；（四）致使多人重伤、严重疾病，或者致人严重残疾、死亡的。有前款行为，同时构成其他犯罪的，依照处罚较重的规定定罪处罚。"

③ 《刑法》第339条规定："违反国家规定，将境外的固体废物进境倾倒、堆放、处置的，处五年以下有期徒刑或者拘役，并处罚金；造成重大环境污染事故，致使公私财产遭受重大损失或者严重危害人体健康的，处五年以上十年以下有期徒刑，并处罚金；后果特别严重的，处十年以上有期徒刑，并处罚金。未经国务院有关主管部门许可，擅自进口固体废物用作原料，造成重大环境污染事故，致使公私财产遭受重大损失或者严重危害人体健康的，处五年以下有期徒刑或者拘役，并处罚金；后果特别严重的，处五年以上十年以下有期徒刑，并处罚金。以原料利用为名，进口不能用作原料的固体废物、液态废物和气态废物的，依照本法第一百五十二条第二款、第三款的规定定罪处罚。"

④ 《刑法》第340条规定："违反保护水产资源法规，在禁渔区、禁渔期或者使用禁用的工具、方法捕捞水产品，情节严重的，处三年以下有期徒刑、拘役、管制或者罚金。"

狩猎罪①；第 342 条规定了非法占用农用地罪②和非法开垦、开发国家公园或国家级自然保护区罪③；第 343 条规定了非法采矿罪和破坏性采矿罪④。以上六个刑法条款所规定的内容，亦即通过规定上述犯罪来保护饮用水水源保护区、自然保护地核心保护区等依法确定的重点保护区域，国家确定的重要江河、湖泊水域，耕地、林地等农用地以及各种矿产资源等自然资源，保护水产品和国家重点保护的珍贵、濒危野生动物及其他在野外环境自然生长繁殖的陆生野生动物，从而保护各类自然资源和保障自然资源的合理利用，均是对《宪法》第 9 条规定的"国家保障自然资源的合理利用，保护珍贵的动物和植物。禁止任何组织或者个人用任何手段侵占或者破坏自然资源"之刑事保障性落实。

其二，《刑法》第 344 条、第 345 条与《宪法》第 26 条相对应。首先，《刑法》第 344 条规定了非法采伐、毁坏国家重点保护植物罪，非法

① 《刑法》第 341 条规定："非法猎捕、杀害国家重点保护的珍贵、濒危野生动物的，或者非法收购、运输、出售国家重点保护的珍贵、濒危野生动物及其制品的，处五年以下有期徒刑或者拘役，并处罚金；情节严重的，处五年以上十年以下有期徒刑，并处罚金；情节特别严重的，处十年以上有期徒刑，并处罚金或者没收财产。违反狩猎法规，在禁猎区、禁猎期或者使用禁用的工具、方法进行狩猎，破坏野生动物资源，情节严重的，处三年以下有期徒刑、拘役、管制或者罚金。违反野生动物保护管理法规，以食用为目的非法猎捕、收购、运输、出售第一款规定以外的在野外环境自然生长繁殖的陆生野生动物，情节严重的，依照前款的规定处罚。"

② 《刑法》第 342 条规定："违反土地管理法规，非法占用耕地、林地等农用地，改变被占用土地用途，数量较大，造成耕地、林地等农用地大量毁坏的，处五年以下有期徒刑或者拘役，并处或者单处罚金。"

③ 《刑法》第 342 条之一规定："违反自然保护地管理法规，在国家公园、国家级自然保护区进行开垦、开发活动或者修建建筑物，造成严重后果或者有其他恶劣情节的，处五年以下有期徒刑或者拘役，并处或者单处罚金。有前款行为，同时构成其他犯罪的，依照处罚较重的规定定罪处罚。"

④ 《刑法》第 343 条规定："违反矿产资源法的规定，未取得采矿许可证擅自采矿，擅自进入国家规划矿区、对国民经济具有重要价值的矿区和他人矿区范围采矿，或者擅自开采国家规定实行保护性开采的特定矿种，情节严重的，处三年以下有期徒刑、拘役或者管制，并处或者单处罚金；情节特别严重的，处三年以上七年以下有期徒刑，并处罚金。违反矿产资源法的规定，采用破坏性的开采方法开采矿产资源，造成矿产资源严重破坏的，处五年以下有期徒刑或者拘役，并处罚金。"

收购、运输、加工、出售国家重点保护植物、国家重点保护植物制品罪①和非法引进、释放或者丢弃外来入侵物种罪②；其次，《刑法》第345条规定了盗伐林木罪、滥伐林木罪和非法收购、运输盗伐、滥伐的林木罪③。上述两个刑法条款规定的内容，亦即通过规定上述犯罪来严格防治外来入侵物种的公害，切实保护珍贵树木或者国家重点保护的其他植物以及森林或者其他林木，从而保护和改善生活环境和生态环境，均是对《宪法》第26条规定的"国家保护和改善生活环境和生态环境，防治污染和其他公害。国家组织和鼓励植树造林，保护林木"之刑事保障性落实。

其三，再从刑事司法实践来看，刑法的生态环境保障作用在近些年日益凸显：一方面是因为环境污染、公害事件的频发；另一方面是生态文明理念促进了刑法功能的发展，刑法所保障的法益日益扩大，而这种扩大的根源亦来自人民的基本权利——环境权的理论与实践发展。因此，刑法制度已经成为生态法治体系中规制力度最强的"底线"。

三　行政法中的生态文明蕴涵

除了从学理上应归入环境法体系但在全国人大官网中被归于行政法部门的《海洋环境保护法》《大气污染防治法》《水污染防治法》《环境保护法》《土地管理法》《野生动物保护法》《环境噪声污染防治法》《固体废

---

① 《刑法》第344条规定："违反国家规定，非法采伐、毁坏珍贵树木或者国家重点保护的其他植物的，或者非法收购、运输、加工、出售珍贵树木或者国家重点保护的其他植物及其制品的，处三年以下有期徒刑、拘役或者管制，并处罚金；情节严重的，处三年以上七年以下有期徒刑，并处罚金。"

② 《刑法》第344条之一规定："违反国家规定，非法引进、释放或者丢弃外来入侵物种，情节严重的，处三年以下有期徒刑或者拘役，并处或者单处罚金。"

③ 《刑法》第345条规定："盗伐森林或者其他林木，数量较大的，处三年以下有期徒刑、拘役或者管制，并处或者单处罚金；数量巨大的，处三年以上七年以下有期徒刑，并处罚金；数量特别巨大的，处七年以上有期徒刑，并处罚金。违反森林法的规定，滥伐森林或者其他林木，数量较大的，处三年以下有期徒刑、拘役或者管制，并处或者单处罚金；数量巨大的，处三年以上七年以下有期徒刑，并处罚金。非法收购、运输明知是盗伐、滥伐的林木，情节严重的，处三年以下有期徒刑、拘役或者管制，并处或者单处罚金；情节特别严重的，处三年以上七年以下有期徒刑，并处罚金。盗伐、滥伐国家级自然保护区内的森林或者其他林木的，从重处罚。"

物污染环境防治法》《防沙治沙法》《环境影响评价法》《放射性污染防治法》《海岛保护法》《核安全法》《生物安全法》《土壤污染防治法》《噪声污染防治法》《反食品浪费法》等法律中有大量生态文明规范，传统行政行为法规范中亦有生态文明体现。

例如《行政许可法》第 12 条规定："下列事项可以设定行政许可：（一）直接涉及国家安全、公共安全、经济宏观调控、生态环境保护以及直接关系人身健康、生命财产安全等特定活动，需要按照法定条件予以批准的事项；（二）有限自然资源开发利用、公共资源配置以及直接关系公共利益的特定行业的市场准入等，需要赋予特定权利的事项；……"可见，需要按照法定条件予以批准的直接涉及生态环境保护的特定活动或事项，以及涉及有限自然资源开发利用需要赋予特定权利的事项，法律法规均可设定行政许可，以保障相关主体的环境权和促进生态文明建设。

又如《治安管理处罚法》第二节"妨害公共安全的行为和处罚"第30 条规定："违反国家规定，制造、买卖、储存、运输、邮寄、携带、使用、提供、处置爆炸性、毒害性、放射性、腐蚀性物质或者传染病病原体等危险物质的，处十日以上十五日以下拘留；情节较轻的，处五日以上十日以下拘留。"第 31 条规定："爆炸性、毒害性、放射性、腐蚀性物质或者传染病病原体等危险物质被盗、被抢或者丢失，未按规定报告的，处五日以下拘留；故意隐瞒不报的，处五日以上十日以下拘留。"第 33 条规定："有下列行为之一的，处十日以上十五日以下拘留：（一）盗窃、损毁油气管道设施、电力电信设施、广播电视设施、水利防汛工程设施或者水文监测、测量、气象测报、环境监测、地质监测、地震监测等公共设施的；……"可见，对于上述可能或者已经造成环境污染、生态破坏的违法行为，公安机关应依法给予违法行为人相应的治安行政处罚。

四　诉讼法中的生态文明蕴涵

2014 年 10 月 23 日，党的十八届四中全会通过的《中共中央关于全面推进依法治国若干重大问题的决定》提出"探索建立检察机关提起公益诉讼制度"。2015 年 7 月 1 日，第十二届全国人大常委会第十五次会议授权最高人民检察院在北京、内蒙古、吉林等 13 个省、自治区、直辖市开展包括生态环境和资源保护在内的重点领域公益诉讼制度改革试点，试点期限为两年。随后，最高人民检察院和最高人民法院分别印发《人民检察院提起公益诉讼试点工作实施办法》和《人民法院审理人民检察院提起公益诉讼案件试点工作实施办法》，作为公益诉讼改革试点工作的具体依据。在为期两年的公益诉讼试点工作基础上，2017 年 6 月 27 日，第十二届全国人大常委会第二十八次会议通过《关于修改〈中华人民共和国民事诉讼法〉和〈中华人民共和国行政诉讼法〉的决定》。修改后的《民事诉讼法》第 58 条第 2 款规定："人民检察院在履行职责中发现破坏生态环境和资源保护、食品药品安全领域侵害众多消费者合法权益等损害社会公共利益的行为，在没有前款规定的机关和组织或者前款规定的机关和组织不提起诉讼的情况下，可以向人民法院提起诉讼。前款规定的机关或者组织提起诉讼的，人民检察院可以支持起诉。"修改后的《行政诉讼法》第 25 条第 4 款规定："人民检察院在履行职责中发现生态环境和资源保护、食品药品安全、国有财产保护、国有土地使用权出让等领域负有监督管理职责的行政机关违法行使职权或者不作为，致使国家利益或者社会公共利益受到侵害的，应当向行政机关提出检察建议，督促其依法履行职责。行政机关不依法履行职责的，人民检察院依法向人民法院提起诉讼。"由此，包括环境公益诉讼在内的检察公益诉讼制度在我国《民事诉讼法》和《行政诉讼法》中均得以正式确立。

从宪法意义上看，检察院提起包括环境公益诉讼在内的公益诉讼是法律监督机构的宪法定位与职能回归。"从某种程度上讲，检察公益诉讼具有宪法监督之义，由检察机关依法监督行政执法机关是否正确实施法律，是对立法机关监督法律实施职能的延伸。"[①] 从生态文明建设及宪法生态文明规范体系的约束来看，《宪法》第 9 条规定了国家保护自然资源和生态环境的义务，法律监督机关的义务履行填补了行政机关与公民义务履行之间的空白。从现实看，环境公益诉讼取得良好的实践效果，显示出检察院

---

① 〔英〕海沃德：《宪法环境权》，周尚君、杨天江译，法律出版社 2014 年版，第 5~6 页。

提起公益诉讼制度与实践之间的契合以及当前生态环境建设制度保障的发展潜力。检察院提起公益诉讼制度的建立及完善将进一步填补行政机关与公民、组织间生态环境和资源保护及生态文明建设的漏洞，补全我国生态文明法治体系。

第四章　生态文明规范体系中的环境权

2018 年 3 月 11 日，生态文明入宪；学者们在关注这一历史性法治事件以及生态文明规范体系本身的同时，对生态文明规范体系中的环境权进行了再思考。生态文明入宪无疑为环境权入宪提供了根本法上的规范依据与制度完善契机，但也容易被认为已经提供了环境权宪法解释的路径。那么在此情形下，持有环境权入宪主张的学者就应该更加充分地回答环境何以为权利的核心关切，这就需要体系化地论证环境权的特定价值、实质内涵以及规范与社会功能。由此，有必要在确认环境权价值特别是其核心价值的前提下，探索环境权的实质内涵，即以环境权新的概念认识视角来明晰哪些是环境权独有的、哪些是环境权和其他权利交叉形成的，进而探讨环境权的规范与社会功能，最终得出环境权应该被再次认真对待并加快宪法化进程的结论。要特别说明的是，之所以将环境核权利和环境束权利的区分作为环境权概念新的认知视角，原因在于，多年来学者们对环境权的研究，基于对其重要性迫切作出论证的学术期冀，将过多的内涵塞到了环境权之中，反而导致人们对到底什么是环境权、环境权到底有何特殊价值等产生了困惑甚至疑问。因此，区分出环境核权利和环境束权利，既可以对环境权的独特性进行回答，也会兼顾到外围环境权利的客观存在、价值与功能。

第一节　环境权概念的提出及依据

近年来，随着环境污染的加重，世界各国逐渐认识到环境保护的重要性。在此背景下，环境权的概念在全世界范围内被日益清晰地主张并予以提炼。我国宪法虽然没有明确规定环境权，但依据相关条款可提供间接保护。当下，环境权被认为应当在我国生态环境保护法律机制中处于核心地位。①

一 环境权概念的提出

环境问题早在 20 世纪 60 年代就成为世界第三大问题。一般而言，环境问题有两大类。一类是因自然界自身变化而造成的环境污染和环境破坏，如火山爆发、地震、洪水、冰川运动等，这些都是非人为的，属于不可抗力。另外一类是人类的生产和生活活动违背自然规律，不恰当地开发利用环境所造成的环境污染和环境破坏。作为环境立法控制对象的环境问题，主要是指人为原因引起的环境污染或自然破坏这一次生的环境问题。②

20 世纪 30 年代至 60 年代，在世界范围内，因环境污染造成的在短期内人群大量发病或死亡的大气污染及水污染事件频繁发生。其中最严重的有八起震惊世界的污染事件，史称"八大公害事件"，包括比利时马斯河谷烟雾事件（1930 年）、美国多诺拉镇烟雾事件（1948 年）、伦敦烟雾事件（1952 年）、美国洛杉矶光化学烟雾事件（"二战"以后的每年 5～10 月）、日本水俣病事件（1952～1972 年间断发生）、日本富山骨痛病事件（1931~1972 年间断发生）、日本四日市事件（1961～1970 年间断发生）、日本米糠油事件（1968 年 3~8 月）。在 1948 年 10 月的美国多诺拉镇烟雾事件中，多诺拉镇大气中的二氧化硫以及其他氧化物与大气烟尘共同作用，生成硫酸烟雾，使大气被严重污染，4 天内 42% 的居民（5910 人）患病，17 人死亡。1952 年 12 月的伦敦烟雾事件，短短 5 天致 4000 多人死亡，之后两个月内又因事故得病而死亡的达 8000 多人。1955~1968 年长达十多年的日本富山骨痛病事件，日本三井金属矿业公司在富山平原的神通

---

① 张文显：《和谐精神的导入与中国法治的转型——从以法而治到良法善治》，《吉林大学社会科学学报》2010 年第 3 期，第 11 页。

② 汪劲、田秦等：《绿色正义——环境的法律保护》，广州出版社 2000 年版，第 2 页。

川上游开设了冶锌厂，该厂将含有金属镉的废水直接排放到神通川中，而生活在富山平原地区的人们用神通川的水灌溉农田，由于饮用了含有金属镉的神通川水和食用了含有金属镉的大米，人们普遍患上骨痛病，其中死亡者达 200 多人。

在工业文明社会，社会化大生产就像一台巨大的机器，日夜不停地产生出令人生畏的能量，创造出超越有人类以来数以亿万倍的物质财富，却也制造出日复一日、积重难返的人与自然关系的高度紧张。近半个世纪以来，西方发达国家进行严格的环境保护立法和执法，以巨大的资金和科学技术投入建设规模庞大的环保产业，对废物进行净化处理，也通过高端产业升级和低端产业向发展中国家转移，形成了所谓"局部有所改善"，或者自诩的环境良好优越感。但是，环境问题，当它以生态系统的形式表现出来时，局部行动和局部改善，就显得毫无成效。当今时代，人类正在接近环境恶化的"引爆点"，不仅发生了区域性的环境污染和大规模的生态破坏，而且出现了臭氧层破坏、酸雨、野生物种锐减、物种灭绝、森林衰退、热带雨林减少、越境污染、海洋污染、土地沙漠化、土壤侵蚀等大范围的和全球性的生态危机，严重威胁着全人类的生存和发展。

工业革命时刻倡导"人类征服自然"的口号，导致人与自然之间的矛盾更加突出，人类不断地受到自然的报复，人类社会面临日益严重的环境问题。由此，人类开始认真反思自己与自然之间的真正关系：两者在何种关系中互惠互利共同发展呢？20 世纪 60 年代后，西方发达国家兴起了反对环境污染的"生态保护运动"，成千上万的公众走到街头游行示威，要求政府必须采取有力的措施治理和控制环境污染。处于不同领域的科学家也纷纷参与到此次行动中，对各类新型的工业技术手段与环境污染之间的关系展开了激烈的讨论。各大媒体也对此进行跟踪报道，宣传世界各地爆发的环境问题和公害事件。1966 年，联合国大会第一次辩论人类环境问题，与会代表一致认为应专门召开一次会议来共商环保大计。人们开始认识到生态环境的重要性，尤其是在法律世界里，天然资源和自然景观等良好的生态环境早已不是无价值的东西，而是人们生存及发展的依赖，是根本无法替代的财产。而且，日益严重的环境问题，不仅导致人们生活质量的下降，甚至影响了人们的生存权。当人类的生存都成为重要问题时，人的尊严这一宪法核心价值和基本人权也将无法实现。因此在此意义上，面对日益严峻的环境问题，环境权利这一概念被各国陆续提出来。作为一种新兴权利，环境权系指人们希望在生活改善的同时能在一个舒适的、适宜的环境当中生活的权利。

1969 年，美国密歇根州立大学萨克斯教授以"公共信托理论"为依据，提出了公民享有环境权的理论。20 世纪 70 年代初，诺贝尔奖获得者，著名的国际法学者雷诺·卡辛从权利理论的角度提出，健康和优雅的环境权应包括在人权原则之中，具体而言，环境权包括保证有足够的软水、纯净的空气等。1970 年 3 月，国际社会科学评议会在东京召开了"公害问题国际座谈会"，在会后发表的《东京宣言》中更为明确地提出了环境权的要求："我们请求，把每个人享有其健康和福利等要素不受侵害的环境的权利和当代传给后代的遗产应是一种富有自然美的自然资源的权利，作为一项基本人权，在法律体系中确定下来。"在同年 9 月召开的"日本律师联合会第 13 届人权拥护大会"上，仁藤一、池尾隆良两位律师也作了题为《"环境权"的法理》的报告。该报告倡议将各种有关环境的权利称为"环境权"，并指出，"为了保护环境不受破坏，我们有支配环境和享受良好环境的权利；基于此项权利，对于那些污染环境、妨害或将要妨害我们的舒适生活的行为，我们享有请求排除妨害以及请求预防此种妨害的权利"。至此，环境权这个概念被更加明确具体地提出。1971 年，欧洲人权会议接受了之前一年在东京召开的"公害问题国际座谈会"的观点，并将个人在环境纯净的空气中生存的权利作为一项主题进行了讨论，继而在 1973 年制定了《人类自然资源人权草案》。联合国大会 1966 年决议并于 1971 年召开的斯德哥尔摩人类环境会议通过了《人类环境宣言》。该宣言第 1 条庄严宣告："人类有权在一种能够过尊严的和福利的生活的环境中，享有自由、平等和充足的生活条件的基本权利，并且负有保证和改善这一代和世世代代的环境的庄严责任。""按照联合国宪章和国际法原则，各国有按照自己的环境政策开发资源的主权，并有责任保护在各自管辖或控制之内的活动，不致损害其他国家的环境或本国管辖范围以外地区的环境。"① 之后一段时间，关于环境权的诉求出现在美国法院，有关环境权的研究成果等法律文章也常见于美国各大学的法律评论。

二　环境权提出的原因

环境权的提出经历了漫长的过程，既有客观原因，也有主观理由，具体包括以下方面。

（一）客观原因

其一，自然资源的严重破坏以及生态环境危机的大量出现，使得人们开始深层次思考环境问题。人类为了发展经济、增加财富、改善生活，不惜以杀鸡取卵、涸泽而渔的方式来达到自己的目的。然而这种方式，在促进经济发展的同时，也使得环境破坏、资源枯竭，各种各样的环境问题排山倒海般汹涌而来。在这种情况下，人们不得不正视和关注环境问题。

在某种意义上说，环境问题本身是个深层次的社会问题。有学者从社会学的角度对环境问题的性质作了专门研究。该学者认为，环境问题既有存在状态上历史性与现实性相统一的特征，也有产生原因上局部性与整体性相结合的特征，还有产生过程上事实性与建构性相统一的特征，最后在产生影响上具有地区性与全球性相结合的特征。② 笔者认为，对环境问题从社会学的角度去认识，既有助于对环境问题的深层次的、真正的解决，也有助于对环境权的正确的、深入的认识。自从18世纪工业革命兴起，人类开始进入工业文明阶段，同时人类活动对生态环境的干扰也达到了前所未有的高度。在此过程中，生态破坏和环境污染问题的出现并非一朝一夕，而是随着工业化的深入和经济的不断发展而加剧蔓延、日益严峻，最终在世界范围内形成了一个必须被人们正视且亟须解决的全球性问题。环境问题带有全球性，就如人口问题一样，没有全球人类的协同一致，是很

---

① 有关环境权提出的一些资料，见吕忠梅《论公民环境权》，《司法部直属院校"八五"期间优秀论文集》，法律出版社1996年版，第309～310页。

② 郑杭生主编《社会学概论新修》（第三版），中国人民大学出版社2003年版，第377、378页。

难真正解决环境问题的。但毕竟全球化是一个漫长的过程，国与国之间在经济等多方面的情况还是有很大的不同，所以，首先需要每个国家自己真正地重视和解决环境问题。

日本在 20 世纪 50 年代至 60 年代发生的严重环境污染引起社会普遍的忧虑。在学术界特别是法学界的推动下，形成了环境权运动。在日本的环境权运动中，宪法学者发挥了重要作用。日本宪法学者关于环境权主张的论述有小林直树的《宪法与环境权》、阿部照哉的《宪法与环境权》、针生诚吉的《自治体宪法学》和松本昌悦的《环境破坏与基本人权》等。除此以外，将环境权问题当作"今天"的人权保障课题也见诸杉原泰雄的著作中。①

其二，国民经济的发展、生活水平的提高，使得人们开始要求良好的生活环境。权利，不管是属于法律层面的，还是属于道德层面的，都是属于上层建筑的范畴。马克思主义认为，经济基础决定上层建筑，上层建筑反作用于经济基础。正如有学者所讲，人活着，首先要吃饭穿衣，然后，才能从事政治和文化艺术等活动。物质生活的基本保障及其不断提高，是人的第一需要。同时，经济的发展又是教育、文化、卫生、体育等事业发展的基础。② 马克思主义认为："人们在自己生活的社会生产中发生一定的、必然的、不以他们的意志为转移的关系，即同他们的物质生产力的一定发展阶段相适合的生产关系。这些生产关系的总和构成社会的经济结构，即有法律的和政治的上层建筑竖立其上并有一定的社会意识形式与之相适应的现实基础。"③ 这也正印证了马克思主义的观点，即"权利永远不能超出社会的经济结构以及由经济结构所制约的社会的文化发展"④。这深

---

① 参见叶俊荣《环境政策与法律》，元照出版公司 2002 年版，第 11、16 页；徐祥民、田其云等《环境权：环境法学的基础研究》，北京大学出版社 2004 年版，第 20 页；〔日〕杉原泰雄《宪法的历史——比较宪法学新论》，吕昶、渠涛译，社会科学文献出版社 2000年版，第 190 页；杜钢建《日本的环境权理论和制度》，《中国法学》1994 年第 6 期，第103~108 页等。

② 李步云主编《人权法学》，高等教育出版社 2005 年版，第 19~20 页。

③ 《马克思恩格斯选集》（第 2 卷），人民出版社 1972 年版，第 82 页。

④ 《马克思恩格斯选集》（第 3 卷），人民出版社 1972 年版，第 12 页。

刻说明了，一切权利现象只有在一定的社会经济关系中才能得到说明，而经济现象对权利的产生有根本上的推动作用。

环境权的提出生动体现了这一原理。当人类的经济生活极端贫困时，首先考虑的是穿衣吃饭的问题，而此问题无疑需要通过发展经济来解决；但是当经济发展到一定程度，人类解决了温饱问题之后就自然会追求更高质量的生活，而实现更高质量生活的前提之一就是良好的环境，于是环境权被人们当作一种权利提出来。而且，经济越发展，人们对环境权的要求也就越强烈，要求保护的环境的内容也会日益丰富，不仅包括自然环境，也包括人文环境。

（二）主观原因

其一，良好环境与宪法的核心价值。有学者认为，现代宪法学体系的构建与原理演变的出发点与逻辑基础是人的尊严与价值的维护。宪法学的研究首先要回答什么是宪法意义上的人、为什么人必须有尊严、宪法如何保护人的尊严等基本问题。宪法的历史告诉我们，人与动物的本质区别就是，人具有尊严性，即人是具有尊严性的、有价值的存在。因此，在宪法的世界里，人的尊严性是不可缺少的人的本质要素，是人类本体的核心内容。[①] 也有学者指出，"人的尊严"（human dignity）是宪法的最高价值，意谓在"国家—人"关系上，人是目的；每一个人被善待，其内在价值受尊重；人人享有自我实现的权利。[②] 因此说，宪法的核心价值，是人的尊严的尊重与保护，是人的主体性价值的肯定。环境权所主张的良好环境，实质上是为了人更好地生活，是对人的尊严的一种包含有时代含义的满足。所以，从主观上说，环境权的主张与宪法的核心价值具有内在契合性。

其二，人们观念的变化。在农业文明时代，人类对自然环境的影响还不是很大，人与自然的关系处于相对缓和的状态。然而到了工业文明时代，人类运用科技手段控制自然并改造自然，让人与自然的关系产生根本性的变化，即自然屈服于人类，人类成了自然的主宰者。在以人类征服自

[①] 韩大元：《中国宪法学应当关注生命权问题的研究》，《深圳大学学报》（人文社会科学版）2004 年第 1 期，第 25 页。

[②] 李累：《宪法上"人的尊严"》，《中山大学学报》（社会科学版）2002 年第 6 期，第 129 页。

然为核心的人类中心主义思想指引下，人类为了自身的利益，将大自然当作一个供人类消费享用的、取之不尽用之不竭的资源库，并借助科学技术在大自然面前为所欲为，无视客观规律和自然利益，肆无忌惮地利用和消费着大自然，最大限度地从大自然攫取能源、获取财富。印度总理甘地曾经批判过人类的自私与无知，他说："人类自傲于不断增长的知识和能力，无视自己对地球的依赖，因而渐渐失去了与地球的沟通。人类再也不会把耳朵贴到地上，聆听地球的心声。人类断绝了与自然环境的联系，并且浪费着数百万年进化所遗留下来的资源……这种对自然本能反应的丧失使他在内心里产生了一种异化的感觉，这对于他祖先的遗产来说则是毁灭性的。"①

然而人类的自傲、自私最终遭到了自然界无情的报复。人类开始重新思考人与自然的关系，对自然界的固有的观念也在逐渐地发生变化。美国总统富兰克林曾收到一位印第安人部落族长的来信，族长在这封信中谈道："我们认为：不是地球属于人类，而是人类属于地球。……所有的物种像一个具有血缘关系的大家庭一样紧密联系……地球和她的子民血脉相通，同呼吸，共命运。人类并非生命之网的编织者，他只是生命之网中的一根丝。人类在这个网中的一举一动都将作用于他自身。"② 被称为"生态伦理学之父"的美国著名环境保护主义者奥尔多·列奥鲍德从生态学的角度认为：人类的第一代伦理规范调整的是人与人之间的关系；第二代伦理规范调整的是人与社会的关系；第三代伦理规范应是调整人与生态自然的关系，亦即将人与社会的关系中的社会的概念范围扩大到土壤、水体、植物、动物或者它们的集合体的伦理规范。③

在 1987 年，可持续发展首次成为人类的战略目标。所谓可持续发展，简单讲就是，强调在不破坏或少破坏环境的前提下发展经济，实现人与自

---

① 转引自〔美〕爱蒂丝·布郎·魏伊丝《公平地对待未来人类：国际法、共同遗产与世代间衡平》，汪劲等译，法律出版社 2000 版，第 16 页。

② 转引自〔美〕爱蒂丝·布郎·魏伊丝《公平地对待未来人类：国际法、共同遗产与世代间衡平》，汪劲等译，法律出版社 2000 版，第 1 页。

③ 转引自陈泉生、张梓太《宪法与行政法的生态化》，法律出版社 2001 年版，第 65~66 页。

然的和谐共处共生。这表明人类的生存观、发展观已发生了根本性的变化。因此，环境权概念在人类生存观、发展观等观念发生变化后相应具有了更加坚实的思想基础。

我国学者从 20 世纪 80 年代提出环境权的概念，以蔡守秋教授发表在《中国社会科学》（1982 年第 3 期）和《法学评论》（1982 年第 2 期）的《环境权初探》为环境权研究的开始。之后，学者们对环境权不断倡导和深化研究，20 世纪 90 年代关于环境权研究的代表性文章有：李艳芳的《环境权若干问题探究》（《法律科学》1994 年第 6 期）、吕忠梅的《论公民环境权》（《法学研究》1995 年第 6 期）、陈泉生的《环境权之辨析》（《中国法学》1997 年第 2 期）、陈泉生的《论环境权的救济》（《法学评论》1999 年第 2 期）。总体上来看，该时期学者们对环境权的研究，重点放在公民环境权上，大多认为环境权是一项人权，形成了对公民环境权的较为完整的研究。值得一提的是，在 90 年代已经有学者主张用宪法保障环境权。自 2000 年以来，较有影响的文章有：吕忠梅的《再论公民环境权》（《法学研究》2000 年第 6 期）、《环境权力与权利的重构——论民法与环境法的沟通和协调》（《法律科学》2000 年第 5 期），朱谦的《论环境权的法律属性》（《中国法学》2001 年第 3 期），徐祥民的《环境权论——人权发展历史分期的视角》（《中国社会科学》2004 年第 4 期），蔡守秋的《从环境权到国家环境保护义务和环境公益诉讼》（《现代法学》2013 年第 6 期）等。在该时期，学者们也试图跳出环境法的视野，尝试从宪法、民法的视角研究环境权；也有学者从环境权公益性的角度，指出环境权与民法上权利的本质差异性。近年来，学界还出版了诸多研究环境权的著作，如周训芳著《环境权论》（法律出版社 2003 年版）、徐祥民等著《环境权：环境法学的基础研究》（北京大学出版社 2004 年版）、吕忠梅著《沟通与协调之途——公民环境权的民法保护》（中国人民大学出版社 2005 年版）、吴卫星著《环境权研究——公法学的视角》（法律出版社 2007 年版）、张震著《作为基本权利的环境权研究》（法律出版社 2010 年版）、侯怀霞著《私法上的环境权及其救济问题研究》（复旦大学出版社 2011 年版）、吴卫星著《环境权理论的新展开》（北京大学出版社 2018 年版）。这些著述比较全面地对我国环境权理论研究进行了回顾、整理与归纳。

时至今日，环境权的概念日益被国内接受并已深入人心，环境权被普遍认为是一项基本人权。我国政府也日益肯定环境权的概念，并将其作为一项具体权利肯定下来。例如，《国家人权行动计划（2009—2010 年）》中提出环境权利和环境权益的概念，《国家人权行动计划（2012—2015 年）》中再次提出环境权利。另外，环境权在 2014 年全面修改后的《环境保护法》等法律法规中得以体现，我国现行《环境保护法》第 53 条第 1 款规定："公民、法人和其他组织依法享有获取环境信息、参与和监督环境保护的权利。"

三　环境权的宪法依据

在我国法学界，环境权自 1982 年被蔡守秋等教授首次提出以来，经历了 20 世纪 80 年代的初研期，20 世纪 90 年代的繁荣期，2000 年以后的反思期、瓶颈期，到目前似乎距离学者们所期望的理想状态的环境权入宪仍然有一些关键问题待解决。虽然对环境权的宪法理解可以有所不同，既可是广义的体系诠释也可是狭义的文义理解，既可积极诠释也可保守解读，但不管怎么诠释，宪法上的环境条款肯定是环境权保障的最基本依据。法学界有不少学者依据该宪法条款，进行了宪法上环境权的证成。[①]

环境权的宪法证成具备特殊的理论意义。其一，环境权的基本权利属性决定了宪法意义上的环境权存在的必要性。在笔者看来，环境权具有基本权利属性，即便基本权利与宪法权利的概念不能完全等同，但是基本权利与宪法在内在价值上具有亲缘性，因而宪法实证化已成为基本权利的发展趋势之一。其二，环境权的人本主义与生态主义相融合的理念与宪法上尊重人的尊严之核心价值具有内在契合性。就环境权的理念而言，人本主义与生态主义二者有机融合的关键在于对人的主体性价值的尊重与肯定，

---

① 吴卫星：《环境保护：当代国家的宪法任务》，《华东政法学院学报》2005 年第 6 期，第 45 页；张震：《宪法环境条款的规范构造与实施路径》，《当代法学》2017 年第 3 期，第 39 页；张翔：《环境宪法的新发展及其规范阐释》，《法学家》2018 年第 3 期，第 90 页；张震：《中国宪法的环境观及其规范表达》，《中国法学》2018 年第 4 期，第 15 页；王建学：《生态文明入宪后环境条款的整体性诠释》，《政治与法律》2018 年第 9 期，第 73 页。

二者有机融合的目的则在于实现可持续发展，进而可持续发展的核心是在尊重人的生存尊严之前提下实现人类的可持续发展。考察现代宪法，其最核心的价值就是保障人的尊严，因此说，环境权的上述重要理念与宪法的核心价值相契合。其三，宪法意义上的环境权要求国家履行生态环境保护义务。环境法、民法、诉讼法、行政法等部门法意义上的环境权，并不能要求整体意义上的国家来履行保护和改善生态环境的义务，而宪法上的环境权基于公民与国家之间的宪法关系而对国家产生直接的权利主张。国家在宪法意义上对环境权有保护义务，这无疑大大拓展了环境权的内涵。其四，宪法意义上的环境权能够对生态环境提供根本和终极的保护。任何权利的最终价值均在于实现，环境权亦概莫能外。当环境权受到非法侵害或不当侵害时，作为国家根本法和人民权利保障书的宪法能为环境权提供救济，从而实现根本和终极保护。

基于环境权的基本权利属性，为彰显环境权的价值以及寻求终极保护依据的需要，有必要将部门法层面上的环境权上升到宪法层面上的环境权。[1]我国宪法尽管没有明确规定环境权，但是结合现行《宪法》第9条、第26条以及第33条等条款，可以为环境权主体提供间接保护。具体而言如下。

首先，从宪法规范来看，《宪法》第33条第3款规定："国家尊重和保障人权。"基于"维护宪法长远价值"理论[2]，环境权既然被视为一项基本人权，自然属于宪法上保障的权利范围。需指出的是，尽管结合《宪法》第33条的人权保障条款可以证成对环境权的保护，但是从国策条款到权利条款，须依赖于宪法解释的功能，因此国家对公民环境权尊重和保障义务的履行仍然存在一定的不确定性。当代宪法解释的主要目的或功能就是，通过有说服力的、客观的宪法解释及时地解决社会发展中可能出现的冲突或问题。因此，应该借助宪法解释的手段分析权利内涵基于社会变迁而发生的变化并有效提出解决方案。[3]我国目前的宪法解释制度并不健

---

[1]　参见张震《作为基本权利的环境权研究》，法律出版社2010年版，第32~42页。

[2]　See Alexander M. Bickel, *The Least Dangerous Branch：The Supreme Court at the Bar of Politics*, New Haven：Yale University Press, 1986, p.16.

[3]　参见张震《宪法上住宅社会权的意义及其实现》，《法学评论》2015年第1期，第37页。

全，党的十八届四中全会通过的《中共中央关于全面推进依法治国若干重大问题的决定》明确指出要健全宪法解释的机制和程序，因此应该尽快制定有关宪法解释程序的法律。建立健全的宪法解释制度，才能保障宪法上环境保护条款解释的合理性及有效性。

其次，从权利属性上看，环境权属于社会权，社会权在权利内涵及实现方式上的主要特征就是依赖国家社会政策的实施及经济社会发展水平。具有典型的社会权属性的环境权，其主旨在于维系整个人类自然资源的有效存续，维护适宜人类居住的环境，并切实避免资源枯竭这一对人类生存发展最不安全甚至致命因素的出现。环境权的理念在于整个社会的整体利益和安全，侧重点在于社会利益。与自由权强调的个人选择及行为的自由不同，环境权在某种意义上是无法选择或者放弃的。环境权的保障及实现对国家的依赖程度远远大于传统自由权，甚至比兼具社会权和自由权双重属性但本质上属于社会权的受教育权[1]等权利也要强很多。学界普遍认同社会权与国策条款具有密切关联性。[2] 考察《宪法》第9条和第26条的规定，已明确环境保护是我国一项基本国策，表明了国家对环境保护的基本立场。类似情形，美国早在20世纪40年代就开始探索由公共政策向公民法律权利转变的可能性及可行性。[3] 参照美国经验，环境权在我国具有明确的政策支持的条件下，也可以从侧面证成我国宪法对环境权的保护。

第二节 环境权的基本理念

宪法意义上的环境权除了具备基本权利的共同理念以外，还体现了该权利特性的权利理念。在环境权的理念中，是否必须以生态主义为根本？人本主义是否无法融于环境权的理念呢？经济发展和环境保护必然是一对

---

① 参见张震《我国宪法文本中"受教育义务"的规范分析——兼议"孟母堂"事件》，《现代法学》2007年第3期，第23~24页。

② 参见陈新民《德国公法学基础理论》（下册），山东人民出版社2001年版，第687~703页。

③ See Charlotte Towle, "Common Human Needs: An Interpretation for Staff in Public Assistance Agencies," *On Social Work And Social Casework*, Vol. 1, 1945, p. 12.

无法调和的矛盾吗？能否以一种理念将两者融合起来呢？……这些都是探讨环境权的理念所必须回答的问题。

一 人本主义与生态主义的融合

一般认为，人本主义和以人为本似乎是含义相同的概念。在西方，"以人为本"的思想早在古希腊的城邦文明时期就已经孕育。西方早期的人本思想，主要是相对于神本思想而言，主张用人性反对神性、用人权反对神权，强调把人的价值放在首位。在中国历史上，第一个提出"以人为本"理念的是春秋时期的法家代表人物管仲，其民本思想丰富而系统。《管子·霸言》说："夫霸王之所始也，以人为本。本治则国固，本乱则国危。"就是说，坚持以人为本是取得霸业的基础，坚持这个"本"，国家就巩固，背弃这个"本"，国家就危亡。战国时期，孟子提出了"民贵君轻"的"民本"思想，主要是强调人贵于物，"天地万物，唯人为贵"。

何谓"以人为本"？有学者认为，"以人为本"是将"人本身视为最高价值，从而主张善待一切人，爱一切人，把一切人都当作人来看待的思想体系"[①]。也有学者认为，"以人为本，说到底就是以人为基础，以人为前提，以人为动力，以人为目的，即一切以人为中心，一切为了人，就是无论思考，还是行动，人既是主角，又是其最终目标"[②]。著名的《牛津哲学词典》对人文主义有个恰当的定义："概而言之，人文主义指强调人的幸福、尊严、独特理解能力的哲学。在特定意义上，它是文艺复兴和与之相应的对古希腊罗马文学进行重新研究的特定运动：对人和自然统一性的重新发现，对生存快乐的重新庆祝，以及诸如此类在中世纪丧失的东西。文艺复兴意义上的人文主义与宗教信仰是非常连贯的，它假定上帝精确地将我们置于此处，以便推进（further）那些人文主义者感到重要的东西。后来这个术语开始变得适合反宗教的社会—政治运动。"[③] 人本主义蕴涵着人文精

---

① 王海明：《公平 平等 人道——社会治理的道德原则体系》，北京大学出版社 2000 年版，第 126 页。

② 朱文星：《试论以人为本理念与法律价值的完善》，《前沿》2004 年第 11 期，第 157 页。

③ *Oxford Dictionary of Philosophy*，Oxford：Oxford University Press，1994，p.178.

神。人文精神，乃是人"对自身作为个体存在的价值与尊严、人性与人格、生存与生活、现实与理想、命运与前途的认识与理解、思考和把握"。[①]

一般来说，法律的人文精神包括四重含义。其一，法律尊重人的主体性价值，肯定人的主体地位，强调人是万物存在中的一个独特存在。人的主体性价值包括两个方面，即作为主体的人对自然的天赋价值与作为客体的人对他人的价值。其二，法律既承认和保护人的自然属性，又认为人的社会属性才是人的根本属性，赋予各种社会关系中的人的各种行为及其后果以法律意义，反对并制止各种蔑视人的存在价值的不良现象。其三，法律关注人的需要，将人的各种现实的正当的需要视为法律存在和发展的核心追求。其四，法律在关注人的全面发展的同时，促进和保障人、自然和社会三者之间的协调发展。

据考证，"生态学"这个词迟至 1873 年才出现在英语中，系统的生态学思想在 19 世纪末期方大体成型。[②] 基于生态学思想和生态危机所形成的生态主义，深受欧美自然主义和浪漫主义思想的影响，对自近代以来建立在人类中心主义立场上的工业文明的崛起及其发展模式保持怀疑和批判的态度。生态主义被定义为"在生态学中建立和嵌入（embed）人类的方法、原则和实践的反霸权和反启蒙政治运动"[③]。有学者认为，所谓生态主义，含义有二：其一，人类应当尊重自然，人类只是自然的一部分，与其他物种共同维持着地球的生态平衡；其二，地球上的环境资源是当代人和后代人共同享有的共有财产，当代人不能自私地享受和用完属于当代人和后代人共有的资源。[④] 生态主义确立了一种新的价值观，因而其首先是一种哲学，其次才是一种政治。生态主义强调人类价值利益对自然整体的依存性，生态自然作为整体拥有诸多层次的潜力和特征。它既是人类生存价值的最终体现，也是对人类价值目标与追求的根本性限制；人类的价值创造

---

① 姚建宗：《法治的生态环境》，山东人民出版社 2003 年版，第 169 页。

② 王晓华：《生态主义与人文主义的和解之路》，《深圳大学学报》（人文社会科学版）2006 年第 5 期，第 99 页。

③ John Mackenzie1, *What is to be（un）done? Praxical Post-Marxism and Ecologism*, Dialogue, 2003, p. 2.

④ 陈泉生、张梓太：《宪法与行政法的生态化》，法律出版社 2001 年版，第 71 页。

活动不仅不能突破自然环境的许多特征所规定的根本性限定，同时还必须承认人类与其他生命物种种群存在价值权利的平等性。① 至于宪政生态主义，则摒弃了"人类利益中心""人类利益至上"的传统思维模式和立场，而以"人类和生态共同利益"为中心，蕴涵着尊重生态自然的思想。②

人本主义和生态主义是无法融合的吗，只能在二者选择其一作为宪法上环境权的理念基础吗？笔者认为，并非如此。其一，文艺复兴以来的人本主义概念强调的是人的主体性，是人对神的束缚的解放，与完全的人类中心主义并非完全等同；人类中心主义是人主导一切，世间万物都以人为中心，人类对自然只有攫取，没有尊重。事实上，也有学者认为，生态主义对人本主义的批评实际上并不指向人本主义总体，而仅仅针对其人类中心主义倾向。与其说生态主义与人本主义是截然对立的，毋宁讲它对人本主义有取有舍。生态主义诞生于对人本主义的反思和批评。这种反思和批评并非要彻底否定人本主义，恰恰相反，它首先针对的是早期人本主义的不彻底性。早期人本主义在人类内部提倡自由—平等—博爱，却把人之外的自然界贬低为工具性存在。于是，在人类内部被解构的主奴关系在人—自然的维度上又被重建，人本主义者走上了自我反对之路。③ 核战争的威胁、我们的自然环境的毁灭、即使在进步中的富裕国家里也在持续的贫困问题——这些问题不是孤立的。它们是同一危机的不同方面，这个危机在本质上是知觉危机（crisis of perception）。④ 知觉危机实际上就是人看世界方式的危机。它的病理学根源就是人类中心主义。

其二，生态主义的概念存在一定程度的不确定性，要知道现有的世界及法律制度还是以人的主体性为基础而进行建构的。非人类物种，人类需要尊重，但是它们是否也应当享有像人一样的主体性地位是值得怀疑的，而且其难度很大。所以生态主义不能被夸大理解，正如有学者所讲的，生

---

① 参见邹广文《现代人对自然的文化意识》，《河北学刊》1995 年第 3 期，第 23 页。

② 魏健馨：《宪政生态主义评说》，《当代法学》2005 年 3 月期，第 82 页。

③ 王晓华：《生态主义与人文主义的和解之路》，《深圳大学学报》（人文社会科学版）2006 年第 5 期，第 99、100 页。

④ *Deep Ecology for the Twenty-First Century*, Shambha-La Publications, 1995, p. 19.

态主义对人本主义的限定和矫正是对人本主义的成全。任何生态主义都是出于人的建构；它可能超越人类中心主义，却不可能在人的立场之外存在。在人本主义克服了人类中心主义的倾向，而生态主义也克服了其自然主义倾向之后，人本主义和生态主义二者之间的紧张便从逻辑上被消解了，二者的共同性则随之显现出来。二者相融合的逻辑点就是对个体生命的普遍关怀。① 因此，笔者认为，在宪法上环境权的理念基础上，人本主义和生态主义并不是完全冲突的，而是可以在一定程度上相融合。吸收人本主义和生态主义的合理因素，又摈弃人类中心主义和自然主义倾向，应当作为环境权理念基础的一部分。

二 环境保护与经济发展的协调

有些人认为，加强环境保护，会影响经济发展；特别对于后发国家，经济发展主导一切，环境保护要为经济发展让道。环境保护与经济发展是否一定是相互矛盾的呢？笔者认为，只要协调好两者的关系，经济发展和环境保护并行不悖，而且是相得益彰。现代社会的经济发展不能追求短期效应，必须走可持续发展的道路；而环境保护，并不是要阻碍经济发展，而是要实现经济的可持续发展。因此，可持续发展是处理环境保护与经济发展关系的核心理念。环境权强调环境保护，但不是说讲环境权，就不追求经济发展或影响经济发展，可持续发展也是环境权的理念基础和价值目标。

"可持续发展"思想的雏形是 1973 年联合国环境规划署第一次提出的"没有破坏的发展"口号。20 世纪 80 年代初，国际自然保护联盟在《世界自然资源保护大纲》中，首次使用了"可持续发展"的概念。联合国世界环境与发展委员会于 1987 年提交了一份题为《我们共同的未来》的报告，第一次正式提出了可持续发展理论。1992 年在巴西里约热内卢举行联合国环境与发展大会，来自世界 178 个国家和地区的领导人通过了《21 世纪议

---

① 王晓华：《生态主义与人文主义的和解之路》，《深圳大学学报》（人文社会科学版）2006
年第 5 期，第 103、104 页。

程》《气候变化框架公约》等一系列以可持续发展为核心的国际文件。由此，可持续发展走出了仅仅在理论上探索的阶段，可持续发展战略为国际社会所普遍接受，并被付诸全球的行动。"可持续发展"的含义，一般是指满足当代人的需要，而不损害子孙后代的需要的供需能力的发展。就可持续发展的内涵而言，该思想虽然缘起于环境保护问题，但作为一个指导人类走向 21 世纪的发展理论，它已经超越了单纯的环境保护，进而涉及生态环境、经济发展和社会进步三个方面。易言之，可持续发展将环境问题与发展问题有机地结合起来，强调可持续经济、可持续生态和可持续社会三方面的协调统一：可持续发展鼓励经济增长而不是以生态环境保护为名取消经济增长；可持续发展要求经济建设和社会发展要与自然承载能力相协调；可持续发展强调社会公平是生态环境保护得以实现的机制和目标。总之，可持续发展要求人类在发展中讲究经济效率、关注生态和谐和追求社会公平，最终达到人的全面发展。如今，可持续发展已经成为一个有关生态、经济和社会发展的全面性战略。

"可持续发展"涉及众多的学科及其交叉，并相互间产生出不同的新定义。生态学家从环境视角看待可持续发展，即其指不超越环境系统更新能力的天然环境的平衡发展。经济学家基于经济视角，认为在保持自然资源质量及其持久供应能力的前提下，使经济的净利益达到最大限度即为可持续发展。社会学家则从社会角度进行定义，认为可持续发展系指在不超出生态系统涵容能力的情况下，尽可能地改善人类的生活水平。科技工作者则认为，可持续发展主要是建立不产生废料和污染物的绿色工艺技术系统。根据大多数学者的意见，"发展"这一概念不同于"增长"这一概念。"增长"针对的仅仅是某类经济参数而言；而"发展"则不仅包括经济参数，还可以包括其他非经济参数，可以将它看作是包含一组社会期望目标的一个向量，这组目标或子向量包括人均收入、健康卫生、教育、资源可获得性、公平分配等，"发展"内涵指的是这些要素的加权总和。"可持续性"则指"发展"这一向量不随时间减少。它可以有两种理解：一是在未来一段时间内，向量的变化都是非负的，可以称之为强可持续性；二是向量变化的方向是非负的或者说向量变化的总量是非负的，这可以称为弱可持续性。①

事实上，可持续发展理念与宪法的核心价值具有内在契合性。可持续发展理念的核心还是以人类为中心，强调人类的生存与发展，而人类的生存与发展实际上是对人尊严的肯定与满足，人的尊严是宪法的核心价值所在。于 2005 年 2 月 28 日通过的法国 2004 年环境宪章的第 6 条规定："公共政策应当促进可持续发展，为此，它们要协调环境的保护和利用、经济的发展和社会的进步。"②

在可持续发展的理念下，具体协调环境保护与经济发展的关系，可从三个方面去考虑。其一，一定程度的容忍。所谓一定程度的容忍，是指在对环境是否造成危害还没有确定的情况下，为了经济发展、解决生存及就业等基本问题，可以作出有利于经济发展的判断。一定程度的容忍对于后发国家处理经济发展和环境保护的矛盾是具有实际意义的。当然，容忍仅仅是一定程度上的；如果为了经济发展，对环境构成明显的、重大的、可以预见的危害，这是不被允许的。其二，不能对环境产生根本上的破坏。这是底线，也是原则。环境资源往往是不可再生和无法复制的，一旦对环境造成根本上的破坏，其损失是无法弥补的，经济发展反而导致人类生活的不安全，经济发展的意义也就不存在了。其三，以最终保护为目的。现代社会的经济发展，不能仅仅考虑表面的、数字化的经济指数的增长，还要注重经济发展的质量，必须是可持续发展。而可持续发展，不是涸泽而渔式的破坏环境，而是经济、社会和环境的协调发展，所以最终目的是要保护和改善环境，这才是经济发展真正的最终目的。

第三节　环境权的价值体系

在法学上，法律价值是法哲学的主要范畴。③ 法的价值就是法这种客

---

① 杨发明、许庆瑞：《可持续发展的涵义及其实现的基本条件与手段的探讨》，《自然辩证法通讯》1997 年第 1 期，第 26、27 页。

② http://www.enlaw.org/flfg/gwfg/200604/t20060404_3719.htm，最后访问日期：2023 年 2 月 5 日。

③ 付子堂：《社会学视野中的法律功能问题》，《郑州大学学报》（哲学社会科学版）1999 年第 5 期，第 18 页。

体对于社会主体的关系和在这种关系中所具有的可以满足或影响社会主体需要的属性和潜能。① 所谓公民环境权的价值，是指环境权面对环境污染治理以及人民美好生活的需要的可满足性，强调的是环境权存在对人、社会和国家所能产生的抽象的理论上的特殊意义。关于环境权的价值，学界曾有研究。② 我们认为，在当前对环境权日益熟悉而又面临一些认知困境之时，探讨环境权的价值，有必要区分环境权特有的价值和环境权所能产生的价值。环境权特有的价值是其他权利无法替代的，是证成环境权的关键，可称为环境权的核心价值；环境权所能产生的价值，是在环境权特有的价值基础上的层进价值，需要和环境权的核心价值一起发挥效用，而且这些价值可能和其他权利价值存在交叉共有的地方，可称为环境权的一般价值。

一　环境权的核心价值

对环境权核心价值的认知，应该紧紧围绕着环境概念本身。我国《环境保护法》第2条明确规定，环境"是指影响人类生存和发展的各种天然的和经过人工改造的自然因素的总体，包括大气、水、海洋、土地、矿藏、森林、草原、湿地、野生生物、自然遗迹、人文遗迹、自然保护区、风景名胜区、城市和乡村等"，亦即广义上的生态环境。透过《环境保护法》对环境概念的界定，并从人类生存和发展的意义出发，就可以认识到所谓环境权的价值一定是指环境对人或人类所能产生的价值。因此，环境权的核心价值探讨应立足于人与环境的关系。从环境哲学的意义来讲，环境问题的实质是人与自然的关系问题。③ 而人与自然的关系最核心的应该体现在"人与自然和谐共生"这句话上。这句话蕴涵了人类应当尊重自然、顺应自然、保护自然的生态价值观和生态审美观；人类只有尊重、顺

---

① 周旺生主编《法理学》，北京大学出版社2007年版，第108页。

② 张震：《宪法上环境权的证成与价值——以各国宪法文本中的环境权条款为分析视角》，《法学论坛》2008年第6期，第52~54页；林丹红：《环境侵权之"损害"研究——以环境权的二元价值为基础》，《苏州大学学报》（哲学社会科学版）2009年第1期，第34~38页。

③ 王正平：《环境哲学——环境伦理的跨学科研究》，上海人民出版社2004年版，第30页。

应和保护自然，公平对待自然利益，才能有效防止在开发利用自然上走弯路，才能实现人与自然的和谐发展，最终实现人的全面发展。因此，环境权的核心价值包括和谐价值、共生价值与公平价值。

（一）和谐价值

和谐原本是一个哲学上的概念。它是指事物和现象的各种因素协调一致。和谐是宇宙间一切事物合乎规律的现象。和谐的本质是杂多的统一、对立的统一、多样性的统一。[①] 在法学上，法这种社会调整器的重要价值在于和谐。法的和谐价值就是法所具有的那种协调不同主体或同一主体之间多种、多样、多变的价值追求，从而促进人们之间的和谐，促进社会和谐的价值。[②] 具体到权利上来看，和谐被认为是权利所追求的普遍价值之一。[③] 与其他权利相比，环境权的和谐价值具有更加独特的意义与内涵。法律权利上的和谐，其实质就是对保护利益和主体之间矛盾的调整。保障人生活在良好适宜的环境中是环境权的实质，因而良好适宜是环境权和谐价值的基本反映。具体内涵如下。

其一，个体人之间关于环境资源利用和环境保护的和谐。个体的人既具有个体意义上的主体性价值，更应该体现人的社会属性价值。每一个个体在环境资源利用上应该考虑到他人的使用权利而保持自己行为上的谦抑，同时为了他人更好的生活环境而主动进行一些环境保护行为。

其二，集体人之间关于环境资源利用和环境保护的和谐。这包括不同群体之间以及不同国家之间的和谐。大家都生活在一个地球村中，每个国家、每个群体，不管发达与否，发展水平高低，如果对环境资源过度使用、对环境保护消极作为，均会破坏环境权在群体间的和谐，最终损害的不仅是环境自身，更是所有群体。

其三，人与自然之间关于环境资源利用和环境保护的和谐。自然提供人类生存发展以及权利享有的基本条件；反过来，人应该对自然有基本的

---

① 许征帆主编《马克思主义辞典》，吉林大学出版社 1987 年版，第 699 页。
② 参见孙国华《论法的和谐价值》，《法学家》2008 年第 5 期，第 17~19 页；江国华《和谐社会的宪政价值》，《法学论坛》2005 年第 4 期，第 91 页。
③ 马岭：《对"和谐权"的几点反思》，《法学杂志》2009 年第 6 期，第 43 页。

尊重，对自然资源的使用应该适度，对环境保护应该有主动的意识和行为。反之，如果环境权上的这种和谐价值遭到破坏，就会危及人类自身。正如日本环境权论者所认为的，严重的环境破坏将有威胁人类生存之虞，从而积极地肯定保护良好环境具有第一意义上的重大价值。[①]

（二）共生价值

何谓共生，其原意是指两个物种生活在一起，相互因对方存在而受益的现象。最典型的共生为互利共生（mutualism），指因共同生存而双方皆受益。[②] 人类对共生本质的认识，最早从生物界相依为命的现象开始，生物界的这种相互依存现象反映了生物界的存在本质是共生。透过生物界的共生现象，进入人类社会，乃至整个宇宙，我们不难把握一般的共生的内涵：共生是人类之间、自然之间以及人与自然之间形成的一种相互依存、和谐、统一的命运关系。[③] 具体到环境权而言，共生之所以成为环境权继和谐之后第二个核心价值，就是因为共生在和谐的前提下可以最直接、最大限度地满足人生活在良好适宜环境中的美好生活的利益需求。环境权的共生价值的具体内涵包括如下方面。

其一，强调人与人之间以及人与自然之间在面对环境资源利用和环境保护时的相互依存。环境维持和保护不能仅靠个人或某些群体，需要全体人类参与，而人与环境也是生存共同体。

其二，指向人与人之间以及人与自然之间在面对环境资源利用和环境保护时的共同受益。当一部分人因为环境保护受益，会影响和带动所有人参与环境保护；当环境得到维护，也一定会反哺人类的生存与发展需要。

（三）公平价值

公平是法律的固有价值之一，宪法层面环境权的公平价值体现在代内公平和代际公平两个方面。其一，环境资源代内公平享用，是指同一时代的人，无论其拥有的财富多寡，一律公平地享用其生存和经济发展所必需

---

① 〔日〕大须贺明：《生存权论》，林浩译，法律出版社 2001 年版，第 205 页。

② 《环境科学大辞典》编辑委员会编《环境科学大辞典》，中国环境科学出版社 1991 年版，第 78 页。

③ 吴飞驰：《关于共生理念的思考》，《哲学动态》2000 年第 6 期，第 22 页。

的共有的环境资源；同时，也要基于公平的目的对私有财产进行限制，不允许以破坏环境资源的形式使用自己的财产。许多国家的宪法文本，如阿塞拜疆宪法、白俄罗斯宪法、俄罗斯宪法、格鲁吉亚宪法、马其顿宪法、摩尔多瓦宪法、斯洛文尼亚宪法、土耳其宪法、乌克兰宪法、葡萄牙宪法、斯洛伐克宪法、西班牙宪法等，大多体现了代内公平价值。其二，地球上的资源环境是当代人和后代人共同拥有的。当代人和后代人对其赖以生存和发展的环境资源有相同的享受和开发利用的权利。当代人有权享有环境资源，并从中受益，但也有义务为后代人保护供后代人生存和发展的环境资源。有些国家的宪法文本不但体现了环境权的代内公平价值，也体现了代际公平价值。如格鲁吉亚宪法规定：为建立有益于人健康的环境并使之符合社会生态和经济利益，为当代人和后代人的利益，国家对保护环境和合理开发自然予以保障。再如瓦努阿图宪法规定：每个人……为了当代人和后代人的利益维护民族财富、资源和环境。

二　环境权的一般价值

（一）生态价值

生态是指生物在一定的自然环境下生存和发展的状态。[①] 所谓生态主义，其核心要求是人类应当尊重自然，人类只是自然的一部分，与其他物种共同维持着地球的生态平衡。[②] 人的发展依赖于自然的财富，人类尊重自然保护自然其实也是保护人类自身。许多国家的宪法文本中环境权条款大多体现了生态价值。如阿塞拜疆宪法提到了生态权利，菲律宾宪法提到了国家要保护生态环境，格鲁吉亚宪法提到了生态利益，保加利亚宪法强调公民有义务保护生态环境，摩尔多瓦宪法规定自然人和法人、军队要为破坏生态所造成的健康和财产损失负责，葡萄牙宪法在第66条三次提到了生态平衡或生态稳定，巴拿马宪法和危地马拉宪法也使用了生态平衡的字眼，等等。

[①] 《现代汉语词典》（修订本），商务印书馆1996年版，第1130页。

[②] 陈泉生、张梓太：《宪法与行政法的生态化》，法律出版社2001年版，第71页。

（二）安全价值

所谓安全，就是指不出事故；没有危险；不受威胁。[①] 2014 年 4 月 15 日上午，习近平总书记在主持召开中央国家安全委员会第一次会议时指出，坚持总体国家安全观，走出一条中国特色国家安全道路。[②] 总体国家安全观首次被提出，其中首次系统提出"11 种安全"，其中生态安全、资源安全均在列。2020 年初，习近平总书记又明确提到了生物安全。[③] 不管是生态安全、资源安全，还是生物安全，均涉及广义的环境的安全。也即环境的安全已经上升到国家安全的层面。所谓环境的安全，在笔者看来，至少包括两层内涵：即环境没有危险，以及在此基础上环境向好改善。法律上的权利能调整合理的利益关系，满足人们正当的需求。在总体国家安全观语境下，环境权的安全价值可以用来观照公民对环境安全中所涉及的合理利益的适度需求，可以用来证成国家有关环境的安全的制度的正当性、合理性，也可以促进生态环境法律制度的安排对于安全层面的考量。

（三）可持续发展价值

所谓可持续发展是指一种关于自然、科学技术、经济、社会协调发展理论和战略。在国际文献中最早出现于 1980 年国际自然保护同盟的《世界自然资源保护大纲》："必须研究自然的、社会的、生态的、经济的以及利用自然资源过程中的基本关系，以确保全球的可持续发展。"1981 年，美国学者布朗出版《建设一个可持续发展的社会》一书，阐述可持续发展的观点，提议以控制人口增长、保护资源基础和开发再生能源来实现可持续发展。1987 年，世界环境与发展委员会出版《我们共同的未来》报告，系统阐述了可持续发展的思想，将可持续发展定义为："既能满足当代人的需要，又不对后代人满足其需要的能力构成危害的发展。"1992 年 6 月，联合国在里约热内卢召开的"环境与发展大会"，通过了以可持续发展为

[①] 《现代汉语词典》（修订本），商务印书馆 1996 年版，第 6 页。

[②] 《习近平主持召开中央国家安全委员会第一次会议强调：坚持总体国家安全观 走中国特色国家安全道路》，《中国青年报》2014 年 4 月 16 日，第 1 版。

[③] 《习近平：把生物安全纳入国家安全体系 尽快推动出台生物安全法》，环球网，https://3w. huanqiu. com/a/26ef70/9CaKrnKpnZk，最后访问日期：2025 年 3 月 30 日。

核心的《21世纪议程》《里约环境与发展宣言》等文件。[1]

可持续发展强调发展的公平性、可持续性与共同性。一是公平性。世界上的每一个国家、每一个地区的人民都有满足自己基本需求的权利，并且拥有平均的分配权和公平的发展权。人们的后代子孙也拥有公平享受资源的权利，上一辈的人们注意为后代留下足够的发展空间和发展潜力。二是可持续性。可持续发展强调要在不损害地球的生态系统的前提下，考虑环境的承载能力在承载范围内满足人们的发展需求。三是共同性。世界各国的国情和发展能力存在差异，但是人们在环境保护问题上的目标是一致的。可持续发展理论是全球人民共同的发展目标，想要实现这一目标，必须建立全球合作伙伴关系。

近年来，可持续发展已经成为我国法学界的一个重要理论并指导立法执法与司法实践。环境权的可持续发展价值，丰富了传统权利的价值内涵。强调可持续发展的理念，即只有采取可持续的价值观和方式，才可以实现真正的连续的发展，对于国家的制度设计以及公民的行为选择，均会起到正确的指导和规范作用，并最终满足健康的、持续的发展利益。

第四节　环境核权利与束权利

在对环境权的价值形成了正确认知后，环境权到底是什么、有哪些内容，即环境权的内涵自然成为人们关心的内容。但是，在我国法学界，关于环境权的内容存在久而未定的比较大的争议。再次重视环境权，这是生态文明入宪后必然要解决的重要课题。但是，即便再重要，也不能将任何与环境有关的权利均纳入环境权当中。有学者指出，环境权的泛化实际上抹杀了环境权的特质，导致其权利内涵模糊，从而使其学术主张难以得到学界、立法者及司法者的认可。[2] 由此，我们有必要对环境权的内涵分成不同的层次和类型。

---

① 朱贻庭主编《伦理学大辞典》，上海辞书出版社2002年版，第478页。
② 吴卫星：《环境权理论的新展开》，北京大学出版社2018年版，第15页。

事实上，在学者们有关环境权内容的表述中，有些是环境权核心的独有的内涵，而有些是环境权和其他权利共同的内涵。只有区分出环境权的核心独有的内涵，才能明晰环境权的真正的内容，也才能让人确定环境权本身。在此，我们把环境权的内容分成两大层次和类型，即环境核权利和环境束权利。所谓环境核权利，是指环境权中最为核心最为独有的那部分内容，是其他权利无法替代的，以此可以区分环境权与其他权利；所谓环境束权利，是指环境权和其他权利形成的交叉权利区域，这部分内容既体现环境权的价值，也含有其他权利的价值与内涵，也就是说环境束权利类似一个权利束，属于类权利，是体现环境权价值的扩充性权利。

一　环境核权利

所谓环境权是指关于良好适宜的环境的权利。由于环境概念本身的庞杂性以及环境与其他自然、社会现象的关系非常复杂，因此环境权的内容也是一个非常庞大的体系。不同学者认知的角度有所不同，导致了对环境权到底包含哪些内容的不同观点。如果将来环境权最终走进宪法层面，在此不妨借用宪法规范的观点。有学者认为，在宪法规范中，有一种可称之为宪法核的规范。所谓宪法核是指一种根本规范，提供实定法的客观合理性的依据，在法律秩序中居于最高地位，表明实定法创始的出发点。[①]　在环境权的复杂的内容体系中，有一部分内容是属于环境权独有的内容，也是足以识别环境权并与其他权利可以明显区分、属于最核心最独特的内容，笔者称之为环境核权利。

（一）环境权是有关良好适宜环境的权利

所谓环境，根据《环境保护法》的定义，是指影响人类生存和发展的各种天然的和经过人工改造的自然因素的总体。根据《宪法》第 26 条"国家保护和改善生活环境和生态环境"的规定，既包括生活环境，也包括生态环境。笔者认为，环境权中的环境，直接而言是指生活环境，作为人的基本权利的环境权，其最核心的价值和内容当然应该直接与人相关；

---

① 韩大元：《论宪法规范的至上性》，《法学评论》1999 年第 4 期，第 29 页。

间接而言，包括生态环境，生态环境强调各生态要素相互之间协调的整体性的关系。从广义而言，人也是生态环境的一部分，生态环境的好坏与人的生活之间呈现出看似不直接但又密切相连的关系。作为环境权核心内容和基本标准的良好适宜应该包括以下内涵：其一，能够保障人的基本生活的环境条件，至少是无害的；其二，能够有助于提高人的基本生活的环境条件，应该是逐步改善趋好的；其三，可以满足各种环境要素的协调共生，实现人与自然的和谐共生的环境条件。

（二）环境权是环境权利与环境义务的紧密结合体

"权利和义务是相关物，人们不可能有没有相应义务的权利，也不可能有没有相应权利的义务。"[1] 当然，这是从一般意义上而言的，实际上，法学界对权利的关注远远多于对义务的关注。笔者认为，当我们谈到环境权的时候，一定不能忽略环境义务。相比其他权利，环境的权利与义务的紧密结合的属性更加强烈。其一，环境的公共资源性，意味着公民对环境资源享有的同时，必须要承担相应环境义务。有学者指出，公众的积极参与对于公共事务和权利维护具有重要价值，只有广泛的公民参与，才能使公民能够争取到一个矢志于公众福祉与环境福祉的社会。[2] 其二，如果只强调环境权而不讲环境义务，从权利行使的结果上看，可能会出现公民主动放弃环境权或者不主张环境权的情形，那么这不仅有违环境权提倡的初衷，也不利于环境公益的维护。事实上，我国环境权研究的首倡者蔡守秋教授也一直主张环境义务。他认为："只有环境法律关系的主体在享有适宜环境权利的同时承担保护环境的义务，才能真正实现有关各方的环境权益。"[3]

与其他权利相比，环境权的权利义务结合体的属性更有其特殊之处。其一，从行使主体上看，环境权利与环境义务的主体完全重合。其他权利中，作为权利的行使主体和对应义务的履行主体不见得完全重合，比如同

---

[1] Patong W., Derham D. P., *A Textbook of Jurisprudence*, Oxford: Oxford University Press, 1972: 285.

[2] 〔美〕丹尼尔·A. 科尔曼：《生态政治——建设一个绿色社会》，梅俊杰译，上海译文出版社 2006 年版，第 38 页。

[3] 蔡守秋主编《环境法教程》，法律出版社 1995 年版，第 39 页。

样作为典型的社会权的受教育权，其权利主体是指每位公民，但义务主体则是相对特定的。其二，从行使期间上看，环境权利行使与环境义务履行的时段是完全一致的，公民在享受环境权利的同时必须履行环境义务。其他权利如受教育权的权利为终身享有，义务则是特定的时间段内才须履行。其三，从行使内容上，环境权利与环境义务是完全的一一对应的关系。有什么样的环境权利，一定也会对应什么样的环境义务。这与其他权利也是不同的，如受教育权中的权利内容和义务内容就不是完全一一对应的。

二　环境束权利

法学界之所以就环境权到底是什么、到底包含哪些内容多有争议而且没有定论，就在于随着对环境权认知的深入，从多个角度观察并与其他相关权利的切入点太多，导致了环境权内容过于庞杂，反而会忽略环境权最核心最独特的内容，环境核权利的提法一定程度上可以解决上述问题。但是毕竟我们无法无视环境权与之相关相近的其他权利。笔者认为，在此可以借用有些学者主张的权利束的概念，即提出一种新的权利研究概念——"权利束"，将一组权利通过固定的"束点"归集为一束权利，划分清楚这束权利的组成与权利边界。① 因此，与环境核权利相对应，内容更为庞杂，束点更为分散的，我们可称之为环境束权利。根据不同束点，又可进行多次分枝。

（一）主体向度上的环境束权利

1. 人作为主体的环境束权利

就人作为主体而言，环境束权利包括环境健康权、环境人格权、环境美好及幸福生活权等。

其一，环境健康权。环境的适宜良好，意味着人的生活质量的提高，随之带来的一个非常直接明显的变化就是人的健康水平的提高。环境健康权强调环境对于人的健康目的的手段性和条件性。从表面上看，健康权主要讲的是人的内部机体器官和生理机能的健康，但是所谓人的内部机体是

---

① 阎立东：《以"权利束"视角探究数据权利》，《东方法学》2019 年第 2 期，第 60 页。

生活在外部环境当中的，因此，如果没有良好的环境，内部机体的健康也会大受影响甚至无法得以实现，甚至有科学研究表明，环境会影响人的基因。①

其二，环境人格权。一般意义的人格权，指人的尊严，人所获得应用的尊重。"二战"以来，一方面，环境问题的严重引起全球的重视，另一方面，随着经济社会的高速发展对生活品质提高的诉求，环境日益成为人的体面生活并获得足够尊重的重要因素。1970 年 9 月召开的"日本律师联合会第 13 届人权拥护大会"上，仁藤一、池尾隆良两位律师指出，环境权是以日本宪法第 25 条中生存权的规定为依据的基本人权之一，应把它作为人格权的一种来加以把握。② 有学者认为环境人格权具有精神性、物质相关性、公共性以及预防救济性等特点。其包括维护环境人格完整的权利以及排斥他人对人格权的侵害的权利，具体包括阳光权、宁静权、清洁空气权、清洁水权、通风权、眺望权以及自然景观权等。③

其三，环境美好及幸福生活权。如果说环境健康权侧重身体层面，环境人格权突出精神层面，那么环境美好及幸福生活权则是综合性的。美好及幸福生活是一个非常抽象的概括性强的概念，环境美好及幸福生活权意味着环境既是美好及幸福生活的重要条件，也是重要标志和内容。日本学术界认为环境权的宪法依据之一即为日本宪法第 13 条所规定的幸福追求权。④ 在我国，党的十九大报告明确把环境作为人民美好生活的重要内容。

2. 社会作为主体的环境束权利

就社会作为主体而言，环境束权利包括环境安全权与环境秩序权。

其一，环境安全权是指在没有危险与足够安全的环境对社会安宁、发展、和谐所产生的重要条件和保障性作用前提下而获得的相关正当利益的权利。

---

① 张震：《民法典中环境权的规范构造——以宪法、民法以及环境法的协同为视角》，《暨南学报》（哲学社会科学版）2018 年第 3 期，第 10 页。
② 参见〔日〕富井利安等：『環境法の新展開』，法律文化社，1995 年版，第 54~60 页。
③ 吕忠梅：《沟通与协调之途——论公民环境权的民法保护》，中国人民大学出版社 2005 年版，第 274~258 页。
④ 〔日〕大须贺明：《生存权论》，林浩译，法律出版社 2001 年版，第 67 页。

其二，环境秩序权是指在尊重各环境要素本身的生存及活动秩序的基础上，稳定良好的环境秩序对于社会运行起到重要的保障，从而获得相关正当利益的权利。之所以把环境安全和环境秩序归属于社会主体的环境束权利，一则是环境的安全以及秩序构成了所能获得的群体性的利益，二则是环境的安全与秩序需要依赖社会的群体性行为。

3. 国家作为主体的环境束权利

就国家作为主体而言，包括环境资源权与环境管理权。

其一，环境资源权，是指在明确环境资源的归属的前提下与环境资源相关的使用和收益等权利。一般意义而言，环境资源不能为个体或某些群体所独占，其既属于当代人，也属于后代人，在当代人中又属于全人类。国家作为公民群体利益的代表者，可以代为行使环境资源所有权等权利。如我国现行《宪法》第9条第1款规定："矿藏、水流、森林、山岭、草原、荒地、滩涂等自然资源，都属于国家所有，即全民所有；由法律规定属于集体所有的森林和山岭、草原、荒地、滩涂除外。"

其二，环境管理权，是指为维护和改善环境，针对环境资源而采取的相关管理、促进、改善等手段和措施的权利。如现行《宪法》第9条第2款规定："国家保障自然资源的合理利用，保护珍贵的动物和植物。禁止任何组织或者个人用任何手段侵占或者破坏自然资源。"事实上，在环境资源权和环境管理权中，特别是环境管理权已经较多含有权力的因素，环境管理的利益基于管理权力而获得，但是环境管理的利益仍然属于权利的范畴，从性质上归于公共利益。

（二）类别要素上的环境束权利

1. 环境政治类权利

环境政治类权利包括个体的环境知情权、环境参与权以及群体的环境正义。其一，环境知情权是指公民对与个人生活密切相关的有关环境条件、状况、变化等信息享有知情的权利。其二，环境参与权是指为了更好享有与环境有关的相关正当利益，公民享有的以适当方式、适当程度参与国家机关的环境立法、环境决策、环境管理等的相关权利。其三，环境正义是指人类社会在处理环境保护问题时，各群体、区域、族群、民族、国家之间所应承诺的权利与义务的公平对等。① 环境正义强调环境利益或负担在人群中的分配正义。②

2. 环境经济类权利

环境保护与经济发展之间存在辩证关系，从正向意义上讲，环境保护最终会促进经济发展，良好适宜环境会为人们带来更高质量的、更持续性的正当经济利益。有学者指出，一切经济活动从其终极意义上讲，都是对环境的加工、利用和改造。环境和经济活动是相互影响、相互制约的。因此，人类应努力创造一个有利于生存和经济活动的环境，其核心问题是如何处理生态环境保护与经济发展的关系。③ 对该类权利的重视及研究，有助于在经济社会发展中进行更合理规划并采取更为合理、健康以及持续性的发展手段。

3. 环境文化类权利

环境与文化背景、传统、人们的环境意识之间也存在特定关系。2007年11月，在贵州省荔波县召开的"文化多样性促进生物多样性保护与可持续发展"国际会议上，与会代表对此问题进行了专门研讨，达成了"保护文化就是保护环境"的"荔波共识"。④ 联合国《人类环境宣言》将"人类有权在一种能够过尊严和福利的生活环境"作为申明的共同信念的第一个内容，可见其重要性，而有尊严的生活即体现了环境的精神层面的文化内涵。对环境权的文化意义上的认知以及人们的环境意识，对国家的决策执行以及人们的行为选择，均会起到潜移默化的深远影响。

（三）权利阶段上的环境束权利

1. 环境生存权

"生存权"作为一个法的概念，最早是由具有空想社会主义思想倾向

---

① 王韬洋：《有差异的主体与不一样的环境"想象"——"环境正义"视角中的环境伦理命题分析》，《哲学研究》2003年第3期，第27页。

② Dobson A., *Justice and the Environment*, Oxford：Oxford University Press, 1998：20.

③ 赵俊、周一虹：《论经济发展与环境保护的政策协调》，《兰州大学学报》（社会科学版）2004年第5期，第127页；常纪文：《长江经济带如何协调生态环境保护与经济发展的关系》，《长江流域资源与环境》2018年第6期，第141页。

④ 陈伯礼、余俊：《论环境权的文化解释》，《重庆大学学报》（社会科学版）2010年第2期，第105页。

的奥地利法学家安东·门格尔在 1886 年写成的著作《全部劳动权史论》中明确提出的。该书认为：劳动权、劳动收益权、生存权是造成新一代人权群——经济基本权的基础。① 随着环境权的提出，到了 20 世纪 70 年代，在日本，排除对作为人类社会生活前提的良好环境的破坏，或事先对其加以预防，就作为生存权自身的内容被提了出来。② 时至今日，适宜良好的环境无疑已经成为生存权实现的必备基础和条件。

2. 环境发展权

发展权作为所有个人和全体人类应该享有的自主促进其经济、社会、文化和政治全面发展并享受这一发展成果的人权，最初由塞内加尔第一任最高法院院长、联合国人权委员会委员凯巴·姆巴耶于 1970 年正式提出。③ 发展权的实现需要诸多条件，而坚持环境正义理论，保障适宜良好的环境资源享受的平等是其中重要的内容之一。如果说环境生存权属于初阶性权利，环境发展权则属于进阶性权利，具有更为深远的内涵。它强调权利享有的可持续性，强调环境对于人的发展的意义，更重视环境保护与经济发展的协调，更关注不同社会群体之间环境资源享受的平等。

第五节　环境权的规范与社会功能

在法学上，法的功能强调法对社会生活发生影响的功用和性能。④ 可以认为，价值是对事物在客观实践中的高度理论抽象，强调事物存在的意义；而功能则强调事物所发挥的效用，强调事物在实践中的意义。所谓环境权的功能，是指在生态文明建设中，环境权在国家的经济社会发展中所发挥的效能及作用。前文对于环境核权利与环境束权利的分析，可以让我们在全面认知环境权的同时，抓住环境权的核心和关键内容，从而进一步明确其中哪些该写入宪法、哪些该写入一般法律。而如果环境权全面入宪

---

① 徐显明：《生存权论》，《中国社会科学》1992 年第 5 期，第 89 页。
② 〔日〕大须贺明：《生存权论》，林浩译，法律出版社 2001 年版，第 25 页。
③ 汪习根：《发展权法理探析》，《法学研究》1999 年第 4 期，第 16 页。
④ 周旺生主编《法理学》，北京大学出版社 2007 年版，第 145 页。

入法，就能进一步发挥环境权的规范与社会功能，实现环境权的宪法和部门法的分层立体保障，并能在法治轨道上有效促进生态文明建设。

一　环境权入宪的功能

（一）环境权入宪的规范释义

环境权入宪，也即环境权的宪法化，是环境权彰显基本权利属性的实证反映，也是环境权保护及实现的必要途径。环境权的宪法化受到法律实证主义的影响，具有典型的社会经济权利实证化的特点。

环境权宪法化的概念，深受实证主义哲学和法律实证主义的影响。实证主义是 19 世纪 30 年代由法国学者孔德创立，后来演变为马赫主义、逻辑实证主义的一种哲学体系。[①] 在法学理论中扮演着非常重要角色的法律实证主义思想就是以实证主义哲学为基础的。罗伯特·科威尔在分析美国革命后的历史时说："实证主义是美国革命后的主要法律思想，对美国法理学的发展起着很好的规范作用，它对南北战争以前的法律思想也有着重要的影响。"而且，连实证主义的批评者也不得不承认，实证主义在美国的文化中是如此流行和普及以至于在美国历史的各个时期都是占优势的法学流派。[②] 当然，须说明的是，法律实证主义并非完全强调法律与道德的分离。奥斯汀就说："法律和实在道德是属于同一属概念的种概念，两者是不可分离的，但是为了认识它们，我们可以将这样的整体分析开来加以认识。"[③] 因此说，是法律和道德是概念上的分离，而不是实践上的分离。

具体到基本权利而言，有学者认为，大体上，基本权利由三部分构成：一为自我肯定和保存意义上的古典基本权利；一为自我表现意义上的体现公民参与的政治权利；一为自我实现和发展意义上的社会经济权利。三类权利在属性上的不同决定了它们不同的实证化模式。古典基本权利经

---

① 白建军：《论法律实证分析》，《中国法学》2000 年第 4 期，第 92 页。

② 参见陈锐《论法律实证主义》，《河南师范大学学报》（哲学社会科学版）2005 年第 1 期，第 112 页。

③ Robert George, *The Autonomy of Law: Essays on Legal Positivism*, Clarendon Press, 1996, p. 291.

历了权利宣言、宪法原则及制度保障不同阶段才最终走向完全实证化。自我表现意义上的体现公民参与的政治权利，其实证化过程表现出与古典基本权利的相异形态。对古典基本权利而言，由于其属于消极自由的范畴，故国家可以相对超脱的态度促成这类权利的实现，而公民政治权利则不然，它需要将个人纳入"公"权力的运行机制中，国家相关政治制度的参与与表达管道必须畅通。社会经济权利的实证化经历了由宪法规定到具体的社会保障法律的制定过程。公民的社会经济权利有别于自由、财产、安全等权利，后者无须国家能动就可实现，而前者则需要国家的积极干预。①

环境权的宪法化，以法律实证主义哲学为理论基础，符合基本权利中的社会经济权利实证化的基本模式，同时又具有该权利自身的特色，反映了具备基本权利属性的环境权宪法实证规定的趋势。有学者认为，环境权法律化在国内法中的实践，包括宪法确认、宪法解释引申和通过法律确认三种方式。② 从一般意义上说，环境权的实证化体现在宪法和法律两个层面，但是从环境权基本权利属性的角度看，环境权实证化的真实内涵仅仅是宪法化。环境权的法律化无法彰显环境权的基本权利属性，在一定程度上混淆了基本权利与法律权利的概念。

（二）环境权入宪的主要功能

其一，是对人们生活需要的满足，体现了人本理念。在人们温饱问题尚未解决的时候，自然不会对环境提出过高的要求。但是随着生活质量的不断提高尤其是小康社会的全面实现，良好的环境成为生活要素的有机组成部分，对于环境的要求成为一个新的文化现象。而且这种要求与生态主义的理念是吻合的。所以在宪法中明确规定环境权，将有利于人在环境方面的正当要求的满足，也是法律上的人本理念的具体落实。人本理念，就是以人为本的理念。以人为本，强调人与人之间的和谐、人与自然的和谐、人与社会的和谐。"以人为本"的人本理念在中西方都有悠久缘起。

---

① 郑贤君：《基本权利的宪法构成及其实证化》，《法学研究》2002 年第 2 期，第 45、48、53、54 页。

② 吴卫星：《环境权法律化实证研究——兼议我国环境权研究的几个误区》，《青海社会科学》2006 年第 3 期，第 148~149 页。

我国最早明确提出"以人为本"的是春秋时期齐国名相管仲。《管子·霸言》篇中说："夫霸王之所始也，以人为本。本理则国固，本乱则国危。"古希腊哲学家普罗泰戈拉就提出著名的论断："人是万物的尺度。"① 14 世纪到 19 世纪欧洲的思想解放运动，重新弘扬了以人为本的理念，先后出现了人文主义、人道主义、人本主义思潮。理论上一般认为，以人为本，人文主义、人本主义都是同一个概念。"Humanism"中文可译为人文主义，也可译为人道主义，还可译为人本主义。以人为本，强调以作为个体而存在的"人"为出发点，以实现人应有的权益为宗旨，强调人的生存权利、充分享受世俗生活的权利等，提倡人性解放、个性自由。

其二，是对环境权基本权利属性的肯定。公民的基本权利，是指应由宪法所规定和保护的公民在政治、人身以及经济、社会和文化等方面的权利和自由，是公民享有的基本的、必不可少的权利和自由，是公民其他权利和自由的基础和原则，体现了公民在国家中的政治和法律地位。从本质上说，公民的基本权利是国家权力产生及存在的基础和先决条件，是国家权力运作的目标及国家活动服务的指向，也是制约国家权力不至于滥用的根本力量。反过来说，一项权利只有被写进宪法，才能在理论属性与法律表现上当之无愧地被称为基本权利。既然环境权在理论已达到了基本权利的位阶，就应该由宪法明确规定，这不仅是对其基本权利属性的确认，也能够为其提供终极保护。

其三，实现环境权规范体系的完善。体系思维乃法学最基本的思维方式。同时，这个体系不应该是概念法学式的封闭体系，而是开放的体系。② 对权利的关注与研究自然也应该坚持开放的体系思维。就环境权而言，随着认知的深入，亦愈发呈现出一个丰富的立体的权利体系。从权利的内容上看，涵盖了核权利与束权利；从权利的位阶上看，目前作为法律权利的环境权在多部法律中已得到了明确的规定，而随着生态文明入宪，生态文明建设的政治任务转变为法律规范，构成生态文明建设重要内容的环境权

---

① 北京大学哲学系外国哲学史教研室编译《古希腊罗马哲学》，生活·读书·新知三联书店 1957 年版，第 163 页。
② 张翔：《基本权利的体系思维》，《清华法学》2012 年第 4 期，第 25~28 页。

的宪法面向日益凸显。在此背景下，有必要探讨环境权在宪法层面上的规范体系。宪法上环境权的证成，可以使得环境权的规范体系更加满足内在的权利逻辑的层次性和外在的权利体系的开放性需求。

其四，为环境权的法律保障提供根本法上的依据。在法律中写入"根据宪法，制定本法"，不仅是立法者依宪立法的自我确证和事实陈述，也是立法权法定原则的规范要求。[①]"制定本法"的前提是"根据宪法"，法律规范需要明确的宪法依据，这是一项基本的法律原理。具体到宪法权利与法律权利的关系而言，宪法权利是母权利，法律权利是子权利。[②] 任何一项法律权利，均需要对应作为母权利的宪法权利，而环境权作为学界较普遍认为的新兴权利，目前只是规定在法律层面作为子权利存在，而无法直接在我国的宪法文本中找到对应的母权利。因此，环境权的入宪可以为环境权的法律保障提供直接有力的根本法上的依据。未来加快环境权的宪法化进程，继而在宪法中对于环境权的进一步明确规定，可以清晰展现环境权所应具备的规范构造，可以有力呼应我国的生态文明建设，可以有效规范环境权保障的制度实践。

二　环境权保障的功能

基本权利的实现更多依靠的是客观的制度与社会条件。[③] 环境权的入宪，可以使得环境权的规范体系更加完善，为环境权的法律保障提供根本法上的依据，但实践中环境权的保障仍然需要法律制度以及政策等的综合作用。环境权保障的功能可以从对国家权力和公民生活的双重影响的角度来认识。

其一，环境权对国家权力的保障。对国家权力而言，环境权的保障功能具体表现为如下三方面。（1）可以使得立法更加注重对环境利益的确认

---

① 叶海波：《"根据宪法，制定本法"的规范内涵》，《法学家》2013年第5期，第20页。

② 胡锦光、韩大元：《中国宪法》，法律出版社2004年版，第176页；马岭：《宪法权利与法律权利：区别何在？》，《环球法律评论》2008年第1期，第65页。

③ 王韬洋：《有差异的主体与不一样的环境"想象"——"环境正义"视角中的环境伦理命题分析》，《哲学研究》2003年第3期，第19页。

和规定。如有学者指出，环境权条款可以使得权力机关以积极立法的方式具体形成环境权法律制度的义务。① （2）可以使得行政把环境保护与改善作为重要裁量标准之一，注重经济发展与环境保护的平衡。（3）可以使得司法权在积极主义与消极主义两种理念之间进行更合理的平衡，更好地回应时代的需求，更加积极地面对社会发展中出现的环保趋势。

其二，环境权对公民生活的保障。对公民而言，直接的功能就是良好适宜的环境的改善；间接的功能是人们的与环境有关的各项生活品质的提高。正如党的十九大报告所讲，环境构成人民的美好生活的重要内容。日本有学者认为，环境权作为宪法上的基本人权得到承认和保障的话，可以让更多的人认识到保护环境本身的重要性，对每一个市民来讲也具有重要的法律价值，而且，就对所有的公权力机关，无论立法、司法、行政，都可以谋求居民环境权的具体实现，使环境政策更加积极化，期待环境保护万无一失的政治性职责。②

三 环境权的外溢功能

环境权的保障除了对环境权自身的实现能力的提升外，还会对与之相关的诸多事项有促进、推动和保障等作用，可称之为环境权的外溢功能。

其一，对其他权利的辅助保障。针对人身权利如健康权等，环境权可以改进其保障的条件和水平。如有学者指出，良好的生活环境和生态环境是保障人体健康的基础性条件，已经日益成为世界各国所普遍重视的课题。③针对政治权利如知情权、参与权等，环境权可以丰富其内容和实现方式；针对经济权利如财产权、劳动权等，环境权可以提升其质量；针对文化权利如文化活动权等，环境权可以提升其品质。

其二，对生态文明建设的有力促进。环境是生态文明建设的重要因素和内容。环境权的保障，使得环境本身的重要价值在被高度确认的前提下得到足够的维护和改善，有助于贯彻落实节约资源和保护环境的基本国

---

① 吴卫星：《生态文明建设中环境权入宪的功能》，《环境保护》2008 年第 3 期，第 57 页。

② 〔日〕原田尚彦：《环境法》，于敏译，法律出版社 1999 年版，第 67~68 页。

③ 陈云良：《基本医疗服务法制化研究》，《法律科学》2014 年第 2 期，第 83 页。

策，有助于实现人与自然和谐共生，可有效避免传统工业文明发展中遇到的各种环境问题与生态危机。这无疑会有力促进生态文明建设，为 2035 年美丽中国目标基本实现、本世纪中叶建成美丽中国奠定坚实基础。

其三，对经济社会发展的深层推动。绿水青山就是金山银山。环境权的保障有助于实现绿水青山。基于环境权的绿水青山建设和经济发展是辩证统一、相辅相成的。保障环境权、推动绿色低碳循环发展以及建设生态文明，不仅可以形成人与自然和谐共生的格局，而且使绿水青山持续发挥生态效益、经济效益和社会效益，继而让良好生态环境成为人民幸福美好生活的增长点、成为经济社会持续健康发展的支撑点、成为展现我国良好生态形象的发力点，为子孙后代留下可持续发展的"绿水银行"。实际上，从世界各国发展的规律来看，蕴涵环境权保障的生态环境保护和治理所带来的绿水青山，最终都会对经济社会发展产生良性的持续的推动作用。

第五章　生态文明规范体系中的公民环境义务

我国当前的环境问题决定了生态环境治理和实现绿色发展的现实迫切性。公民环境权利、环境义务以及国家环境义务三者共同构成生态环境治理法治理论的核心。在生态环境法治中，对公民环境义务的重视与环境权的提倡同等重要。公民环境义务在我国所具有的强烈现实意义是由环境资源的共享性和生态环境治理的复杂性、参与性等决定的。环境保护人人有责，探讨公民的环境义务具有强烈的实践意义。我国公民的环境义务的规范依据首先来自现行宪法，并被赋予了特定的内涵。无论是对公民环境意识的强化，还是对公民环境行为的规范，均需倡导公民环境义务，提升生态环境保护与治理实效。

第一节　公民环境义务提出的现实呼唤

公民环境义务是指公民在社会生活领域承担保护生态环境和维护公共环境利益的宪法和法律义务。生态环境的公共性决定了维护生态环境不仅是一项权利，也应该是一项义务。但是，我们在理解公民概念的大部分时候，总是对权利投以极大的热情，却对义务采取沉默态度，亦即往往强调公民环境权却忽视了公民的环境义务。在全面推进生态文明建设的新时代背景下，提出和强调公民环境义务具有重要的理论和现实意义。

一　环境问题突出背景下的生态环境治理需要公民参与

从世界范围来看，环境问题早在 20 世纪 60 年代就被列为世界第三大问题，因此针对环境问题，进行环境保护及治理是各国的普遍做法。甚至在学术上有学者提出了"环境国家"的概念，即环境保护是现代国家所应担负的主要任务之一，否则，国家将失去其存在的基础及正当性。① 国家对未来的国民负有保护其生态环境利益的义务，为此需要国家在政治经济决策、立法、司法等多方面努力。② 就我国而言，从党的十八大、党的十九大到党的二十大，在习近平生态文明思想指引下，我国生态环境治理和生态文明建设从认识到实践都发生了历史性、转折性、全局性变化。然而，环境资源的共享性决定了生态环境保护中公民的高度参与性，生态环境治理并非仅靠国家一方主体即可完成。"一个人如果仅仅去过一种私人生活，如果像奴隶一样不被允许进入公共领域，如果像野蛮人一样不去建立这样一个领域，那么他就不能算是一个完完全全的人。"③ 而恰恰是公众的积极参与对于公共事务和权利维护具有重要价值，只有广泛的民主参与才能使公民能够争取到一个矢志于公众福祉与环境福祉的社会。④ 如果说，生态环境治理的目标是实现生态环境善治，那么就需要"政府与公民对公共生活的合作管理，这是政治国家与市民社会的一种新颖关系，是两者的最佳状态"⑤。正如 2016 年国务院《政府工作报告》中所指出的："保护环境，人人有责。每一个社会成员都要自觉行动起来，为建设美丽中国贡献力量。"2020 年 3 月，中共中央办公厅、国务院办公厅印发《关于构建现代环境治理体系的指导意见》，该文件提出要"以坚持党的集中统一领导为统领，以强化政府主导作用为关键，以深化企业主体作用为根本，以更

---

① 参见李建良《环境议题的形成与国家任务的变迁——"环境国家"理念的初步研究》，《宪法体制与法治行政——城仲模教授六秩华诞祝寿论文集》，三民书局 1998 年版，第283、290 页。

② 〔日〕黑川哲志：《从环境法的角度看国家的作用及对后代人的责任》，王树良、张震译，《财经法学》2016 年第 4 期，第 65~72 页。（《新华文摘》2016 年第 20 期全文转载）

③ 〔美〕汉娜·阿伦特：《公共领域和私人领域》，刘锋译，载汪晖、陈燕谷主编《文化与公共性》，生活·读书·新知三联书店 1998 年版，第 70 页。

④ 〔美〕丹尼尔·A. 科尔曼：《生态政治——建设一个绿色社会》，梅俊杰译，上海译文出版社 2006 年版，第 38 页。

⑤ 俞可平：《治理和善治：一种新的政治分析框架》，《南京社会科学》2001 年第 9 期，第42 页。

好动员社会组织和公众共同参与为支撑，实现政府治理和社会调节、企业自治良性互动，完善体制机制，强化源头治理，形成工作合力，为推动生态环境根本好转、建设生态文明和美丽中国提供有力制度保障"。概而言之，生态环境保护和治理应当由国家与公民分工协作、共同承担。

二 国家环境义务的概念并非意味着公民环境权的单向维度

毫无疑问，生态环境保护和治理最主要的推动者是国家，或者说国家是生态环境保护义务的最重要主体。国家与公民关系的理论一般被表述为，国家权力产生于公民权利，同时国家权力又是实现公民权利的手段。易言之，公民享有权利，国家履行对应义务。但在笔者看来，首先，这种理解可能将国家与公民之间复杂的权力、权利、义务关系简单化了。"在近代史上，公民比任何社会人物都更有活力。"① 但是，我们理解公民的概念，不能仅对公民权利投以极大的热情，却对其义务采取沉默态度，而应洞悉公民身份所内含的"权利—义务"互动结构。② 其次，事实上，诸多公民权利的对应义务主体并非只有国家一方，譬如作为典型的社会权的受教育权，不少国家的宪法理论与文本均认为，公民既是受教育权利主体，又是受教育义务主体。同理，国家作为义务主体，也不意味着公民只是对应地享受权利而无须履行义务。公民身份的首倡者马歇尔明确指出："如果说公民身份意味着捍卫权利，那就不能忽视与之相关的公民义务。"③ 因此，就生态环境保护和治理而言，并非意味着只是国家负有环境义务、公民享有环境权利这样的一种简单关系。

三 公民环境权的概念并不能解决所有的生态环境问题

从世界范围来看，20 世纪 60 年代各国开始陆续提出环境权的概念。

---

① Ralf Dahrendorf, "Citizenship and Beyond: The Social Dynamics of an Idea," *Social Research*, Vol. 41, No. 4, 1974, p. 41.
② 参见秦鹏、杜辉《环境义务规范论——消费视界中环境公民的义务建构》，重庆大学出版社 2013 年版，第 5 页。
③ T. H. Marshall, *Class, Citizenship and Social Development*, Chicago: University of Chicago Press, 1964, p. 123.

时至今日，环境权的概念在我国已深入人心，并在 2014 年全面修改后的《环境保护法》等法律法规中得以体现。例如《环境保护法》第 53 条第 1 款规定："公民、法人和其他组织依法享有获取环境信息、参与和监督环境保护的权利。"据此，公民依法享有环境知情权。环境知情权兼具环境权和知情权的属性及内容。[①] 公民参与生态环境治理需要一个前提，就是要求存在一个对话的平台，使得双方站在一个平等的地位上处理相互的关系，这个平台必须建立在信息对称的基础之上，为此，公众必须拥有及时获得和充分了解真实信息的权利，国家负有环境信息公开的职责。无疑，环境权唤醒了公民的生态环境意识和公共精神，也推动了从政府主导的一元生态环境治理机制到多元参与的生态环境治理机制的转换。然而，首先环境权概念仍然存在一定的不确定性，在学界并非没有争议，比如环境权的性质、内容以及实现方式等。[②] 其次，环境权概念不能包含或替代环境义务，如果只讲环境权而不讲环境义务，显然不利于环境公益的维护，甚至对生态环境治理的目标也会大打折扣。

四　重视公民环境义务能够增强生态环境保护的实际效果

重视公民环境义务，有利于提高公民的生态环境保护意识，增强生态环境保护的实际效果。环境资源属于公共资源，具备公共利益属性，需要人人参与维护，并进而承担相应义务。"只有环境法律关系的主体在享有适宜环境权利的同时承担保护环境的义务，才能真正实现有关各方的环境权益。"[③] 在理论与实践中，重视公民环境义务，可以让公民意识到个体在生态环境保护中的责任性与参与性，从而可以增强生态意识。生态意识可以能动地对客观存在的生态环境产生实际作用。[④] 而且有研究表明，教育

---

①　马燕、焦跃辉：《论环境知情权》，《当代法学》2003 年第 9 期，第 20 页。

②　参见徐祥民《对"公民环境权论"的几点疑问》，《中国法学》2004 年第 2 期；朱谦《反思环境法的权利基础——对环境权主流观点的一种担忧》，《江苏社会科学》2007 年第 2 期。

③　蔡守秋主编《环境法教程》，法律出版社 1995 年版，第 39 页。

④　参见余谋昌《环境意识与可持续发展》，《世界环境》1995 年第 4 期，第 14 页。

可以有效提高公民的生态意识。① 对公民环境义务的重视及推行，本身就是一次培养全民生态意识的生态环境教育行为。通过生态知识普及、生态道德涵养和生态义务履行，培养公民较好的生态意识，继而个人的良好生态意识会内化为合法正确的生态环境保护行为，这无疑会增强生态环境保护的实际效果。

第二节　宪法上公民环境义务条款的规范解析

2014 年全面修改后的我国《环境保护法》第 6 条，明确规定了公民的环境保护义务。但仅在部门法层面谈公民的环境义务是不够的。一则，部门法的效力位阶不够高，法律上环境保护义务的效力只能达到部门法的规格，不足以实现生态环境保护及治理所期冀的法的效果；二则，当适用对象的性质和范围超出部门法调整的范畴时，仍然需要寻求宪法的依据。一个基本事实是，宪法作为法律体系的核心和基础是近代意义的宪法产生以来各国所遵循的基本规律。无论在大陆法系还是在英美法系，均对以此形成的具有内在逻辑性的被称为法秩序的体系表示认可。② 因此，就公民的环境义务而言，仍需要在宪法层面进行探析。

我国现行宪法没有直接规定公民的环境义务，但正如有学者所指出的："法学，实为解释之学。"③ 因此，运用宪法解释学的方法，可以识别宪法中环境保护义务的相关条款。正如学术界普遍认为，我国现行宪法中的权利条款并非仅限于第 33 条至第 50 条，由此可类推，义务条款也并非仅限于第 52 条至第 56 条。例如，从魏玛宪法以来的国策条款来看，其中

---

① Scott D., Willits F. K., "Environmental Attitudes and Behaviors: A Pennsylvania Survey," *Environment and Behavior*, 1994, pp. 239-260.

② 德国法学家菲利普·赫克（Philipp Heck）将其称为"内部体系"，指的是实质性的序位秩序、价值体系，也即将整个法律秩序理解并解释为内部无矛盾的统一体或"意义整体"。美国宪法学家布鲁斯·阿克曼（Bruce Ackerman）亦认可"宪法意义体系"这一概念。参见郑贤君《宪法虚伪主义与部门法批判》，《中国法律评论》2016 年第 1 期，第 107~115 页。

③ 杨仁寿：《法学方法论》（第二版），中国政法大学出版社 2013 年版，第 129 页。

既蕴涵了权利内容，也涉及义务因素。① 换句话说，权利与义务既体现在权利、义务条款本身，也包含在国策条款中。根据与生态环境保护义务的不同关系，可以分为四种情形。

一　公民环境义务的直接关联国策条款

其一，现行《宪法》第9条规定："禁止任何组织或者个人用任何手段侵占或者破坏自然资源。"所谓自然资源是指当前或可预见的将来能被利用的自然物质和能量。② 自然资源为国家的经济社会发展提供物质基础，因而对经济社会发展有着深远影响。因此，自然资源的利用，需要结合资源的开发与保护，从而实现长远的经济效益、社会效益和环境效益。此处的宪法规定属于禁止性规范，即通过禁止公民侵占或破坏自然资源的行为，保障自然资源的合理利用。禁止性规范多包含义务规范要素，该规定无疑确认了公民对包括自然资源在内的环境的不得破坏义务。

其二，现行《宪法》第26条规定："国家保护和改善生活环境和生态环境，防治污染和其他公害。"所谓生活环境，是指与人类生活密切关联的、天然的或经过人工改造过的各种自然因素。所谓生态环境，强调对生态系统发展产生密切影响的各种生态因素，即环境条件的总和。③ 所谓公害是指对生活环境和生态环境所造成的污染或损害。④ 从字义上看，宪法此处规定的保护和改善环境的主体是国家，当然，这里面既包括国家环境保护的义务，也包括环境保护的权力。从国家义务的角度看，基于环境资源的共享性和环境利益的公共性，仅依靠国家这一单方主体实际上是难以完成的，因此，公民至少有协作的义务；从国家权力的角度看，公民有环境保护的配合及辅助义务。"防治污染和其他公害"所针对的主体可能会来自三个方面，即国家、企业和公民。国家有可能因为没有尽到应有职

---

① 参见许育典《宪法》，元照出版公司2006年版，第388~392页。
② 肖蔚云、姜明安主编《北京大学法学百科全书·宪法学 行政法学》，北京大学出版社1999年版，第818页。
③ 参见江伟钰、陈方林主编《资源环境法词典》，中国法制出版社2005年版，第882、891页。
④ 许崇德主编《中华法学大辞典·宪法学卷》，中国检察出版社1995年版，第193~194页。

责，导致污染和其他公害的防治不力；尽管公民未必成为公害的直接制造者，但是公民的不当环境行为可能会导致其他污染出现，因此，综合看现行《宪法》第 26 条也暗含了公民的环境保护义务。

二 基本权利条款所反向指向的公民环境义务

其一，现行《宪法》第 33 条规定："任何公民享有宪法和法律规定的权利，同时必须履行宪法和法律规定的义务。"权利义务相一致是法的基本原理之一。对此，马克思有经典表述，即"没有无义务的权利，也没有无权利的义务"[①]。公民在享有权利的同时，也须履行相应的义务。就环境权而言，学者们呼吁该项权利直接入宪，笔者也曾通过现行《宪法》第 9 条和第 26 条等论证环境权的依据。[②] 因此，环境权在宪法上至少是间接存在的。那么，公民既然享有环境权利，当然也应该负有并履行相对应的环境义务。

其二，现行《宪法》第 51 条规定："中华人民共和国公民在行使自由和权利的时候，不得损害国家的、社会的、集体的利益和其他公民的合法的自由和权利。"该条是我国宪法上的权利限制条款，即任何权利的行使均有边界，若超出正当的边界，公民的权利就转变成了义务。环境已成为现代人生存与发展的基本条件，环境利益无疑属于现实的公共利益。维护正当的环境利益，自然是公民行使环境权的界限，也即公民在行使环境权和其他权利时，有维护公共环境利益的义务。同时公民不当的环境行为，也可能对其他公民的环境利益造成影响甚至损害，因此公民在行使环境权和其他权利时，有不影响他人环境利益的充分注意和不当行为禁止的义务。

三 其他义务条款隐性包含的公民环境义务

现行《宪法》第 53 条规定："中华人民共和国公民必须遵守宪法和法

---

① 《马克思恩格斯全集》（第 16 卷），人民出版社 1958 年版，第 16 页。
② 参见张震《环境权的请求权功能：从理论到实践》，《当代法学》2015 年第 4 期，第 23 页。

律，保守国家秘密，爱护公共财产，遵守劳动纪律，遵守公共秩序，尊重社会公德。"一般的宪法学教科书对该条所包含义务的解析与环境保护多无直接关系。但在笔者看来，该条规定有三处义务间接包含着环境保护的内容。

其一，爱护公共财产。所谓公共财产一般是指国家、集体所有的财产，包括各种公用设施。《中华法学大辞典·刑法学卷》对公共财产有详尽的解释，认为其包括全民所有或者集体所有的物质财富。全民所有的财产即国家所有的财产，包括了主要的自然资源。集体所有的财产，是指劳动群众组织以及其他集体所有制企业事业单位的财产，包括一些自然资源。① 很明确，在上述解释中，自然资源只能属于国家和集体，属于公共财产的范畴，因此爱护公共财产意味着包括自然资源的维护。

其二，遵守公共秩序。有关公共秩序的解释，主要包括稳定有序的基本生活状态，社会公共生活方面的共同规则，对一国社会重大利益、法律基本原则、基本政策、社会秩序以及基本道德观念的统称等几个方面的含义。② 很显然，时至今日，环境利益已经属于一国的重大社会公共利益，是稳定有序的生活状态的物质基础之一。"公共利益在由个人接近权利实现的情形下，就不再仅仅是法律主张其自身权威、威严这样一个单纯的概念上的利益，而同时也是一种谁都能感受得到，谁都能理解得到的非常现实、极为实际的利益……即一种能够保证和维持个人所关注的交易性生活的安定秩序的利益。"③ 对环境的破坏以及对环境公共利益的损害，均会降低公共秩序的品质乃至出现无序状态，因此，公民的环境义务应为遵守公共秩序的内涵之一。

其三，尊重社会公德。所谓社会公德，是指社会公共生活中应遵守的道德，是一个社会的全体成员为了维护社会正常的生活秩序，必须共同遵

---

① 高铭暄等主编《中华法学大辞典·刑法学卷》，中国检察出版社1996年版，第246页。
② 朱锋主编《〈中华人民共和国宪法〉释义》，人民出版社1993年版，第130页；中国百科大辞典编委会编《中国百科大辞典》，华夏出版社1990年版，第250页；邹瑜、顾明主编《法学大辞典》，中国政法大学出版社1991年版，第229页。
③ 〔意〕莫诺·卡佩莱蒂编《福利国家与社会正义》，刘俊等译，法律出版社2000年版，第67页。

守的最起码的公共生活准则，它反映社会全体成员的共同利益和需要。[①]
毫无疑问，讲究文明礼貌、救死扶伤、尊老爱幼等是公认的传统社会公
德，但是在今天，环境利益是社会成员的共同利益，如果不去改善、维护
环境，反而去破坏环境，那么社会正常的生活秩序被打破，公共利益就会
遭受损害，因此，保护环境、维护环境公共利益的环境道德应成为当代社
会公德的重要内容之一。詹姆斯·康奈利将市民共和主义传统思想中提倡的
美德赋予环境公民理论中，他认为环境美德在对人类社会的发展及进步具有
促进作用的同时，还能为社会实现生态可持续性发展提供支持。[②]

四 公民环境义务的特殊存在情形

现行《宪法》第54条规定："中华人民共和国公民有维护祖国的安
全、荣誉和利益的义务，不得有危害祖国的安全、荣誉和利益的行为。"
笔者曾经提出，宪法文本中出现的祖国具有特定的含义，更突出感情色
彩，用在统一、拥护和保卫祖国等特殊场合。[③] 一般情况下，祖国的安全、
荣誉和利益，不涉及环境问题。但如果重大特殊环境利益的减损影响到国
家安全和利益，就属于被此条款所禁止的范围。当然，公民环境义务适用
此条的情形是非常特殊的，包括特殊的主体、条件、行为和后果等。

第三节 公民环境义务的多层内涵及其设置思路

长期以来我国关于环境义务甚至环境权的理论和实践相对缺乏，导致
公民对环境义务的认知是较为陌生的。因此，促进公民对环境义务的宪法
认知，首先需要深层次把握现行宪法的环境品性，从而着力于提升公民的
环境保护观念，然后在此基础上，明确公民环境义务的侧重对策性与实效

---

① 孙国华主编《中华法学大辞典·法理学卷》，中国检察出版社 1997 年版，第 362~363 页。
② See James Connelly，"The Virtues of Environmental Citizenship，" in Andrew Donbson & Derek Bell（eds.），*Environmental Citi- zenship*，Cambridge：MIT Press，2006，pp.49~72.
③ 参见张震《"社会主义法治国家"的名与实——以现行宪法文本为分析路径》，《北方法学》2014 年第 5 期，第 133 页。

性的具体内涵。

一 现行宪法的环境品性及其影响

学术界普遍认为，我国的现行宪法是改革宪法。改革宪法意味着，在坚持基本的宪法理念和原则的前提下，宪法制度蕴藏着无限的发展可能性。即便在现行宪法制定之初的1982年，制宪者已经认识到环境保护在我国的重要性，从而将其提升到宪法层面，那么随着30多年来国民经济的高速发展以及环境问题的大量显现，现行宪法中的环境品性应日益被人们高度认知。随着国内环境问题凸显、生态文明深入人心、绿色理念成为五大发展理念以及全球环境治理新秩序的构建，我国宪法中的环境条款日益凸显其重要性，其政治和规范价值不断提升，仅仅孤立的一两条宪法条款已难以涵盖，更具有包容性、发展性的生态观日益成为包括政治观、文化观等在内的特定的中国宪法观的重要组成部分。[1]

其一，宪法本质上是尊重人、关怀人的人本法，爱护环境是现代人的基本公共品质。自第一部成文宪法开始，"人"就成为宪法的主体。人的尊严是宪法的核心乃至最高价值。[2] "二战"之后，为了破解人类可持续发展中存在的难题，也为了人类更有"尊严"地在生物学意义和社会学意义上延续，人们在宪法中更多地关注环境。例如比利时宪法第23条规定："任何人均有权过着符合人性尊严的生活。为此目的，考虑到相应的义务，法律、法令和裁决应保障经济、社会和文化权利，尤其包括：享受被保护的健康环境的权利。"该条规定直接描述了环境权利、义务与人的尊严的密切关系。又如1989年《海牙大气宣言》明确宣告环境退化会有损在一个适宜的环境中有尊严地生活的权利。[3] 世界各国宪法及国际文件对环境问题的关注，意味着关注并爱护环境被视为现代人的基本公共品质，宪法

---

[1] 张震：《中国宪法的环境观及其规范表达》，《中国法学》2018年第4期，第5~22页。

[2] 参见李累《宪法上"人的尊严"》，《中山大学学报》（社会科学版）2002年第6期，第129~136页。

[3] David Short, *Assessing the Utility of a Human Rights Approach to International Environmental Protection*, UMI company, 2000, pp. 56-57.

中公民的内涵亦扩展为包括环境公民。我国现行《宪法》第9条和第26条的规定，表明了宪法对国家和公民在环境保护上的深度关切，保护环境被认为是构建正常社会秩序和合理社会制度的必要内容。因而，保护环境不仅是国家应履行的重要义务，也是公民的基本公共品质。

其二，现行宪法对环境正义的确认。人类社会在处理环境保护问题时，各群体、区域、族群、民族国家之间所应承诺的权利与义务的公平对等，即所谓环境正义。① 环境利益或负担在人群中的分配正义是环境正义的核心要旨。② 近年来，我国党和政府对环境保护的高度重视也使得这种环保承诺兼具政治和法律义务属性。习近平总书记曾指出："良好生态环境是最公平的公共产品，是最普惠的民生福祉。"③ 此处所言"最公平""最普惠"彰显了环境正义的法治精神，也意味着生态文明建设必须紧紧围绕保障和促进宪法所确认的环境正义来进行。

二 侧重于对策性与实效性的内涵认知

（一）通过环境教育，提高公民对环境义务的认知

所谓环境教育，是指为培养环境保护的专门人才和提高社会的环境意识而开展的教育宣传活动。从世界范围来看，自20世纪60年代以来逐渐形成的环境教育概念，在1972年斯德哥尔摩人类环境会议上得到正式肯定。④ 美国、日本、韩国、巴西等国家为了加强环境教育，提高公民环境意识，均制定了有关环境教育的法律。于1970年制定的美国《环境教育法》将环境教育定义为一种教育过程，其重点在于以人类所处的自然环境、人为环境与人类的关系为基础，对包括人口、污染、资源等若干问题

---

① 王韬洋：《有差异的主体与不一样的环境"想象"——"环境正义"视角中的环境伦理命题分析》，《哲学研究》2003年第3期，第27页。

② See Andrew Dobson, *Justice and the Environment*, Oxford: Oxford University Press, 1998, p. 20.

③ 中共中央宣传部、中华人民共和国生态环境部编《习近平生态文明思想学习纲要》，学习出版社、人民出版社2022年版，第35页。

④ 参见汝信主编《社会科学新辞典》，重庆出版社1988年版，第326页；《环境科学大辞典》编辑委员会编《环境科学大辞典》，中国环境科学出版社1991年版，第298页。

与人类环境的关系及随之产生的影响进行相应的认知。[1]

在我国，由于经济社会发展的后发性，人们长期以来对环境问题的认识不足，政府及公民的生态意识均较薄弱。因此我们尤其需要重视环境教育，而且应具有不同于其他国家的特点和内容。其一，要充分认识到环境教育的最基本功能是提高公民的生态意识，规范公民的环境行为，使公民从观念上深化对生态环境保护义务的认知。其二，让政府机关和公民充分认识到人与自然是生命共同体。人是自然、环境、生态的一部分。人必须尊重自然、顺应自然、保护自然。应该像对待生命一样对待生态环境。[2]其三，让政府机关和公民充分认识到经济发展与生态环境保护并不矛盾，而且可以相得益彰。其四，政府在我国是环境教育的主要推动者，我国的环境教育应采取自上而下的模式，但也应该充分重视社会力量的有效参与，特别是公民参与生态环境保护的重要性。其五，环境教育应该分为学校教育和社会教育两大环节，学校教育应该保证足够的学时，科学设置环境教育的课程，贯穿从学前教育到大学教育的全过程；社会教育目前是我国的薄弱环节，学历较低、收入较低以及年龄偏大的群体应是环境教育的重点对象。其五，在条件成熟的时候，建议制定全国性的《环境教育法》。

（二）进行宪法解释，明晰公民环境义务的内涵

建议由全国人民代表大会及其常务委员会对公民环境义务的内涵进行宪法解释。在笔者看来，公民的环境义务应分为三个层次。

其一，充分注意义务。所谓充分注意，是指公民在实施与环境有关的行为时，应该充分尊重国家的、社会的、集体的以及其他公民的环境利益，具备良好的环境意识，持有一定的环境知识，充分考量行为本身对环境所产生的消极或积极的影响。充分注意义务属于公民环境保护义务的基础环节和较低程度的要求。

其二，积极维护义务。从现行《宪法》第 26 条的规定看，国家首先对环境负有保护职责。基于环境的典型公益性、集体性特征，国家应是首

---

[1] Department of Education and Science（DES），*Environmental Education：A Review*，London：HMSOJ981，p. 178.

[2] 《宪法学》编写组编《宪法学》（第二版），高等教育出版社 2020 年版，第 183 页。

要的职权和责任主体。通过环境国策条款在宪法上的明确从而确认国家在环境保护上的责任的做法已为多个国家所认同。与改善相比,保护强调对现有环境资源和状况的维护。应当从三个方面对这种维护性的保护进行概括:(1)排除现存的对环境的损害;(2)排除或减轻现在对环境可能或潜在的危害;(3)采取预防措施,防止对未来环境的危害。[①]与国家对环境的保护义务不同,公民的积极维护义务表现在两个方面,即积极配合国家的环境保护行为和个体主动地维护环境的行为。积极维护义务在公民的环境保护义务中属于中等程度的要求。

其三,尽量改善义务。改善意味着对趋于恶化的环境的改进以及对更好的环境的打造。国家当然是改善环境的最主要责任主体。但是公民亦有配合国家和主动做出改善行为的义务。尽量改善义务在公民的环境保护义务中属于较高程度的要求。当然,公民的力量和影响均是有限的,所以对公民的要求只是尽量改善,这与国家的必须改善是不同的。[②]

(三)公民对应国家环境权力行使的环境义务

其一,生态环境立法无疑会给公民带来潜在的环境利益。因此,与公民对应的生态环境立法义务是指对关涉生态环境立法活动的积极参与义务,主要包括对立法机关征求立法草案意见的积极参与、对征求修法意见的积极参与以及对相关立法听证会的积极参与等。

其二,公民作为国家生态环境执法行为的可能受益者,也是存在相对应的环境义务的,主要包括服从生态环境管理的义务、对破坏生态环境行为的举报义务、国家生态环境调查取证等行为的知情告知义务以及国家综合生态环境执法行为的监督义务等。

其三,公民在专门环境司法活动中的环境义务。宪法上国家的生态环境保护和改善的积极义务,不仅是对国家立法机关和行政机关的要求,也是对司法机关的要求。司法权在国家权力体系中,具有平衡社会利益的特定功能。有学者提出,司法应当成为监督生态环境执法部门认真履行职责

---

① 参见陈慈阳《环境法总论》,中国政法大学出版社 2003 年版,第 31 页。

② 张震:《公民环境义务的宪法表达》,《求是学刊》2018 年第 6 期,第 84 页。

的机制中起主要作用的力量。通过监督生态环境执法部门严格履行其职责，防止权力寻租。① 西方发达国家的经验告诉我们，法院对环境政策的中立立场不能为司法节制所完全保证。② 因此，在环境司法中应秉持一定程度的积极司法观，公民作为一定程度的积极环境司法的可能受益者，在环境司法中的环境保护义务主要是指服从和积极配合司法的义务，主要包括服从司法判决和司法制裁的义务。再者，环境司法中证据的获取是较难的，因此公民在知悉相关信息的前提下有举证的义务。

当然，公民在伴随国家环境权力行使中所形成的环境义务不同于公民自身应该履行的环境保护义务，因此所产生的法的效果也是不同的。如果说公民自身应该履行的环境义务属于优先义务，那么公民针对国家环境权力行使而形成的环境义务则属于次要义务，所形成的拘束力明显弱于国家的环境保护义务以及公民环境保护的优先义务，而且这种次要义务的履行是以首先从国家环境保护权力的行使中受益为前提的。

第四节　对公民环境义务主张若干疑问之回应

公民环境义务的主张在理论与实践中可能会产生诸多疑问，主要表现在是否影响公民环境权的确认及保障、是否导致对国家义务的减少甚至免除两个方面。对上述两方面的疑问笔者作如下回应。

一　对是否影响公民环境权的确认及保障之回应

笔者认为，对此无须过度担心。首先，公民环境权属于典型的新型权利③，具有诸多不同于传统权利之处。在权利主体上，至少包括三种类型，

---

① 张怡、王慧：《美国现代环境司法价值观演变及其启示》，《河北法学》2007 年第 4 期，第 47 页。

② Robert Glicksman, Christopher H. Schroeder, "EPA and the Courts: Twenty Years of Law and Politics," *54 Law & Contemp 249*, 1991, p. 273.

③ 参见陈泉生《环境法原理》，法律出版社 1997 年版，第 107 页；张震《环境权——现行宪法应规定的一项公民权利》，载张庆福、韩大元主编《中国宪法年刊 2005》，法律出版社 2006 年版，第 257 页。

即后代人、当代人的集体以及当代人的个体，这意味着环境权需要保障的不仅仅是个体利益，还包括集体利益甚至后代人的利益，因此，公民个体在享受环境权时需要顾及其他人和后代人的利益。同时，作为环境权最核心内容的环境利益属于典型的公共利益。所谓公共利益，顾名思义，需要大家共同维护，不管是尊重，还是保护和改善。这意味着公民为了更好地享有环境权，应履行合理的环境义务。有鉴于此，一些德国学者曾提出，环境权利已经包含了"一般的环境义务"，从基本权利的保障范围来看，基本权利的内涵受到来自基于环境保护的目的的一般性限缩，或者说一部分内容应当自始有利于环境。[①] 其次，任何权利均伴随着义务尺度。如公民受教育权，各国宪法在规定其作为权利存在的同时，大多会明确规定其义务形态。从理论及实践上看，公民受教育权并没有因为义务条款的存在而影响其权利属性及其保障。同理，作为社会权的环境权不但不会因为环境义务的确认而影响其权利因素，反而在一定程度上会实化和强化环境权的内容及保障。

二 对是否导致对国家义务的减少甚至免除之回应

对此，笔者的回答也是否定的。首先，需要重新思考国家与公民在环境权利义务上的关系。这里面实际上涉及四个概念，即公民环境权利、公民环境义务、国家环境权力（职责）及国家环境义务。前文指出，公民环境权包括三种主体，即后代人、当代人集体和当代人个体。就后代人和当代人集体两种主体的环境权利而言，国家受后代人和当代人集体的委托，基于信赖利益保护[②]，作为环境公共利益的代表者，拥有国家环境权力（职责）；而就国家的环境保护义务而言，后代人、当代人集体和当代人个体三种主体均可以依据环境请求权主张国家积极维护环境利益。[③] 由此，

---

① 转引自李建良《环境议题的形成与国家任务的变迁——"环境国家"理念的初步研究》，《宪法体制与法治行政——城仲模教授六秩华诞祝寿论文集》，三民书局 1998 年版，第 319～320 页。

② 参见〔日〕富井利安等：『環境法の新展開』，法律文化社，1995 年版，第 57 页。

③ 参见张震《环境权的请求权功能：从理论到实践》，《当代法学》2015 年第 4 期，第 28 页。

公民环境义务所对应的是公共利益、其他公民的正当环境利益以及公民自身的个体环境利益，而国家作为公共利益的主要代表者，又对公民环境义务形成了国家环境权力（职责）。因此，四者之间是比较复杂的关系，一言以蔽之，公民环境义务的履行并非意味着国家环境义务的免除。其次，生态环境需要国家和公民共同维护，国家环境义务和公民环境义务不但不是相互替代的关系，而且是分工协作和相互促进的关系。比如国家负责环境设施的营造及定期维护，而公民需要爱护环境设施，甚至有日常维护的义务。因此，明晰公民环境义务的概念只会在理论和实践上使得国家环境义务的概念更清晰、功能更突出。

当然，需要合理适度把握公民环境义务的内涵和功能。我们不能简单以类似于刑法上义务的模式看待公民的环境义务，并非谈到义务就是对公民完全适用强迫性和惩罚性的模式。从实践角度看，公民环境义务可分为强性义务和柔性义务。所谓强性义务，是指公民自己做出的可能对生态环境造成影响或破坏的行为是应当禁止的，甚至还可能受到行政及司法的制裁，也可以叫作应当优先履行的义务；所谓柔性义务，是指非公民自己直接做出的、其他可能与生态环境保护有关的行为是应足够注意的，应尽量禁止对生态环境不利的行为。

阿列克西指出，法的规则有效性就是法律规范经过权威机关的颁布而具有约束义务人的约束力。[①] 总之，对公民环境义务的宪法提倡的目的，在于提升公民环境保护的意识，对公民与环境有关的行为进行规范，从而使公民环境权利和环境义务相协调，在环境义务的层面实现公民与国家的分工协作，从而实际保护我国的生活环境乃至改善生态环境。当然，毫无疑问，如何平衡环境权利和环境义务、平衡环境共同价值和个体价值是个难题，也值得进一步深入研究。

---

① R. Alexy，"The Argument from Injustice—A Reply to Legal Positivism，" Trans by B. L. Paulson and S. L.，*Paulson*，Oxford：Clarendon Press，2002，p. 87.

生态文明规范体系的分层协同实施机制

第六章　生态文明规范体系分层协同实施的基本原理

　　"宪法不是道德说教，它是具有法律力量的。"[①] 在生态环境保护与治理的现实诉求以及依宪治国的背景下，亟须启动宪法中的生态文明规范，构建有效的生态文明规范体系实施制度与规制手段，从而实现宪法和部门法特别是环境法意义上的双重规范与制度功能。通过探索生态文明规范体系宪法与部门法分层协同实施的具体制度路径，期冀在依宪治国的宏大主题下，国家和社会更加重视宪法运行机制，实现依据宪法进行国家和社会治理，从而通过宪法与部门法的实施和发展推动国家和社会尤其是生态环境领域的全面深化改革与可持续发展。

第一节　生态文明规范体系分层协同实施的缘由

　　自近现代意义的宪法产生以来，各国的法律体系均以宪法为核心和基础。由此形成了不管是大陆法还是英美法均认可的具有内在逻辑性的可称为法秩序的体系。在宪法统领的"法秩序"体系内，部门法需要宪法的指引和规范；宪法也需要部门法的细化和补充，以落实自己的思想和理念。[②]

---

① 〔美〕杰罗姆·巴伦、托马斯·迪恩斯：《美国宪法概论》，刘瑞祥等译，中国社会科学出版社 1995 年版，第 23 页。
② 马岭：《宪法与部门法关系探讨》，《法学》2005 年第 12 期，第 3 页。

但除具有凯尔森规范等级理论①中的法律位阶关系外，关于宪法与部门法的关联问题，人们还要在研究中不断深化认识。正如有学者所指出的，近年来法学与其他学科之间的内在联系促使宪法学者开始认识到过去那种"独立的、闭塞的"思维方式的局限性。② 因此，生态文明规范体系的完善及其实施需要宪法与环境法、民法、刑法、行政法、诉讼法等部门法的协同。具体而言，可从法律理念、法律目的、法律体系、具体概念等四个维度来探究生态文明规范体系需要宪法与部门法分层协同实施的缘由。

一 法律理念维度的缘由

就法律理念而言，对生态环境的保护无疑是尊重自然、顺应自然、保护自然的表现，但生态环境保护和治理的出发点还是为了人在与自然和谐相处的过程中更体面地生活，也即为了满足现代生态条件下人的尊严。任何生态主义都出于人的建构，它可能超越人类中心主义，却不可能在人的立场之外存在。③ 因此，生态主义强调的人类应当尊重自然和以人为本强调的人的幸福、尊严④在生态环境保护和治理的过程中是可以协调统一的。在我国以宪法为核心的法律体系中，作为根本法的宪法与环境法、民法、刑法、诉讼法等部门法在通过保护生态环境实现和满足人的尊严上可谓殊途同归、不可或缺。

二 法律目的维度的缘由

就法的目的而言，宪法与环境法、民法、刑法、行政法、诉讼法等部门法对生态环境保护的法律预期是明确、一致的，即均期待通过各自的调整实

---

① 凯尔森的规范等级理论认为，决定另一个规范的创造的那个规范是高级规范，在一个国家的法律秩序等级体系中，宪法是最高一级。参见〔奥〕凯尔森《法与国家的一般理论》，沈宗灵译，中国大百科全书出版社 1996 年版，第 141~142 页。

② 韩大元：《中国宪法学研究三十年（1985—2015）》，《法制与社会发展》2016 年第 1 期，第 12 页。

③ 王晓华：《生态主义与人文主义的和解之路》，《深圳大学学报》（人文社会科学版）2006 年第 5 期，第 104 页。

④ *The Oxford Dictionary of Philosophy*，Oxford：Oxford University Press，1994，p. 178.

现生态环境的保护及改善。自 20 世纪中叶以来，人们对生态环境保护的目
的、内容及措施的认识不断提升。最初仅强调对环境污染的控制，之后发展
为对生态环境与经济、社会发展的综合考量，当下则已认识到需要重建人与
生态环境的和谐关系。例如，日本于 1967 年制定了《公害对策法》，以应对
公害问题、保全生活环境；而 1993 年出台的《环境基本法》将构筑可持续
发展的社会作为基本目的，实现了从公害对策到环境管理的转变。① 与宪法
和民法、刑法、行政法、诉讼法等部门法中生态文明规范的局部性功能不
同，作为我国环境法领域基本法的《环境保护法》集中明确地表达了保护
生态环境的立法目的。《环境保护法》第 1 条规定的 "为保护和改善环境，
防治污染和其他公害" 是对《宪法》第 26 条 "国家保护和改善生活环境
和生态环境，防治污染和其他公害" 之规定的具体确认；第 1 条规定的
"保障公众健康" 强调了环境法也是人法，保护公民的人格权；第 1 条规
定的 "推进生态文明建设，促进经济社会可持续发展" 将环境法的立法目
的和功能更深远地推进，与宪法和民法典的绿色理念与原则相呼应。

三　法律体系维度的缘由

就法律体系而言，现行宪法是中国特色社会主义法律体系的核心。作
为国家根本法的宪法不仅具有内容上的重要性、效力权威的最高性等形式
法律特征，而且在本质属性上，"宪法集中体现了党和人民的统一意志和
共同愿望，是国家意志的最高表现形式，具有根本性、全局性、稳定性、
长期性"②。基于此，宪法上的生态文明条款可以为生态环境保护和治理提
供根本性、全局性、稳定性、长期性的规范依据，既作为环境法、民法、
刑法、行政法、诉讼法等部门法中生态文明规范的立法依据，也可以补充
环境法、民法、刑法、行政法、诉讼法等部门法中生态文明规范的不足。
与此同时，部门法的环境法体系既是对宪法上的生态文明规范的贯彻落
实，又是生态环境保护和治理的首要性的法律手段；《民法典》中的绿色

---

① 参见〔日〕原田尚彦《环境法》，于敏译，法律出版社 1999 年版，第 12~13、18~19 页。
② 习近平：《谱写新时代中国宪法实践新篇章——纪念现行宪法公布施行 40 周年》，《人民
　日报》2022 年 12 月 20 日，第 1 版。

原则和规则体系以及刑法、行政法、诉讼法等部门法中关涉生态文明的诸多规定，同样既是贯彻落实宪法上生态文明的规范，又是生态环境保护和治理的补充性的法律手段。需指出的是，我国法律体系中作为部门法的生态文明规范，不仅体现了生态环境保护和治理的世界发展潮流，也彰显了生态文明建设的中国智慧及其特有贡献。

四　具体概念维度的缘由

就具体概念而言，环境及环境权在现行宪法与环境法、民法、刑法、行政法、诉讼法等部门法中的意涵基本相同。我国法律上环境的概念来自环境科学对环境的界定。现行《宪法》第 9 条和第 26 条明确指出保护生态环境和生活环境，保障自然资源的合理利用；2014 年修订后的《环境保护法》第 2 条对环境概念进一步明确界定①，该条列举的大气、水、海洋、土地、矿藏、森林等环境因素侧重于自然环境；而《民法典》通过在总则确立绿色原则及在物权编、合同编、侵权责任编设置诸多绿色制度条款，以私法手段和制度对自然资源和生态环境进行明确的确认和保护；刑法、行政法和诉讼法则分别以不同的公法手段和制度为自然资源保护和生态环境治理提供规范依据；环境法、民法、刑法、行政法、诉讼法等部门法上的环境及环境权概念和范围，以宪法上的生态文明规范为依据，并进行了各自部门法意义上的具体化，但总而言之均是围绕着确认和保障人本身的生态环境权益进行体系化展开的。

第二节　生态文明规范体系分层协同实施的原则

生态文明宪法与法律规范体系的分层协同实施是一项系统工程，单一部门法无法完成，必须打破部门法的藩篱，构建以宪法为核心且跨部门法分层协同的法律实施机制，并对生态环境治理中的国家权力的功能以及环

---

① 《环境保护法》第 2 条规定："本法所称环境，是指影响人类生存和发展的各种天然的和经过人工改造的自然因素的总体，包括大气、水、海洋、土地、矿藏、森林、草原、湿地、野生生物、自然遗迹、人文遗迹、自然保护区、风景名胜区、城市和乡村等。"

境权的保障提供根本法意义上的理论与规范依据，乃至于探索对生态文明宪法与法律规范实施问题的新的研究范式。在此过程中，生态文明规范体系的分层协同实施，首先应遵循法律体系内部的相互理解、有效沟通、功能互补等三项基本原则。

一　相互理解的原则

在一国的法律体系中，宪法和部门法应该呈现紧密的合作关系。具体到环境法而言，诚然，需要新的理念、新的知识、新的制度，但是环境法首先是法，是以宪法为核心的法律体系的重要组成部分。在这一点上，正如环境法学者所反思的，尽管表象一片繁荣，环境法学的内在质量仍有待提高也是一个不争的事实。其中，不像法学、法律味不浓是突出问题。这既体现为一些成果充斥对各类（科学的、伦理的、社会的）环保知识的介绍，却缺乏或者很少有法律分析，又体现为一些成果虽然是在分析法律，但方法和结论却离"法"甚远，既不被传统法学接受，也难为法治实践提供有效指导。可以说，当前我国一些环境法学著述虽有"法学"之名，但实质不过为各种环保方案的综合。这也导致环境法学研究"墙内开花墙外香"的有趣现象——研究成果更多地发表在非法学领域。①

任何法律规范，哪怕是应对新情况、解决新问题的新法，都不能仅凭其价值正当性或伦理先进性获得充分的合法性，而"必须纳入整个法秩序的范畴内，成为法秩序的一部分，必须符合宪法、符合作为宪法基础的价值原则，并且与主导宪法的社会观一致"②。因此，宪法精神和价值的实现，需要部门法通过制定以宪法为根据的更为具体的法律规范，来将宪法的价值设定落实为部门法的规范秩序。故而宪法与环境法、民法、刑法、行政法、诉讼法等部门法在面对生态文明建设、生态环境治理、环境权保障等问题时尤其需要相互理解与合作。譬如在宪法与环境法、民法、刑法、行政法、诉讼法等部门法中，对环境与环境权的基本内涵之理解与认

①　参见巩固《环境法律观检讨》，《法学研究》2011 年第 6 期，第 66 页。
②　参见〔德〕卡尔·拉伦茨《法学方法论》，陈爱娥译，商务印书馆 2003 年版，第 77 页。

定基本上是一致的。一方面，宪法明确指出保护生态环境和生活环境，保障自然资源的合理利用；另一方面，环境法、民法、刑法、行政法、诉讼法等部门法规定的环境概念及其范围，首先要以宪法上的环境条款为直接依据，然后结合各自部门法的特点分别予以具体化，但无论如何上述部门法中规定的环境均指向同一概念内核。

二 有效沟通的原则

其一，公法与私法沟通。公法和私法的合流是 20 世纪以来法律体系发展的主要表现。公法和私法的融合是一个动态的过程，表现为公法与私法的相互渗透和相互吸收，其结果是二者界限的模糊化，公法中有私法的影子，私法中有公法的印迹，这种动态的变化过程我们称之为"两化"过程，包含了"公法的私法化"和"私法的公法化"两个同时发生的运动。再者，学界划分公法与私法的主要标准是，基于政治国家和市民社会的分离，二者所保护的对象或者利益不同，公法保护的是政治国家的公共利益，包括国家公共利益和社会公共利益；而私法保护的是市民社会的私人利益。那么，当今世界的公法与私法相互之间沟通与融合的过程实际上反映了公法与私法各自保护和追求的利益之趋同化，即二者以某一共同的利益为融合部分的基础。譬如宪法上的生态环境利益兼具公法、私法和社会法属性；同时，宪法可为生态环境治理中公法、私法和社会法的沟通与协调提供规范平台。

其二，根本法与部门法沟通。在依宪治国的要求下，宪法作为国家根本法以其法律效力的最高性、调整领域的广泛性、结构体系的完备性为基础，将其价值秩序延伸到各个部门法中。在宪法规范的拘束下，各部门法的固有规范与学理体系向宪法的方向进行调整。就生态环境治理而言，其在理论上涉及复合学科，而作为国家根本法的宪法之思维、理论与规范能够有效整合法律体系的内部与外部资源；故在法律体系内部，可以有效整合宪法与部门法中的生态文明规范，并提供生态环境治理的综合理论框架。宪法中的生态文明规范是生态法治体系的核心及最高规范，通过对宪法环境条款的规范结构及要素的分析，可为生态环境治理提供根本的法律

规范依据。就环境资源法学而言，其学科名称和研究范畴均包括环境法和
自然资源法两个部分，环境法强调对环境的保护，自然资源法强调环境要
素本身，两者的不同与分歧在某种意义上也带来了环境资源法学在问题研
究与学科发展上的诸多困境。而基于宪法上的生态及生态文明概念，生态
法的提法可以将两者以同为生态法权益保障基础的形式融入生态整体语境
下的生态法体系，在此意义上，保持两法独立性并将其理念与功能统一于
生态法之下，以促成其制度与价值的有机融合，可成为推进我国生态文明
顶层立法布局与预制生态法典体系基础的理想选择。①

三　功能互补的原则

宪法与环境法、民法、刑法、诉讼法等部门法均期待通过各自的调整
功能实现生态环境的保护及改善。从传统的划分公法与私法的视角看，宪
法是根本法，也是公法；环境法既有公法因素，也有私法因素，但其主要
还是属于公法；民法是典型的调整私人关系的私法，不过当代民法典中也
出现了若干公法规范；刑法、行政法、诉讼法则无疑属于典型的公法。然
而，如前所述，公法与私法的划分并不是绝对的，二者在当代有交融合流
的趋势。根据宪法的"第三人效力"理论，作为公法的宪法虽然是不直接
约束私人的，但是也能够渗透到私法领域，尽管宪法所产生的第三人效力
主要是间接效力，但毕竟在事实上宪法进入了私的领域。比如自现代民法
出现以来，作为传统私法的民法领域开始出现公共利益保护等具有公属性
的制度。因此，在生态环境保护和治理以及生态文明建设进程中，不能孤
立甚至割裂地看待宪法与环境法、民法、刑法、行政法、诉讼法等部门法
的功能，而应该注重宪法与部门法之间在调整生态法律关系和保护环境权
上的沟通与协调。宪法应提供足洽的根本法层面的生态文明规范依据，环
境法、民法、刑法、行政法、诉讼法等部门法应主动对接宪法上的生态文
明规范，与此同时，环境法、民法、刑法、行政法、诉讼法等部门法之间
也应有效地互动。

---

① 参见邓海峰《环境法与自然资源法关系新探》，《清华法学》2018 年第 5 期，第 51 页。

需指出的是，宪法生态文明规范体系虽然统领着环境法、民法、刑法、行政法、诉讼法等部门法中的生态文明规范，但不能替代部门法独有的生态环境保护功能。宪法生态文明规范体系的实施，与环境法、民法、刑法、行政法、诉讼法等部门法中生态文明规范的实施，属于以宪法为核心的同一法律体系内部的分工协作关系，宪法意义上的实施为部门法的实施提供理论和规范依据。当环境法、民法、刑法、行政法、诉讼法等部门法层面生态文明规范的实施偏离宪法轨道或者呈现某种部门法上的局限性的时候，宪法上的生态文明规范方直接产生规范效力。

第三节　生态文明规范体系分层协同实施的路径

为确保生态环境治理法治化的正确方向和路径，亦即确保在宪法轨道上优化生态环境治理，确立"依宪治理"的宏观环保理念至关重要。在"依宪治理"理念指引下，我国生态文明宪法与法律规范体系的分层协同实施路径，既包括宪法生态文明规范的国家和公民的双向实施，又包括生态文明规范体系的宪法和部门法的协同实施。

一　宪法生态文明规范的国家与公民双向实施路径

（一）对国家权力的拘束

不管是作为宪法基本国策条款本身所具有的规范力，还是作为社会权的保障内容而对国家权力形成的拘束力[1]，应当说，宪法生态文明规范对国家权力的拘束力是不言而喻的，需要国家权力在政治经济决策、立法、司法等多方面积极作为。[2] 总体上，宪法生态文明规范的指向性明确，而

---

[1] 德国基本法第20条a规定："国家为将来之世世代代，负有责任以立法，及根据法律与法之规定经由行政与司法，于合宪秩序范围内保障自然之生活环境。"日本大须贺明教授从不同角度，充分论证了日本宪法第13条和第25条，仅是纲领性规定而无针对立法、行政、司法三权的拘束力的观点是错误的。参见〔日〕大须贺明《生存权论》，林浩译，法律出版社2001年版，第70~92页。

[2] 〔日〕黑川哲志：《从环境法的角度看国家的作用及对后代人的责任》，王树良、张震译，《财经法学》2016年第4期，第65~72页。（《新华文摘》2016年第20期，第142页）

且要求国家权力行使体现积极性、长期性的特质。

1. 指向立法权

笔者认为，应依据宪法生态文明规范在未来适时修改《环境保护法》，从而提升其作为生态环境保护基本法律的地位。学界不少学者呼吁通过修改《环境保护法》或制定新法，形成中国的"环境保护基本法"。[①] 2014年《环境保护法》的全面修改，在某种意义上已经实现了环境保护基本法的功能。该法第 1 条明确了"保护和改善环境，防治污染和其他公害，保障公众健康，推进生态文明建设，促进经济社会可持续发展"的立法目的，基本上承载了环境保护基本法可达到的法律功能；另外，该法第 2 条对环境概念的界定以及第 4 条将环境保护明确为基本国策的规定，均在一定程度上呈现了作为环境保护基本法的面相。但修改后的《环境保护法》仍然存在无法被认定为基本法律的因素。

其一，从法律内容上看，修改后的《环境保护法》没有明确指出"根据宪法，制定本法"，未能主动对接宪法生态文明规范，反映了立法者缺乏制定环境保护基本法的明确意识；同时，也无法全部统摄其他的环境保护特别法。

其二，从制定主体上看，《环境保护法》的制定和修改主体是全国人民代表大会常务委员会，这无疑降低了其法律规格。有学者认为，"基本法律"是指由全国人民代表大会制定的地位次于宪法而高于其他法律的对国家政治、经济和社会生活某个领域重大和全局性事项作出规范的法律。[②] 我国现行《宪法》第 62 条规定全国人大制定基本法律。《宪法》第 67 条规定全国人大常委会"制定和修改除应当由全国人民代表大会制定的法律以外的其他法律"。尽管《宪法》第 62 条有兜底条款，全国人大可以行使应当由最高国家权力机关行使的其他职权，即理论上全国人大可以制定非

---

① 参见吕忠梅《中国需要环境基本法》，《法商研究》2004 年第 6 期，第 40~46 页；吕忠梅《〈环境保护法〉的前世今生》，《政法论丛》2014 年第 5 期，第 51~59 页；常纪文《从国外环境基本法看我国环境保护立法》，《红旗文稿》2005 年第 5 期，第 36~38 页。

② 韩大元、刘松山：《宪法文本中"基本法律"的实证分析》，《法学》2003 年第 4 期，第 5 页。

基本法律，但是似乎不能反向推论全国人大常委会可以制定基本法律。

因此，尽管学界呼吁环境基本法的制定，但仍然需要面对两个现实问题，要么继续修改《环境保护法》，在该法第 1 条中增加"根据宪法，制定本法"的规定，在内容和技术上使其具备基本法律的规格；要么另起炉灶，制定新的环境保护基本法。

宪法生态文明规范对立法权的拘束力，还体现在要求立法机关依据宪法积极进行生态环境保护的立法规划，防范立法不作为及立法懈怠的情况。基本国策条款的宪法委托理论，是指宪法对立法者形成了委托义务。宪法委托并不是道德或伦理呼吁，而是一个有强制性的、法拘束性的义务。立法不作为及立法懈怠均构成对宪法委托义务的违反，需要予以遏制。① 尽管我国宪法生态文明规范没有类似于《宪法》第 31 条规定的"在特别行政区内实行的制度按照具体情况由全国人民代表大会以法律规定"的宪法委托条款，但在生态环境保护已经成为国家核心发展战略的背景下，作为实现生态环境法治的基础环节，环境立法的宪法委托义务是明显而确定的。

2. 指向行政权

生态环境的保护与治理是一项兼具复杂性、长期性、公益性等特点的系统工程。行政权具有强制性、单方性、自由裁量性和广泛性等特点，因此，从满足生态环境保护与治理需要的角度看，行政机关无疑是生态环境保护最主要的责任主体，这意味着行政权应主动采取多元化的手段和措施以确保生态环境治理的实效。日本有学者认为，为了保障国民的生存、自由与平稳的生活，行政国家的概念是一项必不可缺的理论性开拓。② 行政国家意味着行政权在国家权力体系以及公众生活中扮演着日益重要的角色。美国的环境法理论认为政府保护环境在国家义务体系中居首要地位。③ 在日本的环境法理论与实践中，政府负责设定环境基准，包括为保护人的健康和为

---

① 参见陈新民《宪法导论》，新学林出版股份有限公司 2005 年版，第 430 页；陈新民《德国公法基础理论（增订新版·上卷）》，法律出版社 2010 年版，第 209 页。

② 〔日〕大须贺明：《生存权论》，林浩译，法律出版社 2001 年版，第 66 页。

③ Levy Diener, Shirley Anne, *The Environmental Rights Approach under the Ontario Environmental Bill of Rights: Survey, Critique and Prosposals for Reform*, UMI Company, 1997, p. 34.

保全生活环境两类基准。[1]

2014年我国环保部发布的首份《全国生态文明意识调查研究报告》显示，公众生态文明意识具有较强的"政府依赖"特征，被调查者普遍认为政府和环保部门是生态文明建设的责任主体。[2] 这也从一个侧面体现了政府的生态环境行政权在环境保护与治理中的重要作用。综合借鉴各国的环境保护的理论、法律制度与实践，并考虑我国实际情况，宪法环境条款指向行政权的内容主要应包括：消极的环境干预、积极的环境保护、环境基准的设定、环境教育、政府环境责任等方面。

3. 指向司法权

依据《宪法》第9条和第26条的规定，国家对生态环境的保护和改善应趋向于达到积极的治理效果。以宪法相关规定为基础，并考量生态环境保护与治理的现实需求，应秉持一定程度上的生态环境积极司法观。事实上，从西方的经验来看，司法节制未必能够保证法院对环境政策持中立立场。[3] 实际上，在国家权力体系中，司法权无疑具有平衡社会利益的特定功能。当司法权介入生态环境保护与治理的公共性议题，可以有效监督环境行政权的运行，从而有效保障公民的环境权益。

（二）对公民环境权的保障

在生态环境保护与治理中，环境权利与利益是公民的最主要诉求。近年来我国不少学者主张环境权入宪。[4] 但在当下，环境权入宪仍面临理论与实践上的诸多难题，所以我们不妨转换视角，综合利用宪法环境条款及其他规范为之提供务实的理论与制度资源。笔者认为，宪法中的环境条款已包含环境权意涵，通过释宪而非修宪的方式可对环境权予以有效保障。

---

[1] 肖贤富主编《现代日本法论》，法律出版社1998年版，第371页。

[2] 《我国首份〈全国生态文明意识调查研究报告〉发布》，中国政府网，http://www.gov.cn/jrzg/2014—02/20/content_2616364.htm，最后访问日期：2022年11月28日。

[3] Robert Glicksman and Christopher H. Schroeder, "EPA and the Courts: Twenty Years of Law and Politics," *Law & Contemp*, 1991, pp. 249, 273.

[4] 参见陈泉生《环境时代与宪法环境权的创设》，《福州大学学报》（哲学社会科学版）2001年第4期，第28页；吴卫星《环境权入宪之实证研究》，《法学评论》2008年第1期，第77页；陈海嵩《宪法环境权的规范解释》，《河南大学学报》（社会科学版）2015年第3期，第1页；等等。

当然，环境权保障的宪法解释路径是以存在"文义的射程"① 为前提的。至于环境权的宪法解释，应以现行《宪法》第 9 条和第 26 条为直接依据，并结合《宪法》第 33 条和第 38 条等条款之规定，同时要照应 1982 年宪法制定以来社会发展的现实。

1. "人格尊严条款"是环境权宪法保障的价值核心

现行《宪法》第 38 条规定："中华人民共和国公民的人格尊严不受侵犯。"尽管我国宪法使用了人格尊严而非人的尊严的术语，但人格尊严是人的尊严的重要支撑和具体体现。因此，从对人的主体性价值的彰显的角度，可以作扩张性解释，将现行宪法中"人格尊严"大致等同于德国宪法、日本宪法上"人的尊严"。时至今日，良好的生态环境是世界各国公民的基本生存需要，是体面生活的保障。换句话说，维护人的尊严需要良好环境，人的尊严为环境权提供权利正当性的价值基础。

2. "人权条款"是环境权宪法保障的权利根基

现行《宪法》第 33 规定："国家尊重和保障人权。"该条规定是环境权的国家保障义务的权利来源。现代宪法权利理论认为，国家对人权的尊重与保障义务并不仅限于公民权利和政治权利，对于经济、社会和文化权利，国家也负有同样的保护义务。② 值得关注的是，环境权是否应该明确入宪以及如何看待环境权的具体属性和内涵，在学术界一直存在争议，但是环境权作为一项基本人权是得到国内外学术界普遍承认的。因此，基于《宪法》第 33 条规定的"国家尊重和保障人权"原则所推导出的国家对人权的尊重和保障义务，自然也应该适用于环境权领域。

3. "环境条款"是环境权宪法保障的制度依据

自由权的宪法保障往往依赖权利条款即可完成，但社会权的宪法保障除了权利条款自身，往往需要动用更多的宪法国策条款等制度资源。现行《宪法》第 9 条和第 26 条通过"国家保障自然资源的合理利用"和"国家保护和改善生活环境和生态环境"的规定，对自然资源、生活环境和生态

---

① 参见杨仁寿《法学方法论》，中国政法大学出版社 1999 年版，第 92 页。

② See Mario Gomez, "Social Economic Rights and Human Rights Commissions," *Hum, Rgts, Qt*, Vol. 17, No. 1, 1955, p. 155.

环境设定预期的保护及改善目标，从而为公民的环境权主张及保障提供基本的物质条件，这既是对作为环境权中核心内涵的环境利益的宪法确认，也是有关环境保护具体制度的宪法安排。

4. 生态治理需求是环境权宪法保障的权利推力

生态环境保护及治理的现实需求是环境权宪法保障的权利推力。环境问题的日益凸显，使国家和公民均认识到维持良好生态环境的必要性。生态环境保护与治理作为国家发展规划和公民权利诉求中的显要问题，而在政治、经济和社会发展等方面得到特别而优先的对待，从而可成为推动环境权宪法保障的现实推力。正如环境公民理论的倡导者詹姆斯·康奈利所说，环境美德的主张不仅可以促进人类社会的进步繁荣，更可以实现社会发展所需要的生态可持续性。[①]

5. 环境义务是环境权利的理性补充

有德国学者曾指出，环境权利本身具有所谓"一般的环境义务"，就基本权利的保障范围而言，意指基本权利的内涵基于环境保护之目的，自始受有一般性的缩减，或有一部分内容自始应为有利于环境的决定。[②] 事实上，不但不会因为环境义务的确认而影响环境权的权利因素，反而一定程度上能够补强权利内容和权利保障效果。从环境义务的履行主体来看，作为环境权的理性补充的环境义务，既包括国家的环境义务，又包括公民的环境义务（即第五章所述的充分注意义务、积极维护义务、尽量改善义务）。

二　生态文明规范体系的宪法与部门法协同实施路径

（一）生态文明规范体系的宪法与部门法协同实施之基本原理

在宪法与各部门法共筑的生态文明规范体系中，加强生态文明核心理念的体系性诠释与融贯性实施是十分必要的。关于生态环境保护与治理，

---

① See James Connelly, "The Virtues of Environmental Citizenship," in Andrew Donbson & Derek Bell (eds.), *Environmental Citizenship*, MIT Press, 2006, pp. 49–72.

② 李建良：《环境议题的形成与国家任务的变迁——"环境国家"理念的初步研究》，《宪法体制与法治行政——城仲模教授六秩华诞祝寿论文集》，三民书局1998年版，第319~320页。

宪法与环境法、民法、刑法、行政法、诉讼法等部门法均有明确规定。宪法与部门法协同实施对于生态文明规范体系统一、人与自然和谐共生具有重要意义。其以中国特色社会主义法律体系内的位阶规定为依据，以推动宪法权利的部门法保障与部门法权利的宪法化为特征。具体而言，作为根本大法，宪法及相关法（包括立法法、组织法等在内）规定生态文明建设、环境保护与绿色发展的国家义务，以确保人民享有自由美丽的生存发展环境的实现。与此同时，对生态文明建设作出纲领性规定，一切与宪法规范及其原则性规定相抵触的规范内容均为无效，确保整个法律体系乃至社会规范体系的环境权价值属性。在宪法法律关系范围内，宪法与部门法协同实施的生态文明建设得到国家支持，并且从权力监督与权利保障的根本制度层面为公民环境权实现提供根本政治保障。坚持与加强生态文明规范体系的宪法与部门法协同实施，需明晰以下基本原理。

其一，宪法与各部门法中的生态文明规范对生态环境保护的法律预期是明确、一致的，即均期待通过各自的调整功能实现生态环境的保护及改善。在环境法学者看来，随着生态环境问题的社会化、政治化与全球化，生态环境保护已经成为当代国家一项重要的宪法任务。[①] 而且，环境法学者纷纷主张应将环境保护的基本国策及时上升到宪法层面并使其具有规范效力[②]，甚至有学者明确提出了"环境宪法"的概念[③]。同时，生态环境保护已经被纳入作为我国民法典基本原则之一的绿色原则。

其二，生态环境保护与环境权在宪法和各部门法中的基本内涵也是一致的。我国法律上环境的概念来自环境科学对环境的界定。宪法明确指出保护生态环境和生活环境，保障自然资源的合理利用。例如《环境保护

[①] 吴卫星：《环境保护：当代国家的宪法任务》，《华东政法学院学报》2005 年第 6 期，第 42 页。

[②] 参见吴卫星《论环境基本国策》，载邵建东、方小敏主编《中德法学论坛》第 8 辑，法律出版社 2011 年版，第 282~284 页；陈军《论环境国策的宪法效力》，《山西师大学报》（社会科学版）2012 年第 6 期，第 23 页。

[③] 参见陈海嵩《从环境宪法到生态宪法——世界各国宪法生态化趋势探析》，《云南行政学院学报》2012 年第 2 期，第 93 页；陈海嵩《环境治理视阈下的"环境国家"——比较法视角的分析》，《经济社会体制比较》2015 年第 1 期，第 102 页；等等。

法》第 1 条、第 6 条、第 53 条对环境、环境义务和环境相关权利进行了明确界定。又如就《民法典》而言，其总则第 9 条规定了绿色原则："民事主体从事民事活动，应当有利于节约资源、保护生态环境。"由《民法典》总则中的绿色原则和物权编、合同编、侵权责任编中的专门生态环境保护规则构成的"绿色条款"①，不仅在已有环境保护民事规范总结的基础上对生态环境保护与环境权进行了理论创新、制度创新，同时是对宪法上的生态文明规范体系的具体制度化落实。

其三，作为国家根本法的宪法与各部门法对环境权保障的手段和功能是不一样的。宪法生态文明规范体系统领环境法、民法、刑法、行政法、诉讼法等部门法中的生态文明规范，重在对国家权力的拘束和以根本法的地位与公法的方式实现对公民环境权的保障；但其不能替代民法和环境法对环境权的保障。环境法、民法、刑法、行政法、诉讼法等部门法是对宪法生态环境保护与治理功能的具体承接，环境法、民法、刑法、行政法、诉讼法等部门法中的生态文明规范各自在特定的场域内发挥应有功能。诚然，环境利益属于公共利益，但是《民法典》中绿色条款对其的调整和保护主要还是通过私法上的制度和功能实现的；而环境法则主要是通过公法上的制度和功能实现。当然，公私法的划分也是相对的，民法和环境法会存在一定的交叉和协同实施。

其四，应当强调宪法与各部门法在生态环境保护上的协同实施。生态文明规范体系是宪法与环境法、民法、刑法、行政法、诉讼法等部门法渗透交融的具体表现。宪法生态文明规范的实施与环境法、民法、刑法、行政法、诉讼法等部门法的实施之间属于以宪法为核心的同一法律体系内部的分工协作关系，宪法意义上的实施为部门法上的实施提供理论和规范依据。环境法、民法、刑法、行政法、诉讼法等部门法中的生态文明规范更为具体明确，构成生态环境保护的第一道屏障。宪法上的生态文明规范则属于生态环境保护的第二道屏障或者说兜底保障。易言之，宪法上的生态文明规范直接

---

① 吕忠梅：《民法典绿色条款的类型化构造及与环境法典的衔接》，《行政法学研究》2022年第 2 期，第 5 页。

产生规范效力，是在环境法、民法、刑法、行政法、诉讼法等部门法层面的生态文明规范的实施偏离宪法轨道或者呈现某种部门法上的局限性之时。

（二）生态文明规范体系的宪法与部门法协同实施路径之行政法体现

从与宪法的关系来看，行政法是与宪法关系最为密切的法律部门，是宪法最重要的实施法。① 一方面，宪法的许多规定需要行政法加以落实；另一方面，行政法的发展不能脱离宪法的轨道，应最大可能地落实宪法要求、维护宪法权威、反映宪法精神。在行政法视域下探讨生态文明规范体系的宪法与部门法协同实施，一方面，体现了宪法对人与自然关系的最基本、最核心的看法，即人与自然和谐共生的中国式现代化中的行政法进路；另一方面，是在行政法基本范畴内具体落实宪法提出的行政机关领导和管理生态文明建设的总体要求。

1. 以环境权为中心的行政法实施路径

在以环境保护为主线的生态文明规范体系中，环境权是中心范畴。中心范畴是对法律现象总体的普遍联系、普遍本质、一般规律的高度抽象，在法学范畴体系中属于核心范畴。② 综观整个生态文明规范体系，环境权综合反映了环境保护、绿色发展、人与自然和谐共生等生态核心问题的普遍本质，因此，以环境权为轴心，才能全面反映出生态文明规范体系的宪法与行政法协同实施的基本路径。值得注意的是，在环境权的权力限制与权利保障上，宪法学与行政法学确有诸多不同之处。一方面，行政法调整和规范的是传统的国家权力之一种即行政权，从整体上看，对国家权力的触动不是那么深，范围也不是那么广；而宪法则是对国家权力即立法、行政、司法、监察等权力加以配置，对国家权力的触动深于行政法，也广于行政法。这也正是宪法学的发展滞后于行政法学的原因之一。另一方面，行政法在宪法的引导下，确实在某种意义上推动了宪法的发展。大量单行的行政法如《行政诉讼法》《行政复议法》《行政许可法》《行政处罚法》《行政强制法》等，使公民的宪法权利，在宪法没有进入诉讼的局面下，

① 张正钊、胡锦光主编《行政法与行政诉讼法》（第七版），中国人民大学出版社 2021 年版，第 14 页。

② 张文显：《论法学范畴体系》，《江西社会科学》2004 年第 4 期，第 24 页。

得到了行政法的切实保障。所以，行政法对宪法的影响是直接而且现实的，在宪法尚未明文规定环境权的情形下，探讨由行政法作为先头部队，充当试验田，无疑能取得较好的效果。

2. 环境权的行政法内涵

保证公民的环境权得以实现，是行政机关具体落实宪法人权保障精神和生态文明建设任务的核心内容。公民环境权包括环境实体性权利和环境程序性权利两方面。

环境权的行政法内涵在实体上可分为环境享有权和环境使用权。环境享有权主要是与公民个人生存和健康直接相关，又与私人生活或公共活动密切联系的权利，诸如阳光权、通风权、清洁空气权、清洁水权、眺望权、风景权、环境美学权、安静权等。环境使用权作为公民环境权的实体性权利，指公民使用客观环境，确保正常生活条件的权利。国外环境立法中虽然没有环境使用权的规定，但有类似日照权、景观权等权利规定，可以作为确立环境使用权的权利基础。具体来说，公民的生活、工作离不开环境，在环境立法中确立环境使用权，为公民使用环境资源并维护自身环境权益提供保障，并且对公民履行环境义务、保障公民环境权益有不可或缺的意义。于行政机关而言，其对公民环境实体性权利负有行政谦抑义务，也即行政机关不得非法干扰、剥夺公民的上述权利，也不得进行违法或不当的行政行为，引起环境污染和破坏，从而影响公民的实体环境权。

环境权的行政法内涵在程序上主要是为保障实体上的权利而设立的权利。作为程序性权利的环境权，其要义便是公民参与国家的环境决策。一是环境知情权，即国民有获得本国乃至世界的生态环境状况以及本国的生态环境管理制度与实践等有关信息的权利。环境行政主管部门履行好政府信息公开义务，及时、全面、准确地将环境信息向社会公众公开，是保障公民环境知情权的有益措施。二是环境参与权。环境行政许可对环境参与权的实现具有重要意义。环境行政主体可针对某种环境禁止的事项，依据行政相对人的申请，通过颁发许可证赋予其权利和资格。三是环境请求权，即当公民的环境权遭受侵害后，依法向国家环境行政机关主张权益救济的权利。国家环境部门通过环境行政行为救济公民的环境权。上述环境程序性权利的实现，需要行政机关积极作为，通过综合运用行政、经济、法律等各种手段对环境资源进行管理和保护，对损害公民环境权的行为进行打击和惩治，对公民环境权的合理诉求积极回应和作为，从而促进社会、经济和自然和谐发展，推动人与自然和谐共生。

3. 环境权的行政法保障

行政法对环境权的保护具有特殊意义。结合我国的具体情况，环境权的行政法保障可从以下四个方面着手。

一是行政立法。行政立法是指特定的行政机关依照法定的职权，按照法定的程序，制定行政法规和规章的活动。行政立法是行政权的一种表现，它可以利用行政事务专业化的特点，在遵守宪法和法律的前提下，具体地落实宪法和法律的规定，规范行政活动，从而间接地保护公民的权利。目前，世界上许多国家都在利用行政立法规范行政权的运作。我国《立法法》第72条、第73条、第91条、第93条分别规定，国务院及各部委、中国人民银行、审计署和具有行政管理职能的直属机构，省、自治区、直辖市和设区的市、自治州的人民政府，有权进行行政立法。在宪法没有明确规定环境权的情形下，由上述机构进行行政立法加以保障，不仅具有理论上的可行性，也具有实践上的必要性和急迫性。

二是行政协调。行政协调是行政机关对发生在行政管理活动中的平等主体间的特定民事争议进行审查并协调处理的一种行政行为。本来平等主体间的民事争议应由法院遵循民法的规定解决，但由于某些特定的民事争议与行政管理活动有较密切的关系，且行政机关负责管理地区环境防治，对处理环境污染争议具有一定的便利性，所以被纳入行政协调范围。2021年《中华人民共和国国民经济和社会发展第十四个五年规划和2035年远景目标纲要》规定：要健全矛盾纠纷多元化解机制，充分发挥调解、仲裁、行政裁决、行政复议、诉讼等防范化解社会矛盾的作用。对于环境污染的社会纠纷，我国《环境保护法》第20条规定，跨行政区域的环境污染和生态破坏的防治，由上级人民政府协调解决，或者由有关地方人民政府协商解决。

三是行政诉讼。它是保护公民合法权益的行之有效的手段。《行政诉讼法》第 12 条规定了人民法院受理公民、法人和其他组织对具体行政行为不服提起诉讼的受案范围，共列举了 12 项，该条还将"认为行政机关侵犯其他人身权、财产权等合法权益的"作为兜底条款。公民可以因环境问题向人民法院提起行政诉讼。

四是行政补偿。它是行政机关的行为在合法的前提下，直接或间接损害了公民合法权益，而由行政机关予以适当补偿的一种制度。笔者认为，我国应当建立该项制度，作为对公民环境权的一种保护手段，这既顺应时代潮流，也与我国政府所制定的可持续发展的目标相吻合。

（三）生态文明规范体系的宪法与部门法协同实施路径之刑法体现

宪法与刑法，一为国家的"根本大法"，一为所有其他法律的"最后手段"或"最后一道防线"，其最为人们所熟知的关系是：宪法是刑法制定的依据，刑法等其他法律不得与宪法的规定相抵触，否则无效。我国《刑法》第 1 条规定："……根据宪法，结合我国同犯罪作斗争的具体经验及实际情况，制定本法。"事实上，二者的关系非常紧密而微妙。刑法的权威、基本原则和保护范围均源于宪法，刑法法律规范打击犯罪、保障人权的立法精神，无疑体现出宪法作为国家根本法在刑事领域的最高法律权威，从刑法视角探讨宪法在生态文明建设方面的具体实施，扩展了宪法视野及其实现渠道，从而更有利于加强和稳固宪法在生态文明规范体系中的核心地位。

1. 宪法与刑法在生态文明规范体系中的地位及其相互关系

在生态文明规范体系中，刑法源于宪法。《刑法》第 1 条中"根据宪法……制定本法"的规定，表明了其在法律体系中属于重要的法律，或者至少具有特殊的意义，与宪法有比较直接密切的关系。从立法学的基本原理看，宪法优位与宪法保留是基本原则。所谓宪法优位，就是强调宪法的最高地位、效力，以及作为法律的最高依据。所谓宪法保留，就是强调国家带有根本性的问题只能由宪法规定。依照此原理，一部法律明确规定了根据宪法制定，即表明了其在内容上、地位上的特殊性以及与宪法的紧密关系。①

---

① 张震：《"根据宪法，制定本法"的规范蕴涵与立法表达》，《政治与法律》2022 年第 3 期，第 112 页。

值得注意的是，宪法对刑法具有重要的约束作用。刑事政策和刑事法律对刑法法益的规定与取舍，都应以宪法原则为限。现行《宪法》第 5 条明确规定："一切法律、行政法规和地方性法规都不得同宪法相抵触。一切国家机关和武装力量、各政党和各社会团体、各企业事业组织都必须遵守宪法和法律。一切违反宪法和法律的行为，必须予以追究。"刑法在对一些行为进行犯罪化处理时，应当对这些行为从宪法权利的角度去审视犯罪化的必要性和可行性。在环境侵权上，违法行为与犯罪的界限并不是天然存在，而是立法者选择的结果，如"严重污染环境""情节严重""造成重大环境污染事故"等限制性规定，就是在人权保障与生态文明建设的宪法控制中所努力寻求的一种动态法益平衡。

2. 刑法环境保护规范是对宪法精神的具体体现

所谓宪法精神，其核心内涵在于通过对实现国家发展目标的主要手段即国家权力的建构与规范，满足对人的美好生活蕴涵的人权与基本权利的保障，具体体现在宪法指导思想、基本原则以及其他宪法规范形成的整体性价值中。一则，宪法指导思想既是指导宪法制定、修改和实施的思想原则和理论体系，同时也能指导普通法律的制定、修改和实施。宪法指导思想相对于法律的宪法根据是抽象的、宏观的，既直接规制立法活动，也往往需要与具体宪法规范和制度体系共同发挥作用。二则，宪法基本原则即为宪法在调整社会关系时所采取的基本立场和准则。宪法基本原则是宪法指导思想的重要体现，它把制定和修改宪法的目标追求、价值取向具体化为宪法调整不同社会关系的基本立场和准则，从而在制度层面和创制宪法规范层面保证宪法所调整的社会关系整体的和谐有序。三则，宪法全部的规范体系形成了一种整体性价值，其核心内容在于对人民的美好生活的满足和对国家发展目标的实现，终极价值在于通过国家发展促进人权保障。这就要求法律的制定及制度安排，必须以整体性价值为基本标准。《刑法》第 338 条到第 346 条关于污染环境罪、破坏自然保护地罪等的处罚规定有两层含义。一方面，其将生态文明建设的违法行为纳入管制范围，从而紧密联系环境法。如果忽略应受刑法惩罚性这一点，那么，上述条款规定的行为都是相关环境法禁止或限制的行为。比如，"在禁渔区、禁渔期或者使用禁用的工具、方法捕捞水产品"（第 340 条）、"非法猎捕、杀害国家重点保护的珍贵、濒危野生动物"（第 341 条）、"未取得采矿许可证擅自采矿"（第 343 条）等，都是相关环境法禁止或严格限制的行为。[①] 另一方面，刑法将环境资源列为犯罪对象，也是对《宪法》中的"美丽"价值、"和谐"精神以及"生态文明建设"总体要求的具体落实和保障。

（四）生态文明规范体系的宪法与部门法协同实施路径之诉讼法体现

2012 年修订的《民事诉讼法》创立了我国的环境诉讼制度。该法第 55 条规定："对污染环境、侵害众多消费者合法权益等损害社会公共利益的行为，法律规定的机关和有关组织可以向人民法院提起诉讼。"该条规定的诉讼是对污染环境损害社会公共利益行为的诉讼，也即一种以污染环境损害社会公共利益的行为为诉讼对象的诉讼。

2012 年修订的《民事诉讼法》实施两年后，《环境保护法》修订实施。根据修订后的《环境保护法》第 58 条规定，法定组织"对污染环境、破坏生态，损害社会公共利益的行为"可以向人民法院提起诉讼。修订后的《环境保护法》对《民事诉讼法》中的环境诉讼范围进行了调整。其一，将结果规制调整为行为规制。修订后的环保法不再以"损害社会公共利益"为必要条件，只要是污染环境和破坏生态，无论是否达到"损害社会公共利益"的程度，都是可诉的。其二，将兜底式规范调整为列举式规范。《民事诉讼法》中，只要是损害社会公共利益的行为，有关组织皆可向人民法院提起诉讼。该条规定因其指定范围的不明确而不利于环境诉讼的具体实施。其三，增加关于破坏"生态"的规定。既对 1982 年宪法中的国家保护生态条款给予立法回应，也进一步加强了宪法生态文明建设要求的具体落实。

2018 年修宪后，"生态"上升到文明程度，从而进一步扩大了环境诉讼的范围。2017 年修改的《行政诉讼法》增加了人民检察院在履行职责时发现生态环境和资源保护等方面的问题而针对行政机关违法或者不作为提起的环境公益诉讼，逐步搭建起以人民检察院公益诉讼为主要手段，以环境民事公益诉讼和环境行政公益诉讼案件以及刑事附带民事环境公益诉讼

[①]　参见徐祥民主编《环境法学概论》（第 3 版），人民出版社 2023 版，第 43 页。

案件为主要组成部分的生态文明环境诉讼体系。诉讼体系为生态文明规范体系的建设与实施，提供了程序纬度与程序思维，在程序上进一步彰显了宪法精神，巩固了宪法实施。

1. 生态文明规范体系中环境诉讼的宪法基础

随着依宪治国进程的推进与拓展，与环境诉讼制度初创时的宪法相比，宪法文本与宪法内在的价值理念以及社会的主流价值观念已经发生了变化。从中国的宪法传统观念以及 1982 年宪法的制宪者原意来看，都无法直接推导出环境诉讼的宪法依据，因此必须立足于中国当下的宪法精神，结合当下宪法实践，寻求环境诉讼制度在现行宪法中的规范基础。

从宪法文本规定来看，与环境诉讼最直接相关的宪法条文应该是《宪法》第 139 条的规定："各民族公民都有用本民族语言文字进行诉讼的权利。"但是，仅从该条款推导出环境诉讼的宪法基础，显然是远远不够的。但结合宪法文本及其立宪精神，则不难推导出相关含义。

一方面，在宪法没有明确规定环境诉权的前提下，依据一般的宪法解释原理，可以从概括性的基本权利中推导出宪法文本没有列举的基本权利。《宪法》第 33 条将"国家尊重和保障人权"作为基本权利体系中的概括条款，为宪法未列举权利的推定提供了规范上的依据。对该条款进行解释学分析，不难得出如下结论：对于那些宪法没有作出明示性规定但非常重要的人权，就同样必须给予尊重和保障。环境权作为人权在环境领域的重要延伸，由此具备宪法上的规范基础。环境诉讼则可以从《宪法》第 5 条第 1 款、第 130~132 条和第 139 条获得宪法解释上的支持，在宪法文本层面获得依据来源。因此，在现行宪法规范体系中，以"国家尊重和保障人权"为概括条款的基本权利体系和第 139 条的诉讼基础在整体上构成环境诉讼在宪法上新的规范来源。①

另一方面，在对宪法精神的规范解读上，2018 年宪法擘画出美丽中国建设的宏伟蓝图，而环境诉讼则是保障这一蓝图顺利完成的支撑架构。党

---

① 参见瞿国强《行政诉讼制度功能展开的宪法基础重思》，《中外法学》2022 年第 4 期，第 998~999 页。

的十八大以来，习近平总书记在不同场合先后多次提到环境保护和生态文明建设，不断丰富美丽中国建设的深刻内涵。2013 年 5 月，习近平总书记在主持十八届中央政治局第六次集体学习时指出："生态环境保护是功在当代、利在千秋的事业。要清醒认识保护生态环境、治理环境污染的紧迫性和艰巨性，清醒认识加强生态文明建设的重要性和必要性。"[1] 2013 年 9 月，习近平总书记提出："我们既要绿水青山，也要金山银山。宁要绿水青山，不要金山银山，而且绿水青山就是金山银山。"[2] 这是习近平总书记对正确处理经济发展与生态环境之间关系的生动表达。2016 年 11 月，习近平总书记在关于做好生态文明建设工作的批示中又进一步指出，要"树立'绿水青山就是金山银山'的强烈意识"[3]。2017 年 5 月，习近平总书记强调："人类发展活动必须尊重自然、顺应自然、保护自然，否则就会遭到大自然的报复。这个规律谁也无法抗拒。"[4] 2017 年 10 月，在党的十九大报告中，习近平总书记又明确指出，加快生态文明体制改革，建设美丽中国，还自然以宁静、和谐、美丽，并且将生态文明建设列入同政治、经济、文化、社会建设相统一的"五位一体"发展格局中，旨在建成富强民主文明和谐美丽的社会主义现代化强国。2022 年 10 月，在党的二十大报告中习近平总书记继续强调，"我们要推进美丽中国建设"[5]。

确立环境诉讼的宪法基础是美丽中国建设的题中应有之义。2018 年宪法首次将生态文明建设纳入国家发展的"五位一体"总体布局中，而不是局限于处理人与自然之间的关系。将生态文明建设与政治、经济、文化、社会建设相融合，成为实现中华民族伟大复兴中国梦的重要内容，也将美丽中国建设推向国际，为全球生态治理贡献了中国式宪法方案与宪法智慧。

---

① 《习近平谈治国理政》（第一卷）（第 2 版），外文出版社 2018 年版，第 208 页。
② 《习近平关于全面建成小康社会论述摘编》，中央文献出版社 2016 年版，第 171 页。
③ 《习近平谈治国理政》（第二卷），外文出版社 2017 年版，第 393 页。
④ 《习近平谈治国理政》（第二卷），外文出版社 2017 年版，第 394 页。
⑤ 习近平：《高举中国特色社会主义伟大旗帜　为全面建设社会主义现代化国家而团结奋斗——在中国共产党第二十次全国代表大会上的报告（2022 年 10 月 16 日）》，人民出版社 2022 年版，第 50 页。

2. 检察机关公益诉讼对生态文明建设的制度性贡献

公益诉讼在我国的发展具有重大的价值与现实意义。我国首例环境公益诉讼案是 2005 年围绕松花江污染事件而发生的环境民事公益诉讼。环境公益诉讼的特色在于：一是仅就环境公共利益的受损（环境污染或生态破坏）进行救济；二是在制度设计上有别于传统私益诉讼。2012 年，我国《民事诉讼法》首次规定了公益诉讼制度。2014 年，我国《环境保护法》修订案第 58 条界定了环境公益诉讼救济的行为对象以及提起公益诉讼的社会组织应当具备的资格条件。党的十八届四中全会通过的《中共中央关于全面推进依法治国若干重大问题的决定》明确指出："探索建立检察机关提起公益诉讼制度。"[1] 随后最高人民检察院于 2015 年 12 月 16 日发布《人民检察院提起公益诉讼试点工作实施办法》，该办法规定在环境和资源保护领域、国有资产保护领域、国有土地使用权出让领域试点由检察机关提起行政公益诉讼制度，重点在环境和资源保护领域提起公益诉讼。2017 年，《民事诉讼法》和《行政诉讼法》同时迎来修订，在法律上明确了检察机关提起民事公益诉讼和行政公益诉讼的权力。[2] 检察机关公益诉讼制度顺应了环境保护的现实需要，体现了民众的心声，唤起人们对自身利益的保护，促进了公益事业的发展，对生态文明建设作出了突出贡献。

构建以检察公益诉讼为主体的公益诉讼体系，是对习近平法治思想的有力践行，也是由我国检察机关的政治特色、检察公益诉讼的人民属性、检察机关的宪法定位和检察公益诉讼在国家治理体系中的地位所决定的。由检察机关提起公益诉讼，是新时代赋予检察机关的新使命，在我国检察

---

① 《中共中央关于全面推进依法治国若干重大问题的决定》，人民出版社 2014 年版，第 22 页。

② 2017 年《民事诉讼法》第 55 条第 2 款规定："人民检察院在履行职责中发现破坏生态环境和资源保护、食品药品安全领域侵害众多消费者合法权益等损害社会公共利益的行为，在没有前款规定的机关和组织或者前款规定的机关和组织不提起诉讼的情况下，可以向人民法院提起诉讼。前款规定的机关或者组织提起诉讼的，人民检察院可以支持起诉。"《行政诉讼法》第 25 条第 4 款规定："人民检察院在履行职责中发现生态环境和资源保护、食品药品安全、国有资产保护、国有土地使用权出让等领域负有监督管理职责的行政机关违法行使职权或者不作为，致使国家利益或者社会公共利益受到侵害的，应当向行政机关提出检察建议，督促其依法履行职责。行政机关不依法履行职责的，人民检察院依法向人民法院提起诉讼。"

制度的发展中具有必然性，当然也符合检察机关在我国的宪法定位。首先，党绝对领导下的检察机关，既是政治性极强的业务机关，也是业务性极强的政治机关，这种政治特色保障了检察公益诉讼维护公益的强大能力，以及诉讼开展的持续性、稳定性、公正性和廉洁性。其次，构建以检察公益诉讼为主体的公益诉讼体系是对"以人民为中心"思想的有力践行。增加人民福祉是检察公益诉讼的价值归属和最终目标。赋予检察机关提起公益诉讼的职权，就是为了有效地发挥司法在维护公益方面的治理效能。再次，检察机关的宪法定位是国家法律监督机关，检察公益诉讼彰显了其独特的作用和功能，这也决定了检察机关应当在公益诉讼中主动担当、积极作为。一则，法定的监督权确保了检察公益诉讼的数量和质量。基于司法责任制、公益诉讼检察机构专门化、检察公益诉讼工作报告机制等相关制度的实施，进一步压实了检察责任，得以保障公益诉讼的质量。二则，独立的监督权确保监督权运行的公正性和权威性，在推动法治国家、法治政府和法治社会一体建设中发挥应有作用。最后，检察机关作为我国宪法所确立的法律监督机关，基于履职的要求和相应的监督能力，自然就应担负起维护公益的重任，这是一种基于我国国情和现实的制度创新。这一创新发挥了我国检察制度的优势，彰显了国家治理的现代化要求。

（五）生态文明规范体系的宪法与部门法协同实施路径之民法、环境法探讨

生态文明建设在宪法中的明确提出，为相关法律的制定和修订提供了"绿色化"依据，其中，民法和环境法是生态文明规范体系的宪法与部门法协同实施的两个重要渠道。一方面，民法以绿色原则为基石，构建起生态文明建设民法进路的四梁八柱。将绿色原则确立为基本原则，"既传承了天地人和、人与自然和谐共生的我国优秀传统文化理念，又体现了党的十八大以来的新发展理念，与我国是人口大国、需要长期处理好人与资源生态的矛盾这样一个国情相适应"[①]。绿色原则的提出，呼应了绿色发展的

---

① 参见全国人民代表大会常务委员会办公厅编《中华人民共和国第十二届全国人民代表大会第五次会议文件汇编》，人民出版社2017年版，第191页。

时代主题，有利于制止浪费资源、损害生态环境的行为，摒弃"杀鸡取卵"的发展方式，推动应对当前面临的资源趋紧、环境污染严重等突出问题，促进以环境承载能力为基础，遵循自然规律，合理开发建设，形成人与自然和谐共处的环境友好型社会，实现我国生态可持续发展。当然，绿色原则作为民法基本原则，如何在民事法律活动中予以具体适用，还有待进一步的司法实践和学理研究加以明确。另一方面，党的十九大以来，资源环境法治建设在习近平生态文明思想"最严法治观"的指引下，承担起保障统筹推进"五位一体"总体布局、协调推进"四个全面"战略布局的新使命。[1] 以宪法为核心的环境法体系更加健全，中国特色社会主义法律体系进入"绿色化"的新阶段。然而，环境法作为一个后起的法律子系统，是在刑法、民法等法律部门已经充分发达之后才突然出现的一个法律系统，其理论研究与实践运用急需宪法提供依据支撑与功能补给。因此，探讨在宪法基本原则下宪法与环境法的协同实施，对生态文明建设至关重要。

本书将以民法和环境法为例，阐述生态文明规范体系中宪法与部门法的协同实施。这是因为，民法上的环境条款，不仅承载了生态文明法律体系的内在关系，而且勾勒出宪法生态文明的绿色宏图；而环境法则承载了生态文明建设最主要、最直接的内容与功能。具体而言如下。

其一，在法律理念上。对自然环境的保护无疑是尊重自然、保护资源的表现，但保护环境的出发点还是为了人更体面地生活，也即为了满足现代条件下人的尊严。我国宪法、民法和环境法在通过保护环境实现和满足人的尊严上可谓殊途同归、不可或缺。

其二，在法律体系上。宪法作为法律体系的核心，提供环境保护的根本规范，既作为民法、环境法中环境条款的立法依据，也可以补充民法、环境法中环境规范的不足；环境法是落实宪法环境条款，进行环境保护的首要性的法律手段；民法对环境保护的规定体现世界发展潮流及中国特有贡献，是环境保护的补充性的法律手段。

---

[1] 参见郭兆晖《我国生态文明制度体系研究》，人民出版社 2021 年版，第 57 页。

其三，在具体概念上。环境与环境权在宪法、民法和环境法中的基本内涵是基本一致的。我国法律上环境的概念来自环境科学对环境的界定。宪法明确指出保护生态环境和生活环境，保障自然资源的合理利用；环境法对环境概念进一步明确界定，侧重于自然环境；民法以私法手段和制度对自然资源和生态环境进行明确的确认和保护。环境法和民法上的环境概念和范围，以宪法规范为依据，并进行了具体化，但均是围绕着人本身进行展开的。

其四，在法的目标上。宪法、民法、环境法对环境保护的法律预期是明确、一致的，即均期待通过各自的调整实现环境的保护及改善。与宪法和民法中环境条款的局部性功能不同，我国《环境保护法》集中明确表达了保护环境的立法目的，其第 1 条规定的"为保护和改善环境，防治污染和其他公害"是对《宪法》第 26 条的具体确认，"保障公众健康"强调了环境法也是人法，保护公民的人格权，"推进生态文明建设，促进经济社会可持续发展"将环境法的立法目的和功能更深远地推进，与宪法和民法总则的绿色理念与原则相呼应。

其五，在法的功能上。从传统视角看，宪法是根本法、是公法，环境法也主要是公法，民法是典型私法。但公私法在当代有合流的趋势，宪法可产生第三人效力，尽管主要是间接效力，但意味着宪法进入了私的领域；自现代民法出现以来，公共利益等体现公的属性的制度进入民法，因此在环境保护上，不能孤立甚至割裂地看宪法、民法与环境法的功能，应该注重三法的沟通与协调。宪法应提供足洽的规范依据，民法与环境法应主动对接宪法条款，民法与环境法应有效互动。宪法条款统领民法和环境法，但不能替代民法和环境法。宪法中环境保护条款的实施与民法、环境法的实施之间属于以宪法为核心的同一法律体系内部的分工协作关系，宪法意义上的实施为后者提供理论和规范依据；当民法、环境法层面的实施偏离宪法轨道或者呈现某种部门法上的局限性的时候，宪法条款方直接产生规范效力。

第七章　宪法生态文明规范与环境法的
体系融贯

宪法生态文明规范体系应如何指引新时代环境法律规范的形成，构成环境法律体系融贯路径安排的核心关切。宪法生态文明规范体系作为环境法律规范制定的根本依据，为作为部门法的环境法融贯提供了立法价值和制度规范，旨在实现以宪法为核心的中国特色社会主义法律体系融贯。同时环境法律规范融贯是对宪法生态文明规范体系的具体化，也为宪法生态文明条款的规范释义提供了部门法路径。

由此，通过对宪法生态文明规范的体系化阐释，提炼出作为国家目标和作为规范效力的宪法生态文明规范两种类型，并以此形成与环境法律规范体系融贯的阶层论。初阶融贯表现为环境法律规范对宪法生态文明规范体系的落实，即宪法生态文明规范的部门法化；进阶融贯表现为环境法律规范对宪法生态文明规范体系的发展，即宪法生态文明规范的释义变迁；高阶融贯表现为宪法生态文明规范体系与环境法律规范的"自生自发"交互影响，即环境法律规范的体系融贯，并形成以保障公民环境权利、规范政府环境职责为核心的生态环境法典。

第一节　宪法生态文明规范实施的立法体系融贯

体系融贯理论作为宪法生态文明规范与环境法律规范交互影响的基础理论，能为环境法律规范的法典化提供融贯性构建的路径，而且还能满足环境法法典化之后进行融贯解释的需要。一方面，满足宪法生态文明规范自身融贯性解释的需要，从而推动宪法生态文明规范体系的实施；另一方面，通过宪法生态文明规范的融贯性解释，为下位部门法环境法律规范的制定与实施提供规范指引。申言之，宪法生态文明规范体系的实施有赖于作为部门法的环境法律规范的具体化，同时，其与环境法律规范交互影响的基础理论，构成宪法生态文明规范体系与环境法律规范体系交互影响、实现体系融贯的核心内容。

一　体系融贯理论的含义及分析方法

（一）体系融贯理论的含义

学术界对体系融贯理论的含义并没有统一的界定。融贯理论大体上包括法律论证融贯与法律体系融贯两种。① 有学者用"路标"和"道路"的关系来比喻法律论证和法律体系的关系，"法律决定就像路标一样指示旅行的方向；它们指向某些融贯的东西，但我们永远无法到达那一地方，因为它们所做的一切仅仅是给我们指明了方向"②。事实上，法律论证与法律体系并不是截然分开的。

其一，从本源上看，体系融贯强调各法律体系之间形成有效"连结"，即较低级别的法律规范可以从较高级别的法律规范推导而来。这是强调整个法律规范体系的连贯性。类似于凯尔森的"基础规范"，强调权利来源的从属性与统一性。从这个角度来看，宪法是"万法"的基础规范，在依据规范上，应当成为一切法律规范制定的根本法依据。倘若按照这种模式探讨宪法生态文明规范与环境法律规范的关系，即环境法律规范可以从宪法生态文明规范中推导而来。一方面，宪法生态文明规范确定了环境法律规范的立法依据来源的合法性；另一方面，宪法生态文明规范能厘定环境法律规范的立法内容边界的合宪性。譬如，在环境法律规范领域，作为"基本

---

① 参见雷磊《融贯性与法律体系的建构——兼论当代中国法律体系的融贯化》，《法学家》2012 年第 2 期，第 1 页。

② 侯学勇：《融贯性的概念分析：与一致性相比较》，《法律方法》2009 年第 2 期，第 135 页。

法"的《环境保护法》应当在法条中写明"依据宪法，制定本法"。① 其旨在强调宪法生态文明条款与环境法律规范之间的有效之链。这里的较低级别的法律规范可以从较高级别的法律规范推导而来，并不是指任何立法的制定，都应当将"依据宪法，制定本法"写入该法的立法目的。而且其他不具有"基本法"属性的环境法律规范的制定，是依据作为"基本法"的《环境保护法》的制度规范而制定的，所以其并不需要写明"依据宪法，制定本法"，是间接地以宪法为依据。② 在本源上，其也强调了法律规范之间来源的从属性。

其二，从体系内容上看，体系融贯表现为法律原则、法律规范之间"相互论证、无矛盾"，即通过"融贯性解释"③ 使法律原则与法律规范之间得以自洽。我们认为，法律原则之间的冲突是被允许存在的，这种冲突可以通过融贯性解释得以调适。但是法律规则之间在立法活动中是不应存在冲突的。

其三，从司法适用上看，体系融贯为司法适用中的论证融贯提供融贯的法律规范体系，从而使司法裁判做到"类案类判"，维护司法正义。由于永远无法制定一个针对未来长期有效实施的法律规范体系，所以法律规范在适用过程中，特别是针对疑难案件时，可以通过融贯性解释予以证成。

（二）体系融贯理论的分析方法

融贯理论分析方法是法律体系建构的重要研究方法之一，是在概念论的层面上分析规范间的结构与关联问题。④ 融贯不仅是解释方法，也是解释标准。融贯标准是衡量法律体系的融贯自洽，相互论证、无矛盾的工具。对此，可以归纳总结出三步分析方法。

其一，从本源上判断法律规范体系的逻辑层次。从理论上讲，宪法是

---

① 张震：《"根据宪法，制定本法"的规范蕴涵与立法表达》，《政治与法律》2022 年第 3 期，第 108~119 页。

② 张震：《环境法典编纂的宪法根据及合宪性控制》，《东方法学》2022 年第 3 期，第 72~84 页。

③ Joseph Raz, "The Relevance of Coherence," *Boston University Law Review 72*, No. 2 (March 1992): 275.

④ 雷磊：《法律体系、法律方法与法治》，中国政法大学出版社 2016 年版，第 76 页。

万法之源，一切法律的制定都应当在宪法规范中找到依据，拉兹将此称为"有效之链"。一切法律都应当在宪法指导思想、基本原则以及规范和制度体系中找到立法依据，符合宪法条款的指导思想、基本原则以及具体的宪法规范和制度。

其二，从内容上判断法律规范体系的构建融贯。德沃金过于理想化地认为"法律是一个无漏洞的体系"①，同样的，其提出将"陈述的一致性"作为体系融贯的判断标准。此外，佩策尼克也提出了自己对"融贯"的概念与标准的认知，其认为"融贯"标准可分为三类，即"由理论构成的支持结构的属性、被理论运用的概念的属性以及被理论覆盖的范围的属性"②。麦考密克提出"原则+规则"的融贯方式。我们认为，事实上，法律体系融贯不是"机械的"融贯化，而是一种动态的融贯化，是要求"共时融贯性"与"历时融贯性"③并存的法律规范的融贯化。

其三，从实施上判断法律规范体系是否论证融贯。论证融贯可先通过解释性融贯来作为补充。因为体系融贯允许法律冲突的存在，但是融贯性解释可以为法律冲突的解决提供"唯一正解"。融贯性解释是对多种解释方法进行价值权衡的解释方法，其也是包括合宪性解释在内的解释方法。

二　作为依据的宪法生态文明规范需要立法体系融贯

新时代国家生态环境治理体系与治理能力现代化对我国生态环境法治构建提出了更高的要求。近年来，有关生态环境法治构建路径安排的研究甚多，但与新时代生态环境治理体系与治理能力现代化仍有距离。特别是宪法生态文明规范体系对"中国宪法观体系进一步丰富"④，即在新增"生态观"的宪法内容为环境法律规范体系的立法原则和制度规范注入新的生态内涵

---

① 林立：《法学方法论与德沃金》，中国政法大学出版社 2002 年版，第 4 页。

② 〔瑞典〕亚历山大·佩策尼克：《论法律与理性》，陈曦译，中国政法大学出版社 2015 年版，第 149 页。

③ 参见雷磊《法律体系、法律方法与法治》，中国政法大学出版社 2016 年版，第 103 页。

④ 张震：《生态文明入宪及其体系性宪法功能》，《当代法学》2018 年第 6 期，第 50 页。

后，环境法律规范亟须回应宪法生态观这一时代关切并与之相适应。那么，环境法如何对宪法生态文明规范予以具体化，甚至是发展宪法生态文明规范体系，并形成符合新时代生态环境法治要求的部门法秩序呢？从体系融贯视角来看，应在法规范学研究的基础上，运用法律系统论的分析方法，对宪法生态文明条款与环境法律规范体系的交互影响作出融贯路径安排。

尽管与立法机关通过制定法律形成的立法体系融贯相比，司法机关通过适用、解释规范更能发挥融贯化实效①，但是与已经形成稳定规范体系且具有成熟的部门法秩序的民法法律规范、刑法法律规范相比，环境法律规范还没有形成成熟的部门法秩序，也没有适度法典化，故当前环境法律规范需先从立法融贯开始，再逐步向司法融贯转化。所谓法律体系的融贯"关注的是如何把某一决定融入一个法律体系中，如何使其与法律体系中的所有内容融合在一起"②。当前法律体系融贯研究已经在环境法部门法领域取得一定成果③，主要集中于以环境法律规范的原则、制度为逻辑起点，进而形成环境法律规范体系内部的自洽。然而，相较于当前较为成熟的内部体系融贯研究，很少有学者从跨部门法的视角研究宪法生态文明规范体系与环境法律规范的制度体系融贯。在立法实践中，通常是"立法机关制定法律来具体化宪法以形成部门法秩序"④，使宪法生态观与环境法部门法的内容融贯在一起⑤，既实现环境法部门内部体系的自洽，也实现环境法部门法与外部宪法生态文明规范体系的融贯。

概言之，宪法生态文明规范体系是环境法律规范法典化的重要制度依

---

① 雷磊：《法律体系、法律方法与法治》，中国政法大学出版社 2016 年版，第 92~97 页。

② 侯学勇：《什么是有效的法律规范？——法学中的融贯论》，载陈金钊、谢晖主编《法律方法》（第八卷），山东人民出版社 2009 年版，第 358 页。

③ 体系融贯在环境法部门法运用的代表性论文主要如下：刘剑文《论领域法学：一种立足新兴交叉领域的法学研究范式》，《政法论丛》2016 年第 5 期，第 3~16 页；张翔《环境宪法的新发展及其规范阐释》，《法学家》2018 年第 3 期，第 90~97 页；曹炜《论环境法法典化的方法论自觉》，《中国人民大学学报》2019 年第 2 期，第 39~51 页；徐以祥《论我国环境法律的体系化》，《现代法学》2019 年第 3 期，第 83~95 页；刘长兴《论环境法法典化的边界》，《甘肃社会科学》2020 年第 1 期，第 8~15 页。

④ 张翔：《宪法与部门法的三重关系》，《中国法律评论》2019 年第 1 期，第 28 页。

⑤ Leonor Moral Soriano, "A Modest Notion of Coherence in Legal Reasoning. A Model for the European Court of Justice," *Ratio Juris*, Vol. 16, No. 3, September 2003, pp. 305-397.

据，其所体现的生态观价值及其规范内涵为作为下位法的环境法律规范的法典化提供了价值宣示和制度框架。当前，宪法生态文明规范体系已经建成，但是有关宪法生态文明规范如何为下位法环境法律规范提供价值宣示和制度框架的问题，还有待进一步的研究。

其一，宪法生态文明规范的体系性实施有赖于环境法律规范的具体化，以及生态文明建设地方立法的需要。环境法律规范的解释之所以还需要与宪法生态文明规范相调适，是因为宪法所保护的生态环境价值或权益的实现，还需要借助环境法律规范的具体化手段来确保宪法生态文明规范的实施与发展。2018 年修宪将生态文明入宪，使其从中国共产党的规范性文件层面以及环境法律规范层面跃升至"最高法"层面，赋予根本法条款地位并保障其实施，这"表明了中国特色社会主义环境法制发展和制度构建的基本方向，彰显了我国环境法制变革的内在动因和逻辑起点"[1]。环境法律规范需要对宪法生态文明规范予以落实，从而推动宪法生态文明规范的实施。近年来，国家高度重视宪法实施的路径安排，环境法律规范的体系化则是宪法生态文明规范实施最重要的形式。即通过部门法来具体化宪法生态文明规范，并依规范解释，使宪法序言中"生态文明""新发展理念"等环境国策条款的内涵得以明确并贯彻落实，继而使宪法生态文明规范的效力以部门法的形式得以进一步延伸。因此，环境法律规范的实施应当立足于宪法生态观的框架逻辑，将宪法生态观的精神、原则以及规则在保障公民环境权利与规范政府环境职责之间实现动态平衡。

其二，宪法绿色发展理念为下位法生态环境法典的制定提供了立法精神和原则指引，并需要下位法生态环境法典实现绿色法制创新。"绿色是永续发展的必要条件和人民对美好生活追求的重要体现"[2]，这意味着绿色发展将成为引领新时代的发展理念，是立足于我国现实国情和客观需要的全新发展理念。宪法新发展理念中的"绿色"是实现生态文明建设的基

---

① 刘洪岩：《接驳与拓展："生态文明入宪"与环境法制革新》，《吉林大学社会科学学报》2019 年第 5 期，第 113 页。

② 2015 年 11 月 3 日党的十八届五中全会审议通过的《中共中央关于制定国民经济和社会发展第十三个五年规划的建议》首次提出五大发展理念。

础，是通往生态文明新时代的路径，并且"生态文明建设的精髓是绿色发展"①。环境法律规范与宪法绿色发展理念相调适，也是对生态文明建设的法制保障。这样一种新理念，必将成为指引环境法律规范制定的新要求。绿色发展是对可持续发展主张的超越，② 因此，环境法律规范体系应当从可持续发展主张向绿色发展理念转向，从而以此实现绿色法制的创新。

其三，宪法公民环境权利的实现需要环境法律规范体系的立法确认。环境法律规范如何对环境权利进行规范续造，也关涉生态环境法典如何编纂的问题。如果确定了环境权，那么生态环境法典编纂就应当将公民环境权保障贯穿始终。环境利益是公民环境权利保障的核心，不仅当代人应当享有环境利益，后代人也应当享有环境利益，实现生态环境的代际公平。当前环境法律规范对代际环境利益保护不足，导致在制度层面缺乏立法对后代人享有环境利益的规定，以及缺乏对国家负有确保后代人享有环境利益的环境职责的规定。关于是否应当建立实体性环境权，以及怎样构建实体性环境权，学术界并没有形成共识。关于是否应当建立实体性环境权的讨论，学术界大体有两种观点分野。一种认为不适合建立环境权，也包括了认为当前建立环境权的时机不成熟。有学者通过对世界各国宪法中写入环境权条款的法律现象进行统计，得出自 20 世纪 70 年代起，截止到 2014 年，已经有 88 个国家在宪法中规定了环境权。③ 各国宪法文本中规定的环境权，依照不同的标准，略有出入。④ 这也是由于环境权标准的不确定，环境权入宪的方式在各国呈现不同的模式，所以学者对各国宪法文本中对环境权规定的条款，以及将哪一条视为环境权规定，还没有形成统一的意见。但是，可以得出"环境权已经普遍在各国宪法中得到确认"这一结论。各国将环境权写入宪法的普遍性，凸显各国对环境保护的重视，但是

---

① 杨朝霞：《生态文明建设观的框架和要点——兼谈环境、资源与生态的法学辨析》，《环境保护》2018 年第 13 期，第 49 页。

② 参见徐祥民《绿色发展思想对可持续发展主张的超越与绿色法制创新》，《法学论坛》2018 年第 6 期，第 5～10 页。

③ 参见吴卫星《环境权入宪的比较研究》，《法商研究》2017 年第 4 期，第 175 页。

④ 参见范进学《宪法上的环境权：基于各国宪法文本的考察与分析》，《人权》2017 年第 5 期，第 105～121 页。

环境权在法规范层面应如何建构、执法机关如何执行、司法机关如何适用等问题，都需要考虑各国的经济发展水平、法治发展程度、政治体制模式等因素。

其四，宪法上的政府环境职责条款是环境法律规范中环境行政体制机构改革的根本法依据。当前，我国环境执法体制是由 1989 年《环境保护法》所确立的统一监督管理和分工负责的环境保护管理体制。[①] 这种执法体制机制已经远远不能满足新时代环境执法的现实需求，具体表现在纵向职权和横向职权两个方面。在纵向职权方面，环境法律规范还没有形成完善的各级行政机构环境执法权责体系。上下级人民政府之间行使生态文明建设职权没有明确的规定，导致各级人民政府及其职能部门环境执法职责也不清晰。在横向职权方面，环境执法涉及环境保护、海洋、农业、水利、国土、林业等不同部门之间的环境执法职权，这样的执法体制会导致多头执法、地方保护主义、执法范围不明晰、执法体制不完善、队伍结构不合理[②]等问题。因此，环境行政体制机构设置亟须改革。只有融贯的环境法律规范体系才能更好服务于生态环境执法活动，才能保证生态环境执法的整体性和连续性。环境法律规范也亟须对宪法生态文明规范体系以及国家机构改革方案作出回应，通过优化各部门环境保护职能，健全跨部门、跨区域环境保护联动协调机制，避免出现政府环境治理权限不明、职责交叉重叠、部门利益法制化等问题。

第二节　初阶融贯：宪法生态文明规范的部门法化

宪法生态文明规范是环境法律规范体系融贯的价值秩序与规范依据。宪法生态文明规范与环境法律规范不是同等的规范层级，因为宪法生态文明规范是环境法律规范制定的根本依据，它对融贯生态环境立法的内在价

---

① 参见王树义、郑则文《论绿色发展理论下环境执法垂直管理体制的改革与构建》，《环境保护》2015 年第 23 期，第 12 页。

② 参见李爱年、陈樱曼《生态环境保护综合行政执法的现实困境与完善路径》，《吉首大学学报》（社会科学版）2019 年第 4 期，第 96~99 页。

值统一和外在规范依据起到协调作用。所以，笔者以宪法生态文明规范的体系化阐释为环境法部门法体系构建的逻辑起点，确认宪法生态文明规范与环境法律规范体系融贯的初级融贯表征，即环境法律规范对宪法生态文明规范的具体落实。

一 宪法生态文明规范的体系类型

宪法生态文明规范的体系性阐释是环境法律规范制定与实施的根本性依据。一直以来，学术界大都将宪法总纲部分有关生态文明的规范定性为国策条款①，但是作为国家政策的宪法生态文明规范也有作为规范本身的一面②。《宪法》总纲第 9 条和第 26 条的环境条款即便被视为生态文明的国家政策性条款，也具有规范性面向，这种规范性体现在"国家在落实相关政策方面应承担责任的要求"③。因此，通过对宪法生态文明规范的体系性释义，笔者从两种类型、四个层次对宪法生态文明规范体系予以阐释，达成规范国家生态文明建设职责的目标。

第一种类型是作为国家目标的宪法生态文明规范，也即第一个层次。仅指《宪法》序言中"生态文明""新发展理念""文明和谐美丽"的条文。其一，《宪法》序言中"生态文明"构成宪法生态观的核心内容。党的十八大以来，生态文明建设已经与中华民族伟大复兴的中国梦紧紧相连。即生态文明建设是实现中华民族伟大复兴的生态环节，是生态法治建设的根本遵循，也是我国社会主义现代化强国建设所追求的生态目标。其二，宪法新发展理念中的"绿色"是生态文明建设的方式手段。宪法"'新发展理念'是国家继续推进社会主义现代化过程中所要遵循的发展规范"④。并

---

① 持有国策观点的代表论文有王锴、刘犇昊《宪法总纲条款的性质与效力》，《法学论坛》2018 年第 3 期，第 27~34 页；章小杉《中国宪法环境条款：一个规范法学的解释》，《甘肃政法学院学报》2019 年第 1 期，第 47~58 页；张翔、段沁《环境保护作为"国家目标"——〈联邦德国基本法〉第 20a 条的学理及其启示》，《政治与法律》2019 年第 10 期，第 2~16 页。
② 许育典：《国家目标条款》，《月旦法学教室》2005 年第 30 期，第 39 页。
③ 殷啸虎：《对我国宪法政策性条款功能与效力的思考》，《政治与法律》2019 年第 8 期，第 19 页。
④ 张震：《生态文明入宪及其体系性宪法功能》，《当代法学》2018 年第 6 期，第 52 页。

且，"生态文明建设的精髓是绿色发展"①，旨在实现单一的"社会可持续发展"向多元的"环境保护与经济高质量发展"转变的治理逻辑。其三，宪法序言中的"文明和谐美丽"是生态文明建设的终极目标。2017 年中国共产党第十九次全国代表大会报告中指出，要"永远把人民对美好生活的向往作为奋斗目标"，并为第二个百年奋斗目标提出具体方案，要实现生态环境根本好转，以及美丽中国建设目标，建成包含"文明和谐美丽"在内的现代化强国。

第二种类型是作为规范的宪法生态文明规范，也即后三个层次。第二个层次是总领性的宪法生态文明规范，即《宪法》第 9 条、第 26 条的环境条款，分别是对自然资源产权所属和国家环境保护义务的规定。生态文明建设的前提是需要明晰自然资源产权所有，国家有义务为自然资源产权所有人提供基本保障。第三个层次是满足主观权利的宪法生态文明规范，规定在《宪法》第 33 条第 3 款。从"人，因其为人而应享有的权利"出发，强调公民享有权利这一客观事实，国家应给予充分的尊重和保障。环境权"被普遍认为是一项基本人权"②，同时生态文明建设是服务于公民环境权利构建的制度需求。不仅如此，随着公民对人权保障的认识日益成熟，人权对基本权利、法律权利内涵的吸纳，基本权利、法律权利对人权的确认产生了交互影响。第四个层次是明确政府环境职责的宪法生态文明规范，规定在《宪法》第 89 条。该条属于权义复合规则，即从国家机构的视角出发，赋予国务院领导和管理生态文明建设的职权。权利和义务总是相伴随而出现，反过来，国务院对公民享有环境权利负有保障义务。因此，宪法生态文明规范将从国策条款、人权条款以及政府环境职权条款三个方面引领环境法律规范的制定、实施与适用。

二　环境法对宪法生态文明规范的具体落实

法治是保障生态文明建设的必由之路，生态文明建设除了需要"最高

---

① 杨朝霞：《生态文明建设观的框架和要点——兼谈环境、资源与生态的法学辨析》，《环境保护》2018 年第 13 期，第 49 页。
② 张震：《环境权的请求权功能：从理论到实践》，《当代法学》2015 年第 4 期，第 23 页。

法"宪法的保障，还需要部门法对其予以具体化。张文显教授认为："基本范畴是以法律现象的总体为背景，对法律现象的基本环节、基本过程或初级本质的抽象，属于法学理论的基本概念。"① 同样地，实现立足于宪法生态文明规范的环境法律规范的体系化建构，也应当从法学基本范畴出发。"在这些基本范畴之上，一个知识体系或理论体系得以建立。"② 关于法学基本范畴的内容一直以来都有争议。主流观点认为"权利与义务是法学的基本范畴"③，而且"国家义务与公民权利已经成为现代国家与公民关系的主轴"④，因此可以以公民环境权利与国家环境保护义务为法律关系分析逻辑脉络，"撬动"宪法生态文明规范与环境法律规范体系融贯的"支点"。

（一）环境法律规范中公民环境权利的规范体系

作为基本权利的公民环境权利还需要部门法来予以保障。一方面"立法的具体化"⑤ 是宪法上基本权利得以实现的重要载体；另一方面公民环境权利横跨公法与私法领域，既确定环境权为一项宪法基本权利，又肯定环境权的"私权性质"⑥，如此才能起到对公民环境权利保障的作用。因此，当宪法生态文明规范通过部门法具体化形成公民环境权利规范体系时，还需要扩充部门法具体化基本权利的内涵与外延，形成包含公法与私法、兼具实体与程序的公民环境权利保障体系。

其一，基于公民环境权利保护法益的不同，公民环境权利保障体系既有公法规制的权利面向，又具有私法属性。在公法领域对公民环境权利的保障，主要表现为国家出于维护公共环境利益以及社会正常运转的需要，保障公民环境权利的防御权功能、请求权功能和受益权功能的实现，并"代表全民"惩罚环境侵权人的行为。就环境侵权行为所产生的法律责任

---

① 张文显：《法哲学范畴研究》（修订版），中国政法大学出版社 2001 年版，第 14~15 页。
② 付子堂、时显群主编《法理学》（第三版），重庆大学出版社 2011 年版，第 55 页。
③ 付子堂、时显群主编《法理学》（第三版），重庆大学出版社 2011 年版，第 56 页。
④ 龚向和：《国家义务是公民权利的根本保障——国家与公民关系新视角》，《法律科学》2010 年第 4 期，第 5 页。
⑤ 刘志刚：《基本权利对民事法律行为效力的影响及其限度》，《中国法学》2017 年第 2 期，第 92 页。
⑥ 吕忠梅：《环境法新视野》，中国政法大学出版社 2000 年版，第 133 页。

类型而言，其可分为环境行政责任和环境刑事责任两种。其中，环境行政责任的表现形式又可细分为环境行政处罚和环境行政处分。

私法领域对公民环境权利的保障，表现为对私主体之间环境侵权纠纷和合同违约纠纷的解决。2021 年实施的《民法典》专设"环境污染和生态破坏责任"一章，并且明确将因污染环境、破坏生态造成他人损害的"污染者"改为"侵权人"，进一步明确了民事主体之间的法律关系。关于民事合同中的环境保护，分别规定在《民法典》总则第 9 条和合同编第509 条第 3 款。在司法实践中，关于民事合同中的环境保护问题也有大量的案例，并呈现逐年上升趋势。①

其二，基于公民环境权利的权利结构，可以从实体权利和程序权利两个方面来阐释。在实体法领域，公民环境权还不是一项实体权利，但是《环境保护法》规定了大量公民环境保护义务条款，从而补足了实体性环境权缺位的现象。通过对公民环境保护义务的类型化阐释，可将其具体分为充分注意义务、积极维护义务和尽量改善义务。② 第一个层次是充分注意义务，是集消极义务和尊重义务于一身的"义务束"，是公民环境保护义务的最低要求，强调在从事生产或者生活的过程中，禁止以积极作为的方式破坏环境、损耗资源。第二个层次是积极维护义务，是集积极义务和保护义务于一体的"义务束"，是公民环境保护义务的基本要求，强调公民在力所能及的范围内，采取绿色的生产生活方式和消费方式。第三个层次是尽量改善义务，是实现义务和促进义务融合的"义务束"，是公民环境保护义务的最高要求，强调人与自然和谐共生的实现，以及促进美丽中国的建成。

在程序法领域，环境法律规范对公民环境权利的程序性保障主要表现在环境知情权、环境监督权、环境诉讼权三个方面。其一，环境知情权是

①　在中国裁判文书网中，以"民事案件""合同""环境保护法"同时为关键词进行检索。以 2014 年《环境保护法》的修订为分水岭，2014 年之后的案例都在 100 例以上，最高的是 2019 年达到 540 例。最早可以追溯到 2010 年"王某、王某某等与杭州××海置业有限公司房屋买卖合同纠纷"，原告就交付商品房在环保和规划等方面也应验收合格方可交付使用，诉请追究销售方违约责任的案例［（2010）杭淳民初字第 256 号］。

②　张震：《公民环境义务的宪法表达》，《求是学刊》2018 年第 6 期，第 84 页。

与政府环境信息公开义务相对应的一项权利。例如，《环境保护法》第 53 条明确规定公民、法人和其他组织有依法获取环境信息的权利。其二，环境监督权是指公民、法人和其他组织对任何污染环境和破坏生态的行为都有监督的权利。例如，《环境保护法》第 57 条明确规定公民、法人和其他组织有针对污染环境和破坏生态的行为向有关部门举报的权利。其三，环境诉讼权是对侵犯公民、法人和其他组织的环境权利的一种事后救济权。例如，《环境保护法》第 58 条是对环境诉讼主体资格的规定。

因此，对基本权利的功能进行界定，可以为环境法律制度规范中公民环境权利的内涵与外延融贯提供指引。宪法生态文明规范体系中公民环境权利的多重性质与功能的类型化阐释，为环境法律规范在公法与私法、实体法与程序法中构建公民环境权利提供了权利融贯的功能目标，从而指导环境法律规范中公民环境权利功能的发挥，为形成一项实体性环境权利提供部门法主张。此外，环境法律规范中的公民环境权利制度体系为"环境权"融贯于宪法基本权利体系提供了制度框架，满足了生态文明新时代"环境权"入宪的功能期待。

（二）环境法律规范中政府环境职责的规范体系

公民享有环境权利是体系融贯的有效性条件，而"法律体系的机关遵守并适用法律，且在法律体系的隶属者违反法律时对其施加制裁"[1] 则是体系融贯的实效性保障。环境保护所涉权利主体的广泛性、牵涉环境利益的复杂性、破坏环境的隐蔽性等，决定了国家对公民环境权利保障负有不可推卸的责任，而其中政府负有主要责任。政府环境职责制度在环境法、行政法、民法、刑法、诉讼与非诉讼程序法中都有相应规定。[2]

其一，在环境法部门法领域，形成了以环境基本法——《环境保护法》为核心，以《水法》《水土保持法》《矿产资源法》《森林法》《大气污染防治法》等为分支的政府环境职责规范体系。

其二，在行政法部门法领域，国家环境保护义务表现为国家行政机关

---

① 雷磊：《法律体系、法律方法与法治》，中国政法大学出版社 2016 年版，第 93 页。
② 吕忠梅主编《环境法原理》（第二版），复旦大学出版社 2017 年版，第 124~125 页。

及其职能部门通过发挥环境行政管理职能，履行政府在环境保护领域的行政职责。例如，《行政许可法》第 11 条、第 12 条规定，国家通过设定行政许可，以实现促进经济、社会和生态环境协调发展的目的。

其三，在民法部门法领域，行政机关从事民事活动时当然也是民事主体，其行为规范受民法调整。《民法典》总则第 132 条规定了民事主体行使民事权利的法律限制，即不得损害国家利益、社会公共利益或者他人合法权益。环境利益属于广义的国家利益、社会公共利益。

其四，在刑法部门法领域，国家环境职责表现为对破坏生态环境行为的制裁。《刑法》专设"破坏环境资源保护罪"一节，从第 338 条至第 346条，主要对个人或单位故意违反环境保护法律，污染或破坏环境资源，造成或可能造成公私财产重大损失或人身伤亡的严重后果的犯罪行为予以制裁。

其五，在诉讼与非诉讼程序法部门法领域，2017 年修订的《行政诉讼法》新增环境行政公益诉讼制度，对人民检察院在生态环境和资源保护领域行使法律监督权的范围和方式予以明晰，即针对行政机关违法行使职权或者不作为，导致国家利益、社会公共利益或者众多消费者合法权益受到侵害的，人民检察院应当提出检察建议或者提起诉讼。此外，2017 年《民事诉讼法》修订时也对民事领域环境公益诉讼作出了配套规定。

第三节　进阶融贯：环境法体系对宪法生态文明规范的发展

进阶融贯对宪法生态文明规范与环境法律规范的体系融贯提出了进一步的要求，即以环境法律规范为依托，反过来又发展宪法生态文明规范，影响宪法生态文明规范的体系性释义，并对宪法生态文明规范的价值秩序与制度规范的内涵予以丰富。生态文明建设构成中国宪法生态观的核心内容，其内容的释义变迁主要体现在宪法上的绿色发展理念、公民生态权利与宪法政府生态环境保护职责等方面。

一　绿色发展理念的宪法变迁

宪法新发展理念中的"绿色"是环境法律规范体系融贯的要素之一，

部门立法需回应宪法绿色发展理念，反过来又丰富宪法新发展理念的规范内涵与制度实践。同时这一交互影响要符合宪法新发展理念的合宪性秩序，实现对环境法律规范的合宪性控制。

其一，宪法新发展理念内涵的部门法供给。有学者也指出："不能局限于'单向思维'，而应认真检视部门法的动态反作用。"① 环境法律规范的制度实践为解释宪法新发展理念的价值秩序与规范内涵提供了现实基础。宪法绿色发展理念随着民法法律规范的完善经历了两次释义变迁。2017 年出台的《民法总则》第 9 条新增的"绿色原则"是从私法领域回应环境保护的一项原则，2020 年通过的《民法典》在物权编、合同编、侵权责任编等各编分别对绿色原则予以细化，体现出民法部门法对宪法绿色发展理念的融贯与变迁，同时是对宪法绿色发展理念内涵的丰富。具体而言，在物权编，第 325 条、第 326 条以及第 346 条是对自然资源有偿使用制度的规定，"体现了对物权进行绿色限制的思路"②，是对《宪法》第 9 条自然资源全民所有条款的私法转化；在合同编，第 509 条第 3 款是对当事人履行合同应当遵守绿色原则的规定，即"意思自治"不能对抗绿色原则；在侵权责任编，进一步丰富环境污染和生态破坏责任体系，同时创新生态环境侵权责任方式，以绿色发展的视角来治理生态环境问题，如第 1234 条规定的生态修复责任。

其二，在生态环境保护与经济高质量发展之间统筹协调对宪法绿色发展理念的实践。宪法绿色发展理念是基于"如何衡平经济发展和环境保护关系的认识"③ 而不断地协调发展，是对"绿水青山就是金山银山"理论的宪法呈现，如何看待生态环境保护与经济高质量发展之间的辩证关系，也是宪法绿色发展的核心命题。

一方面，是绿色发展中生态环境保护与经济高质量发展之间的协调。要正确处理好生态环境保护与经济绿色发展的辩证关系。强调绿色经济的

---

① 张翔：《环境宪法的新发展及其规范阐释》，《法学家》2018 年第 3 期，第 92 页。

② 《全国政协常委会吕忠梅详细解读民法典绿色条款——"意思自治"不是污染环境的"保护伞"》，《中国环境报》2020 年 6 月 2 日，第 8 版。

③ 汪劲：《环境法学》（第四版），北京大学出版社 2018 年版，第 53 页。

同时，不能对经济发展造成制约；同样地，强调经济发展也不是对生态环境的破坏。绿色与发展既具有对立面，也具有统一的一面。统一的一面就是可以实现生态环境保护与经济高质量发展融合的突破口。事实上，生态环境资源的不可再生性、稀缺性才是真正阻碍经济高质量发展的动因。绿色发展理念是直接以自然资源的可持续发展为价值追求，强调对自然资源开发、利用的绿色化，正是服务于经济高质量发展的工具。

另一方面，是生态环境资源的"适度"市场化与经济高质量发展的协调。党的十八届三中全会指出，要让市场在资源配置中起决定性作用。"过去的决策中没有统筹考虑环境与发展的关系是导致资源浪费、环境污染的直接原因，其深刻根源是市场没能很好发挥在资源配置中的决定性作用。"① 即需要政府与市场共同发挥生态环境资源的配置作用。自然资源产品有不同于其他商品的市场特性，既没有稳定的自然资源产品供给机制，也没有明确的自然资源产品价格机制，这导致生态环境保护得不到持续性回报，从而市场参与度不高，进而生态绿色市场无法自发地运转。所以，建构一个开放的绿色市场还需要有绿色市场激励制度作为制度保障。生态环境绿色市场激励制度主要是指加大政府和社会力量的合作，鼓励社会资本参与对环境治理和生态保护的建设和运营。此外，各类金融机构的绿色信贷发放制度、银行企业发行绿色债券制度、绿色信贷资产证券化制度、绿色发展基金制度等绿色市场激励子制度都有配套的法律制度规范。

其三，部门法中绿色发展的手段与目的之实践对宪法绿色发展合宪性基准的探索。宪法绿色发展理念是构建高质量现代化经济体系的必然要求，是解决污染问题的根本之策。有学者认为"环境民法意义上的绿色原则窒碍难行"②。这是因为民法总则绿色原则的实施不仅对民法典的制定提出了要求，而且对环境法律规范体系的构建也提出了制度融贯要求。例如《大气污染防治法》第 83 条第 1 款明确规定："国家鼓励和倡导文明、绿色祭祀。"其中，"绿色祭祀"的含义就过于宽泛，无法为地方生态环境执

---

① 吕忠梅：《论生态文明建设的综合决策法律机制》，《中国法学》2014 年第 3 期，第 21 页。
② 贺剑：《绿色原则与法经济学》，《中国法学》2019 年第 2 期，第 113 页。

法行为提供明确的价值指引与制度规范。2015 年江西省地方政府开展绿色殡葬制度改革，以加快地方建设资源节约型、环境友好型社会。然而在执法过程中，2018 年江西省某些地方政府出现"收棺"行动等硬性执法方式，不仅不符合宪法绿色发展理念，而且还对公民财产权造成侵犯。此外还有《水污染防治法》第 14 条第 1 款对国务院环境保护主管部门制定国家水污染物排放标准需考量要素提出要求，除了要根据国家水环境治理标准，还需要考虑国家经济以及技术条件。该条体现了水资源保护与经济发展之间的协调关系。同时该法第 15 条又对省级人民政府适时修订水环境质量标准和水污染物排放标准提出了绿色发展的要求。但是，重经济的发展理念早已根深蒂固，若宪法绿色发展理念不能为环境法律规范提供明确的价值指引，则地方立法机关无法就宪法绿色发展理念形成统一的价值理念与实施方式。

二　公民环境权利功能的宪法变迁

宪法生态文明规范体系为公民享有环境权利提供功能期待。"近代宪法的核心是保障公民的自由权，现代宪法的核心是保障生存权，21 世纪当代宪法的核心应是保障公民的环境权。"[①] 通过对现有宪法生态文明规范体系的融贯性解释，可以满足公民环境权入宪的制度期待。所以，公民对环境权利的实质性享有是检验法律体系有效融贯的前提条件，反过来，环境法律规范体系融贯又保证了公民享有环境权利的整体性与统一性，以此寻求基本权利与法律权利融贯的平衡。

我国宪法没有明确将公民环境权视为一项基本权利，但是并不意味着宪法没有对公民享有环境利益作出规定。事实上，我国宪法通过间接的条款对公民环境权利作出了规定，分别规定在《宪法》第 9 条第 2 款、第 26 条和第 33 条第 3 款。"由于每项基本权利的性质都是综合性的，我们就可以通过界定'基本权利的功能'来对基本权利的多重性质进行分层"[②]，于

---

① 吴卫星：《论环境基本国策》，载邵建东、方小敏主编《中德法学论坛》（第 8 辑），法律出版社 2011 年版，第 284 页。

② 张翔：《基本权利的规范建构》（增订版），法律出版社 2017 年版，第 68 页。

此公民环境权利"基于其特有的属性及权利内涵，形成了独具特色的权利功能体系"，即公民环境权利的防御权功能、请求权功能和受益权功能①。

其一，规范《宪法》第9条第2款中的公民环境权利的防御权功能。防御权功能要求排他主体履行消极不侵害的义务。应防止国家对公民环境权利的侵犯，即使是对公民环境权利的限制，也要有宪法的规定，可以落实到宪法的具体条文，并且这种限制的手段与目的要符合比例原则。

《宪法》第9条第2款是对自然资源排他侵占或者破坏的规定，表明公民环境权利的防御权功能指向的对象是国家，②可以分别从立法机关、行政机关、司法机关的消极义务来明确国家对生态文明建设的"不侵犯义务"。③立法机关对公民环境权利的消极义务表现为，立法机关制定的环境法律规范要符合宪法生态文明规范的合宪性秩序。《宪法》第9条第2款规定，禁止"用任何手段侵占或者破坏自然资源"，属于宪法保留的事项。同时，该条又对依法"合理利用"自然资源予以保障。该条首先可以理解为，在特定的事由下是可以对自然资源进行占有并开发利用，但同时该条规定也体现了开发使用自然资源所需遵循的方式。其次，立法机关可以制定法律来开发使用自然资源；最后，任何组织和个人必须依据法律的规定才能对自然资源予以合理开发使用。例如《民法典》在物权编的用益物权分编就体现了该三个层次。《民法典》第325条规定原则上国家实行自然资源有偿使用制度。但是立法机关制定的法律可以对这一制度作出例外规定。同时该法第326条至第329条对用益物权人依法行使开发利用资源权利受法律保护作出规定，并且规定因不动产或动产被征收、征用致使用益物权消灭或者影响用益物权行使的，用益物权人有权获得相应的补偿。

就应然角度而言，倘若立法机关制定符合宪法生态文明规范秩序的环境法律规范，行政机关和司法机关实施和适用环境法律规范就不会侵犯公民环境权利。但是，实践中行政机关和司法机关基于自身固有的权力也会对公民环境权利造成侵犯。例如，在前面提到的江西省地方政府开展绿色殡葬制

---

① 张震：《环境权的请求权功能：从理论到实践》，《当代法学》2015年第4期，第24页。
② 张翔：《论基本权利的防御权功能》，《法学家》2005年第2期，第66页。
③ 张翔：《基本权利的规范建构》（增订版），法律出版社2017年版，第127～149页。

度改革事例中，"维护公共环境利益"的手段与"维护公共环境利益"的目的不成比例，对公民财产权造成侵犯。司法机关的消极义务表现为错误适用环境法律规范和正确适用环境法律规范却滥用司法裁量权两个情形。

其二，扩展《宪法》第26条中的公民环境权利的请求权功能。请求权功能是指"公民基于维护环境利益的正当诉求，有请求国家采取相关措施保护环境的主观权利功能"①。有学者也将此种类型称为"消极受益权"。②《宪法》第26条规定国家负有保护和改善生活环境和生态环境的义务，表明公民环境权利的请求权功能所指向的主要对象是国家。

宪法公民环境请求权功能经历了从单一的民事侵权诉讼到民事诉讼和环境公益诉讼两种模式并存的制度扩展。一方面，表现为因民事关系而引起的向司法机关申请的请求权，直接产生民事侵权责任或者合同违约责任的法律后果。此时侵犯的是特定主体的环境利益，有直接的被侵权人。另一方面的请求权针对民事公益诉讼，《民事诉讼法》第55条对此作出了规定，针对的是人数众多的被侵犯者，或者根本没有直接的受害人，侵犯的是环境公共利益。

其三，强化《宪法》第33条第3款中的公民环境权利的受益权功能。受益权是保障、积极作为的权利，是国家生态文明建设的基本保护义务，是由国家人权保障理论推导而来，与人权中的社会权密切相关，可以从"权利的目的及内容以及权利的实现对国家的依赖程度"③来判断公民环境权利的受益权功能，其"主旨在于整个人类社会资源的维持和正确的利用，使得人类不至于生活在恶劣的环境中，以及避免资源枯竭这一最不安全因素的出现"④。所以，国家应保障公民享有的生态环境利益，并不断满足人民日益增长的美好生活需要。

由于司法机关具有谦抑性，所以国家生态文明建设的基本保护义务所指向的国家机构为立法机关、行政机关和监察机关。立法机关的基本保护

---

① 张震：《环境权的请求权功能：从理论到实践》，《当代法学》2015年第4期，第25页。
② 张翔：《基本权利的规范建构》（增订版），法律出版社2017年版，第188页。
③ 张震：《作为基本权利的环境权研究》，法律出版社2010年版，第122页。
④ 张震：《作为基本权利的环境权研究》，法律出版社2010年版，第75页。

义务，是指当宪法生态文明规范的释义发生变迁，立法机关应当及时制定相应的环境法律规范，并对其中与宪法生态文明规范秩序不相适应的条款、制度及时予以修改或清理。立法机关的"不作为"也属于间接的对公民环境权利的侵犯。行政机关的基本保护义务是对生态环境信息的主动公开，以及各级人民政府行使生态文明建设职权。人民检察院的基本保护义务规定在《行政诉讼法》第 25 条第 3 款，人民检察院就在履职中发现的，生态环境和资源保护领域负有监督管理职责的行政机关违法行使职权或者不作为的，有权提出检察建议或者提起诉讼。监察机关亦负有基本的生态环境保护义务，自 2018 年《宪法修正案》新设国家监察机关以来，纪检监察机关在生态环境保护领域的监督执纪问责发挥了重要作用。

三　政府生态环境保护职责落实的宪法变迁

政府生态环境保护职责是国家基于对公民环境权利的保障而产生的职责。随着宪法生态文明规范体系的修改完善，以及部门法对宪法生态文明规范的发展，可以将政府生态环境保护职责落实的宪法变迁类型化为政府环境职责目标条款、具体环境保护和治理职责条款以及组织程序保障条款三个层次。

第一个层次是确立政府环境职责目标，规定在《宪法》序言第七自然段。该自然段表明了推动生态文明建设的现实意义，并且勾勒出包含"文明和谐美丽"的社会主义现代化强国的基本图景。国家应当保证生态文明建设这一目标的实现，并满足人民对美好生活的向往。宪法生态文明理念作为指引政府环境职权行使的价值目标，注重生态整体性优先保护的价值定位。在保护对象上，强调生态系统各个组成部分的整体性关系[1]；在治理方式上，注重生态环境全过程优先保护；在治理手段上，注重生态环境保护与经济高质量发展相结合。

第二个层次是明晰政府具体环境保护和治理职责，分别规定在《宪法》第 9 条第 2 款、第 26 条及第 33 条第 3 款。前两者是对宪法序言生态

---

[1]　王灿发：《论生态文明建设法律保障体系的建构》，《中国法学》2014 年第 3 期，第 36 页。

文明建设职责的具体化，是对国家负有保护自然资源以及珍贵的动物和植物的职责的规定，并且对一切侵犯或者破坏自然资源的行为予以禁止的规定。后者是对政府负有基本的生态环境保护职责的规定，该条款作为我国人权条款，意味着在生态环境保护和治理方面，国家至少在最低限度内保障"人之为人"享有环境权利。

2014 年《环境保护法》的修订是对宪法上政府负有具体环境保护和治理职责的释义变迁，这一变迁在 2018 年宪法生态文明规范的修订中得以确认。其中，将地方政府环境质量负责制写入《环境保护法》总则第 6 条第 2 款，是对政府环境职责的一般性规定。具体又包括该法第 26 条规定的环境保护目标责任制和考核评价制度，第 27 条规定的报告与接受人大监督制度，第 28 条规定的限期达标规划制度，等等。但是，包括《环境保护法》在内的法律，对政府环境职责仍缺乏系统性规定，亦即地方政府应当承担何种具体的生态环境保护责任仍有待进一步明确。①

第三个层次是完善政府环境组织程序保障，规定在《宪法》第 89 条。生态文明建设离不开组织机构的设立，国务院作为统筹全国生态文明建设的主要机构，应依宪依法领导下级人民政府落实生态文明建设。《环境保护法》第 10 条是对环境保护工作监督管理机制的规定。近年来，有关跨省市的流域治理、国家森林公园保护、大气雾霾治理等，对政府横向组织合作、纵向职权整合提出了更高的制度要求，国家应当加强跨省市的生态环境治理的组织保障。

第四节　高阶融贯：宪法生态文明规范与环境法的体系融贯

当环境法律规范完成了对宪法生态文明规范的落实，并反过来又发展宪法生态文明规范的体系性释义，宪法生态文明规范与环境法律规范就实现了"自生自发"的交互影响，即高阶融贯阶段。

---

① 竺效、丁霖：《论地方政府环境责任追究机制的立法完善》，于文轩主编《环境资源与能源法评论》（第 3 辑），中国政法大学出版社 2018 年版，第 167 页。

一　宪法生态文明规范体系融贯于环境法体系

以宪法为逻辑起点，以宪法生态文明规范体系为制度依托，促进宪法生态文明规范与环境法律规范的高阶融贯，即宪法生态文明规范体系为助推生态环境法典的形成提供了基础理论、制度依据与解释融贯。

其一，宪法生态文明理念为生态环境法典的形成提供基础性理论范式。"生态文明法治理论"以"生命共同体"为核心、以"整体观"为要旨、以"协同推进"为目标①，是对人与自然和谐共生的新型关系的重新定位，为生态环境法典的精神、原则、制度的确立提供重要理念根据，也为生态环境法典提供立法价值和体系化的立法目标。也就是说，生态环境法典的制定不应当仅仅以发挥生态系统的供给服务功能、调节服务功能为目的，还应当充分发挥生态系统的文化服务功能和维持这些服务的支持服务功能的实现。②

其二，宪法生态文明规范为生态环境法典的形成提供根本性制度依据。通过对宪法生态文明规范的准确释义，将宪法生态文明规范内化入环境法律原则、规范并保障其落实，是生态环境法典准确制定与实施的关键。一方面，宪法生态文明规范对环境法律规范进行合宪性控制；另一方面，环境法律规范形成符合宪法生态文明规范的合宪性秩序。从整体的宪法生态观，到宪法绿色发展理念的规范秩序、宪法环境权利条款的功能秩序与宪法生态环保职责条款的政府秩序，继而形成合宪性的环境法律规范体系。

其三，宪法生态文明规范为生态环境法典的形成提供融贯性解释路径。当环境法律规范在适用过程中需要解释时，宪法生态文明规范为环境法律条款的解释提供了框架与界限。当前，环境司法审判案件类型日趋多样性、保护范围渐呈广泛性③，审判活动存在生态环境立法依据不足、

---

① 吕忠梅：《习近平法治思想的生态文明法治理论》，《中国法学》2021年第1期，第53~59页。

② 联合国千年生态系统评估项目组：《生态系统与人类福祉：评估框架》，张永民译，中国环境科学出版社2007年版，第58页。

③ 最高人民法院：《2019年度人民法院环境资源典型案例》，最高人民法院百家号，https://baijiahao.baidu.com/s? id = 1666134890953479148&wfr = spider&for = pc，最后访问日期：2024年12月15日。

生态价值观未能形成等问题①。那么环境司法审判活动在适用与解释环境法律规范时如何保有"阐释相互应和一致性的论据"②，还需要宪法生态文明规范的合宪性控制为环境法律规范提供"补充融贯化"③ 的效果。同时，这一交互影响使宪法生态文明规范的时代变迁与生态环境的社会事实基础之间形成良性回路，在宪法生态文明规范的固守成规与生态环境的社会性千变万化之间架起沟通的"桥梁"。

二 交互影响：环境法的"适度"法典化

宪法生态文明规范体系的形成应当成为助推环境法"适度"法典化的根本保障。我国现行有效的环境法律制度规范可以分为宪法生态文明规范、环境保护基本法、环境单行法、环境行政法规、环境保护部门规章、地方性环境法规和地方政府环境规章、环境标准以及国际环境保护条约。尽管环境法律体系已经形成，但是环境法律体系存在的问题还需要通过生态环境法典的编纂来予以解决。④ 有学者早在 2007 年就提到，"环境法的法典化时机已经成熟，应当开始进行生态环境法典的编纂工作了"⑤。但是由于环境法是一门新兴的学科，并且对其法学方法的适用、环境法律关系的要素、调整对象的范畴还没有形成统一的观点，直至今日生态环境法典也没能得以制定，但不可否认现实环境社会对环境法律规范法典化发展的迫切需要。

（一）保障公民享有环境权利

"通过宪法实施实现人民对美好生活的向往"⑥，其实质是保证基本权

---

① 吕忠梅：《论环境纠纷的司法救济》，《华中科技大学学报》（社会科学版）2004 年第 4 期，第 44~45 页。

② Leonor Moral Soriano："A Modest Notion of Coherence in Legal Reasoning. A Model for the European Court of Justice," *Ratio Juris.* Vol. 16, No. 3, September 2003, p.297.

③ 雷磊：《融贯性与法律体系的建构——兼论当代中国法律体系的融贯化》，《法学家》2012 年第 2 期，第 9 页。

④ 王灿发、陈世寅：《中国环境法法典化的证成与构想》，《中国人民大学学报》2019 年第 2 期，第 5 页。

⑤ 张梓太：《论法典化与环境法的发展》，《华东政法大学学报》2007 年第 3 期，第 45 页。

⑥ 韩大元：《通过宪法实施实现人民对美好生活的向往》，《中国司法》2018 年第 1 期，第 4 页。

利的实施。① 在宪法生态文明建设方面，表现为保证作为基本权利的公民环境权利的实施。公民环境权，有书籍也称之为"个人环境权即自然人的环境权，是指自然人有合理享用适宜环境的权利，也有合理保护环境的义务"②。施米特认为，并非所有的权利都由宪法规定，因为基本权利一定是先于国家或凌驾于国家之上的权利。③ 那么，公民环境权利之所以需要宪法保障，是因为环境权是由生存权派生出来并日益成熟且逐渐独立存在，进而决定了其是先于国家的权利。

一方面，宪法序言中的生态文明建设目标为保障公民环境权利设计了制度蓝图，满足公民寄希望自身所享有的合法环境利益能够得到"最高法"保护的制度期待。从权利属性上看，保障公民环境权利，其实质是对公民所享有环境利益的保障，并满足人民对美好生活的向往和对良好生态环境的需求。另一方面，宪法生态文明规范为部门法形成公民环境权利体系提供了规范依据。公民环境权利的核心意在解决人在环境中生存和发展的权利主张的宪法法律依据问题。通过宪法生态文明规范对环境法律规范的体系融贯，可以将宪法主张以部门法规范的方式予以确认，使作为宪法基本权利的公民环境权转化为法律权利，并在部门法中得以延展。

（二）规范政府履行生态环境保护职责

宪法中基本权利的实在法为行政法部门法"依法行政"原则奠定了基础④，为政府行政职权的规范化行使设定了基本行为准则，为地方政府规章的规范化制定设定了合宪性基准。政府职责的规范化是新时代国家生态环境治理体系与治理能力现代化的必然要求，也是中国特色社会主义道路的必然选择。在生态环境治理问题上，形成公法与私法合力，公民与政府共治，充分发挥市场的能动作用，在此基础之上，将制度优势转化为治理效能。

一方面，宪法生态文明规范为政府环境行政职权的规范化行使提供了

---

① 范进学：《宪法实施：到底实施什么？》，《学习与探索》2013 年第 1 期，第 54 页。
② 周训芳：《环境权论》，法律出版社 2003 年版，第 38 页。
③ 〔德〕卡尔·施米特：《宪法学说》，刘峰译，上海人民出版社 2016 年版，第 220~221 页。
④ 〔德〕卡尔·施米特：《宪法学说》，刘峰译，上海人民出版社 2016 年版，第 236 页。

基本行为准则。宪法中政府环境职责目标条款、具体环境保护和治理职责条款以及组织程序保障条款等共同组成了政府环境行政治理规范体系。宪法中政府环境职责目标贯穿政府在生态文明建设中环境行政职能发挥的全过程；宪法中保护和治理职责是对政府环境行政方式与手段的要求，同时也对政府环境行政的方式与手段作出最低限度的要求，体现了宪法人权保护的理念。此外，为了实现生态文明建设目标，还需要必要的组织程序保障。

另一方面，宪法生态文明规范为地方政府规章的规范化制定设定了合宪性基准。地方政府可以就生态环境保护领域的事项制定地方政府规章。尽管与地方人大及其常委会立法呈现不同的价值取向，但是地方政府规章也需符合宪法生态文明规范的合宪性基准，并在宪法的框架内因地制宜地制定，突出地方环境保护与治理特色，更好地保障公民环境权利的防御权功能、请求权功能和受益权功能。

总之，宪法生态文明规范与环境法律规范的体系融贯阶层论构成生态文明法治建设过程的核心脉络，意味着生态环境法治建设的新展开。实现环境法律规范的体系化与规范化，是对生态环境治理体系与治理能力现代化的进一步推进。因此，环境法律规范体系融贯必须立足于宪法生态文明规范体系。应通过诠释宪法生态文明规范体系，为新时代环境法律规范体系融贯提供新的价值指引和制度规范，并满足环境法法典化的理论需求与制度供给。当然，从环境宪法到环境部门法的跨越，还需要环境法律规范体系对宪法生态文明规范实现从制度层面到实施层面的融贯，以及从生态环境立法到生态环境执法、生态环境司法的融贯，以减少理论构建与实践适用的距离，从而实现整体性融贯。本章对环境法体系融贯更多是从立法的视角来进行论证。尽管生态环境立法的融贯是生态环境执法融贯、司法融贯的前提，但是也不能忽视生态环境执法、生态环境司法对生态环境立法的实践作用。例如，对于生态环境保护和经济高质量发展的辩证逻辑，生态环境执法如何把握生态环境价值与经济利益之间的"度"，司法裁判如何在保护公共环境利益的过程中实现个人利益与公共环境利益的平衡，上述问题仍需要理论和实践的共同努力，从而为新时代生态法治建设迈上新台阶提供多维力量。

第八章 民法典绿色原则的宪法根据
及分层实施

在我国民法基本原则之一的绿色原则产生之前，学界对"绿色民法典"的呼声不断。[①] 2021 年 1 月 1 日起施行的《民法典》第 9 条规定："民事主体从事民事活动，应当有利于节约资源、保护生态环境。"该条款被学界称为民法典的绿色原则。绿色原则的宣示不仅是对宪法环境权的有力回应，也从民事私法的角度主张了资源节约、生态环境保护以及生态文明建设的重要性。将绿色原则确立为民法典基本原则之一，规定民事主体从事民事活动，应当有利于节约资源、保护生态环境，既传承了我国天地人和、人与自然和谐共生的优秀传统文化理念，又体现了党的十八大以来的新发展理念，与我国是人口大国、需要长期处理好人与资源生态的矛盾这样一个国情相适应。为了实现资源节约、生态环境保护和治理以及生态文明建设的目标，我们必须从制度以及观念层面作出回应。现行宪法规范中的环境权条款，具有"模糊性与原则性"[②] 的特点，需要绿色原则展现其本质

---

① 进入 21 世纪以来，学界对"绿色民法典"的关注和呼声不断。仅就发表文章的标题来看，就有一批蕴涵着"民法典绿色化"观点的文章。如吕忠梅《如何"绿化"民法典》，《法学》2003 年第 9 期，第 103 页；吕忠梅《"绿色民法典"制定与环境法学的创新》，《法学论坛》2003 年第 2 期，第 107 页；曹明德、徐以祥《中国民法典化与生态保护》，《现代法学》2003 年第 4 期，第 17 页。

② 笔者认为，"环境权"是一项新兴的基本权利，关于其"模糊性"，从形式上来看，不仅是宪法文本中没有直接体现"环境权"三个字；从实质上而言，宪法文本关于"环境权"的规定，都比较原则和宏观，不能直接运用于实际的情形之中。参见吴卫星《环境权的中国生成及其在民法典中的展开》，《中国地质大学学报》（社会科学版）2018 年第 6 期，第 72 页。"环境权：法律关系主体享有的各种与环境相关的法律权益（转下页注）

并将其具体化，使之更好地发挥节约资源、保护生态环境以及建设生态文明的作用，更好地实现宪法关系下的生态环境治理。

第一节 民法典绿色原则的规范内涵

我国民法典独创性地规定了绿色原则，并将其作为民法的基本原则之一。以宪法生态文明规范为依据的民法典绿色原则，蕴涵着宪法环境权的基本要素，具有独特的绿色规范内涵和生态环保功能。绿色原则产生于日益严峻的环境形势之下，深刻地诠释了宪法环境权在民事领域的时代价值，也标志着宪法生态文明内涵在民事领域得到实现。绿色原则不仅承担着民事领域的环保使命，也体现着各种各样的关于民法是否需要包含环保价值的立法思想。[①]

一 绿色原则的规范表达

学术界普遍认为，解释、研究民法的出发点系民法的基本原则。所谓民法的基本原则是指贯穿于民法规范始终，集中反映民事立法的目的和方针并体现民法基本价值，对民事立法、民事活动和民事审判具有普遍法律约束力的一般原则。学者在以民法基本原则为出发点对民法进行解释、研究时，无论何种学说，违背了民法的基本原则，就不是妥当的学说。[②] 甚至王泽鉴教授认为，民法的目的即在于实践若干基本原则，亦即民法基本

（接上页注②）统称。狭义的环境权仅指公民个人享有的环境权益，广义的环境权还包括法人、国家的环境权益。环境权不是一个单一的法律权利，而是一种综合的概括性权利，包括与环境相关的各种权利和利益。"基于前述对"环境权"的描述，可见其也是一个兼备多重内涵与外延的复合型概念。详情可见王曦主编《环境法学》，中国环境出版社2017年版，第70页。

① 这里所言的各种各样的立法思想，其实指在"绿色原则"是否作为民法总则基本原则的确立过程中的各种观点与思考。可以说第9条在民法总则中"功成名就"的过程，的的确确是一个"一波三折"的过程，甚至是煎熬。可参见吕忠梅课题组《"绿色原则"在民法典中的贯彻论纲》，《中国法学》2018年第1期，第22页；刘益灯、王伊迪《论〈民法总则〉中的绿色原则》，《社科纵横》2018年第10期，第96页。

② 参见梁慧星《民法总论》，法律出版社2001年版，第46～48页；魏振瀛主编《民法》（第四版），北京大学出版社2010年版，第20～22页。

目的或基本价值，此等目的或价值，乃历史经验的沉淀、社会现实的反映、未来发展的指标。① 因此通过民法基本原则可以判断某项制度或权利在民法中的重要性及可行性。

从传统上看，尽管对民事基本原则的具体表述可能有所不同，但一般认为，我国民法上普遍确认的基本原则包括平等原则、意思自治原则、公平原则、诚实信用原则、公序良俗原则和禁止权利滥用原则。在上述基本原则中，平等、诚实信用及公平原则更多体现了近代民法的基本价值取向；公序良俗、禁止权利滥用原则普遍被视为对近代民法制度的某种修正，继而被认为是现代民法重要的基本原则。②

在上述基本原则之外，2017 年 3 月颁布的《民法总则》又增加了一项原则。该法第 9 条明确规定："民事主体从事民事活动，应当有利于节约资源、保护生态环境。"2020 年 5 月 28 日第十三届全国人大第三次会议通过的《民法典》总则部分的第 9 条原文不变地吸纳了 2017 年《民法总则》第 9 条的规定，这一规定正是目前世界上唯一被作为民法基本原则的绿色原则。绿色原则堪称我国民法典对世界民法发展作出的独特贡献，深刻体现了宪法中的生态文明条款，并具有独特的规范内涵。

其一，"有利于"意味着更加强调生态环境保护的实际效果，据此，在民事活动中，民事主体应积极追求对生态环境的妥善保护。例如根据《民法典》第 346 条规定："设立建设用地使用权，应当符合节约资源、保护生态环境的要求，遵守法律、行政法规关于土地用途的规定，不得损害已经设立的用益物权。"上述条款明确规定了对用益物权行使的生态环保约束，为生态环境公益保障提供了正向和反向的双重制度激励。

其二，"节约资源"意味着，民事主体在从事可能对生态环境产生影响的民事活动时，应在一定程度上克制自己的行为，其包含着权利不得滥用的原则内涵，也是对意思自治原则在生态环境领域的一定限制。我国宪法明确规定要保障自然资源。所谓自然资源是指当前或可预见的将来能被

---

① 王泽鉴：《民法概要》，三民书局 2008 年版，第 28 页。

② 参见梁慧星《民法总论》，法律出版社 2001 年版，第 52~54 页。

利用的自然物质和自然力（能量），如土地、水、空气、生物、能量和矿物等。① 例如根据《民法典》第 286 条规定，业主相关行为应当符合节约资源、保护生态环境的要求等。

其三，"生态环境"突出了民法典尊重自然环境、促进生态文明建设的基本理念。现代生态主义认为，人类应当尊重自然，人类只是自然的一部分，与其他物种共同维持着地球的生态平衡。② 一般认为，法律上环境的概念来源于环境科学上人类环境的概念。在环境科学上，环境指围绕人群的空间及其中可以直接、间接影响人类生活和发展的各种自然因素的总体。③ 我国宪法将环境主要分为生活环境和生态环境。所谓生活环境是指与人类生活密切相关的各种天然的和经过人工改造的自然因素。而所谓生态环境是指影响生态系统发展的各种生态因素，即环境条件的总和。④ 生活环境主要强调人的因素，生态环境主要强调自然的因素。民法典之所以强调生态环境保护，既体现了尊重自然、保护自然的绿色民法理念，也是对宪法上生态文明规范的落实。但民法典为何没有强调宪法中规定的"生活环境"？在笔者看来，民法本质上是保护私权的人法，生活环境与人密切相关，民法中的绿色原则已经包含对理性人的环境自律行为的主张，因此，民法典为了突出保障自然环境而对生活环境不加特别规定，是可以理解的。

其四，绿色原则着眼于人的长远利益和根本利益。"以人为本，以自然为根，以人与自然的和谐为魂"⑤，实现人与自然的和谐共生是当代法律的重要使命。尊重自然、顺应自然、保护自然，大自然可以可持续地为人的生存和发展提供基本的条件和适宜的环境，关怀自然，实际上是关怀人自身。在现代社会，来自大自然的公共利益得以保障，人的私权才可以更

① 肖蔚云、姜明安主编《北京大学法学百科全书·宪法学 行政法学》，北京大学出版社 1999 年版，第 818 页。

② 陈泉生、张梓太：《宪法与行政法的生态化》，法律出版社 2001 年版，第 71 页。

③ 《中国大百科全书·环境科学》，中国大百科全书出版社 1983 年版，第 164 页。

④ 江伟钰、陈方林主编《资源环境法词典》，中国法制出版社 2005 年版，第 891 页。

⑤ 参见蔡守秋《从环境权到国家环境保护义务和环境公益诉讼》，《现代法学》2013 年第 6 期，第 12 页。

好实现。私法自治和私权保障并不意味着对对未来世代人利益的忽略甚至侵占的容忍。① 而且环境利益不仅是未来时，更是进行时，会直接影响其他的私权保障。试问，在生态环境问题丛生的情形下，人们的生命权、健康权如何得以保障？因此，事实上这也是对人性尊严和人格权的保障。

其五，绿色原则在我国民法上的出现，也与法律的社会化潮流以及公私法合流的趋势是密切相关的。近代民法发展到现代民法，在原有的私产神圣和私权自治的基础上，开始强调对公共利益和社会利益的保障，民法由基本只保护私人利益到日益关照公共利益和社会利益，甚至出现了有学者认为的民法的公私法合流的趋势。② 而对社会利益的保障，势必会进入政策的因素。因此在国策入宪的背景下，当代民法典也存在一定的对政策的吸收和包容。当然，笔者也并不赞成类似《民法通则》第 6 条的表述方式，即直接在法条中规定应遵守国家政策，这种规定会导致民法理论与实践上的若干困境。但是，无论如何，国家政策与民法的融合似乎是不可避免的趋势。如有学者所讲，应坚持以私法自治为基础，建立国家政策进入民事裁判的转介机制，将国家政策通过合法且合理的渠道引入民事司法，是实现国家调控民事生活、实现公私法融合的法治之道。③ 基于此，民法典当然需要对宪法上的环境保护基本国策作出适当回应。④

二　绿色原则的规范构造

作为民法典的"绿色化"板块，绿色原则蕴涵着丰富的环保价值，并反映了民法基本原则顺应民法"开放性与发展性"的基本规律和逻辑。⑤ 不仅如此，具有首创性的绿色原则也反映了当前我国严峻的生态环境形

---

① 参见〔日〕黑川哲志《从环境法的角度看国家的作用及对后代人的责任》，王树良、张震译，《财经法学》2016 年第 4 期。(《新华文摘》2016 年第 20 期，第 142 页)
② 参见苏永钦《大陆法系国家民法典编纂若干问题探讨》，《比较法研究》2009 年第 4 期，第 3 页。
③ 张红：《论国家政策作为民法法源》，《中国社会科学》2015 年第 12 期，第 155 页。
④ 张震：《民法典中环境权的规范构造——以宪法、民法以及环境法的协同为视角》，《暨南学报》(哲学社会科学版) 2018 年第 3 期，第 4 页。
⑤ 参见王旭光《环境权益的民法表达——基于民法典编纂"绿色化"的思考》，《人民法治》2016 年第 3 期，第 26 页。

势，并深刻地蕴涵了保护生态环境以及高效利用资源等内涵。① 但是有观点认为，绿色原则作为公法或者社会法的原则，不应该被纳入民法基本原则的范围之内。② 笔者认为，民法总则首创性地规定绿色原则不仅是对当前我国环境保护形势严峻性的反映，也进一步阐明了社会活动中的民事主体，不能将自身的行为与环境保护的理念"背道而驰"。因此，绿色原则的制定是真切地期待宽泛的民事活动追求"绿色化"，进而实现节约资源、保护生态环境以及建设生态文明的目标。③

（一）绿色原则的主体界定

《民法典》第 9 条对绿色原则的主体进行了界定。"民事主体"的范围不止公民。④ 这样规定不仅扩大了主体的外延，也囊括了民事活动中的绝大多数参与者，包括自然人⑤、法人或者非法人组织。在特定的情形下，国家机关也成为绿色原则的实施主体。这样规定不仅扩大了保护生态环境的主体范围，也体现了"全民"参与的价值取向，更进一步体现了生态环境保护所带来的利益与应该承担的责任，以及追求可持续发展的价值取向。⑥ 主体范围的扩大不仅拓宽了环境保护、资源节约以及生态文明建设参与者的范围，事实上，在实践层面上也扩大了参与者的范围，并将直接影响环境保护、资源节约以及生态文明建设的效果。可以说，绿色原则之所以这样规定，就是为了将广泛的民事活动都印上"绿色"的标签，通过囊括宽泛的民事活动中的"人"、物、财，从而达到其所追求的"绿色目标"。

---

① 参见王利明主编《中华人民共和国民法总则详解》（上册），中国法制出版社 2017 年版，第 46~47 页。

② 参见赵万一《民法基本原则：民法总则中如何准确表达?》，《中国政法大学学报》2016 年第 6 期，第 23 页。

③ 张震、张义云：《〈民法总则〉中"绿色原则"的宪法依据及其展开》，《法治现代化研究》2019 年第 4 期，第 102 页。

④ 一般认为"公民"概念的政治性较强，通说认为其指代的是具有一国国籍之个人。区别于民法通则中规定的"公民"概念，显然，"民事主体"这一称谓包含了"公民"，其周延的范围也广于"公民"。

⑤ 笔者认为"自然人"就是存在于一切社会活动中的个体，它突破了国籍、年龄的限制，将社会活动中的个体都包括进来，体现了全民参与的价值取向。

⑥ 参见〔日〕黑川哲志《从环境法的角度看国家的作用及对后代人的责任》，王树良、张震译，《财经法学》2016 年第 4 期，第 70 页。（《新华文摘》2016 年第 20 期）

（二）绿色原则的保护客体

现阶段，经济社会快速发展与资源短缺、生态环境恶化形成鲜明对比。自然资源的不可再生性以及生态环境的脆弱性特点，决定了"资源"和"生态环境"成为绿色原则的保护客体，二者在绿色原则的规范构造中也占有重要地位。"资源"在民事活动中能够为民事主体带来经济利益，为了更好发挥自然资源经济效益，《民法典》的物权编规定了国家对自然资源的有偿使用制度。但是高能耗经济活动中资源利用的矛盾与冲突，以及自然资源的稀缺性决定了绿色原则必须将"资源"作为保护对象，并确立其在民事主体经济活动中的重要地位。"生态环境"主要强调自然的因素，自然环境作为一种重要物质条件应该受到应有的重视与保护。[①] 将自然环境作为绿色原则的保护对象，说明了人类活动不应该对自然环境过度干涉，而是应该尊重和主动保护。

（三）绿色原则的目标追求

绿色原则明确规定了"节约资源、保护生态环境"，表明了民事主体从事民事活动时应当坚持的目标追求。"大自然的很多资源都是不可再生的，提倡节约利用资源是现代社会人类应该具有的基本价值观念之一。"[②] 因此，"节约资源、保护生态环境"理应成为民事主体从事任何民事活动时的目标追求。民事主体从事民事活动，尤其是开展可能会对生态环境产生负面影响的活动时，应该尽量避免造成破坏生态环境的后果。从积极的角度而言，民事主体实施民事行为时，要努力追求节约资源的效果，达到保护生态环境的目的，将"节约资源"完全贯彻到民事主体实施的民事行为的整个过程。从消极的角度而言，民事主体应该杜绝个人权利的滥用，克制有可能对生态环境产生负面后果的行为。因此，绿色原则之中的"节约资源、保护生态环境"，从积极和消极两个方面指导民事主体民事活动的"起点、过程、结果"环节，以促使民事主体达到"节约资源、保护生态环境"的目的。

---

① 参见张震《宪法环境条款的规范构造与实施路径》，《当代法学》2017 年第 3 期，第 34 页。
② 参见张震《民法典中环境权的规范构造——以宪法、民法以及环境法的协同为视角》，《暨南学报》（哲学社会科学版）2018 年第 3 期，第 3 页。

目前，我国正处于社会主要矛盾变化后的初始期，人民对美好生活的向往当然包括干净的空气、美丽的环境等①，民法典的编纂不得不考虑关乎人民切身利益的环保与生态因素。事实上，已经颁行的民法典不再单纯地考虑民事主体经济利益的得失，而将生态环境利益的重要性摆在了更显眼的位置，因此民法典已完成"绿色"民法典的转型发展。绿色原则作为一项重要的民法基本原则，实现了对民事私法领域中民事活动的"绿色"评判，展现了民事基本原则对生态与环境问题的重视，同时绿色原则的功能发挥也刺激了民法典生态环保精神的诞生。因此，民法典转向的"绿色"之路是民法自我反思和自我扬弃之路，也是民法固有精神与价值的修正。②

第二节　民法典绿色原则的宪法根据

日益恶化的生态环境以及需要不断强化的生态环境保护和治理实践推动了我国民法典绿色原则的产生。③ 但是从立法依据的角度而言，民法典绿色原则需要从现行宪法规范的内涵中寻找根据，才能使绿色原则符合合宪性审查的结果，才能更准确地把握宪法与民法在资源节约、生态环境保护以及生态文明建设上的关系。笔者认为，宪法序言中的绿色内涵、宪法上的国家环境保护义务、宪法上的尊重和保障人权原则、宪法上的权利不得滥用原则等宪法依据，都可以是民法典绿色原则产生的直接或者间接的依据，这些宪法依据使绿色原则的框架更加立体与饱满。

一　《宪法》序言中的绿色内涵

现行《宪法》序言第七自然段中规定："健全社会主义法治，贯彻新发展理念……生态文明协调发展，把我国建设成为富强民主文明和谐美丽

---

① 习近平：《推动我国生态文明建设迈上新台阶》，《求是》2019 年第 3 期，第 4 页。
② 周珂编著《我国民法典制定中的环境法律问题》，知识产权出版社 2011 年版，第 65~66 页。
③ 参见王利明主编《中华人民共和国民法总则详解》（上册），中国法制出版社 2017 年版，第 45~46 页。

的社会主义现代化强国，实现中华民族伟大复兴。"据此，首先，其中的"新发展理念"包括了"绿色"的发展理念，"绿色"发展理念要求在发展过程中践行资源节约、生态环境保护以及生态文明建设的方针和策略。也即表明了不论是发展的过程，抑或发展的最终结果，都要始终遵循"绿色"理念。对应到民法典绿色原则而言，即民事主体实施的民事行为应当符合资源节约、生态环境保护以及生态文明建设的价值目标。其次，"生态文明协调发展"则直接阐述了发展过程中要明确坚守的底线，即协调的生态文明。"协调的生态文明"不是粗放的、以资源浪费为代价的文明，相反，"协调"强调整体与系统，而不是片面与孤立的。从绿色原则的层面而言，民事主体从事任何民事活动都不能以破坏生态环境为代价，而是要追求个人利益与环保利益的有机协调统一。最后，"美丽"一词间接地蕴涵了资源节约、生态环境保护以及生态文明建设的内涵，不仅使人在感官上或是心理上感受到由美好环境带来的欣慰，也会促使个体对美好生活环境的追求与向往。对于民事主体的民事行为而言，践行绿色原则也成为题中应有之义，并自觉地将自身的行为纳入绿色原则的指导之下。

二　宪法上的国家环境保护义务

现行《宪法》第 26 条第 1 款规定："国家保护和改善生活环境和生态环境，防治污染和其他公害。"这是对国家在生态环境保护上应该承担义务的规定。持反对观点的学者可能会认为该条不能作为民事私法领域的立法依据，更不能作为绿色原则产生之根据。但是，从人文色彩的角度而言，有观点认为宪法学的发展是一个追求人性与人文价值的过程，从人文价值追求的角度来看，国家保护和改善生活环境和生态环境就彰显了人性关怀的色彩。[①] 因此，这不仅是对我国人民不断追求的"美好生活需要"的回应，也是绿色原则的间接宪法依据。首先，虽然该条表达的是国家生态环境保护的义务，但是其从宪法规范的角度明确规定了"生活环境和生

① 参见韩大元《改革开放以来中国宪法学的学术贡献》，《中国法律评论》2018 年第 5 期，第 65 页。

态环境"，为其他部门法的环保立法活动提供了可靠的依据，民法典绿色原则的出台也与此息息相关。其次，在法律规范层面标志着环境保护的对象即生活环境和生态环境，已经不再是无法可依的状态，绿色原则追求的"节约资源"和"保护生态环境"正是对该条的有力回应。最后，从规范意义而言，作为明确的保护"生活环境和生态环境"的宪法规范，是宪法作为根本大法在环境保护领域制度框架上的体现，有利于指导民法典环境保护功能符合宪法环境权精神。

三 宪法上的尊重和保障人权原则

人权具有具体的社会价值。尤其是在环境恶化、生态不平衡的境况下，环境权体现出来的人权价值就更加明显。有学者指出，从自然法意义层面而言，环境权也应当是一项基本人权；从实定法意义层面而言，环境权作为基本权利或法定权利的属性也愈加明显。[①] 经济发展水平提高而增强的环保意识与环境资源稀缺性突出的特点形成对比，环境利益成为不可或缺的物质追求与精神追求，由此环境权就成为一项实际的人权。[②] 可以明确的是，当生存与发展之间的矛盾发生变化，即人们开始追求良好的发展条件，更需要"良好的发展环境"的时候，环境权的价值就会逐渐彰显，因而，人权的价值也会随着"良好的发展环境"而提出更高的要求。于此，我们也可以更加清楚地明白环境权已经成为实实在在的人权，并在环保领域发挥着巨大作用。良好的环境、平衡的生态既是公民的基本生存需要，也是体面生活的保障。因此，优良的生态环境在人的尊严维护层面已经产生了深远的影响，从对前述观点的分析我们又可以明白，优良的生态环境对于一个人体面地生活，保证人权不被践踏并尊严地活着的重要性。因而，人的尊严的维护需要环境权，保护环境与维护良好的生态环境就是对人权的尊重，就是在践行宪法上的尊重和保障人权原则。就民事私法领域而言，就更需要能够发挥指导与评价作用的绿色原则。

[①]　参见吕忠梅《环境权入宪的理路与设想》，《法学杂志》2018 年第 1 期，第 33 页。

[②]　参见张震《民法典中环境权的规范构造——以宪法、民法以及环境法的协同为视角》，《暨南学报》（哲学社会科学版）2018 年第 3 期，第 8 页。

四　宪法上的权利不得滥用原则

现行《宪法》第二章第 51 条规定："中华人民共和国公民在行使自由和权利的时候，不得损害国家的、社会的、集体的利益和其他公民的合法的自由和权利。"此外，基于《民法典》第 9 条规定的绿色原则与第 132 条规定的"民事主体不得滥用民事权利损害国家利益、社会公共利益或者他人的合法权益"之紧密配合而产生的确保民事主体正当行使民事权利、维护生态环境的作用，① 笔者认为，宪法中规定的权利不得滥用原则，表明了对个人权利行使界限的限定，应该作为民法典绿色原则产生的宪法依据。首先，从内涵上看，权利不得滥用包含了公民行使权利时的限制与界限，民事主体不得滥用自己的权利破坏生态环境。绿色原则中也包括了民事主体从事民事行为时"保护生态环境"的义务，个人权利的行使应该以"保护生态环境"为中心展开。其次，从形式上看，权利不得滥用原则中"不得损害"属于强行性规定，划清了个人权利行使的底线。对于绿色原则而言，也应然地包含了行使民事权利时不得滥用个人权利，破坏生态环境、损害生态利益。最后，绿色原则不仅是一个原则，也应当是一个可行的规则。"因此通过民法基本原则可以判断某项制度或权利在民法中的重要性及可行性。"② 绿色原则发挥了评价民事主体的民事行为是否有利于节约资源、保护生态环境以及建设生态文明，通过该原则可以清楚地预见民事活动的过程乃至结果，以及民事主体权利行使得当与否。

第三节　民法典绿色原则蕴涵的宪法环境权

当前，我国社会正处于经济发展与生态环境保护矛盾高发期，环境问题的妥善解决需要完备的生态环境法治体系予以应对。对于民事领域的生

---

① 参见王利明主编《中华人民共和国民法总则详解》（上册），中国法制出版社 2017 年版，第 45 页。

② 参见张震《民法典中环境权的规范构造——以宪法、民法以及环境法的协同为视角》，《暨南学报》（哲学社会科学版）2018 年第 3 期，第 3 页。

态环境保护而言，则需要民法典在宽泛的民事活动领域中发挥生态环保功能。作为民法基本原则的绿色原则发挥着实际的指导与评价功能，也蕴涵着丰富的宪法环境权价值。以"权利"为核心建构起来的，并具有显著的开放性与发展性特点的民法典，面对生存环境恶化、资源浪费严重、生态环境失衡等情况，以及民法权利体系所要求的权利保护的需求，自然扩展到保障和满足民事主体的生态环境权利领域。宪法环境权的抽象性表达与概括性规范需要民法思维予以解读，才能架构起沟通与整合基础之上的"宪法—民法"生态环保价值体系。

一 民法表达方式下的宪法环境权

《宪法》第 26 条第 1 款规定："国家保护和改善生活环境和生态环境，防治污染和其他公害。"该规定展示了处于"权力本位"的国家所承担的环境污染防治职责，也强调了国家应履行宪法规定的环境污染防治义务。这种基于国家立场的生态环保义务，其周延性主要覆盖国家生态环境保护职责，但还需要从国家层面走向民事主体层面，才能更好地实现节约资源、保护生态环境以及建设生态文明的目标。如前所述，宪法环境权是一种带有"模糊性与原则性"的权利，准确地对其予以界定存在一定的困难，但是从民法思维的角度解读绿色原则之中的宪法环境权就限定了解释的边界与范围，减轻了民事主体的理解难度。从民法思维角度诠释宪法环境权的价值就是将国家的环境污染防治义务与民事主体的生态环保权利义务结合起来理解，并解读出民法表达方式之下的宪法环境权。

（一）蕴涵沟通职能的宪法环境权

面对日益严重的环境问题，诠释宪法环境权的价值需要与民法进行良好的沟通，作为民法基本原则的绿色原则所持有的生态环保价值，是实现与宪法环境权沟通的有益路径。宪法环境权在民法领域中的合理表达，是绿色原则对宪法环保精神的积极回应。一方面，从《民法典》总则的内部价值意义来看，绿色原则规定民事主体在开展民事活动时，应当有利于节约资源和保护生态环境，形式上而言是对民事主体民事行为的引导和规范，旨在确立民事主体在民事领域的环保理念。事实上，国家各项必须履行的义务需要人的参与，宪法环境权中包含的国家生态环保义务与职责的实现最终也需要人的参与。^① 立足于宪法环境权价值的绿色原则将宪法环境权所包含的更高一级的生态环保价值细化为民事领域内民事主体的生态环境保护义务。"宪法保持它的效力根本上在于，它预设了一个潜在的实质宪法。"^② 因此，依据宪法而产生的绿色原则成为在民事领域内发挥生态环保功能的"实质宪法"，宪法环境权的价值也通过民事活动的途径得以实现。另一方面，从宪法与《民法典》总则规范体现的外部价值意义来看，"国家"到"民事主体"的概念变化，体现了不同的义务主体之范围，明示了处于外延范围包含与被包含关系之下的主体，清晰地表达了依据宪法环境权而产生的绿色原则的渊源，并直接揭示了宪法环境权的实现从国家义务层面向民事主体层面的转化过程。因此，既是参与者又是受益者的民事主体，必须严格约束自身的行为并符合节约资源和保护生态环境的目标。

（二）承载整合功能的宪法环境权

2018 年宪法修正案将生态文明建设的内容写入宪法，即标志着生态文明建设不再是一句空洞的口号，修宪内容中的序言部分关于生态文明建设的目标也需要各个部门法的紧密配合才能实现。作为民事领域基本法的民法典之绿色原则发挥了在民事领域指导众多民事主体使民事行为符合生态文明建设标准的功能。"随着生态文明入宪，宪法上的国家基本制度也从经济制度、政治制度、文化制度、社会制度拓展到生态文明制度。"^③ 毫无疑问，绿色原则从民事私法领域对宪法环境权的价值予以整合，并确保宪法环境权所蕴涵的生态文明建设的目标在民事领域得到实现。一是，绿色原则直接表达了宪法环境权价值在民事活动领域的价值，即自然人、法人或非法人组织设立、变更、终止自身民事权利或义务时，必须考虑节约资源和保护生态环境，一系列民事活动的效力都必须符合绿色原则的评判基

---

① 国家是由公民构成的集合，因此整个集合的运转都需要人的参与，国家职能的实现最终还是需要人的参与。参见〔英〕马丁·洛克林《为国家学辩护》，王锴译，《北京航空航天大学学报》（社会科学版）2015 年第 2 期，第 62 页。

② 〔英〕马丁·洛克林：《为国家学辩护》，王锴译，《北京航空航天大学学报》（社会科学版）2015 年第 2 期，第 62 页。

③ 张震：《生态文明入宪及其体系性宪法功能》，《当代法学》2018 年第 6 期，第 55 页。

准。二是，绿色原则作为已经生效的《民法典》的基本原则之一，承担着民事领域生态文明建设的重任，并传递了"绿色民法典"的立法价值取向，节约资源和保护生态环境亦成为《民法典》中诸多绿色规则的核心内容。因此，宪法环境权价值的实现通过《民法典》对绿色原则的巧妙安排，为《民法典》系统化地表达宪法环境权价值提供了理论与实践经验。

二 宪法环境权在民事活动中的实际价值

依据宪法环境权价值而产生的绿色原则，对民事主体设立、变更、终止民事权利与义务影响深远。环境权作为公私权利的复合载体①，在特定的背景之下也表现为一种公共利益。绿色原则作为民事私法领域的基本原则，将宪法环境权所承载的生态环保价值贯穿民事活动的始终，将原则化的宪法环境权类型化为民事领域中极易接受的"绿色"理念与价值观。《民法通则》曾规定："民事活动应当尊重社会公德，不得损害社会公共利益，扰乱社会经济秩序。"其中"公共利益"的外延极具广泛性，也并未直接阐明环境保护的相关内容。相比之下，绿色原则则直接表达了对环境公共利益的维护，更加清晰和简洁地表达了民事主体行使权利、履行义务时的生态环保理念。

（一）"绿色权利"之行使

民法赋予民事主体以环保的方式追求个人利益的权利，民事主体行使权利时应树立节约资源与生态环境保护意识，在绿色原则范围内的权利行使，由法律予以保障。但极具公法权利色彩的宪法环境权在民事私法领域的实现，需要绿色原则发挥媒介作用。笔者认为，绿色原则的媒介作用就是将宪法环境权环保价值的理念，通过绿色原则的规范表达而形成民事主体易于接受的基本原则，并兼具指导与评价民事活动的作用，从而影响民事权利的行使。一方面，绿色原则发挥着指导作用，引导民事主体民事权利的行使符合既定"绿色标准"；另一方面，作为一种具有评价功效的民事原则，绿色原则将会对整个民事权利行使的过程进行评价，否定危害生

---

① 王曦主编《环境法学》，中国环境出版社 2017 年版，第 70 页。

态环境、浪费资源的民事行为及其结果。强调"绿色权利"的意义在于重视"绿色权利"行使之下的塑造作用,即重视绿色原则对民事主体"绿色权利"行使的规范作用。最后,绿色原则强化了民事主体对民法上环境权利的认知,在实证法秩序上不断加强对环境权利的认可,进而增强生态环境权利维护意识。

(二)"绿色义务"之履行

民事主体履行民事义务应当区别于破坏环境、浪费资源等不环保的义务履行方式。同时,民事义务体现的是义务主体的不利益,即为他方权利实现而约束自身行为。"绿色义务"的重要功能在于,一方面,对受到不利益约束的主体而言,尊重他方"绿色权利"的实现,应该严格约束自身的恣意妄为;另一方面,从权利义务相对性的角度而言,二者的相对性决定了民事主体有权行使"绿色权利",同时也必须履行与之相对应的"绿色义务"。绿色原则标准下的民事义务要求民事主体为了他方"绿色权利"的实现作出符合"绿色"标准的行为,因此,民事主体必须以作为或者不作为的方式履行符合绿色原则的"绿色义务"。

(三)"绿色权利与义务"之高度协调

民法是一种权利宣言书,私法制度围绕"权利体系"而展开,"在某种程度上,我国几乎所有权利立法皆在此框架下展开,因此,它实际起到'权利普通法'的作用"①。实际上,以权利为核心而构建的民事权利体系,对民事主体权利的维护、实现发挥着重要功能。但是,完善的权利体系,也发挥着对义务履行的保障作用,即民事权利界限的清晰划定平衡着民事义务的积极履行或消极尊重的功能。至此,民事主体在民事活动中行使的"绿色权利"隐含地包括了"绿色义务"的相互对应,"绿色权利义务"形成了一组高度协调的规范构造,进一步强化了民事主体对"绿色民事行为"的认知,有助于民事主体在民事活动中自觉增强生态环保意识、践行生态环保行为。

总之,在传统的视角下,民法的功能主要是为"个人本位"之上的理

---

① 朱庆育:《民法总论》,北京大学出版社 2016 年版,第 505 页。

性"经济人"服务,"经济人"符合了追求利益与经济价值最大化的目标。但是,随着绿色原则的诞生,理性"经济人"需要文明"生态人"的适度修正,至少二者要进行平等的沟通与对话。① 所以,《民法典》需要更认真地定位绿色原则的生态环保价值,更严谨地规定分编各部分中的"民法环保功能"条款——绿色规则。绿色原则作为民事私法领域中具有生态价值的基本民事法律制度,必将为《民法典》分编中涉及资源节约、生态环境保护以及生态文明建设的诸项绿色规则提供依据,并决定绿色规则内在的生态环保"绿色"价值理念。在《民法典》中,"绿色"价值在分编各部分中的占比,对《民法典》形成体系化的生态环保功能有着重要的影响。环境问题的有效解决是生态环境立法的出发点,但是带有"绿色"性质的《民法典》必然发挥其在民事领域中的生态环保功能。

第四节 民法典绿色原则的分层协同实施

绿色原则制定出来以后需要进入实践阶段,并发挥规范现实、理论沟通的作用。在强调依宪治国、依法治国的中国,单纯地将绿色原则融入民事私法领域中,显然不能完成作为部门法的民法与法治体系中其他涉及生态环境保护职能的部门法之间的沟通。但是,值得注意的是,在生态环境保护呼声居高不下的背景之下,需要厘清绿色原则与依宪治国、依法治国理念间的关系,并确保生态环境治理法秩序的稳定与发展。在笔者看来,出于对生态环境治理良好效果的目标追求,以及实现法治大环境之下的部门法对话,可以从绿色原则内涵下的宪法实施、绿色因素融入下的环境法实施以及绿色原则引领下的民法典绿色规则实施三个层面展开。

一 绿色原则内涵下的宪法实施

党的十八届四中全会以来,宪法因素在各个部门法的诞生过程中愈显突出。"依宪治国"就是要保证宪法得到切实的实施。党的十九大报告强

---

① 周珂编著《我国民法典制定中的环境法律问题》,知识产权出版社 2011 年版,第 58~59 页。

调"加强宪法实施"，党的十九届二中全会公报强调"宪法的生命在于实施，宪法的权威也在于实施"。习近平总书记指出，"必须加快形成完备的法律规范体系、高效的法治实施体系、严密的法治监督体系、有力的法治保障体系，形成完善的党内法规体系，用科学有效、系统完备的制度体系保证宪法实施"①。在此背景之下，推动宪法实施已成为不可逆转之潮流，但是，区别于西方国家的宪法司法化，我国的宪法实施更多是通过部门法而实现的，部门法秩序的建立都是立足于合宪性基础。因此，诞生于合宪性背景之下的民法典，必须为宪法实施提供新的动力。

从纵向法律关系层面而言，绿色原则是对宪法环境权价值在民事活动领域最好的反映。民法典业已形成较强的体系性，绿色原则将此体系中涉及生态环境保护的内容，以精练的语言予以展现。"宪法是最高法，是一切立法的依据，立法是宪法约束下在法秩序的各个领域的规范展开。"② 绿色原则所代表的在民事领域的生态环保价值，就是宪法约束下的立法成果，换言之，产生于宪法环境权价值之下的绿色原则就是"实质意义"的宪法生态文明规范在民事领域的展开。此时，作为"实质意义"的宪法生态文明规范的绿色原则要尽可能将宪法生态环保价值实现于宽泛的民事活动之中。

一方面，绿色原则要发挥好民法基本原则的功能，作为私法领域节约资源和保护生态环境的基本原则，应该将其所具备的引导与评价功能彻底地发挥在民事活动之中。即绿色原则要基于立法的目的和原意，将承载着"绿色发展理念"的宪法生态文明规范的精神贯穿到民事私法领域。另一方面，绿色原则不是"根据宪法，制定本法"简单复制的结果，更不是刻意的宣示。它还承担着彰显宪法根本法地位和治国安邦、治国理政总章程的重要使命，同时，在民事规则不足以应对的时候发挥兜底作用，将自身蕴涵的"绿色内涵"功能运用到解决民事纠纷、促进社会和谐以及建设生态文明之中。因此"根据宪法，制定本法"表明民法典对宪法规范的尊重，也进一步诠释了依据宪法环境权价值而产生的绿色原则在生态文明建

①　习近平：《论坚持全面依法治国》，中央文献出版社 2020 年版，第 217 页。

②　张翔：《宪法与部门法的三重关系》，《中国法律评论》2019 年第 1 期，第 28 页。

设中所蕴涵的重要功能。

需要注意的是，绿色原则内涵之下的宪法实施，并非"宪法的民法化"的极端思维，"认为所有的民法问题都需要回归宪法"①，这种只从宪法中找答案的思维极不适当。照此，绿色原则内涵之下的宪法实施就要求我们主动避免两个陷阱：一是，过分强调绿色原则的唯宪法化，只按照宪法环境权的价值发挥功能，而忽视了其本身的价值与规律；二是，过度地强调绿色原则在私法领域中的原则性作用而忽略了与宪法环境权价值的对话，过分矫正绿色原则对权利义务的影响，而未考虑到宪法环境权在维护个体环境权时表现出来的共性。那么，绿色原则内涵之下的宪法实施，就是统一宪法环境权与绿色原则在生态环境权益维护上的共性，但是也要区别二者的个性，并将属于各自个性的那部分内容归属到各自的领域中。

二 绿色因素融入下的民法典与环境法协同实施

以环境问题为导向而产生的年轻法律部门——环境法，作为一个年轻的学科，产生于民法、刑法、行政法等法律部门的边缘地带。② 事实上，有关学者的研究表明，大量涉及民事、行政、刑事责任的环保案件的判决，引用环境法的迹象寥寥无几，环境法的主要功能在于对事实的认定。③此外，对于环境法中环境权的性质，可谓仁者见仁、智者见智。有观点认为，根据《人类环境宣言》《东京宣言》《社会进步和发展宣言》《内罗毕宣言》的内容，环境权属于公民的基本权利，也应当属于人权。④ 有观点主张将抽象的环境权具体化之后纳入民事权利体系，因此该观点倾向于主张环境权的私权性质。⑤ 有观点认为环境权是一种概括性权利，需要立法

---

① 王锴：《宪法与民法的关系论纲》，《中国法律评论》2019 年第 1 期，第 46 页。
② 民法中有污染环境造成他人损害而应当承担民事责任的规定，刑法中有关于危害环境而构成犯罪的刑事处罚的规定，行政法中也有关于环境执法的相关规定，可见环境法生长于多数部门法之外的边缘地带。
③ 参见吕忠梅《环境法回归 路在何方？——关于环境与传统部门法关系的再思考》，《清华法学》2018 年第 5 期，第 12 页。
④ 参见吕忠梅《论公民环境权》，《法学研究》1995 年第 6 期，第 8 页。
⑤ 参见马晶《论环境权的确立与拓展》，《长白学刊》2001 年第 4 期，第 40 页。

加以完善。① 也有观点认为环境权具有基本权利的特征，同时也兼具公益性、预防性、有限性等特征。② 可见，学界对环境权的性质并未达成一致的观点。

与发展成熟的法律相比，环境法显然是一部新兴的法律。依照前述，环境法似乎可以容纳其他成熟学科边缘地带中有关生态环境法治的内容。在笔者看来，这种现象是造成环境权性质乃至环境法定位模糊的原因之一，但是这种局面显著的优点便是：扩展了环境法体系的开放性，并奠定了生态环境权利义务秩序的发展性。据此，在纵向维度上，环境法产生于宪法之下，符合合宪性审查之结果，同时，环境权也符合宪法环境权之价值，成为"实质意义"的宪法环境权；在横向维度上，环境法与其他涉及生态环境保护和生态文明建设的部门法之间的交流也更加符合实际之需求。笔者认为，正是因为作为部门法的环境法中的环境权性质的多样性，并且当环境权被解释为私权时，作为私法原则的绿色原则才有融入环境权秩序中的可能性。

实现环境权秩序中"绿色"因素融入的目标，需要民法与环境法的对话，尤其是当环境权被认为是私权的时候。二者的融合沟通是"个人主义与整体主义两种理论范式之间的对话"③。两种不同主义之间的对话是两种不同立场和视角的交融。诚然，当生态环境权利义务秩序表现为私人的权利义务时，绿色原则的价值与此时的环境权就处于同一对话范围，它们都追求同一价值目标，即"生态、资源本位"，这也恰当地反映了绿色原则所指明的"民事主体从事民事活动，应当有利于节约资源、保护生态环境"。尤其是，在生态环境日益恶化的今天，环境权秩序表达的权利义务规范与绿色原则的丰富内涵相互配合，既可以应对实证法意义上的环境与生态问题，也可以从自然法层面填补环境权缺失的"绿色"价值。概言之，绿色原则有赖于民法典与环境法的协同实施。

诚然，蕴涵"绿色性质"的民法典极易被贴上"环境法化"的标签，

---

① 参见唐潮敏《论环境权》，《求索》2002年第1期，第51页。
② 参见蔡守秋《论环境权》，《金陵法律评论》2002年春季卷，第23页。
③ 侯佳儒：《环境法学与民法学的对话》，中国法制出版社2009年版，第257页。

这种简单且极端的看法并没有正确看待"绿色"民法典的发展路径。所以理智的看法是：民法典仍然是民事主体活动领域的基本法，只不过时代赋予了它在民事领域更多的生态环境保护职责。申言之，民法典绿色原则诞生的意义并不仅限于民法领域，即指导民事主体实现节约资源、保护生态环境以及建设生态文明的目标，以及为《民法典》分编部分中绿色规则之生态环保价值的确立提供理论与实践基础。从广义的环境法治体系角度而言，绿色原则的确立为整个环境法体系注入了活力，并对综合性的生态环境法治体系的形成产生深远影响。

三 绿色原则引领下的民法典绿色条款具体化实施

《民法典》总则第 9 条规定的绿色原则，虽然没有直接以文本的方式将生态文明纳入规范体系，但本质上是将生态文明中蕴涵的环境价值和生态功能纳入民法的指导性准则。在民法典绿色原则的引领下，民法典物权编、合同编和侵权责任编中的诸多绿色条款对绿色原则所蕴涵的绿色发展理念、生态安全价值以及代内公平与代际公平并重观进行具体化实施。

首先，《民法典》物权编中的第 286 条第 1 款、第 290 条、第 293 条、第 294 条、第 326 条、第 346 条以及相邻环保关系的条款，涉及对生态环境的私益保护和公益保护。在环境私益保障方面，第 286 条第 1 款明确了房屋所有权人基于绿色原则的绿色义务；第 290 条明确了基于相邻关系的提供必要的用水、排水便利义务和尊重自然流水的自然流向之义务；第 293 条明确了基于建筑物区分所有权的不得妨碍相邻建筑物的通风、采光和日照之义务；第 294 条明确了基于地役权而不得违反国家规定弃置固体废物和排放大气污染物、电磁辐射等有害物质之义务。在环境公益保障方面，第 326 条和第 346 条明确规定了对用益物权行使须节约资源、保护生态环境之约束，通过引入公法性内容，确认了重要生态环境要素的公有性以及对生态环境公共权益的分层保护。

其次，《民法典》合同编中的第 509 条第 3 款、第 558 条、第 619 条、第 625 条等绿色条款共同形成了民事合同履行中的绿色约束。第 509 条第 3 款、第 558 条、第 619 条分别规定了合同履行的绿色附随义务、旧物回收义务、绿色包装义务；第 625 条呼应第 558 条关于旧物回收的规定，增加限定条件从而改变后合同义务的规范结构。概言之，以上是在原合同法基础上新增的与生态环境保护有关的绿色条款，它们通过明确法定义务的方式保护生态环境，为合同领域植入绿色要素，对经济交易活动提出了绿色要求，对生态文明建设的时代需求作出了制度性回应。①

最后，《民法典》侵权责任编第七章用专章方式（从第 1229 条至第 1235 条共 7 个绿色条款）系统性规定"环境污染和生态破坏责任"。其中，《民法典》第 1229 条、第 1230 条、第 1231 条三个绿色条款明确将污染环境和破坏生态都作为环境侵权的具体类型，即通过引入生态破坏责任方式扩大环境权利的救济范围，进而建立起完整的环境侵权责任体系；第 1232 条的绿色条款通过增设环境侵权惩罚性赔偿，极大地提高了环境侵权的违法成本，加重了恶意违法者实际承担的法律责任，从而有力地拓深了环境权利的救济程度；第 1234 条、第 1235 条两个绿色条款通过增设生态环境损害赔偿请求权主体与赔偿范围的规定，创设了生态环境损害赔偿责任机制，为环境公益诉讼、生态环境损害赔偿诉讼等专门诉讼确立了请求权基础，从而解决了环境公益诉讼、生态环境损害赔偿诉讼等专门诉讼过往无法律依据的问题，由此实现了民法典规范与环境法中公益诉讼、生态环境损害赔偿相关规定的良好衔接。这不仅拓展了环境污染和生态破坏后的环境权利救济方式，同时也是对《民法典》绿色原则的具体实施。

---

① 吕忠梅：《民法典绿色条款的类型化构造及与环境法典的衔接》，《行政法学研究》2022 年第 2 期，第 4~5 页。

第九章　生态文明部门法体系合宪性审查的
原理与机制

——以环境法体系为例

2020 年 11 月 17 日，党中央正式提出了习近平法治思想。在习近平法治思想的有机联系的十一个坚持中，第四个坚持就是"坚持依宪治国、坚持依宪执政"。如何做到坚持依宪治国、依宪执政，推进合宪性审查无疑是重要内容和抓手。党的十九大报告指出，加强宪法实施和监督，推进合宪性审查工作，维护宪法权威。与合法性审查主要针对法规不同，所谓合宪性审查，重点应该是确保法律体系的合宪性。通过合宪性审查，实现法律体系的正当发展，从而确保宪法的权威与实施。正如有学者所讲，合宪性审查的目的就是要保证法律与宪法之间的高度一致性，维护宪法权威和法律自身的正当性①，从而充分展现宪法的最高法律效力，以保持法律规则体系的内在协调②。中国合宪性审查制度下的宪法学应该更多关注"立法中的宪法教义学"，从积极和消极两个层次，为立法的"内容形成"和"越界控制"提供智识支撑。③ 由此，生态文明的部门法规范体系有必要接受合宪性审查，以确保生态文明部门法规范体系的合宪性，同时确保宪法的至上权威与有效实施。

---

① 莫纪宏：《论法律的合宪性审查机制》，《法学评论》2018 年第 6 期，第 29 页。
② 魏建馨：《合宪性审查从制度到机制：合目的性、范围及主体》，《政法论坛》2020 年第 3 期，第 34 页。
③ 张翔：《"合宪性审查时代"的宪法学：基础与前瞻》，《环球法律评论》2019 年第 2 期，第 5 页。

环境法体系，是以宪法关于保护环境的有关规定为指导原则，由为实现保护环境的目的而创制的和反映环境保护要求的法律规范构成的环境法律系统。环境法体系的建设推动了生态文明社会关系的结成，满足了环境保护的实际需要，也为生态文明规范体系系统化水平的提高奠定了厚实的法律根基，在生态文明部门法体系中具有典型代表性。

本章以环境法体系为例，从"立法中的宪法教义学"之视角，对环境法体系进行合宪性审查，不仅要审查环境法体系可能的宪法性瑕疵，更主要的是在遵循宪法依据的基础上，全面实施宪法生态文明规范，实现宪法和环境法规范的交互影响及体系性融贯，既发展环境法，也发展宪法。

第一节　环境法体系合宪性审查的必要性

环境法体系是以宪法为核心的有中国特色的社会主义法律体系的重要组成部分。本书所称的环境法体系，并不主要是指环境法学上的理论体系、知识体系、学科体系等，而是指环境法规范体系。[①] 所谓法律体系，经典的定义主要是指法律规范以及在规范基础上形成的制度体系。[②] 目前我国生效的法律中可以纳入环境法体系的主要包括但不限于以下法律（此处列举按照全国人民代表大会官网发布的顺序）[③]：《海洋环境保护法》《水污染防治法》《土地管理法》《大气污染防治法》《野生动物保护法》

[①] 有学者认为，中国已经初步形成了以《宪法》有关环境与资源保护条款为依据，以《环境保护法》为基础，以单项环境与资源保护法为依托，以环境与资源保护行政法规、地方性法规、规章等法律规范性文件为补充的环境与资源保护立法体系。参见韩德培主编《环境保护法教程》（第五版），法律出版社 2007 年版，第 66 页。还有学者指出经过近 40 年的发展，我国环境与资源保护法已经初步形成以《环境保护法》为基础，以综合性法律、污染防治法、资源保护法、生态保护法、应对不确定环境风险的法律等为主体的相对完整的体系。参见李艳芳《论生态文明建设与环境法的独立部门法地位》，《清华法学》2018 年第 5 期，第 36、45 页。

[②] 参见沈宗灵主编《法理学》，高等教育出版社 1994 年版，第 325 页；张文显主编《法理学》，法律出版社 1997 年版，第 96 页；等等。

[③] 截至 2024 年 3 月 11 日十四届全国人大二次会议闭幕，按法律部门分类，现行有效法律共 300 件，中国人大网，http://www.npc.gov.cn/npc/c2/c30834/202403/t20240315_436024.html，最后访问日期：2024 年 3 月 15 日。

《环境保护法》《固体废物污染环境防治法》《防沙治沙法》《环境影响评价法》《放射性污染防治法》《海岛保护法》《核安全法》《土壤污染防治法》《生物安全法》《反食品浪费法》《噪声污染防治法》《青藏高原生态保护法》（以上 17 部法律归属于行政法部门），以及《森林法》《渔业法》《草原法》《矿产资源法》《煤炭法》《节约能源法》《水法》《水土保持法》《种子法》《清洁生产促进法》《海域使用管理法》《可再生能源法》《深海海底区域资源勘探开发法》《环境保护税法》《资源税法》《循环经济促进法》《长江保护法》《湿地保护法》《黑土地保护法》《黄河保护法》（以上 20 部法律归属于经济法部门）。在笔者看来，我国环境法体系的发展主要是基于生态环境治理实践所产生的规范需求。自 20 世纪 70 年代初开始，中国就积极参与全球环境治理。1972 年参加人类环境会议是当时刚刚恢复联合国合法席位的我国政府第一次在国际会议的舞台展现，周恩来总理等党和国家领导人敏锐地认识到从政治和外交层面参加此次会议的重要性，派出了高规格的代表团参会。这次会议对于中国的意义，不仅仅是周恩来总理指出的要通过这次会议了解世界环境状况和各国环境问题对经济社会发展的重大影响，并以此作为镜子认识中国的环境问题，更是直接催生了中国环境法治史上第一部环境规范文件在 1973 年的出台。① 1978 年宪法第 11 条第 3 款规定："国家保护环境和自然资源，防治污染和其他公害。"这是新中国宪法中首次出现环境条款，为我国环境法体系发展提供了直接宪法依据。在此基础上，1979 年通过了第一部专门的《环境保护法》。自此，环境法体系蓬勃发展。进入新时代以来，我国环境法体系的发展更是进入了快车道。2017 年，《民法总则》第 9 条规定："民事主体从事民事活动，应当有利于节约资源、保护生态环境。"该规定被普遍称为民法上的绿色条款。2018 年，生态文明写入宪法，宪法上生态文明规范体系形成，因而在宪法学上，继经济制度、政治制度、文化制

---

① 张震：《中国宪法的环境观及其规范表达》，《中国法学》2018 年第 4 期，第 6 页；吕忠梅、吴一冉：《中国环境法治七十年：从历史走向未来》，《中国法律评论》2019 年第 5 期，第 103 页。

度、社会制度之后，形成第五个国家基本制度，即生态文明制度。① 2020年《民法典》通过，除了总则第 9 条的绿色原则，还专章规定了环境污染和生态破坏责任。2020 年下半年以来，在学者们多年努力的基础上，环境法典的制定开始更高频率地进入人们的视野。②

党的十八大以来国家将生态文明建设列入"五位一体"建设的总体布局，使其与经济建设、政治建设、文化建设、社会建设处于同一层面，中国亦积极参与全球环境治理实践，在习近平生态文明思想和习近平法治思想的双重指导下，环境法体系已然成为我国法律体系中发展最快、最具前景的法律部门之一。但越是快速发展，为了减少环境法体系的宪法性瑕疵，确保其正当性合理性，以及更好地发展环境法体系，越需要进行合宪性审查。

一　环境法体系内部概念与规范一致性的需要

因为每部环境法律的实际起草主体、制定时间和背景以及上位法依据的不同（比如修宪、修法导致的概念、规范与制度的变化等），环境法体系内部概念与规范的不一致性是存在的，出现了诸如同一概念不同内涵，同一事项用不同概念表述等现象。环境法体系的进一步发展，首先就要确定内部概念与规范的一致性，这种一致性的依据来自上位法，但根本依据还是宪法规范。正如有学者所认为的，健全的法治社会是以宪法规范的至上性为基础的，它构成社会生活统一与协调的基础。宪法规范提供实定法的客观合理性的依据，在法律秩序中居于最高地位，表明实定法创始的出发点。③ 当具体的环境法律之间的上位法依据出现规范不一致的情形时，就需要依据宪法规范进行判断。国家规划教科书认为，宪法规范的最高性意指在现存法律关系中，宪法规范的地位和效力高于其他法律规范，从而

---

① 参见《宪法学》编写组编《宪法学》（第二版），高等教育出版社 2020 年版，第 180~184 页。

② 参见吕忠梅《"十四五"时期适时启动环境法典编纂工作》，《光明日报》2020 年 11 月 5 日，第 11 版；《生态环境法典草案首部专家建议稿近日完成》，人民网，http://legal.people.com.cn/n1/2020/1125/c42510-31944723.html，最后访问日期：2021 年 1 月 19 日。

③ 参见韩大元《论宪法规范的至上性》，《法学评论》1999 年第 4 期，第 29~30 页。

能够约束一切国家机关、社会团体和公民个人的活动。①

二 未来根据宪法编纂生态环境法典的需要

如果说生态环境法典的制定是环境法体系发展的重要趋势，那么生态环境法典在保持环境法体系内部概念与规范一致性的基础上，必然会扮演环境基本法的角色，宪法就是其直接的上位法依据，因此，生态环境法典从拟订到起草要进行充分的合宪性考量，制定过程中需要进行事先的合宪性审查，通过后的实施须进行事后的合宪性控制。2023 年 3 月，《立法法》第二次修改，明确指出"立法应当符合宪法规定"；据此，通过 2018 年修宪形成的宪法生态文明规范体系是生态环境法典编纂的宪法依据。该体系以生态文明为宪法核；通过对生态环境法典进行名称确定、性质厘定以及范围限定等构成生态环境法典编纂的外部制度化依据；通过将生态文明确定为生态环境法典的核心理念，继而根据生态文明这一宪法核来确定生态环境法典在具体内容上的规范体系及制度安排，以及将环境权证成为生态环境法典的隐性主线等，构成生态环境法典编纂的内核制度化依据。外部制度化依据为生态环境法典的编纂塑形，内核制度化依据为生态环境法典的编纂铸魂。②

三 贯彻落实习近平生态文明思想和习近平法治思想的必然要求

习近平生态文明思想和习近平法治思想是环境法体系发展的直接理论指导。作为习近平生态文明思想的基本原则与核心要义之一，坚持用最严格制度最严密法治保护生态环境的要求意味着生态文明建设必须由法治保障，法治是实现生态环境治理体系和治理能力现代化的重要依托，在构建和完善生态文明建设中发挥着固根本、稳预期、利长远的重要作用。作为习近平法治思想的十一个坚持之一，"坚持依宪治国、依宪执政"的要求意味着，生态法治必须以宪法规范和制度为根本依据。宪法整合了依法治

---

① 《宪法学》编写组编《宪法学》（第二版），高等教育出版社 2020 年版，第 42 页。
② 张震：《宪法生态文明规范体系对环境法典编纂的制度化依据——以立法法第二次修改为背景的探讨》，《法学论坛》2023 年第 5 期，第 87 页。

理环境最核心的价值，即国家生态文明建设的目标和全面依法治国首先要坚持依宪治国的有机统一。

四　充分发挥生态环境治理制度优势并转化为治理效能的必然要求

环境法体系发展的最终目的就是在法治轨道上实现生态环境治理的现代化，提升生态环境治理的效能。中国生态环境治理的巨大制度优势，一是中国共产党的领导，二是法律与政策的有机协同，而这两个制度优势，均明确地体现在我国宪法当中。2018 年修宪，中国共产党领导是中国特色社会主义最本质的特征被写入《宪法》第 1 条，确认了中国共产党在国家权力中的领导地位，是中国实现国家治理现代化的最大体制优势。[①] 自魏玛宪法以来，在宪法中规定国家发展指针的国策条款成为一种趋势，由此，基本国策成为宪法中除国家机关和人权规定以外的"第三种结构"。[②]

我国现行宪法于 1982 年制定之时，包括环境保护等国策就被明确规定成为宪法规范，历次修宪，国策条款也是主要内容。我国宪法将党的政策上升为国策，很好地处理了党的政策与法律之间的关系。习近平总书记指出，党的政策是国家法律的先导和指引，是立法的依据和执法司法的重要指导。[③] 在中国特色的社会主义法治体系中，包括法律规范体系和党内法规体系等五个方面，这就直接点明了中国特色社会主义法治必然至少包含法律手段和政策手段两个基本面。"法律+政策"构成中国特色社会主义法治体系的基本面，必须重视它们有机协同有效推动的整体性系统性作用。"法律+政策"的有机协同构成生态环境法治发展的主线。具体就是：其一，政策作为先导，我国的环境立法工作均是在党的政策指导之下进行的；其二，法律担纲主导，现代化的生态环境治理实践必须以法治方式进行。同时，从生态环境治理的法治实效看，法律发挥主体性功能，政策具有补强性作用。党的十八大以来，在习近平法治思想和习近平生态文明思

---

① 详见付子堂、张震《新时代完善我国宪法实施监督制度的新思考》，《法学杂志》2018 年第 4 期，第 2~3 页。

② 陈新民：《宪法学导论》，三民书局 1996 年版，第 429 页。

③ 习近平：《论坚持全面依法治国》，中央文献出版社 2020 年版，第 43 页。

想的科学指引下，宪法通过对上述关键要素的有机整合，可以充分发挥中国特色社会主义法治的巨大制度优势，能够极大提升生态环境治理效能，能够有力助推实现人与自然和谐共生的现代化。

第二节 环境法体系合宪性审查的标准与手段

需要说明的是，环境法体系的合宪性审查并非仅指审查环境法体系可能存在的合宪性问题，而主要是指在遵循宪法依据的基础上，全面实施宪法规范，实现宪法规范和环境法规范的交互影响乃至融贯，从而使环境法体系得到关键性发展，更好为环境治理现代化的实践提供法治保障。如何进行环境法体系的合宪性审查，也即审查的标准与手段，具体可从以下四个方面展开。

一 程序审查和实体审查兼而有之

（一）程序审查

就程序而言，环境法体系的合宪性审查包括事前和事后两个环节。

其一，事前审查。所谓事前审查，是指每部环境法律在起草制定的全过程以及通过之前，要主动对接宪法规定，全面贯彻落实宪法规范。每一部环境法律均符合和落实宪法的生态文明规范，就可以实现环境法体系整体的合宪性事前审查的功能。

其二，所谓事后审查，是指在每部环境法律实施的过程当中，如果发现有违反宪法规范的情形，就应该启动合宪性审查，如果确有宪法瑕疵，即终止、修改某条款，从而使环境法体系在整体实施过程中，也得到合宪性控制。

（二）实体审查

就实体而言，环境法体系应该保持与宪法的指导思想、基本原则和规范体系相统一。国家规划教科书认为，宪法指导思想是宪法的理论基础、精神内核和根本理据，因而是宪法的核心和灵魂。宪法的基本原则是宪法指导思想的具体化凝练和规范化表达，通常也是国家的重大法治原则，宪法指导思想、基本原则和其他宪法规范共同构成指导宪法制定、修改和实施的制度框架和规范体系。①

其一，对环境法体系的合宪性审查首先依据宪法指导思想。我国宪法序言明确规定了马克思列宁主义、毛泽东思想、邓小平理论、"三个代表"重要思想、科学发展观、习近平新时代中国特色社会主义思想在国家和社会生活中的指导地位，具有最高的法律地位、法律权威和法律效力。环境法体系整体上应该与宪法的指导思想保持一致，特别是在习近平新时代中国特色社会主义思想写入宪法以后，必然会带来环境法体系的新的重大发展。比如作为习近平新时代中国特色社会主义思想重要组成部分的新发展理念所包括的绿色发展理念、构成总体布局的生态文明建设、美丽强国建设等被写入宪法后，形成了新的关于环境治理实践与环境法治发展的根本法意义上的思想、理论与规范依据，环境法体系应该及时地修改完善并与之保持一致。

其二，对环境法体系的合宪性审查还要对接宪法基本原则。我国宪法的基本原则主要包括坚持中国共产党的领导、人民主权、社会主义法治、尊重和保障人权、权力监督与制约、民主集中制六项。② 以上六项原则不仅贯穿宪法制定、实施的始终，而且对环境法体系也构成合宪性控制。在环境治理实践中，中国共产党的领导是我国最大的体制优势，可以将环境治理的制度优势最大限度地转化为治理效能；社会主义法治强调了中国特色的社会主义法治道路，建设中国特色的社会主义法治体系，这就意味着在环境法体系的发展中，一定要面向中国问题、坚持中国特色、形成中国制度、提供中国方案；人民主权、权力监督与制约、民主集中制这三项原则，框定了环境法体系的制定和实施要坚持民主、强调权责相一致；尊重和保障人权为环境法体系中环境权的证成、规定与保障提供了开放性立场。

其三，对环境法体系的合宪性审查直接对标宪法规范体系。在现行

---

① 《宪法学》编写组编《宪法学》（第二版），高等教育出版社 2020 年版，第 84 页。
② 参见《宪法学》编写组编《宪法学》（第二版），高等教育出版社 2020 年版，第 91~107 页。

《宪法》全部 141 个条文当中，第 9 条、第 26 条和第 89 条构成环境法体系最直接的宪法规范依据。其中，《宪法》第 9 条是资源条款，《宪法》第 26 条为环境保护条款，《宪法》第 89 条关于生态文明建设的规定属于国务院的职责条款。除此以外，《宪法》第 33 条关于"国家尊重和保护人权"的人权条款为环境权提供间接规范依据，《宪法》序言中的生态文明、美丽、新发展理念等属于国家发展目标上的宪法依据。因此，宪法规范体系对环境法体系的合宪性审查主要来自三个方面的内容，即国策、国家职权以及公民权利。其一，宪法生态文明规范体系中的环境国策，为环境法体系奠定基本发展逻辑；其二，宪法生态文明规范体系中的国家环境职权条款，为环境法体系中的制度设计提供权力职责依据；其三，宪法生态文明规范体系中的公民权利条款，为环境法体系中的环境权利发展提供根本法意义上的指引。

二 技术审查和内容审查形成合力

其一，所谓环境法体系技术上的合宪性审查，包括环境法体系合宪性审查的技术本身、环境法律的立法技术（包括立法程序、立法过程、立法语言、立法结构等）的合宪性，环境法律执法过程（包括执法依据及裁量手段与目的等）和司法适用（包括裁判中的裁量和说理等）的合宪性。

其二，所谓环境法体系内容上的合宪性审查，主要是指环境法体系中的制度设计要合乎宪法，包括有明确的宪法依据，或者可以由宪法推理，以及至少不违反宪法规定的底线等。针对环境法体系技术上的审查主要侧重技术、手段、形式、逻辑等的合宪性，内容上的审查要确保环境法制度本身合乎宪法，两者要结合起来确保环境法体系的合宪性。

三 指向整体的体系审查与注重局部的条款审查相得益彰

环境法体系的合宪性审查，既体现在作为整体的法律体系层面，也体现在构成整体的具体条款层面。

其一，体系层面的合宪性审查，主要是指环境法体系作为一个整体、一个系统要合乎宪法的指导思想、基本原则及规范体系。"体系"一词指由若干事务构成的一个相互联系的有机整体，法律体系作为一个"体系"，它的内部构成要素是法律部门，并且法律部门也不是七零八散地堆积在一起，而是按照一定的标准进行分类组合，呈现为一个体系化的、系统化的相互联系的有机整体；这既是法律体系的客观构成，也是法律体系的一种理性化要求。① 按照这一要求，环境法体系的体系层面的合宪性审查，要求环境法体系的分类及发展等均要进行合宪性考量。

其二，条款层面的合宪性审查，主要是指环境法体系中的条款要合乎宪法，当然事实上无法也没有必要对全部条款进行合宪性审查，只需要对每部环境法律中的关键性条款进行合宪性审查，对于其他的条款原则上应该进行合宪性推定，只要没有充分理由和证据证明某条款违宪，就推定合宪。一则，这些条款往往是依据关键性条款制定的，只要针对关键性条款进行合宪性审查，一般都可以保证其他具体条款的合宪性；二则，要预留其他条款在不违宪的前提下对宪法条款贯彻落实甚至进行制度发展的空间，往往宪法条款所指向的内容都是比较原则性的，甚至是有限的，反而会形成具体法律制度发展的合理期待性。

四　通过审查的初阶目的实现融贯的高阶目的

对于环境法体系的合宪性审查，直接的合宪性审查只是初阶目的。在合乎宪法的基础上，对宪法所蕴涵的规范内涵贯彻落实，甚至充实和扩展宪法规范的内涵，实现宪法和环境法规范的交互影响，乃至宪法和环境法体系的融贯才是高阶目的。正如有学者所指出的，在法治实践中，宪法规范如何对部门法规范形成依据，部门法规范和宪法规范如何形成交互影响，而宪法规范和法律规范之间不再是各说各话的"两张皮"关系，这是非常值得研究的。②

具体到宪法和环境法体系的交互影响，不管是从环境法体系确立及发展的角度，还是从健全宪法全面实施机制的角度，都是非常有实践意义

---

① 张文显主编《法理学》，法律出版社 1997 年版，第 96 页。
② 张翔：《宪法与部门法的三重关系》，《中国法律评论》2019 年第 1 期，第 26 页。

的。环境法体系在确保整体合宪性的基础上，对宪法规范的具体化、制度化，不仅是贯彻落实宪法，也是对宪法制度内涵的扩充甚至发展。这种制度的具体化及发展，会再次接受合宪性审查，经过多次交互影响，最终实现宪法和环境法体系的融贯。从纯粹文意角度讲，所谓融贯就是融会贯通。而法律上融贯性的概念，有学者认为由两方面要素组成：在消极面上，它意味着连贯性这种无逻辑矛盾的要求；在积极面上，又意味着体系要素间的积极关联，这种关联不仅是效力上的衍生关系，也包含着评价上的相互支持和证立。法律体系所能达致的层次越高，融贯性就越强。历时融贯性与共时融贯性在法律体系之内的最终交汇点，在于国家的根本大法。宪法及其价值秩序，在体系内构成正当化下位法的终极依据，也是内部融贯性的最终保障。因此，建立完善的合宪性审查制度，对于确保法律体系的各个组成部分保持连贯和体系融贯，同时调和融贯性在结构与时间上的矛盾，具有重要意义。[1] 当代宪法学的任务就是如何把面对的不同理论整合成一个单一的、融贯的理论。[2] 宪法和环境法体系的融贯，至少表现在理念、体系和制度三个方面，当然，这种融贯的前提要以宪法为依据，但是环境法体系对宪法依据的体现不是消极的，宪法和环境法的融贯是双向的，是以整个法体系的发展为目标的。

第三节　环境法体系合宪性审查的焦点

如果说环境法体系合宪性审查的必要性、概念、标准与手段构成环境法体系合宪性审查的原理部分，那么依据前文的标准与手段，对环境法体系合宪性审查进行聚焦，以及通过合宪性审查，实现环境法体系的发展，则构成环境法体系合宪性审查的运行机制。当前对环境法体系的合宪性审查，主要应聚焦以下三个方面。

---

[1]　参见雷磊《融贯性与法律体系的建构——兼论当代中国法律体系的融贯化》，《法学家》2012 年第 2 期，第 4、5、14 页。

[2]　Richard H. Fallon, "A Constructive Coherence Theory of Constitutional Interpretation," 100 *Harvard Law Review*, 1987, pp. 1189–1231.

一 环境法体系在宪法上的依据是否明确证立

事实上，在全国人大公布的有效法律目录中，并没有专门的环境法门类，在本章开篇所列举的主要 37 部环境法律中，有 17 部被归属于行政法门类，有 20 部被归属为经济法门类。从学理上看，如果环境法体系想要独立为一个官方认可的法律部门，必须要处理好与宪法的关系。"以宪法为核心的法律体系"是迄今为止最为权威的用来描述宪法与法律关系形成法律体系的表述。这就意味着，与宪法能发生直接的根据性关系，才是以宪法为核心的法律体系的第一层次。而目前所有的上述法律，均没有直接规定"依据宪法，制定本法"。当然，由于法律部门产生先后、学术分类以及制定实际情形等，笔者并不赞同简单依据制定主体或是否"根据宪法，制定本法"判断一个法律是否为基本法律。[①] 但是环境法体系与宪法如果没有直接的连接点，那么环境法体系作为独立法律部门的合法性始终不能名正言顺。而且不仅是在条文上，还要在规范与制度体系上，实现宪法与环境法的有效对接。

二 以宪法为依据的基础性概念是否诠释清晰

无疑，生态与环境在环境法体系中是最重要的概念。我国《宪法》第 26 条把环境分为生态环境和生活环境。可见在宪法上，环境和生态的概念是有各自的内涵的。事实上，生态与环境这两个概念，既有联系又有区别。首先，从语词上看，环境是指周围地方的情况和条件。只有在"环境保护"这个语词中，才有我们讲的环保的意涵。生态是指生物在一定的自然环境下生存和发展的状态。生物被认为是有生命的物质，如"气衰则生物不遂"，也指产生万物，如"留动而生物，物成生理，谓之形"[②]。因此，从一般意义上而言，相比环境，生态概念的针对性、限定性以及生存和发

---

① 详见张震《基本法律抑或宪法性法律——〈村民委员会组织法〉的宪法考量》，《内蒙古社会科学》2007 年第 5 期，第 23~24 页；张震《完善野生动物保护立法的宪法依据》，《暨南学报》（哲学社会科学版）2020 年第 11 期，第 79 页。

② 《辞源》（第三版）下册，商务印书馆 2015 年版，第 2781 页。

展意涵更能直接满足生态环境保护及生态文明建设的原意。生物本身的生存样态在生态的概念之内能够得到更精准的涵盖，即包含了生物与生物之间、生物与环境之间本身的固有关系。其次，从属性上看，生态强调整体性、系统性和能动性。较之于"环境"概念，"生态"表现为一种更高层阶的事物认知体系，具有更为综合性、包容性、开放性的蕴涵。生态更强调多重环境要素之间的和谐共生关系，既关注各环境要素之间的内部协调关系，也重视环境要素与其他要素之间的外部交互关系。[①] 如果在环境法体系中，对这两个概念进行缺乏明确意识和目的的使用，那么肯定会减损立法的科学性和法律实施效果本身。

目前在环境法体系中，大量地出现了环境与生态并用的情形，大概可以分为两种类型。

其一，生态和环境直接并列出现在同一条文同一规定中。《环境保护法》第 29 条规定："国家在重点生态功能区、生态环境敏感区和脆弱区等区域划定生态保护红线，实行严格保护。"《水污染防治法》第 8 条规定："国家通过财政转移支付等方式，建立健全对位于饮用水水源保护区区域和江河、湖泊、水库上游地区的水环境生态保护补偿机制。"第 32 条规定："国务院环境保护主管部门应当会同国务院卫生主管部门，根据对公众健康和生态环境的危害和影响程度，公布有毒有害水污染物名录，实行风险管理。"《长江保护法》第 1 条规定："为了加强长江流域生态环境保护和修复，促进资源合理高效利用，保障生态安全，实现人与自然和谐共生、中华民族永续发展，制定本法。"《森林法》第 68 条规定："破坏森林资源造成生态环境损害的，县级以上人民政府自然资源主管部门、林业主管部门可以依法向人民法院提起诉讼，对侵权人提出损害赔偿要求。"以上列举的只是生态环境并列使用的大量情形中的几个较为典型的例子，从环境法体系本身的科学性的要求来看，生态和环境到底是完全的对等并列的概念，还是侧重生态的环境，与生活的环境相区分相对应；以及环境在

---

① 详见张震《新时代中国生态宪法学的体系构建》，《厦门大学学报》（哲学社会科学版）2020 年第 3 期，第 12 页。

生态之前使用的"环境生态"的表述，又强调的是什么意思；对于以上等等，均有必要进行科学的类型化的梳理、诠释与处理。

其二，生态和环境尽管出现在同一条，但分开规定。《环境保护法》第 1 条规定："为保护和改善环境，防治污染和其他公害，保障公众健康，推进生态文明建设，促进经济社会可持续发展，制定本法。"第 6 条规定："企业事业单位和其他生产经营者应当防止、减少环境污染和生态破坏，对所造成的损害依法承担责任。"第 13 条规定："环境保护规划的内容应当包括生态保护和污染防治的目标、任务、保障措施等，并与主体功能区规划、土地利用总体规划和城乡规划等相衔接。"以上三条非常典型地体现了在《环境保护法》中"生态和环境尽管出现在同一条，但分开规定"的三种情形，即环境保护和生态文明并列被作为立法目的、环境污染和生态破坏作为两个对应的违法行为、环境保护包含生态保护的概念。《环境影响评价法》第 4 条规定："环境影响评价必须客观、公开、公正，综合考虑规划或者建设项目实施后对各种环境因素及其所构成的生态系统可能造成的影响，为决策提供科学依据。"此处环境因素被当作构成生态系统的基础之一。事实上，以上两法并不能作为完全的代表。笔者发现"生态和环境尽管出现在同一条，但分开规定"的这种类型，基本上在不同法律、不同条文中可能会呈现不同的表现形式，包括生态和环境在具体条文中的含义以及两者的具体关系等，似乎可以作出非常多样化的理解，而且又无法作出确定的类型化分析，这显然是个比较突出的问题。

三　体系分类和制度设计是否科学合理

从全国人大公布的有效法律目录来看，目前我国的环境法体系主要可以分为三大部分内容，即资源管理法、污染防治法、环境保护法。所谓资源管理法，主要是指以环境资源能源为核心保护调整对象的法律；所谓污染防治法，是指以各类型污染防治为核心内容的法律；所谓环境保护法，是指以各环境要素的保护为直接目标的法律。其中，《森林法》《渔业法》《草原法》《矿产资源法》《煤炭法》《节约能源法》《水法》《水土保持法》《种子法》《清洁生产促进法》《海域使用管理法》《土地管理法》《可再生能源法》《深海海底区域资源勘探开发法》《环境保护税法》《资源税法》《循环经济促进法》《反食品浪费法》等主要属于资源管理法；《大气污染防治法》《水污染防治法》《固体废物污染环境防治法》《防沙治沙法》《放射性污染防治法》《噪声污染防治法》《土壤污染防治法》等主要属于污染防治法；《海洋环境保护法》《野生动物保护法》《环境保护法》《环境影响评价法》《海岛保护法》《青藏高原生态保护法》《长江保护法》《湿地保护法》《黑土地保护法》《黄河保护法》《核安全法》《生物安全法》等主要属于环境保护法。

这样的环境法体系格局，从合宪性审查的原理要求来看，显然存在两个明显的问题。其一，见物不见人。自世界第一部成文宪法开始，"人"就成为宪法的主体。① 我国现行宪法中的"环境"也一定是以人为基础的。什么是环境，在所有的权威定义里面，不管是词典中的解释，还是代表性教科书的定义，或是法律规定，一定是以人为核心的，是围绕人展开的。以两本普通高等教育国家级规划教材《环境法原理》和《环境与资源保护法》为例，两书均指出，作为人类生存条件的"环境"，是以人类为中心的，并且是必须能够满足人类生存和发展需要的，人类环境简称为环境。② 再如《环境保护法》第 2 条规定："本法所称环境，是指影响人类生存和发展的各种天然的和经过人工改造的自然因素的总体，包括大气、水、海洋、土地、矿藏、森林、草原、湿地、野生生物、自然遗迹、人文遗迹、自然保护区、风景名胜区、城市和乡村等。"在目前的环境法体系当中，具体到任何一部法律，均呈现的是物化的形态，不管是物被作为目的，还是对象，甚至是手段，人在环境法体系中是隐蔽在支离破碎的条文当中的，这不仅不合乎环境法体系本身的科学性内涵，也不符合环境保护的终极目的，本质上与宪法的人的价值也是相矛盾的。其二，只见环境不见系统。资源管理法强调的是环境要素的管理，污染防治法针对各种污染环境类型的防治，环境保护法则以环境要素的保护为直接目标。以上三者均是

---

① 韩大元：《论克隆人技术的宪法界限》，《学习与探索》2008 年第 2 期，第 94 页。
② 参见吕忠梅主编《环境法原理》（第二版），复旦大学出版社 2017 年版，第 2 页；周珂主编《环境与资源保护法》，中国人民大学出版社 2007 年版，第 5 页。

围绕环境本身展开，而环境也好，生态也好，均是经济、政治、文化、社会、生态"五位一体"总体布局这个通过 2018 年修改在宪法中予以明确的国家发展大系统的重要组成部分。党的十九届五中全会指出要坚持系统观念的发展原则，所以从系统论的角度看，暂且抛开生态与政治、文化的关系，至少生态建设与经济社会发展的密切关系是非常突出的。因此现有的环境法体系中只讲环境保护，而没有突出绿色发展是亟待完善的。事实上，《中华人民共和国清洁生产促进法》及《中华人民共和国循环经济促进法》等比较突出地体现了绿色发展理念，《长江保护法》专门有"绿色发展"一章，这都是具体的制度进步。但从整体上看，环境法体系对绿色发展的强调是不够的。

第四节　通过合宪性审查实现环境法体系的发展

如前文所述，就环境法体系的合宪性审查而言，审查其是否具有宪法性瑕疵只是基本要求和初阶目的，能够全面实施宪法，实现环境法体系的发展才是最终目的。

一　从整体目标导向的角度，应该实现环境法体系的分类科学化、事项完备化以及制度实效化

所谓分类科学化是指应该在现有的环境法体系（主要包括资源管理法、污染防治法、环境保护法三个方面）的基础上，再至少增加绿色发展法、人与自然法、生态文明法三个方面。绿色发展法，可以更好地回答环境保护与经济社会发展的关系；人与自然法可以更好地平衡人与自然的关系；生态文明法可以更好地回应生态文明建设乃事关中华民族永续发展的千年大计根本大计的要求。

所谓事项完备化，应该在坚持系统发展观念、加快形成新发展格局的前提下，以满足环境法体系发展的科学性、合理性为目标，以"十四五"规划和二〇三五年远景目标对环境法治的要求为指导，夯实环境法体系的内容，补足有关环境权保障、绿色发展、环境治理以及生态文明建设等内

容的法律。

所谓制度实效化，是指理顺宪法与环境法体系的关系，有效进行环境法体系与其他部门法体系的衔接，畅通环境法体系中的堵点，提升环境法体系的治理效能。

二　从纵向体系完善的角度，应打造以宪法为直接依据，环境基本法和环境部门法梯级分明的环境法体系

实现环境法体系的纵向完善，首先应该完全直接对接宪法，提升其在以宪法为核心的法律体系中的地位，成为紧密围绕宪法核心的第一层次的法律体系。法学理论上普遍认为，在一个国家的法律关系秩序中，宪法是最高的上位法；在动态上，上位法由下位法加以具体化；在静态上，则下位法从上位法中获得有效性的根据。① 其次，改变目前环境法体系群龙无首的格局，在比较散乱的环境法体系中，应该制定提升环境基本法。目前看来，有两种路径，要么把环境保护法全面修改完善升级为环境法，要么制定生态环境法典。

目前《环境保护法》的篇章结构包括第一章"总则"、第二章"监督管理"、第三章"保护和改善环境"、第四章"防治污染和其他公害"、第五章"信息公开和公众参与"、第六章"法律责任"以及第七章"附则"，这样的结构安排一定程度上可以说具备了升级为环境基本法的基本框架。但是想要升级为环境基本法，至少一要明确环境保护法的立法依据，二要全面升级改造环境保护法中的制度，比如关于环境权的内容，关于绿色发展的内容，关于生态文明建设的内容等。事实上，《环境保护法》于1979年制定通过之初即明确了宪法依据。该法当时在第1条规定："根据中华人民共和国宪法第十一条关于'国家保护环境和自然资源，防治污染和其他公害'的规定，制定本法。"

当然，制定生态环境法典也是一个不错的选择。一方面，通过法典编

---

① 〔日〕芦部信喜：《宪法》（第三版），〔日〕桥和之增订，林来梵、凌维慈、龙绚丽译，北京大学出版社 2006 年版，第 11 页。

纂，按照新发展理念的要求对现行法律法规进行重新评价和审视，将新发展理念的要求转化为执法、司法的价值取向之一，推动生态环境法治的现代化。另一方面，通过法典编纂，充分彰显法典推进生态文明体制改革的政治意义，以此作为中国生态文明体制改革的成果与象征。制定生态环境法典，是强化绿色发展等新发展理念法治化落地的根本保障，是构建监管统一的环境治理体系、建立生态环境保护和经济高质量发展的制度规范体系的途径之一。

宪法对生态环境法典的制定可以产生现实的依据意义。其一，宪法为生态环境法典的制定提供新的思维方式。宪法是根本法，而且仅仅是根本法，宪法的思维是宏观的，宪法典是法典的最抽象的表达，环境法走向法典化，其思维上具有的一定的宏观性与宪法典具有内在的契合。其二，宪法为生态环境法典的制定提供新的规范依据。宪法是根本法，是所有法律的依据。生态环境法典作为仅次于宪法典的基本法律应明确其宪法依据。坚决贯彻新发展理念，转变发展方式，优化发展思路，实现生态效益和经济社会效益相统一。2018 年修宪以来，宪法中有关环境的规范体系的发展为生态环境法典的制定提供新的规范依据，通过对宪法生态文明规范体系的规范阐释，解决目前环境法律规范体系存在的整体性不强、协调性不够、权威性不足等问题，并在基础理论层面确认国家环境政策和绿色发展的法律价值观，形成能够统一体现新发展理念的法律体系。其三，宪法为生态环境法典的制定提供新的体系融贯。宪法典的体系化表达和体系化解释有助于生态环境法典更好地制定。构建以改善环境质量为导向，监管统一、执法严明、多方参与的生态环境治理体系，着力解决污染防治能力弱、监管职能交叉、权责不一致、违法成本过低等问题。将分散在各部门的环境保护职责调整到一个部门，逐步实行城乡生态环境保护工作由一个部门进行统一监管和行政执法的体制。有序整合不同领域、不同部门、不同层次的监管力量，建立权威统一的环境执法体制。其四，宪法为生态环境法典的制定提供新的目标功能。生态环境法典的制定是环境治理体系现代化的要求和反映。根据宪法确定的国家战略，按照绿色发展等新发展理念对现行法律、法规进行重新评价和审视，将新发展理念的要求转化为执法、司法的价值取向之一，大力推动生态环境治理体系与治理能力的现代化。同时，毫无疑问的是，生态环境法典的制定一定会对宪法生态文明规范体系的整体性系统性和具体化制度化实施产生现实的部门法意义。

三　从横向交互影响的角度，实现宪法与环境法规范的交互影响乃至体系性融贯，既发展环境法，也发展宪法

首先，宪法与环境法规范的交互影响分成三个步骤。一是，宪法确定环境法体系的基本价值与秩序，环境法规范的生成要符合宪法条款所确立的价值与秩序。比如现行宪法从 1982 年制定时确立环境保护国策条款，一直到 2018 年纳入蕴涵着绿色发展的新发展理念、"美丽"国家、生态文明建设等，形成了中国宪法上环境国家的特定价值与基本秩序，这是环境法体系确立与发展的宪法基础。二是，宪法环境国家的价值宣示与规范秩序以环境法体系的形式进一步延展，填充宪法的制度留白。比如环境法体系为宪法生态文明规范体系的规范释义提供部门法解释路径，丰富宪法生态观的内涵。三是，环境法体系反哺宪法制度的发展。比如在目前我国宪法未明确规定环境权的背景下，环境法体系要为公民享有环境权利提供切实的有效性保障，从而为宪法明确规定环境权提供实践素材和制度支撑。当然，宪法与环境法体系的交互影响并非静态的，而表现为一个"相互动态调适"的过程。要在这种相互动态调适的过程中，逐步趋向以宪法为依据的整体法秩序的和谐。

其次，在宪法与环境法规范交互影响的基础上，实现体系性融贯。一是理念上的融贯。随着 2018 年修宪，宪法上的环境规范体系形成及国家基本制度层面上的生态文明制度确立，应对其充分进行诠释并升华为宪法绿色理念体系，并通过环境基本法对宪法绿色理念体系进行全面贯彻体现。二是规范上的融贯。通过加强对宪法规范的解释，或者充分利用合宪性控制的事前和事后机制对环境法律条文规范在合宪性上着重进行审查，促使二者在规范上实现融贯互通。三是制度上的融贯。宪法与环境法理念和规范上的互通有助于推进制度上的融贯，而反过来制度上的融贯也进一步保

障理念和规范的动态交流。制度上的融贯有赖于一个以宪法为统帅、以环境基本法为支撑的多元环境法律体系，通过完善体系来构建制度。为此，探索制定生态环境法典是一个较为可行的路径选择，以法典化促进制度化，充分发挥制度优势，进而转化为治理效能，实现宪法与环境法的深度融合发展。

最后，宪法与环境法规范交互影响及体系融贯形成合力，既发展环境法，也发展宪法。所谓发展环境法，是指通过升级环境保护法为国家基本法律层面上的环境基本法或者推动生态环境法典的制定，解决环境法体系在国家官方法律目录中的独立门户问题，进而再改造升级环境法内部体系。所谓发展宪法，是指通过环境法的宪法化，实现宪法生态文明规范体系及其蕴涵的环境国家价值与秩序的全面制度实施；在此基础上，宪法足够回应生态环境治理实践与环境法体系发展的现实基础，实现宪法理念、价值、秩序与制度内涵等的合理变迁。

| 下　编 |

生态文明建设迈上新台阶的中国式法治进路

第十章　人与自然和谐共生的中国式现代化之法治体系与方略

　　党的二十大报告明确提出"中国式现代化"的重要命题，并阐述了"中国式现代化"基于中国国情的五个方面的特色。其中一个特色是，中国式现代化是人与自然和谐共生的现代化。① 努力建设人与自然和谐共生的现代化，根源于中国独特的文化传统、历史命运和国情条件，是中国共产党团结带领人民推动生态文明建设迈上新台阶的核心要义与根本任务，也是中国式现代化的本质要求。在包含五个方面特色的中国式现代化体系中，人与自然和谐共生的现代化具有基础性的关键地位，即其是实现其他四个方面特色（人口规模巨大、全体人民共同富裕、物质文明和精神文明相协调、走和平发展道路）的中国式现代化之根本前提和重要支撑。

　　法治兴则国家兴。党的二十大报告强调指出："必须更好发挥法治固根本、稳预期、利长远的保障作用，在法治轨道上全面建设社会主义现代化国家……全面推进国家各方面工作法治化。"② 在法治轨道上推进国家各方面工作法治化，系指"在治国理政各个领域，实现法律规范全覆盖、依法治理全链条、良法善治全方位，使法治成为国家各方面工作的

<hr>

① 习近平：《高举中国特色社会主义伟大旗帜 为全面建设社会主义现代化国家而团结奋斗——在中国共产党第二十次全国代表大会上的报告（2022年10月16日）》，人民出版社2022年版，第22页。

② 习近平：《高举中国特色社会主义伟大旗帜 为全面建设社会主义现代化国家而团结奋斗——在中国共产党第二十次全国代表大会上的报告（2022年10月16日）》，人民出版社2022年版，第40页。

崇高理念、坚定信仰、常规思维和基本方式，成为引领、规范和保障国家各方面工作的'轨道'，以此推进和护航中国式现代化"①。就建设人与自然和谐共生的中国式现代化而言，其作为国家现代化工作的重要面向之一，也须用法治理念、法治思维和法治方式来引领、规范和保障其相关工作，即全面推进其相关工作的法治化。在新时代新征程建设法治中国和美丽中国的宏阔背景下，把人与自然和谐共生的中国式现代化工作全面纳入法治轨道，对于走好中国式现代化道路、全面建成社会主义现代化强国具有基础性保障功能和战略性支撑作用。基于此，在博大精深的习近平法治思想和习近平生态文明思想指导下，如何深度阐释人与自然和谐共生的中国式现代化之法治意蕴、法治体系和法治方略，全面释放人与自然和谐共生的中国式现代化的价值效能，进而为生态文明建设迈上新台阶提供系统完备的宪法与法律保障，成为法学界亟须研究和回答的重大时代问题。

第一节　人与自然和谐共生的中国式现代化之法治意蕴

法治轨道上的人与自然和谐共生的中国式现代化，根源于中国独特的文化传统、历史命运和国情条件，是人与自然和谐共生的现代化、现代法治与中国样式有机融合、相互贯通的产物，是具有鲜明社会主义性质的生态良法善治，是追求人与自然共生的和谐发展价值、创造人类生态法治文明新形态的崭新法治化样式，具有深厚的底蕴。

一　生态良法善治

法治作为一种国家治理方式，它产生于国家治理实践，并由探索国家治理方法的人们将其概念化、理论化。习近平总书记指出："治理一个国家、一个社会，关键是要立规矩、讲规矩、守规矩，法律是治国理政最大

---

① 张文显：《全面推进国家各方面工作法治化》，《法制与社会发展》2022 年第 6 期，第230 页。

最重要的规矩。"① 那么，"法律是什么？最形象的说法就是准绳。用法律的准绳去衡量、规范、引导社会生活，这就是法治"②。法治的意涵不仅表征为形式意义上的法律规则之治，更体现为形式法治与实质法治相结合的良法善治。③ 由此，人与自然和谐共生的中国式现代化之法治意蕴首先表现为形式法治意义上的生态法律规则之治。生态法律规则之治意味着既要有规则又要守规则，即不仅要建立科学严密、系统完备的生态法律规则体系，而且要加强生态法律规则文化建设，包括执政党、有关国家机关、企事业组织以及全体国民都得养成认同生态法律规则的意识、形成遵守生态法律规则的习惯。在生态法律规则之治的基础上，全面纳入法治轨道的人与自然和谐共生的中国式现代化，其实质内涵与核心要求是生态良法善治。生态良法善治的主要意涵如下。

其一，蕴涵人民至上的价值理念和根本立场。党的十九届六中全会把"坚持人民至上"确认为贯穿党的百年奋斗历程的宝贵经验与重要原则之一。党的二十大报告中再次强调"必须坚持人民至上"这一中国特色社会主义的立场观点方法。坚持人民至上的价值理念和根本立场，是中国式的生态良法善治区别于资本主义生态法治的本质所在。在当下中国，建设人与自然和谐共生的现代化并实现生态良法善治，关系着最广大人民的根本利益和中华民族永续发展的长远利益，是利国利民利子孙后代的重要工作。因此，必须坚持把生态惠民、生态利民、生态为民作为构建生态良法善治的出发点和落脚点，以法治思维和法治方式着力解决好人与自然的和谐共生问题，顺应人民群众对建设绿色美好家园的殷切期盼。

其二，彰显维护和实现生态公平正义的法治精神。公平正义是法治的生命线，公正与否直接决定着国家各方面工作法治化之成败。习近平总书记指出："良好生态环境是最公平的公共产品，是最普惠的民生福祉。"④

①　中共中央文献研究室编《习近平关于全面依法治国论述摘编》，中央文献出版社 2015 年版，第 12 页。

②　中共中央文献研究室编《习近平关于全面依法治国论述摘编》，中央文献出版社 2015 年版，第 8~9 页。

③　参见张文显《习近平法治思想的理论体系》，《法制与社会发展》2021 年第 1 期，第 6~22 页。

④　中共中央宣传部、中华人民共和国生态环境部编《习近平生态文明思想学习纲要》，学习出版社、人民出版社 2022 年版，第 35 页。

此处所言"最公平""最普惠"彰显了生态公平正义的法治精神，也意味着人与自然和谐共生的中国式现代化必须紧紧围绕保障和促进生态公平正义来进行，必须让全体人民在生态环境立法、执法、司法等领域的法治活动中都能感受到公平正义。具体而言有三。（1）在立法工作中须秉持社会主义公正原则，加快制定和完善体现权利公平、机会公平、规则公平的生态良法。立法在设定生态环境权利和义务时要对多元社会主体一视同仁，还要妥善考量代内公平与代际公平、区域公平与国际公平的协调关系。简言之，要以生态良法来促进生态善治的实现。（2）在生态环境执法领域，应坚持实体公正与程序公正并重，对破坏生态、污染环境的典型违法犯罪行为要加大执法力度，在确保公平正义的前提下，切实维护国家生态安全和保障人民群众的生态权益。（3）在维护社会公平正义最后一道防线的司法活动中，基于人与自然和谐相处的共生哲学，不仅应维护和保障强调环境利益分配的环境正义，更应维护和实现强调补偿的生态矫正正义[①]，亦即应使受损的生态环境尽可能地恢复到合理的健康状态。

二　和谐发展价值

人类通过合理利用、友好呵护自然获得自然的慷慨回报，同时也获得可持续发展的机遇。倘若人类凌驾于自然之上，无序开发、污染环境、破坏生态、粗暴掠夺自然，则必然遭受自然的加倍报复和无情惩罚。因此，人类与自然万物之间必须和谐相处，这是实现人与自然和谐共生的前提。易言之，和谐是人与自然共生关系的首要价值取向，也是人与自然关系良好稳定的一种理想状态。人与自然之间这种和谐的理想状态，正如中国古代先哲荀子所言："万物各得其和以生，各得其养以成。"习近平总书记提出的蕴涵辩证法思维的"绿水青山就是金山银山"理念亦充分彰显了人与自然共生的和谐价值。随着经济增长方式的不断转变，人们的认识境界逐步升高，发展观念不断进步，绿水青山与金山银山从最初的对立走向辩证

---

① 参见于文轩《习近平生态文明法治理论指引下的生态法治原则》，《中国政法大学学报》2021 年第 4 期，第 12~13 页。

的统一；在此过程中，人与自然的关系也不断调整并趋向和谐，从而最终形成"人与自然生命共同体"。①

在追求和谐的基础上，人与自然和谐共生的"共生"一词还蕴涵着发展的价值目标。人与自然和谐共生所追求的发展，是人与自然生命共同体在和谐相处基础上生态效益、经济效益、社会效益同步提升的互惠发展和永续发展。发展是人类社会的永恒主题，而法治无疑是实现人类社会全面可持续发展的制胜法宝。要促进和实现人类与自然万物之间的相互依存、协调发展、共生共荣，必须走促进人与自然和谐共生的法治化道路。由此，从价值层面来讲，在法治轨道上推进人与自然和谐共生的中国式现代化，就是通过中国特色社会主义法治对人与自然之间共生共荣关系的确认、规范和保障，来达至人与自然生命共同体的和谐有序发展——生产发展、生活富裕、生态良好，即人与自然和谐共生的中国式法治现代化以和谐发展为其核心价值追求。

从人类的生存和发展实践来看，自然环境既有作为生存条件的生命支持价值和生态功能（绿水青山是自然财富、生态财富），也有作为劳动对象的生产价值和经济功能（绿水青山是社会财富、经济财富）。上述生态功能和经济功能同等重要，然而基于自然环境的公共性和复杂性，这两种功能在不同社会主体之间的实际配置很难做到均衡，有些社会主体更多享有和实现其生态功能，另一些社会主体则更多享有和实现其经济功能，由此产生了诸多的社会矛盾与冲突。② 鉴于此，法治轨道上的人与自然和谐共生的中国式现代化，以人、自然和社会三者的和谐发展为核心价值追求，通过合理配置不同社会主体的环境权利义务并系统协调其多元利益诉求，从而统筹兼顾自然环境的生态功能与经济功能，在促进多元社会主体利益均衡和协同发展的基础上，最终实现人与自然生命共同体的和谐发展。

---

① 中共中央宣传部、中华人民共和国生态环境部编《习近平生态文明思想学习纲要》，学习出版社、人民出版社 2022 年版，第 28~29 页。

② 参见刘超《习近平法治思想的生态文明法治理论之法理创新》，《法学论坛》2021 年第 2 期，第 27~29 页。

三 中国实践方案

在法治轨道上推进人与自然和谐共生的中国式现代化，将创造人类生态法治文明的新形态。此中国式的生态法治文明新形态，在立足本国具体国情并开放性地借鉴世界优秀生态文明和法治文明成果之基础上，为人类生态文明和法治文明的相互融合与协同发展提供了中国实践方案。具体而言，凸显在如下两点。

其一，生态法治文明新形态的"中国式"彰显着我国宪法确认的中国特色社会主义制度和中国共产党领导地位。中国特色社会主义制度是中国式生态法治文明新形态的根本制度基础；中国共产党是马克思主义自然观、生态观和法治观的忠诚信仰者和实践者，在美丽中国建设和法治中国建设中发挥着总揽全局、协调各方的领导核心作用。坚持中国特色社会主义制度和中国共产党领导，确保了中国式生态法治文明新形态的制度属性和前进方向。历史和现实都表明，坚持中国特色社会主义制度和中国共产党领导，是人与自然和谐共生的法治现代化之中国样式相较于西方样式的最大区别和最大优势所在，也是创造中国式生态法治文明新形态的最根本保证。

其二，生态法治文明新形态的"中国式"蕴涵着深厚的中华传统生态智慧和法制思想。习近平总书记曾指出，我们中华文明传承五千多年，积淀了诸如"天人合一""道法自然""劝君莫打三春鸟，儿在巢中望母归"等丰富的生态智慧，至今仍给人以深刻警示和启迪。[1] 以"天人合一"自然观为代表的中华传统生态智慧契合了人与自然共生共荣的和谐发展价值取向，可谓新时代创造人类生态法治文明新形态的重要思想源泉。此外，中华民族在治国安邦的法制思想方面具有德治与法治相结合的德法共治传统[2]，所谓"德主刑辅""德礼为本、刑罚为用""法安天下、德润人心"，即以道德引导与法律约束相结合的方式规范社会秩序。对德治与法治相结

---

① 参见习近平《论坚持人与自然和谐共生》，中央文献出版社 2022 年版，第 30 页。

② 参见吕忠梅《习近平法治思想的生态文明法治理论》，《中国法学》2021 年第 1 期，第 48～64 页。

合的中华传统法制思想的现代传承，体现于人与自然和谐共生的中国式现代化建设中，就是综合运用行政规制、司法救济、市场激励、道德引导等多元化手段，以法治与德治相辅相成、相得益彰的行为方式来推进生态环境治理的现代化。概言之，在法治轨道上建设人与自然和谐共生的中国式现代化所创造的人类生态法治文明新形态，呈现了中国共产党领导人民对中华传统生态智慧和法制思想的创造性转化和创造性发展。

第二节　人与自然和谐共生的中国式现代化之法治体系

在法治轨道上推进人与自然和谐共生的中国式现代化是全面依法治国工作的重要内容之一，必须契合全面依法治国的总体目标和运行模式，而全面依法治国的总目标和总抓手是建设中国特色社会主义法治体系。由此，必须在中国特色社会主义法治体系框架下构建充分体现人与自然和谐共生的完备法治规范体系、高效法治实施体系、严密法治监督体系和有力法治保障体系。党的十八大以来，以习近平同志为核心的党中央高度重视以法治思维和法治方式来推进生态文明建设，取得巨大成就，人与自然和谐共生的中国式现代化之法治体系已初步形成。但毋庸讳言，该体系构建是一个艰巨的系统工程，目前仍存在不少困难和问题，在一定程度上阻滞了人与自然和谐共生的中国式现代化进程。

一　完备的生态法治规范体系

人与自然和谐共生的法治规范在渊源上既包括属于国法范畴的宪法和生态环境类法律法规规章，也包括相关党内法规，还包括中国签署的国际生态环境公约。进入新时代以来，既凸显中国样式又与国际接轨的人与自然和谐共生的法治规范体系日趋成形。

其一，在国家立法方面，目前我国已公布施行生态环境类法律30余部，包括环境保护法、生物安全法等综合性法律和涉及污染防治、环境和生物多样性保护、自然资源保护和利用、长江黄河等流域性生态环保、黑土地等特殊地理地域保护等的专门性法律；此外，出台了生态环境相关行政法规 100 余部、地方性法规 1000 余部。① 这些法律和法规规章涵盖山、水、林、田、湖、草、沙等各类自然系统。2018 年 3 月，全国人大修宪首次把"生态文明""和谐美丽"等写入宪法序言的国家目标之中，并规定国务院的生态文明建设职权，这既充实完善了宪法生态文明规范体系，也为努力建设人与自然和谐共生的现代化夯实了宪法基础。② 此外，2020 年出台的《民法典》以其绿色原则和绿色规则彰显了人与自然和谐共生的生态化品性；2017 年修订《行政诉讼法》和《民事诉讼法》确立环境公益诉讼制度，以及 2020 年《刑法修正案（十一）》关于惩治环境犯罪的新规定，亦分别呈现了诉讼法、刑法的生态化趋向。

其二，在党内法规方面，为补充法律之不足、促进法律之实施，为人与自然和谐共生的现代化建设提供制度化规范化保障，党中央、国务院相继出台了涉及总体改革、具体制度、督察与责任、宣传与道德倡导等多种类型的数十部重要政策性法规文件，如《生态文明体制改革总体方案》《关于构建现代环境治理体系的指导意见》《生态环境损害赔偿制度改革方案》《党政领导干部生态环境损害责任追究办法（试行）》《中央生态环境保护督察工作规定》《公民生态环境行为规范（试行）》等。

其三，在国际生态环境公约签署方面。我国迄今已与 60 多个国家、地区及国际组织签署了包括全球应对气候变化的《巴黎协定》、联合国防治荒漠化的《鄂尔多斯宣言》、保护生物多样性的《昆明宣言》等在内的 150 余项生态环境国际公约或合作文件③，积极承担与自身发展水平相适应的国际责任，成为国际社会构建地球生命共同体的重要参与者、贡献者、引领者。

目前，人与自然和谐共生的法治规范体系虽已形成规模，但与既要量足又须质高的"完备"之要求尚有较大差距。首先，在国法方面主要表现

① 《栗战书出席生态环保立法工作座谈会并讲话》，全国人大微信公众号，2022 年 1 月 14 日。
② 参见张震、杨茗皓《论生态文明入宪与宪法环境条款体系的完善》，《学习与探索》2019 年第 2 期，第 85~92 页。
③ 参见崔爽、杨舒婷《环保部：我国已与 100 多个国家开展环保交流》，《科技日报》2017 年 7 月 21 日，第 2 版。

如下：一是生态环境立法在应对气候变化、推进减污降碳、加强有毒有害物质管理、环境风险管控等领域仍有立法空白和漏洞需要填补；二是生态环境立法的体系性不足，"历时碎片化"与"共时碎片化"共存现象明显①；三是生态环境立法不仅在各单行法之间存在规则和制度矛盾，而且与宪法及其他传统部门法之间的协调性也不够。其次，在党规方面主要体现为各种制度设计大多较为原则，尚需明确和细化。此外，生态环境相关国法、党规与国际公约之间的规则衔接仍显不足。

二 高效的生态法治实施体系

法律的生命力及权威性均在于实施。伴随着人与自然和谐共生的法治规范体系的形成和日臻完善，构建包括生态环境执法体系、生态环境保护司法体系等在内且相互衔接协调的高效法治实施体系，成为创造生态法治文明新形态的必然要求。

其一，生态环境执法体系。近年来，我国生态环境执法体系建设取得显著成绩。（1）改革地方环境保护管理体制。为解决传统以块为主的地方环保管理体制存在的突出问题，自2016年起在全国逐步推行省以下环保机构监测监察执法垂直管理制度改革，建立条块结合、各司其职、权责明确、保障有力的地方环境保护管理体制。（2）重组政府生态环境管理部门。按照党中央关于深化党和国家机构改革的统一部署，国务院和各地方政府在2018年相继组建了新的生态环境、自然资源管理部门，分别统一行使监管城乡各类污染排放和行政执法职责、统一行使国土空间用途管制和全民所有自然资源资产所有者职责。通过重整优化组织机构、理顺管理体制机制，进一步落实了2014年修订《环境保护法》确立的"环保部门统一监管、有关部门分工负责、地方政府分级负责"的生态环境监管体制。②（3）建立生态环境保护综合执法体系。为解决过往横向上多头执法、纵向

---

① 参见吴凯杰《历史视角下中国环境法典编纂的再体系化功能》，《荆楚法学》2022年第1期，第44~45页。
② 吕忠梅：《习近平生态环境法治理论的实践内涵》，《中国政法大学学报》2021年第6期，第12页。

上多层重复执法的问题，党中央、国务院于 2018 年出台《关于深化生态环境保护综合行政执法改革的指导意见》，在各地方整合组建生态环境保护综合执法队伍，以本级生态环境部门的名义统一行使行政处罚、检查、强制等执法职权。通过有效整合政府相关部门的污染防治和生态保护执法职责，统筹配置执法资源和执法力量，基本形成与生态环境保护事业相适应的行政综合执法职能体系。需指出的是，由于传统的生态环境执法体系仍有相当的制度惯性，当下各项生态环境执法体系改革虽取得初步成效，但仍面临垂直管理部门与地方政府的执法权力博弈、综合执法遭遇利益冲突时力度不足、执法流程不规范、执法效能不高和基层执法队伍业务不精等亟须解决的问题①，尚未达到良性、高效的执法体系建设目标。

其二，生态环境保护司法体系。司法机关紧紧围绕维护和实现生态公平正义的良法善治目标，持续深化生态环境保护司法体系改革创新。（1）全方位构建生态环境保护诉讼体系。在重整优化传统刑事、民事和行政审判职能的基础上，逐步形成了包括环境资源刑事、民事、行政、公益诉讼和生态环境损害赔偿诉讼的生态环境保护诉讼体系，为生态环境公共利益和个人生态权益提供全方位保护与监督。（2）初步建成环境资源司法专门化机构体系。2014 年 6 月，最高人民法院成立专门的环境资源审判庭，之后各高级人民法院和大多数中级人民法院均相继成立环境资源审判庭，基层法院也纷纷成立环境资源审判庭或合议庭。截至 2022 年底，全国法院共设立环境资源审判专门机构或组织 2426 个。② 由环境资源专门审判机构或组织统一行使环境资源刑事、民事、行政审判职能。另自 2019 年 1 月最高人民检察院设立公益诉讼检察厅以来，全国检察系统也普遍建立了公益诉讼检察机构。（3）探索建立环境资源审判规则和制度体系。最高人民法院单独或联合最高人民检察院发布《关于检察公益诉讼案件适用法律若干问题的解释》等多件相关司法解释，推进环境资源审判程序规则的专门化和体系

---

① 参见丁国峰《十八大以来我国生态文明建设法治化的经验、问题与出路》，《学术界》2020 年第 12 期，第 166~167 页。

② 周强：《充分发挥环境资源审判职能 为建设人与自然和谐共生的现代化提供有力司法服务》，《法律适用》2022 年第 12 期，第 4~5 页。

化；同时探索实行以生态系统或生态功能区为单位的环境资源案件跨行政区划集中管辖制度、绿色职权主义审判机制、环境公益诉讼专项资金、环境资源保护禁止令、生态环保司法建议书等绿色司法制度。（4）推进构建生态环境纠纷多元化解决机制。司法机关与行政机关、社会公益组织等开展合作，运用调解、协商、仲裁等非诉讼纠纷解决机制，通过诉罚衔接、诉调衔接、诉商衔接，及时化解环境资源领域矛盾纠纷，满足人民群众多元化司法需求。当下，我国传统司法体系的生态转向已清晰可见，但不容否认，理性系统的"绿色司法"制度体系尚未真正形成①，生态环境保护司法专门化的探索主要还在实践层面，环境资源审判专门司法制度与传统司法制度的体系协调性问题仍待解决。

三　严密的生态法治监督体系

公权力如果不受监督则必然导致腐败，这是一条历史铁律。生态环境领域的公权力概莫能外，必须对生态环境权力的配置和运行实行全方位全过程全领域的制约和监督。（1）建立并实行中央生态环境保护督察制度。2019 年出台的党内法规《中央生态环境保护督察工作规定》将过去以检查督促污染企业等社会主体遵纪守法的"环境保护督查"，上升为同时监督社会主体、党委政府及其有关部门并以后者环保履责情况为监督重点的"中央生态环境保护督察"；同时要求实行中央-省级两级督察体制，省级督察作为中央督察的延伸和补充。需说明的是，与行政复议、审计等传统行政监督制度不同，中央生态环境保护督察形成了兼具党内监督和行政监督两重面向的制度样态。② （2）推进生态环境纪检监察。国家监察体制改革后的生态环境纪检监察与中央生态环境保护督察在监督视域上既有重叠性也有互补性，共同发挥着确保依法行使公权力的公职人员履行生态环保职责，有力打击生态环境领域权力腐败，提升生态环境治理清廉指数的功

---

① 吕忠梅：《习近平法治思想的生态文明法治理论之核心命题：人与自然生命共同体》，《中国高校社会科学》2022 年第 4 期，第 14 页。

② 参见黄鑫《深化国家监察体制改革视阈下生态环保督察制度衔接问题研究》，《学术探索》2021 年第 8 期，第 104~112 页。

能。（3）加强人大监督。例如，十三届全国人大常委会自 2018 年起已连续 5 年对生态环境类法律实施情况开展全面的执法检查；又如，国务院及地方各级政府根据《环境保护法》第 27 条的规定向同级人大定期报告环境状况和环境保护目标完成情况，接受人大监督。（4）开展政协监督。人民政协作为社会主义协商民主的重要渠道和基本形式，在政党协商与政协协商中，通过召开协商会议和专题调研、专题视察、情况通报等方式，开展生态良法善治维度的民主监督。（5）强化司法监督。各级人民法院通过生态环境行政诉讼或公益诉讼活动依法行使审判权，纠正行政执法不严、不作为或滥用权力等行为。（6）鼓励社会监督。各类环境公益基金会、环保公益组织和志愿者组织通过提交生态环境立法建议、宣传环保法律知识、举行生态公益活动、检举环境违法犯罪行为和提起环境公益诉讼等多种方式，督促和协助政府依法履行生态环保责任。（7）倡导舆论监督。如新闻媒体积极参与政府生态环境监管执法过程并配合中央部署开展污染防治攻坚战、长江大保护等重大活动，通过开展新闻调查、推出专题报道、曝光生态破坏典型案例等方式，营造舆论环境。

总体而言，人与自然和谐共生的法治监督体系日益清晰并已初步形成监督网络，但与党中央提出的构建"党统一领导、全面覆盖、权威高效"的法治监督体系之目标要求尚有差距。如在生态环境保护督察方面，主要表现为中央督察与省级督察两级的工作衔接机制不畅、省级督察工作能力有待提升以及运动式督察重问题处置而轻风险防范导致监督漏洞等。[1] 此外，生态环境保护督察与纪检监察在监督权力配置和监督程序衔接等方面的体系化程度还不高，国家监督与社会监督的整体生态法治监督合力亦显不足。

四 有力的生态法治保障体系

其一，政治和组织保障。中国共产党各级党委在提高自身依法执政能

---

[1] 参见葛察忠等《中央生态环境保护督察制度建设成效与完善建议》，《环境保护》2022 年第 18 期，第 10 页。

力和水平的同时提供有力的政治和组织保障。党中央始终把努力建设人与自然和谐共生的现代化摆在全局工作的突出位置，并着眼把人与自然和谐共生的现代化纳入法治化轨道，已相继出台数十件相关政策法规，领导立法机关制定和修订数十部生态环境法律，以法治思维和法治方式推动形成绿色发展的现代化建设新格局。在党中央的集中统一领导下，各地区各部门党委和领导干部大力支持和积极推进，党的各级组织部门发挥职能作用以保障相关决策部署的落地见效。

其二，队伍和人才保障。按照习近平总书记提出的"建设一支生态环境保护铁军"[1] 的要求，生态环境保护领域德才兼备、德法兼修的高素质法治人才队伍建设工作有了长足进展。例如，全国高校已设有环境与资源保护法学专业博士学位授权点 16 个、硕士学位授权点 100 余个，环境与资源保护法学专业研究生教育培养了大量专业人才[2]；环境与资源保护法课程被许多高校设置为非法学专业本科生的通识选修课；环境资源法陆续被纳入国家司法考试（法律职业资格考试）的科目范围和国家公务员考试的考查范围。

其三，物质条件保障。财力、物力、科技、信息等物质条件是人与自然和谐共生的法治体系从制度优势转化为治理效能的必要保障。近年来，人与自然和谐共生的法治保障体系中的物质条件保障日益得到重视。生态环境执法、司法、监督的经费和相关装备质量得到提高；同时积极推动大数据、云计算、人工智能等现代科技创新成果与生态环境执法、司法、监督工作的融合，为人与自然和谐共生的法治实施体系、法治监督体系赋能。

诚然，人与自然和谐共生的法治保障体系建设虽有长足进步，但仍难以提供结构完整、机制健全、资源充分、富于成效的保障要素系统。[3] 具

---

[1]　《习近平在全国生态环境保护大会上强调：坚决打好污染防治攻坚战 推动生态文明建设迈上新台阶》，《人民日报》2018 年 5 月 20 日，第 1 版。

[2]　吕忠梅、吴一冉：《中国环境法治七十年：从历史走向未来》，《中国法律评论》2019 年第 5 期，第 106 页。

[3]　参见吕忠梅、田时雨《在习近平法治思想指引下建设生态文明法治体系》，《法学论坛》2021 年第 2 期，第 9 页。

体而言，在政治和组织保障层面，将党的领导充分落实到人与自然和谐共生的法治体系构建和运行的整体过程和具体环节，还有待进一步完善和优化；在队伍和人才保障层面，促进人与自然和谐共生的法治工作队伍建设仍需在专业化和规模化上进一步改进和加强；在物质条件保障层面，实现生态良法善治的财力、物力等保障要素尚需进一步得到重视和落实，数据化、网络化、智能化的科技信息保障水平也有待进一步提高。

第三节　人与自然和谐共生的中国式现代化之法治方略

党的二十大报告强调"必须坚持问题导向"。如上所述，近年来人与自然和谐共生的中国式现代化之法治体系虽已基本构建成形，但仍存在诸多方面的问题。问题是创新的起点，也是创新的动力源。在新时代新征程中，要解决上述法治体系构建中面临的问题，回应人民群众的新要求新期待，就必须探索和施行科学合理的法治方略，以更高的标准和更严的要求，全面推进人与自然和谐共生的中国式现代化。

一　根本原则：坚持和全面加强中国共产党的领导

坚持中国共产党的领导在 2018 年修改宪法之后已成为我国的一项不可动摇的宪制原则。根据这一宪制原则的根本性要求，在法治轨道上推进人与自然和谐共生的中国式现代化，必须坚持和全面加强党的领导。此乃国家各方面工作法治化最终取得成功的关键所在。

其一，充分发挥党的领导核心作用。党的领导核心作用具体包括定向领航作用、顶层规划作用、统筹协调作用、检视整改作用四个方面。[①] 由此，党的领导不仅要深入人与自然和谐共生的法治体系的顶层架构和制度设计中，还要落实到该体系运行的整体过程和具体环节；要通过党来全面统筹实现生态良法善治的立法、执法、司法、普法和法律服务等专门法治

---

① 参见黄文艺《推进中国式法治现代化　构建人类法治文明新形态——对党的二十大报告的法治要义阐释》，《中国法学》2022 年第 6 期，第 11 页。

工作，并检视整改存在的各种问题，确保正确的法治化方向。

其二，强化党内法规的"先行先试"功能。党的十八大以来，党中央先后出台一系列政策法规，不断完善生态文明建设的顶层设计，使生态环境保护党内法规与生态环境立法相辅相成，共同作为人与自然和谐共生的法治规范体系的重要组成部分。进一步发挥党内法规"先行先试"的引领和带动作用，既可填补尚有的生态法治规范缺陷，并为之后制定或修订相关生态环境法律规范总结"先行先试"经验，又有助于人民群众熟悉立法动向相关的"先行先试"制度内容，为之后立法提供"缓冲区"。

其三，推进生态环境治理职能相近的党政机构合署或合设。例如，实行中央生态环境保护督察制度，落实"党政同责、一岗双责"，中央与省级两级生态环境保护督察办公室的设立，就是生态环境领域党内监督机构与行政监督机构合设的实践探索。通过深化党和国家机构改革与制度配套，逐步探索推进生态环境治理职能相近的党政机构合署或合设，实现机制合力与职能优化，有利于实现依法治国和依规治党在政理、法理和行动上的一体化，有利于将党的领导这一制度优势有效转化为治理效能。

二　动力机制：自上而下和自下而上的双向互动

习近平总书记在深刻总结人类法治文明演进规律之基础上，将已经实现现代化的资本主义国家推进法治化的模式分为两种不同类型，即以欧美国家为代表的自下而上的社会演进模式和以新加坡、韩国、日本等东亚国家为代表的自上而下的政府推动模式。[①] 自上而下的政府推动模式，是指有关国家通过政府的强力推动在几十年时间内快速实现法治化；而在自下而上的社会演进模式中，政府对法治的推动作用相对较小，其主要是适应市场经济和现代化发展需要，经过一二百年乃至二三百年内生演化，逐步实现法治化。继而习近平总书记指出："就我国而言，我们要在短短几十年时间内在十三亿多人口的大国实现社会主义现代化，就必须自上而下、

---

① 公丕祥：《习近平法治思想与中国式法治现代化》，《法学家》2022年第5期，第7~10页。

自下而上双向互动地推进法治化。"① 由此，在我国这种双向互动型的法治化模式下，推进人与自然和谐共生的中国式法治化，既需要强化自上而下的党政快速推动作用，又需要充分发挥自下而上的人民主体力量，引导人民群众自觉参与生态法治实践，并通过自上而下和自下而上的双向有机结合，为人与自然和谐共生的法治化提供持续的动力。

其一，强化自上而下的党政推动作用。党中央、国务院始终坚持全国统筹、强化顶层设计，决策、部署、开展了诸如生态环境保护综合行政执法改革、环境资源审判专门化、中央生态环境保护督察等一系列推进法治化的重大改革和制度创新，并从上至下强力推动，压实各级政治责任，促进生态良法善治取得显著成效。在新时代新征程中还须坚持和强化自上而下的党政推动作用，尤其是要发挥领导干部这个"关键少数"的带头效应。在党委领导、政府主导的生态治理权责配置架构下，各级党政领导干部应切实履行本区域本部门生态良法善治第一责任人的职责，以上率下、以身作则、担当作为，确保自上而下的党政推动始终成为生态法治建设向纵深发展的强大动力。

其二，充分发挥自下而上的人民主体力量。人与自然和谐共生的中国式现代化是人民群众共同参与、共同建设、共同享有的事业。因而，必须坚持人民群众的主体地位，依法保障人民群众的知情权、参与权、表达权和监督权，在各级党委领导和政府主导之下充分发挥人民群众的自主性、能动性和创造精神。要引导企业、社会组织和个人通过多种途径、机制和方式积极参与人与自然和谐共生的法治体系构建工作，同时积极履行生态环境保护的个人义务和社会责任。总之，应激发人民群众投身创造人类生态法治文明新形态的热忱，使之逐渐演化为实现生态良法善治自下而上的不竭内生动力。

三　路径指引：系统整体协同观的法治方法论

习近平总书记在论述法治方法论时指出："全面依法治国是一个系统

---

① 习近平：《论坚持全面依法治国》，中央文献出版社 2020 年版，第 136 页。

工程，要整体谋划，更加注重系统性、整体性、协同性。"① 这种系统整体协同观的方法论不仅体现在习近平法治思想中，也体现在习近平总书记对人与自然关系的科学论断中。针对西方资本主义国家秉持人与自然"主客二分"世界观，长期对自然进行肆无忌惮的征服和掠夺从而引发严重环境问题，习近平总书记跨越"主客二分"思维，承认自然的系统性价值，创造性地提出了蕴涵系统整体协同观的"人与自然生命共同体"重要命题。② 在"人与自然生命共同体"下，统筹考虑自然生态系统各要素，将系统整体协同观念贯穿生态环境保护和高质量发展全过程，不断形成人与自然和谐发展新格局。可见，系统整体协同观分别与全面依法治国和生态文明建设两大时代主题相契合，已成为在法治轨道上建设人与自然和谐共生的现代化的基础性方法论。下文以人与自然和谐共生的法治规范体系和法治实施体系构建为例，分别阐述在系统整体协同观的方法论指引下的工作着力点。

其一，提高生态环境法治规范体系的系统性与协调性。（1）增强生态环境法律法规之间在实质内容上的衔接与协调。这是生态环境保护的系统性整体性协同性之所需，也是宪法上社会主义法制统一原则之要求。首先，基于生态环境要素之间的自然关联性，应加强生态环境要素立法之间的内容衔接。例如，森林法与水土保持法、防沙治沙法、应对气候变化法之间必然存在内容的关联，在立法内容中应对这种要素之间的关联予以体现。其次，基于生态环境保护的整体性、公共性、协同性，应加强特定区域地方立法之间的制度衔接。例如，跨区域或跨流域污染防治的区域联防联控制度、信息共享制度、生态补偿制度等。（2）促进生态环境法律部门与宪法及其他部门法的沟通和功能互补。③ 生态环境法律部门的行为规则与程序规则离不开宪法和行政法、刑法、民法、诉讼法等部门法的支持。生态环境法律部门与宪法及其他部门法的互动与交融，不仅体现在宪法及

---

① 习近平：《论坚持全面依法治国》，中央文献出版社 2020 年版，第 4 页。
② 中共中央宣传部、中华人民共和国生态环境部编《习近平生态文明思想学习纲要》，学习出版社、人民出版社 2022 年版，第 18 页。
③ 参见张震《中国宪法的环境观及其规范表达》，《中国法学》2018 年第 4 期，第 19~21 页。

其他部门法的"绿化"或生态化，更需要生态环境立法有意识地主动与宪法及其他部门法进行内容协调。这种内容协调既包括文本上的衔接一致，还包括文本背后从法解释学、法教义学和方法论层面寻求价值取向、意涵空间和法律方法之有机协调。① （3）加强生态环境党规与国法之间的衔接和协调。需要对已经出台的生态环境党内法规进行系统清理，将实践证明已相对成熟的制度内容及时纳入国家立法。例如，党中央的法规文件提出排污许可制改革后，立法机关积极推动把过去固定点源生态环境管理的各项制度统一纳入排污许可制，并纳入环境保护法、水污染防治法、大气污染防治法等专项法律。通过理顺生态环境党规与国法的理论联系与实践关联，实现二者的有机衔接、有效配合、相得益彰，充分发挥"党规国法"组合拳的效用。（4）加强生态环境党规、国法与我国签署的国际生态环境公约的衔接与协同。构筑尊崇自然、绿色发展的生态体系是全球面临的共同挑战和共同责任。须协调推进生态环境领域国内法治和涉外法治，尤其是要重信守诺，认真履行国际生态环境公约和推进公约的国内法转化，主动承担同国情、发展阶段和能力相适应的生态环境治理义务，为全球提供更多公共产品，同时更好维护国家主权、安全和发展利益。

其二，加强生态环境法治实施体系内部要素的衔接与协调。（1）加强生态环境执法与司法体系的有效联动。例如，建立生态环境保护相关国家机关之间的信息共享、案情通报、案件移送制度，强化生态环境行政执法与刑事司法衔接，探索建立"专业化法律监督+恢复性司法实践+社会化综合治理"审判结果执行机制，促使诸法治实施机关形成齐抓共管的合力，有效防范、遏制、打击生态环境违法犯罪行为。（2）优化生态环境保护司法体系内部诉讼衔接机制，诸如生态环境损害赔偿诉讼与环境公益诉讼的衔接、环境民事公益诉讼与传统环境民事私益诉讼的衔接。探索以制度共通性为基础的新衔接路径，更好地保护和救济受损的生态公共利益和私人生态利益。

---

① 参见钭晓东、杜寅：《中国特色生态法治体系建设论纲》，《法制与社会发展》2017年第6期，第27页。

四　重点突破："用最严格的制度、最严密的法治保护生态环境"

在法治轨道上推进人与自然和谐共生的中国式现代化既需要统筹协调、整体谋划、合力推进，也需要把握重点、率先突破。习近平总书记强调："推动绿色发展，建设生态文明，重在建章立制，用最严格的制度、最严密的法治保护生态环境。"① 当下，亟须按照"最严格的制度、最严密的法治"的要求，从加快补齐生态环境立法短板、大力提升生态环境综合执法效能、稳妥推进环境资源审判专门化、切实加强生态环境法治宣传教育等方面实现重点突破。

其一，加快补齐生态环境立法短板。（1）亟须以宪法为根据编纂生态环境法典。生态环境法典作为以宪法为核心的生态环境法律体系中的一部发挥综合性、核心性法律功能的基本法律，可改变目前生态环境法律部门中因缺少基本性法律而呈现的法律分布支离破碎状态，同时也可在整体上体现和落实宪法上的生态文明规范及其制度内涵。② 就编纂生态环境法典的主旨而言，生态环境法典应以"人与自然的和谐共生"为其核心灵魂，要将党领导人民创造人类生态法治文明新形态的理念及实践成果转化为体系化的生态环境法律制度，为建设人与自然和谐共生的现代化的法律需求提供体系化方案。③ （2）亟须加快推进重点领域的生态环境立法。例如，为顺利实现我国向世界宣布的碳达峰碳中和目标，需加快推动专门的应对气候变化法的立法进程，对碳排放管控、碳排放权交易制度等内容作出统一规定；同时应及时修订《煤炭法》《可再生能源法》《节约能源法》《清洁生产促进法》《森林法》《草原法》等间接应对气候变化的法律，增加或完善其应对气候变化的相关内容。④ 此外需指出的是，2021 年 3 月 1 日起已施行的《长江保护法》和 2023 年 4 月 1 日施行的《黄河保护法》均

---

① 习近平：《论坚持人与自然和谐共生》，中央文献出版社 2022 年版，第 176 页。

② 参见张震《环境法典编纂的宪法根据及合宪性控制》，《东方法学》2022 年第 3 期，第 72～84 页。

③ 参见吕忠梅《做好中国环境法典编纂的时代答卷》，《法学论坛》2022 年第 2 期，第 106 页。

④ 秦天宝：《整体系统观下实现碳达峰碳中和目标的法治保障》，《法律科学》2022 年第 2 期，第 108～109 页。

在第 1 条中把 "实现人与自然和谐共生" 明确规定为立法目的之一。这一立法亮点有必要在今后其他重点领域的生态环境法律制定或修订时予以推广。

其二，大力提升生态环境综合执法效能。（1）完善执法体制。认真落实党中央、国务院的决策部署，推动全面完成纵向维度的省以下生态环境机构监测监察执法垂直管理制度改革和横向维度的生态环境保护综合行政执法改革，持续完善生态环境执法体制。（2）丰富执法手段。例如实施惩罚性与激励性相结合的多元化执法手段：既要坚持底线思维、强化执法力度，对于触犯生态保护红线、环境质量底线、资源利用上线的违法行为，依法采用罚款、责令停产停业等高强制性、惩罚性的执法手段，又要立足生态环境的公共性和经济性，对社会主体的生态环境守法行为给予适当的行政奖励和补贴，而且在采取市场手段能够有效修复生态环境损害时，还可通过激励性的执法和解机制，促使损害人迅速履行修复受损生态环境的义务，防止传统惩罚模式因程序烦琐所致的生态环境损害无法及时清理的后果。[①]（3）加强执法队伍建设。例如，健全和完善生态环境保护综合行政执法人员的选拔、任用、考核、培训机制，严格落实执法问责机制，不断提高执法队伍的正规化、专业化和法治化素养。

其三，稳妥推进环境资源审判专门化。（1）推进环境资源审判专门机构的实质化。当前，环境资源审判庭、合议庭或者巡回法庭等专门机构已普遍设立，但一些法院囿于编制限缩、经费不足和案源稀少等因素仍存在环境资源审判专门机构 "有名无实" 的问题，故此还应加强法官队伍统筹配置，为环境资源审判专门机构配备充足的审判人员，以满足司法诉讼最基本的程序要求。[②]（2）明确环境资源审判的归属案件范围。为全面实行刑事、民事、行政审判职能 "三合一"，亟须厘清归属环境资源审判的各类案件范围，包括明确罪名和案由等，以环境资源案件类型化推进环境资源审判专门化。（3）完善环境资源审判的实体裁判规则和诉讼程序规则。

---

① 参见谢秋凌《生态法治之实践维度》，《思想战线》2020 年第 3 期，第 163 页。
② 参见黄锡生《我国环境司法专门化的实践困境与现实出路》，《人民法治》2018 年第 4 期，第 29 页。

这需要最高人民法院在准确把握实践需要的基础上强化规则指引和业务指导，包括及时制定、修改环境资源审判司法解释，及时发布、宣传地方法院培树和报送的具有创新性、科学性和可操作性的指导性案例或典型案例，以促进环境资源领域类型化案件裁判尺度统一，充分发挥环境资源审判专门化职能作用。（4）提升审判人员的专业能力水平。要加大以新时代环境司法理念及裁判规则为主要内容的业务培训力度，不断提升环境资源审判能力水平。尽快培养一大批既精通法律法规又熟悉环境科学知识的专家型法官，打造适应"三合一"归口审理模式的高素质环境资源审判人员队伍。

其四，切实加强生态环境法治宣传教育。（1）生态环境法治宣传教育的全民化。针对当下社会对生态环境保护存在认同度较高、认知度不足、践行度较低等问题[1]，亟须把生态良法善治教育纳入国民教育范畴，使全体国民均能养成正确的生态法治观。不仅要让生态环境法治宣传教育成为国家在公民中开展五年一轮普法活动的重要任务，成为对国家工作人员尤其是领导干部进行常态化培训的重要内容，还要使之融入大中小学思想政治课一体化教学中，在各学段培养生态法治文明建设的生态新人。（2）生态环境法治宣传教育的专业化。鉴于生态环境保护义务的履行往往涉及高度的专业性和复杂的经济成本效益权衡，生态环境法治宣传教育内容不能再像传统那般局限于相关法律法规表层知识性内容，还应就相关行业、企业在守法过程中所关心的技术设备、经济成本等专业性信息提供必要的指导，并将这种细致且专业的引导纳入守法规则体系之中，以便于守法主体切实履行法律义务。（3）生态环境法治宣传教育的生活化。生态环境法治宣传教育应立足现实生活，尤其是要结合人类合理利用、友好保护自然的正面榜样和无序开发、粗暴掠夺自然的反面典型，帮助受教育者建立起生态环境法律法规的生活性关联，提高自觉的守法意识和生态意识。在此基础上，还要通过生态环境法治教育读本、电影电视、舞台演出、网络小说

---

① 参见于文轩、胡泽弘《习近平法治思想的生态文明法治理论之理念溯源与实践路径》，《法学论坛》2021年第2期，第20页。

和小视频等多种展现形式，讲好中国人与自然和谐共生的法治故事。

需指出的是，以习近平总书记在 2016 年 5 月哲学社会科学工作座谈会和 2022 年 4 月考察中国人民大学时关于加快构建中国特色哲学社会科学的重要讲话精神为根本指引，如何加快建构以中国自主知识体系为内核的中国特色法学学科体系、学术体系、话语体系，已成为法学界近来开展讨论的热点话题。[①] 当下，坚持在法治轨道上建设人与自然和谐共生的中国式现代化，还需在深入研究人与自然和谐共生的中国式现代化的法治意蕴、体系和方略之基础上，加快构建人与自然和谐共生向度的中国自主法学知识体系。一方面，用法治来引领、规范和保障人与自然和谐共生的中国式现代化所凝练出的概念范畴、规则原则、精神价值以及理论体系，诸如生态良法善治、人与自然和谐发展价值、中国式生态法治文明新形态、人与自然和谐共生的法治体系等，将成为建构人与自然和谐共生向度的中国特色法学学科体系、学术体系、话语体系的自主知识来源；另一方面，人与自然和谐共生向度的中国自主法学知识体系的阐释运用、开拓创新，也为推进和实现人与自然和谐共生的中国式现代化奠定理论基础和提供智识支撑。

展望未来，在建设美丽中国和法治中国的新征程中，确保人与自然和谐共生的中国式现代化在法治轨道上顺利推进，需要系统谋划和妥帖安排，当下则须遵循科学合理的法治方略，系统构建人与自然和谐共生的完备法治规范体系、高效法治实施体系、严密法治监督体系和有力法治保障体系，同时加快形成人与自然和谐共生向度的中国自主法学知识体系，从而更好地满足新时代人民日益增长的优美生态环境需要，更好地回应人民群众对人与自然和谐共生的现代化的新要求新期待。

---

① 苗炎：《加快建构中国法学的自主知识体系》，《法制与社会发展》2022 年第 3 期，第 226 页。

第十一章　宪法框架下生态环境法典
编纂的中国方案

　　2021 年 4 月 21 日，全国人大常委会公布了 2021 年度立法工作计划。计划在第二部分"统筹立法质量和效率，科学合理安排法律案审议工作"中指出要"研究启动环境法典、教育法典、行政基本法典等条件成熟的行政立法领域的法典编纂工作"；在第五部分"加强立法理论研究"中指出"总结民法典编纂立法经验，开展相关领域法典化编纂和法律体系化研究"。[①] 2024 年 3 月 8 日，全国人大常委会委员长赵乐际向十四届全国人大二次会议作《全国人民代表大会常务委员会工作报告》，报告明确提出："启动生态环境法典编纂工作，努力在本届内编纂出一部以习近平生态文明思想为引领，具有中国特色、体现时代特点、反映人民意愿、系统规范协调的生态环境法典。"[②] 可见，生态环境法典的编纂已经被全国人大常委会纳入立法工作计划。我们从 2021 年度立法工作计划关于环境法典使用"研究启动"以及"加强立法理论研究"等表述中，也可以判断，针对生态环境法典的编纂目前主要处于加强理论研究的阶段。因此，当前学术界有必要围绕生态环境法典及其编纂进行充分的学理思考和论证。

　　法学界近年来，围绕生态环境法典及其编纂已经进行了较为集中的研

---

①　《全国人大常委会 2021 年度立法工作计划》，中国人大网，http://www.npc.gov.cn/npc/c30834/202104/1968af4c85c246069ef3e8ab36f58d0c.shtml，最后访问日期：2021 年 6 月 9 日。

②　《全国人民代表大会常务委员会工作报告（摘要）》，人民网，http://lianghui.people.com.cn/2024/n1/2024/0309/c458561-40192082.html，最后访问日期：2024 年 3 月 9 日。

究。有不少学者主张并呼吁制定生态环境法典①；有的学者侧重从外国环境法典评介的角度思考我国生态环境法典的编纂②；也有学者侧重从民法典与生态环境法典的关系上进行论证③；甚至有不少学者已经对生态环境法典的法典化程度、结构、主要内容乃至边界等进行了探索④。但是上述研究中，几乎没有直接专门从宪法视角进行系统思考和论证的。笔者认为，编纂生态环境法典的中国方案必须在宪法框架下抑或以宪法为根据，

---

① 参见吕忠梅《将环境法典编撰纳入十三届全国人大立法计划》，《前进论坛》2017 年第 4 期，第 50~51 页；王灿发、陈世寅《中国环境法法典化的证成与构想》，《中国人民大学学报》2019 年第 2 期，第 2~4 页；何江《为什么环境法需要法典化——基于法律复杂化理论的证成》，《法制与社会发展》2019 年第 5 期，第 54~72 页；焦艳鹏《环境法典编纂与中国特色社会主义法律体系的完善》，《湖南师范大学社会科学学报》2020 年第 6 期，第 17~26 页；吕忠梅《中国环境立法法典化模式选择及其展开》，《东方法学》2021 年第 6 期，第 70~82 页；等等。

② 参见彭峰《法国环境法法典化研究》，《环境保护》2008 年第 4 期，第 69~72 页；竺效、田时雨《瑞典环境法典化的特点及启示》，《中国人大》2017 年第 15 期，第 53~55 页；李钧《一步之遥：意大利环境“法规”与“法典”的距离》，《中国人大》2018 年第 1 期，第 51~54 页；施程《德国环境法法典化立法实践及启示》，《德国研究》2020 年第 4 期，第 78~954 页；等等。

③ 参见陈海嵩《论环境法与民法典的对接》，《法学》2016 年第 6 期，第 61~73 页；吕忠梅、窦海阳《民法典“绿色化”与环境法典的调适》，《中外法学》2018 年第 4 期，第 862~882 页；张式军、田亦尧《后民法典时代民法与环境法的协调与发展》，《山东大学学报》（哲学社会科学版）2021 年第 1 期，第 131~141 页；张璐《环境法与生态化民法典的协同》，《现代法学》2021 年第 2 期，第 171~191 页；等等。

④ 参见张梓太《论我国环境法法典化的基本路径与模式》，《现代法学》2008 年第 4 期，第 27~35 页；曹炜《论环境法法典化的方法论自觉》，《中国人民大学学报》2019 年第 2 期，第 39~51 页；邓海峰、俞黎芳《环境法法典化的内在逻辑基础》，《中国人民大学学报》2019 年第 2 期，第 29~38 页；刘长兴《论环境法法典化的边界》，《甘肃社会科学》2020 年第 1 期，第 8~15 页；于文轩、牟桐《生态文明语境下环境法典的理性基础与法技术构造》，《湖南师范大学社会科学学报》2020 年第 6 期，第 11~16 页；张忠民、赵珂《环境法典的制度体系逻辑与表达》，《湖南师范大学社会科学学报》2020 年第 6 期，第 27~33 页；周骁然《体系化与科学化：环境法法典化目的的二元塑造》，《法制与社会发展》2020 年第 6 期，第 51~66 页；吕忠梅《中国环境法典的编纂条件及基本定位》，《当代法学》2021 年第 6 期，第 3~17 页；徐祥民《关于编纂“自然地理环境保护法编”的构想》，《东方法学》2021 年第 6 期，第 83~98 页；吴凯杰《生态区域保护法的法典化》，《东方法学》2021 年第 6 期，第 99~110 页；吕忠梅《环境法典编纂方法论：可持续发展价值目标及其实现》，《政法论坛》2022 年第 2 期，第 18~31 页；吕忠梅《生态环境法典编纂与优秀传统生态文化的传承》，《法律科学》2024 年第 3 期，第 32~44 页；等等。

这既是对生态环境法典法律地位及编纂质量的要求，也对宪法的全面实施及发展具有重要意义。① 宪法上的生态文明规范体系构成生态环境法典编纂的规范与制度依据；宪法上确认的习近平新时代中国特色社会主义思想与中国共产党领导的理论、人民中心理论、国家治理理论、依法治国理论、关于环境资源的理论等构成生态环境法典编纂的思想与理论依据。明确环境法在法律体系中的独立地位、论证生态环境法典的基本法律地位、在生态环境法典的第 1 条明确规定"根据宪法，制定本法"，是宪法框架下生态环境法典编纂的中国方案中必备的三个步骤。为了确保生态环境法典编纂的合宪性、立法质量以及实现其预期法律功能，应该从标准、程序及基准三个方面进行有效的合宪性控制。合宪性控制的标准包括宏观标准和中观标准，直接标准和间接标准；程序从主体、阶段、方式等展开；基准包括严格、中度、宽松三个层面。

第一节　生态环境法典编纂必须坚持以宪法为依据

生态环境法典的编纂不管是在理论研究还是实际立法阶段，均应坚持以宪法为依据。"以宪法为核心的中国特色社会主义法律体系"是我国官方对法律体系的最权威的表述与定位，全国人大 2021 年度立法工作计划再次强调："坚持以宪法为依据，确保每一项立法都符合宪法精神。"这就意味着一旦启动生态环境法典的编纂，自然就会进入以宪法为核心的法律体系中，而"以宪法为核心"首先要求必须坚持以宪法为依据。其具体理由如下。

一　保证生态环境法典在法律体系中的合理定位

坚持以宪法为依据，是保证生态环境法典在法律体系中合理定位的必然要求。法理上认为，以宪法为核心的法律体系的理想化要求是门类齐

---

① 张震：《环境法典编纂的宪法根据及合宪性控制》，《东方法学》2022 年第 3 期，第 72～84 页。

全、结构严密、内在协调。法律体系中，在宪法的统摄下，调整不同社会关系的一些最基本的法律部门应该全部具备，不能有所缺漏。① 换句话说，宪法为部门法在法律体系中的地位提供最根本的依据。有学者认为，法学上关于"法律体系"的学术研究，会打乱原有的法律体系布局和结构，使法律体系重新布局，以适应变化了的客观情势和认识发展的要求。② 经过多年的发展，环境法学在法学中的独立学科地位已经确定。随着学术研究的推动，特别是生态文明入宪，对相关法律制度的要求与日俱增，环境法在法律体系中的独立法律部门地位呼之欲出。正如有学者所指出的，中国特色社会主义法律体系形成的基本标志之一，是各法律部门中具有基础地位、在法律体系中起到骨架与支撑作用的基本法律已经具备。③ 当前出现了一个重大契机，就是启动生态环境法典的编纂。通过制定生态环境法典，将其定位为环境法体系中的基本法，统摄各环境法律，形成一个完整的富有内在逻辑性的环境法体系，改变现有的环境法部门支离破碎的状态，为环境法部门在官方的法律体系目录分类中合理定位提供实证法依据。无疑，这也是以宪法为核心的环境法律体系发展与成熟的必然要求与基本标志。

二 保证生态环境法典编纂质量的必然要求

坚持以宪法为依据，是保证生态环境法典编纂质量的必然要求。首先，现行宪法确认了包括习近平新时代中国特色社会主义思想在内的五个行动指南在国家和社会生活中的指导地位，具有最高的法律地位、法律权威和法律效力。④ 作为生态环境法典编纂最为直接的指导思想的习近平生态文明思想和习近平法治思想是习近平新时代中国特色社会主义思想的重要组成部分，宪法为生态环境法典的编纂提供了最根本的思想依据。其

---

① 张文显主编《法理学》，法律出版社 1997 年版，第 97 页。
② 张文显主编《法理学》，法律出版社 1997 年版，第 98~99 页。
③ 参见徐显明《论中国特色社会主义法律体系的形成和完善》，《人民日报》2009 年 3 月 12 日，第 3 版。
④ 《宪法学》编写组编《宪法学》（第二版），高等教育出版社 2020 年版，第 85 页。

次，宪法中的中国共产党领导理论、权力理论、法治理论、权利理论等也可以成为生态环境法典编纂的理论依据。最后，宪法上的生态文明制度和条款构成生态环境法典编纂的规范与制度依据。① 当宪法上的生态文明规范体系化、系统化和高阶化后，一部低阶的、仅涉及生态文明局部领域的具体法律显然是无法承担此项功能的。2018 年修宪形成的关于生态文明的规范与制度需要最直接、最全面的立法落实，只有综合功能性的生态环境法典才能真正满足 2018 修宪后宪法内涵发生变化所产生的内在立法需求。

三　依宪治国依宪立法的具体落实

坚持以宪法为依据，编纂生态环境法典是依宪治国依宪立法的具体落实。"坚持依宪治国、依宪执政"是习近平法治思想的核心要义之一。党的十九届四中全会决定明确提出健全保证宪法全面实施的体制机制。其中，加快形成完备的法律规范体系，是宪法实施的内在要求，也是保证宪法全面实施的基本途径。② 以宪法为依据，编纂生态环境法典，就是使环境法体系的发展与完备成为依宪治国和宪法全面实施的具体体现。在此基础上，实现环境法体系的长足发展，这不仅是环境法体系自身发展的需要，也是 2018 年修宪后宪法精神、规范、制度体系的发展对部门法产生的功能要求，以及对新时代以来中央有关政治决断的必然法律反映。与此同时，以宪法为依据编纂生态环境法典，具体化的、以问题为导向直接面向环境保护与治理的制度设计与实践，反过来对宪法的理念、制度等也会产生新的重大发展。简而言之，通过生态环境法典，既发展环境法，也发展宪法。③

---

① 《宪法学》编写组编《宪法学》（第二版），高等教育出版社 2020 年版，第 180～184 页。
② 参见沈春耀《健全保证宪法全面实施的体制机制》，《人民日报》2019 年 12 月 4 日，第 9 版。
③ 参见李忠夏《宪法教义学反思：一个社会系统理论的视角》，《法学研究》2015 年第 6 期，第 72～84 页；陆宇峰《系统论宪法学新思维的七个命题》，《中国法学》2019 年第 1 期，第 82～103 页。

第二节　生态环境法典编纂的双重宪法依据

所谓生态环境法典编纂的宪法依据，是指在价值与功能、原则与制度等方面，宪法可以为之提供的依据，既包括思想以及理论依据，也包括规范以及在此基础上形成的制度依据。宪法上有关的规范与制度构成生态环境法典编纂的文义依据；思想与理论虽然不构成直接的文字上的依据，但是对于保证生态环境法典编纂具有正确的指导思想，符合法治的基本原则、确保内容的科学性以及为有效实施提供必要条件等，均具有非常重要的作用，构成生态环境法典编纂的指导依据。在思想与理论依据的指导下，规范与制度依据的文义内涵才更科学，两者共同发挥作用，构成生态环境法典编纂的双重宪法依据。

一　思想与理论依据

系统论宪法学主张，应以重新界定宪法功能为起点，构造一个宏大的理论体系。现代宪法在规范功能以外，还具有独特的社会功能，其在时间、空间、事物三个维度具有特定的内涵和特征。[1] 依据上述观点，中国现行宪法的序言与条文形成了一个特定的规范与制度的系统内涵。这为生态环境法典提供了宪法依据的整体性价值。

其一，宪法上确认的习近平新时代中国特色社会主义思想是生态环境法典编纂的思想依据。2018 年修宪，习近平新时代中国特色社会主义思想被写入宪法。众所周知，国家权力与公民权利及其关系是宪法最基本最核心的范畴。[2] 从宪法的意义而言，习近平新时代中国特色社会主义思想是新时代实现民族复兴、国家强大以及满足人民美好生活需要的具有最高法

---

[1]　参见李忠夏《宪法教义学反思：一个社会系统理论的视角》，《法学研究》2015 年第 6 期，第 72~84 页；陆宇峰《系统论宪法学新思维的七个命题》，《中国法学》2019 年第 1 期，第 82~103 页。

[2]　参见文正邦主编《宪法学教程》，法律出版社 2005 年版，第 72 页；《宪法学》编写组编《宪法学》（第二版），高等教育出版社 2020 年版，第 38 页；周叶中主编《宪法》（第五版），高等教育出版社 2020 年版，第 129 页。

律地位和权威的指导思想。就生态环境法典编纂而言，宪法意义上的习近平新时代中国特色社会主义思想对于明晰国家宏大的发展目标中环境保护的重要作用及法律定位，在环境治理中满足人民美好环境生活需要等均具有现实的指导意义。

其二，宪法上中国共产党领导的理论所构建的权力体制对生态环境法典编纂的基本定位。现行《宪法》的第1条、第2条、第3条三个条款奠定了我国国家权力最基本的架构及其关系。2018年修宪，中国共产党领导被直接写入现行《宪法》第1条。至此，中国共产党的权力被明确为国家权力体系的重要组成部分，而且居于核心地位。^① 就生态环境法典而言，党的关于环境保护的指导思想如何更好更科学地体现在生态环境法典的基本原则以及具体制度中，面向生态环境法典的实施，在其制度设计中如何更科学化更法治化更有效化地体现党的实际上的领导地位与作用，在环境司法中党的环境保护政策与法律法规如何更实际有效地共同发挥应有功能等均是需要回答和落实的重要理论问题。

其三，宪法上的人民中心理论对于生态环境法典编纂的权利意义。习近平总书记在庆祝中国共产党成立100周年大会上的讲话中指出，江山就是人民，人民就是江山。"以人民为中心"是习近平法治思想的核心要义之一。人是宪法的第一主体和最核心价值。按照一切权力来自人民的宪法精神，人民可以依照法律规定，通过各种途径和形式，管理国家事务，管理经济和文化事业，管理社会事务，自然包括环境保护和治理。因此在生态环境法典的编纂中，应该坚持人民在环境治理中的主体性地位，并且所有的制度设计应该以满足人民的美好环境生活需要及有效保障环境权利为终极目的。

其四，宪法意义上的国家治理理论要求生态环境法典编纂进行合理的权力分工。党的十八届三中全会，提出要推进国家治理现代化。党的十九届四中全会，提出要把我国的制度优势更好转化为国家治理效能。为此，

---

① 参见付子堂、张震《新时代完善我国宪法实施监督制度的新思考》，《法学杂志》2018年第4期，第1~8页。

有学者研究指出，依法治理与国家治理有内在关联性。法治体系是国家治理体系的重要依托。要把国家治理纳入中国特色社会主义法治轨道；加快推进国家治理制度化法律化；大力提升国家治理能力法治化水平。① 宪法意义上的国家治理，其核心就是更加合理更加有效的权力分工。为了更好发挥环境治理效能，横向而言，既要尊重深化党和国家机构改革以来现有的部门设置和职权分工的现状，更要以环境治理的有效性为核心导向进行更加合理的权力配置的探索；纵向而言，需要坚持遵循在中央的统一领导下，充分发挥地方的主动性、积极性，事实上，各地不同的经济社会发展水平对环境治理的实效有非常大的现实影响。因此，在生态环境法典的编纂中，应该更加合理地进行中央和地方的分工，并考虑到各地的发展水平的不同，在制度设计上要有一定的实施弹性。

其五，宪法上依法治国理论对生态环境法典编纂的目标要求。党的十五大明确提出依法治国。1999 年修宪，依法治国被写入宪法。党的十八届四中全会提出全面推进依法治国，并且首先要坚持依宪治国。宪法意义上的法治理论，至少包括法治国家目标论、法制体系统一论以及法律行为合宪论等几个方面。生态环境法典的编纂是完善以宪法为核心的法律体系向前迈进的重要一步，在生态环境法典的编纂中，坚持以宪法为依据，进而明晰其在法律体系的地位，这是法制体系统一论的要求；从法治国家目标论等的要求看，环境法治的核心目标就是促进有效规范进行环境治理，更好以法治手段平衡环境治理与经济社会发展的关系。

其六，宪法上关于环境资源的理论对生态环境法典编纂的制度指向。现行宪法明确了自然资源、环境资源的所有制。环境资源为国家和集体所有，意味着国家可以代表环境公共利益进行环境保护，从宪法把人作为终极价值的意义而言，有效环境保护的目标最终要有利于人民美好环境生活需要的满足，因而，环境权利的主张具有宪法上的正当性。生态环境法典的编纂应该在坚持宪法上关于环境资源的所有和使用的理论基础上，诠释

---

① 参见张文显《国家制度建设和国家治理现代化的五个核心命题》，《法制与社会发展》2020 年第 1 期，第 5~30 页。

具体内涵，而且对于宪法的制度留白，可进行适度的有效的制度创新。

二　规范与制度依据

1978 年宪法首次规定了环境保护。1982 年宪法在 1978 年宪法的基础上，既规定了资源所有及其利用，也规定了保护环境。2018 年修宪，在序言中增加了包括绿色发展在内的新发展理念、生态文明、美丽等表述；在第 89 条关于国务院的职权中，增加了"生态文明建设"的内容；从而形成了宪法上生态文明制度的比较完整的多层次性的规范体系。

其一，生态文明是核心概念。如前文所述，在与环境有关的绿色发展、生态文明、美丽等概念中，生态文明是核心概念。它既直接体现建设生态文明是中华民族永续发展的千年大计的政治决断在根本法上的确认，又将绿色发展的生产生活方式的变革与未来国家发展的美好目标在逻辑上有效连接。而且生态文明概念直接衍生了原有宪法中四大国家基本制度以外的第五大基本制度，即生态文明制度。所谓生态文明制度，是指宪法确认和调整的，保护和改善生态环境，提升国家的环境竞争力以及人民的环境指数的一系列制度的总和。构建生态文明制度，是要妥善协调人、国家与环境的关系，保护和改善环境，从根本上则是为了满足人民的美好环境诉求，实现国家的经济社会可持续发展。[1]

其二，绿色发展和美丽属于建设生态文明的目标表述。两者虽然都属于对党的有关政治主张在宪法上确认的以生态文明建设为核心的国家发展目标的表述，但是逻辑侧重有所不同。党的十八大提出建设美丽中国。习近平总书记指出："推动形成绿色发展方式和生活方式，是发展观的一场深刻革命。"[2] 党的十八届五中全会首次把"绿色发展"上升为国家五大发展理念之一。绿色发展强调的是发展方式的变革，回答了如何以生态、环保的方式发展的问题，属于实现国家既定发展目标的手段和措施；而美丽中国则是国家发展目标实现的具体展现。

---

[1]　《宪法学》编写组编《宪法学》（第二版），高等教育出版社 2020 年版，第 181 页。

[2]　《习近平：坚持绿色发展是发展观的一场深刻革命》，人民网，http://cpc.people.com.cn/xuexi/n1/2018/0224/c385476-29831795.html，最后访问日期：2021 年 6 月 19 日。

其三，《宪法》第9条和第26条的规定属于国策条款。该两条是现行宪法于1982年制定之时即予以规定的。但在2018年修宪后，生态文明入宪并被赋予了更加丰富的、深刻的制度内涵。《宪法》第9条主要讲的是资源所有及其利用，《宪法》第26条主要讲的是保护环境。该两条属于生态文明制度的主要条款，具有明确的规范内涵，对国家权力在环境保护及生态文明建设领域形成明确的指向性，对国家经济社会发展产生现实意义。[①] 因此，该两条的制度拘束力和立法要求是非常明确的，特别是2018年修宪后制度发展的新内涵，更应该在生态环境法典中予以全面准确体现。

其四，生态文明建设属于职权规范。2018年修宪，在第89条增加了国务院的"生态文明建设"具体职权。一则，需要对国务院这一职权予以明确立法；二则，这一职权与其他相关职权的关系需要研究并予以立法体现；三则，国务院的"生态文明建设"职权对公民的环境权等会产生什么样的实践以及理论影响，也需要进行进一步研究，并反映在具体立法中。

通过立法发展宪法，是多年来我国法治建设的一条实际经验。[②] 生态环境法典在将宪法关于生态文明的规范与制度内涵予以整体体现和落实的前提下，还应该有效回应和处理好宪法规范和制度中几个比较关键的概念和关系，并进行充分的具体化、制度化。

其一，生态和环境的关系。现行宪法既使用了环境的表述，也使用了生态的表述。"生态"使用在《宪法》序言"生态文明"、第89条国务院的"生态文明建设"职权以及第26条的"生态环境"中。在前两个表述中，生态均是指比较大的与文明直接联系的概念，是指与物质文明、政治文明、精神文明、社会文明等同等层次的文明；在后一个表述中，生态则是对环境的限定，生态环境是作为环境的下一层概念。"环境"在现行宪法中仅出现在第26条中，该条并列使用了生活环境和生态环境，将其作为宪法上环境内涵的两大类别。笔者曾经撰文指出，生态和环境具有不同的

---

① 张震：《宪法环境条款的规范构造与实施路径》，《当代法学》2017年第3期，第32页。

② 林彦：《通过立法发展宪法——兼论宪法发展程序间的制度竞争》，《清华法学》2013年第2期，第37页。

内涵，主要体现在概念、属性及层次上。① 本书在此主张，除了一般意义上的区分，还要注意 2018 年修宪前后，"生态"这一概念内涵的变化。"生态"这一表述在 1982 年现行宪法制定之时，仅指生态环境，是小于环境的概念；2018 年修宪后，生态文明的概念显然又包含了或者大于环境的概念。因此，宪法上生态和环境的概念及其关系需要诠释清楚，基本上可以呈现生态环境→环境→生态文明这样一个内涵逐渐丰富、层次逐步提升的关系链。在这个关系链中，环境的概念及其使用语境，更具有广泛性，而且相比生态的概念，环境概念的接受度也更高。鉴于环境和生态的概念和关系非常基础、非常重要，在生态环境法典的编纂中，一定要以宪法的规范内涵为依据，深刻理解该两者的概念及其关系。

其二，人和自然的关系。自近代意义的宪法产生以来，人一直是宪法的最核心要素，人的尊严被认为是现代宪法诞生以来最核心的价值。② 人的尊严是权利的本源。③ 宪法中的人在维护自己尊严的前提下如何对待自然，则体现了宪法文明体系的不断提升。人既不是被自然甚至所谓神秘的力量主宰的对象，也不是自然的主宰者。人与自然是生命共同体，人对自然的尊重，也是对人自身主体性价值的尊重。宪法上人与自然的关系，是宪法关系中新的发展，呈现新的内涵，可视为宪法关系中新的一种；这种关系在生态环境法典中是非常重要的，它会带来环境法律关系中主体和内容以及对应制度设计上的深刻变化。

其三，环境国家和环境公民的关系。公民和国家的关系被认为是最基本的宪法关系。④ 但随着宪法被越来越多地赋予环境、生态的内涵，国家和公民的关系，也在发生新的变化。如果说在传统的国家与公民的宪法关系中，公民是权利主体，国家是义务主体。那么，在新的环境、生态宪法关系中，国家和公民的主体地位和权利义务内涵均发生了新的变化。国家

---

① 详见张震《新时代中国生态宪法学的体系构建》，《厦门大学学报》（哲学社会科学版）2020 年第 3 期，第 12 页。

② 参见韩大元《论克隆人技术的宪法界限》，《学习与探索》2008 年第 2 期，第 93~98 页。

③ 参见解晋伟《以"权利位阶"为基础解决权利冲突优先保障问题试探》，《上海政法学院学报》（法治论丛）2020 年第 5 期，第 86~96 页。

④ 《宪法学》编写组编《宪法学》（第二版），高等教育出版社 2020 年版，第 39 页。

是生态文明建设的权力主体和责任主体，公民是生态文明建设的权利主体与义务主体。国家不仅要履行生态文明建设的义务和职责，也享有环境保护的利益；公民不仅享有环境权益，同等程度上也要履行环境义务；国家的权力职责利益和公民的权利义务形成多层交错对应的关系。

其四，生态文明观和新发展理念的关系。随着生态文明被写入宪法，社会主义生态文明观已成为特定的中国宪法观的有机组成部分。通过环境教育，可以让国家和公民养成正确的环境生态观，这是有效进行环境治理的前提。有研究表明，教育对环境意识的提高不无裨益。[①] 为了促进环境教育，提高公民环境意识，世界多国如美国、日本、韩国、巴西等制定了有关生态与环境教育的法律。建议生态环境法典也针对生态文明观和环境、生态教育进行相应的制度规定。当然，对宪法和环境法上生态文明观的理解，应该处理好其与新发展理念的关系。党的十八届五中全会系统提出了新发展理念，即创新、协调、绿色、开放、共享，并通过 2018 年修宪写入宪法，这五大理念构成一个关于新时代如何高质量发展的完整的理念体系，其最终目的还是在于发展，通过保护环境保护生态，实现绿色发展。也就是说，生态环境法典中关于生态文明观及生态文明制度的设计，应该在新发展理念的整体体系中进行，应该注重法的制度性功能和发展性功能的平衡。

第三节　生态环境法典在法律体系中的基本定位

以宪法为依据，启动生态环境法典的编纂，如何确定其法律定位是首要工作。从逻辑上看，确立环境法在以宪法为核心的法律体系中的独立地位是第一步；接下来需要论证生态环境法典的基本法律地位；最后，必须明确在其第一条规定"根据宪法，制定本法"。

一　通过生态环境法典编纂确立环境法在法律部门体系中的独立地位

以宪法为核心的法律体系既是一个实证法上的概念，也是一个学理概

[①] Scott D. , Willits F. K. , "Environmental Attitudes and Behaviors: A Pennsylvania Survey," *Environment and Behavior*, 1994, pp. 239-260.

念。在法学理论上，法律体系是指一国现行的全部法律规范按照不同的法律部门分类组合而形成的一个呈现体系化的有机联系的统一整体。① 在权威的法学教科书中，环境法均被认为属于当代中国法律体系的重要法律部门，属于以宪法为核心的法律体系的重要组成的法律部门之一。②

而在全国人大官网公布的最新的《现行有效法律目录（300 件）》中，分别列举了宪法、宪法相关法（52 件）、民法商法（24 件）、行政法（96 件）、经济法（84 件）、社会法（28 件）、刑法（4 件）、诉讼与非诉讼程序法（11 件），并无环境法门类。③ 在上述官方公布的目录中，有关环境保护的 17 部法律主要归属于行政法部门，有关资源类的 21 部法律主要归属于经济法部门。④ 因此，围绕环境法，关于法律体系以及法律部门的学理分类和官方分类是不一致的。在笔者看来，制定生态环境法典可以实现环境法的学理定位和法律定位在法律部门体系中的统一。

首先，趋向于综合性的生态环境法典的制定使得包括自然资源类和环境保护类在内的环境立法的官方分类定位与其学理关系保持一致。学理上普遍认为，自然资源法和环境保护法构成以宪法为核心的法律体系中的环境法部门。⑤ 事实上，1997 年法学二级学科调整方案就将环境法与自然资源法合二为一，统称为"环境与资源保护法学"。⑥ 早在 20 世纪 80 年代，就有学者指出，环境法、自然资源法实际上是从不同角度来看待同一事

---

① 沈宗灵主编《法理学》，高等教育出版社 1994 年版，第 324 页；张文显主编《法理学》，法律出版社 1997 年版，第 96 页。

② 沈宗灵主编《法理学》，高等教育出版社 1994 年版，第 337~338 页；张文显主编《法理学》，法律出版社 1997 年版，第 106~107 页。

③ 《现行有效法律目录（300 件）》（截至 2024 年 3 月 11 日十四届全国人大二次会议闭幕，按法律部门分类），中国人大网，http://www.npc.gov.cn/npc/c2/c30834/202403/t20240315_436024.html，最后访问日期：2024 年 3 月 15 日。

④ 详见张震《环境法体系合宪性审查的原理与机制》，《法学杂志》2021 年第 5 期，第 23~33 页。

⑤ 沈宗灵主编《法理学》，高等教育出版社 1994 年版，第 337~338 页；张文显主编《法理学》，法律出版社 1997 年版，第 106 页。

⑥ 国务院学位委员会、国家教育委员会：《授予博士、硕士学位和培养研究生的学科、专业目录》，教育部网站，http://old.moe.gov.cn/publicfiles/business/htmlfiles/moe/moe_834/201005/xxgk_88437.html，最后访问日期：2021 年 9 月 20 日。

物，调整同一类型社会关系，解决同一问题，实现同一目的。① 21 世纪初，又有学者指出，环境法与自然资源法具备趋同的法律保护客体——环境和自然资源，共同的法律调整对象——生态经济社会关系，相互融合的法律调整方法——立法模式，因此，环境法与自然资源法应当融合而成为一个法律部门。② 近年来，还有学者通过研究指出，随着环境的资源化和资源的生态化，自然资源法与环境保护法开启了理念融合、制度对接的新态势。③ 权威教科书中指出，法律部门划分的标准和原则是法律规范所调整的社会关系与调整方法。④

在笔者看来，自然资源法和环境保护法在立法目的和立法内容上虽然侧重不同，但是自然资源也是属于宪法和法律上的环境的内涵，不管是在法律规定中，还是在词典解释中，所谓环境的概念本身是包括自然资源的。⑤ 也就是说，自然资源法和环境保护法所调整的社会关系与调整方法均是围绕相同的宪法上的核心概念即环境展开的。针对自然资源进行立法，不管是以管理为目的还是以使用为目的，均属于大的环境保护的范畴，所以，应该依据立法事项本身的概念和内涵的科学性、合理性对立法进行归类，而不应基于行政管理的便利性或以原有的部门设置为依据。以宪法为依据的生态环境法典，其内容既涵盖自然资源类，也包括环境保护类，是趋向于一定综合性的，可以有效解决上述问题。

其次，生态环境法典的制定可以有效改变现有环境法律分类因缺少基本性法律而呈现多部法律之间的关系不清晰且支离破碎的状态。以归属于行政法门类的环境保护类法律为例，其中既有《环境保护法》，又有《海洋环境保护法》等，环境保护和海洋环境保护，从逻辑上看存在交叉包容

---

① 参见马骧聪《关于环境法、自然资源法和国土法的思考》，《法学研究》1989 年第 6 期，第 82 页。

② 杜群：《环境法与自然资源法的融合》，《法学研究》2000 年第 6 期，第 119 页。

③ 邓海峰：《环境法与自然资源法关系新探》，《清华法学》2018 年第 5 期，第 51 页。

④ 参见张文显主编《法理学》，法律出版社 1997 年版，第 101~102 页。

⑤ 环境是指影响人类生存和发展的各种天然的和人工的自然因素的总体，包括大气、水、海洋、土地、矿藏、森林、草原、野生动物、自然遗迹、人文遗迹、自然保护区、风景名胜区、城市和乡村等。参见韩明安主编《新语词大词典》，黑龙江人民出版社 1991 年版，第 378 页。以上表述也是《环境保护法》第 2 条的规定中对环境的定义。

的关系；再以归属于经济法律门类的法律为例，几乎一种资源对应一部法律，且不说这会导致法律数量的一定程度的膨胀，即便以问题为导向进行满足实际需求的立法是被允许的，也是可行的，甚至是普遍存在的立法事实，但是不同的资源类法律实际归口指向不同的行政部门，由于管理理念、职权等的不同，概念和制度设置的重复甚至相互抵触的情形，也在所难免。而有效坚持以宪法为依据，生态环境法典的编纂可以承担环境综合法和环境基本法的一定功能，从而改变目前不尽合理的法律部门的分布状态。

最后，生态环境法典的制定可以充分实现环境法部门在新时代建设生态文明的综合性、核心性的法律功能。2018 年修宪，形成了关于生态文明的比较丰富的宪法理论与制度内涵。① 从宪法条文本身的逻辑上看，贯彻绿色发展理念，赋予国务院生态文明建设的具体职权，是为了推动物质文明、政治文明、精神文明、社会文明、生态文明协调发展，而这种协调发展又是为了建成富强民主文明和谐美丽的社会主义现代化强国，最终为了实现中华民族伟大复兴。在宪法上，生态文明成为一项专门的国家基本制度，被赋予了独特、重要并具综合性的法律功能。无疑，自然资源法和环境保护法分别归属于经济法和行政法两个法律部门，无法更为有效地满足2018 年修宪后生态文明制度建设和保障的法律发展的需求。因此，只有制定生态环境法典，才可以改变并有效更新支离破碎的环境法律体系，进而承担起建设生态文明的综合的、核心的法律功能的重任。

二　以宪法为根据编纂的生态环境法典应定位为基本法律

以宪法为核心的法律体系一般分为三个层次，即宪法、基本法律和基本法律以外的法律。基本法律和基本法律以外的法律在法律体系中的地位和功能是迥异的。

依据宪法和《立法法》，所谓基本法律，是指由全国人民代表大会制

---

① 详见张震《中国宪法的环境观及其规范表达》，《中国法学》2018 年第 4 期，第 5~22 页；张震《生态文明入宪及其体系性宪法功能》，《当代法学》2018 年第 6 期，第 50~59 页。

定和修改的，涉及刑事、民事、国家机构的和其他的可成为基本法律的法律。学术界比较有代表性的观点认为，"基本法律"是指由全国人民代表大会制定的地位仅次于宪法而高于其他普通法律的法律，基本法律对国家政治、经济和社会生活某个领域重大和全局性事项作出规范。① 笔者曾撰文指出基本法律的几个含义：（1）由全国人民代表大会制定；（2）法律效力仅次于宪法；（3）事关国家某个领域的重要制度。② 在法律体系中，基本法律与宪法构成直接的上下级位阶关系，因此关于基本法律的思考，还是要回到宪法自身的内涵上来。按照权威教科书的界定，宪法规定的就是涉及国家的政治、经济、文化、社会、对外交往等各方面的重大原则性问题和根本性问题。③ 依据宪法规定，涉及刑事、民事、国家机构的法律属于基本法律；除上述三类以外，还存在其他的基本法律。因此，除了涉及刑事、民事、国家机构的法律自带基本法律属性，一部法律之所以成为"其他的基本法律"，其核心内涵就是对宪法规定的重大原则性问题和根本性问题的直接的具体规定，也就是说，该部法律所规定内容是否构成对宪法上规定的重大原则性问题和根本性问题的直接具体化，是判断其能否成为基本法律的最关键标准。通过 2018 年修宪，现行宪法已经形成了生态文明的规范与制度体系，而且这种宪法内涵的变迁直接导致了学理上关于宪法上的国家基本制度体系由经济、政治、文化、社会四大方面发展为经济、政治、文化、社会、生态五大方面。④ 2018 年修宪后，建设生态文明已经成为全面建成社会主义现代化强国、实现中华民族伟大复兴这一国家和民族关于发展的终极性目标的重要依托和条件，生态制度已经成为宪法上规定的重大原则性问题和根本性问题之一，因此，对宪法上生态文明和生态制度予以具体规定的法律，就可以满足基本法律的标准，构成所谓"其他的基本法律"。所以，直接落实宪法上生态文明规范和制度的生态环

---

① 韩大元、刘松山：《宪法文本中"基本法律"的实证分析》，《法学》2003 年第 4 期，第 3 页。

② 张震：《基本法律抑或宪法性法律——〈村民委员会组织法〉的宪法考量》，《内蒙古社会科学》（汉文版）2007 年第 5 期，第 21~25 页。

③ 《宪法学》编写组编《宪法学》（第二版），高等教育出版社 2020 年版，第 18 页。

④ 《宪法学》编写组编《宪法学》（第二版），高等教育出版社 2020 年版，第 180~184 页。

境法典在以宪法为核心的法律体系中应定位为基本法律。

生态环境法典定位为基本法律，意味着以宪法为核心的环境法律体系的正式形成，意味着生态环境法典可以全面落实宪法上相关的规范与制度体系，意味着生态环境法典可以更好地实现有效推进生态文明建设的法律功能。

三　生态环境法典应该在其第 1 条明确规定"根据宪法，制定本法"

基本法律的概念强调的是其在法律体系中的重要性和位阶仅次于宪法，虽然无法以是否写明"根据宪法，制定本法"来判断该部法律是否为基本法律，但是"根据宪法，制定本法"的表述一定是判断其与宪法关系远近和自身重要性的一个非常重要的标准。毕竟，与宪法能发生直接的根据性关系，才是以宪法为核心的法律体系的第一层次。①

目前官方公布的纳入官网统计数据的生效的 300 件法律中，宪法相关法有 52 件，其中有 37 件写明根据宪法制定，包括《国旗法》《国徽法》《立法法》《国歌法》等；24 件民法商法中，有 5 件写明根据宪法制定，包括《民法典》《个人独资企业法》等；96 件行政法中，有 35 件写明根据宪法制定，包括《文物保护法》《义务教育法》《土地管理法》《教育法》《高等教育法》《民办教育促进法》《基本医疗卫生与健康促进法》等；84 件经济法中，有 5 件写明根据宪法制定，包括《审计法》《预算法》等；28 件社会法中，有 11 件写明根据宪法制定，包括《母婴保健法》《职业病防治法》等；11 件诉讼与非诉讼程序法中，有 4 件写明根据宪法制定，包括《行政诉讼法》《民事诉讼法》等；4 件刑法，均写明根据宪法制定。

笔者通过梳理，注意到一种情形，就是看似相同性质或类型的法律，有的写明了"根据宪法，制定本法"，有的则没有写明。如在宪法相关法中，同属国家标志的 4 部法律中，《国旗法》《国徽法》《国歌法》均写

---

① 参见张震《"根据宪法，制定本法"的规范蕴涵与立法表达》，《政治与法律》2022 年第 3 期，第 108~119 页。

明根据宪法制定，《国籍法》则没有写明；民商法中，《个人独资企业法》写明了根据宪法制定，《合伙企业法》则没有写明；行政法中，《义务教育法》《教育法》《高等教育法》《民办教育促进法》写明了根据宪法制定，《职业教育法》《国防教育法》则没有写明；经济法中，《矿产资源法》写明了根据宪法制定，而关于同为宪法上规定的与矿产资源共同属于国家所有的水资源的《水法》则没有写明。上述事例为数不少，不再一一列举。

在此并不探讨一部法律写明"根据宪法，制定本法"其本身的正当性、合理性，而且正如前文所述，基本法律的含义或者判断标准并非单一的，而是综合性的。但是上述举例至少说明了一种情形，就是可能同为基本法律，有的写明了根据宪法制定，有的则没有；如果我们把写明根据宪法制定作为一部法律重要性和基本性的重要标志，那么一部基本法律没有写明根据宪法制定，至少在立法技术上、法律位阶的逻辑上是存在一定瑕疵的，因此，生态环境法典的编纂，一定要避免此类问题，即一定要在第1条明确"根据宪法，制定本法"。其一，可以避开上述的立法瑕疵；其二，可以更加明确生态环境法典的基本法律地位；其三，在所有的环境类法律中，可明确起到核心性、统摄性、基础性的作用，而目前这样的法律在现有法律体系中恰恰是缺失的；其四，改变长期以来环境类法律几乎没有一部写明"根据宪法，制定本法"的现象，改变环境类法律处于所谓边缘性法律的境遇，同时也更加符合2018年修宪后，宪法规范和制度体系中关于生态文明的高价值设定对法律制定的位阶预期。

第四节　宪法生态文明规范体系对生态环境
法典编纂的制度化依据

自全国人大常委会在2021年的年度工作计划中明确提出要研究启动环境法典的编纂，至2024年3月《全国人民代表大会常务委员会工作报告》明确提出启动生态环境法典编纂工作，努力在本届内编纂出一部生态环境法典，生态环境法典编纂近年来已然成为法学界非常热门的话题。① 关于如何做好立法工作，习近平总书记在纪念现行宪法公布施行 40 周年的署名文章中有新的提法，明确指出："坚持依法立法，最根本的是坚持依宪立法，坚决把宪法规定、宪法原则、宪法精神贯彻到立法中，体现到各项法律法规中。"② 因此，启动生态环境法典编纂的第一步，就是如何坚持以宪法为依据。③ 2023 年 3 月，《立法法》进行了第二次修改，其中与生态环境法典编纂有关的内容引发了关于如何更好以宪法为依据编纂生态环境法典的新思考。

一　《立法法》第二次修改与生态环境法典编纂的相关内容完全契合宪法规定、精神和原则

（一）《立法法》第 5 条明确规定"立法应当符合宪法的规定、原则和精神"

依宪立法是立法活动的第一准则，但以往不管是官方还是学术界，对之均更习惯使用符合宪法的精神或者原则等比较概括性的表述，习近平总书记纪念现行宪法公布施行 40 周年的署名文章，第一次将符合宪法的规定、原则和精神这一完整表述作为立法的根本要求，而且把符合宪法规定表述在原则和精神之前，应该说具有深远的、深刻的意义。一是，这意味着并非所有的宪法规定均可以被笼统的宪法原则和精神所包含或者替代；二是，在有宪法明确规定的前提下，所有立法，不管是在理念上还是在条文上均必须符合明确的宪法规定，坚决把宪法规定贯彻到立法中，体现到各项法律法规中。为此，《立法法》第二次修改后，第 5 条明确规定："立

---

① 为此，《法制与社会发展》《政治与法律》《东方法学》《当代法学》《法律科学》《政法论坛》《法学论坛》《中外法学》《法学评论》《现代法学》《法商研究》《环球法律评论》《中国法学》等法学核心期刊自 2021 年 5 月以来，陆续刊发了多篇环境法典编纂的专题文章。其中，《东方法学》2021 年第 6 期为法典化专刊，刊发了 3 篇环境法典相关文章。

② 习近平：《谱写新时代中国宪法实践新篇章———纪念现行宪法公布施行 40 周年》，《人民日报》2022 年 12 月 20 日，第 1 版。

③ 参见张震《环境法典编纂的宪法根据及合宪性控制》，《东方法学》2022 年第 3 期，第 72~84 页。

法应当符合宪法的规定、原则和精神。"

（二）《立法法》第55条明确提到了"编纂法典"的形式

《立法法》第二次修改后，第55条规定："全国人民代表大会及其常务委员会坚持科学立法、民主立法、依法立法，通过制定、修改、废止、解释法律和编纂法典等多种形式，增强立法的系统性、整体性、协同性、时效性。"一是，第一次在《立法法》中明确规定"编纂法典"，可见编纂法典工作已经成为一项重要的典型的立法活动；二是，把"编纂法典"等作为增强立法的系统性、整体性、协同性、时效性的重要手段；三是，"编纂法典"要坚持"依法立法"，而所谓的"依法立法"，在根本上是指依宪立法，在直接技术手段上是指依《立法法》立法。因此，生态环境法典的编纂要坚持以《宪法》为根本依据，以《立法法》为技术依据。

（三）《立法法》第81条和第93条，均将"环境保护"改为了"生态文明建设"

《立法法》第二次修改后，第81条在规定设区的市的人民代表大会及其常务委员会制定地方性法规和第93条在规定省、自治区、直辖市和设区的市、自治州的人民政府制定行政规章时，均将"环境保护"改为"生态文明建设"，这绝非纯粹的技术性、文字性修改，而是具有重大的意义和指向性。一是，生态文明已成为中国式现代化所创造的人类文明新形态之中国宪法文明体系中的重要组成部分，生态文明本属于世界性的共创概念，但经过中国式现代化的创造，日益彰显中国对生态文明的独特理解、内涵和贡献，并开始反哺人类文明新形态；二是，2018年修宪，生态文明被明确写进了宪法，生态文明已经不再是所谓的概括性的宪法精神或原则，而是实实在在的宪法规定，应该直接指导立法本身。

当然，可能有人会指出，《立法法》第81条和第93条只是对地方性立法活动的规定，会否直接指向全国性立法特别是生态环境法典的编纂？我国是单一制国家，地方立法的要求只不过是对全国性立法的具体体现，也就是说，地方性立法的事项属于全国性立法的限缩；反过来，全国性立法必然包括地方性的事项；因此，地方性立法中关于"生态文明建设"的立法事项及指向性要求，也一定适用于全国性立法。

综上，《立法法》第二次修改，明确依宪立法首先要符合宪法的规定，指出法典编纂已经成为依宪立法的重要方式。具体到生态环境法典编纂，需要注意到一个基本的事实，即通过 2018 年修宪，生态文明已经成为重要的明确的宪法规定。因此，在《立法法》第二次修改的背景下，再来思考生态环境法典的编纂，应该回到宪法上的生态文明规定以及在此规定上形成的宪法生态文明规范体系。

二　宪法生态文明规范体系是生态环境法典编纂在根本法上的依据

（一）生态环境法典编纂应当坚持以宪法上的生态文明规范体系为直接依据

生态环境法典编纂如何坚持以宪法为依据，这涉及正确理解"根据宪法，制定本法"的规范蕴涵，并要求规范化、标准化的立法表达。[①] 诚然，生态环境法典编纂要整体上体现宪法的精神；但是，宪法作为根本法，涉及各个领域的根本性问题；因此，当启动制定一部法律，所谓坚持以宪法为根据，在整体上落实宪法精神的前提下，首先要坚持落实习近平总书记署名文章中所强调的宪法规定。从习近平总书记署名文章中提到的"坚决把宪法规定、宪法原则、宪法精神贯彻到立法中"的要求看，与生态环境法典的编纂密切相关的宪法依据主要是指通过 2018 年修宪正式形成的生态文明规范体系。

（二）宪法上生态文明规范体系的解释准则

2018 年修宪以后，学术界认为，我国宪法已经形成了以宪法环境保护条款为实质核心的体系，可称之为环境宪法规范体系，或宪法环境条款的整体性诠释体系，抑或宪法生态文明规范体系。[②] 法学本质上是解释学。[③] 基于宪法规范本身的原则性以及宪法在某些领域的规范具有内在体系化的

---

① 参见张震《"根据宪法，制定本法"的规范蕴涵与立法表达》，《政治与法律》2022 年第 3 期，第 108~119 页。

② 参见张翔《环境宪法的新发展及其规范阐释》，《法学家》2018 年第 3 期；王建学《论生态文明入宪后环境条款的整体性诠释》，《政治与法律》2018 年第 9 期；张震《生态文明入宪及其体系性宪法功能》，《当代法学》2018 年第 6 期。

③ 参见杨仁寿《法学方法论》，中国政法大学出版社 1999 年版，第 17 页。

要求，有必要对宪法上的生态文明规范体系予以解释。第一，坚持体系性解释，即将生态文明规范体系放在宪法规范的整体体系中予以解释。从内容上看，宪法规范主要可分解为关于国家的和关于公民的两大部分，其中国家基本制度的宪法规范不仅涉及国家部分，也涉及公民部分。比如政治制度中涉及公民选举权的行使，文化制度中涉及公民的语言权、受教育权、文化活动的自由等内容。2018 年以来，生态文明制度，已经与经济制度、政治制度、文化制度、社会制度一起，成为国家基本制度的重要组成部分。① 与对其他国家制度的诠释规则一样，关于生态文明制度，必须放在国家基本制度的体系中认识，其内容上既包括国家关于生态文明建设的要素，也包括公民美好环境生活的要素。生态文明规范体系构成生态文明制度的核心内容，对其诠释既要坚持生态文明制度的内部小体系，也要坚持宪法规范的整体大体系。第二，坚持目的性解释，即在尊重制宪历史过程以及文义射程的基础上，以发展性和实施性的目的进行合理解释。从宪法发展的历史以及实践看，均可以得出结论，即宪法是活的宪法，既有"看得见的宪法"，也有"看不见的宪法"，宪法的诠释实施，当然须尊重制宪的历史背景与原义，但是一国宪法在实施中也必须与不断变化的社会条件相调适，宪法规范的内涵可以随着时代进行一定程度的变迁，不断形成新的宪法时刻。② 通过 2018 年修宪，新的中国宪法时刻出现，当然宪法上的生态文明规范体系的形成是其重要标志。第三，禁止恣意性解释，宪法与环境法之间基于根本法与部门法的关系原理而确立了宪法对环境法的依据性，因此，绝对不能用环境法来反向解释宪法，即不能以理念、制定时间等所谓理由，让宪法来将就环境法，甚至绕开宪法，这是违反法治基本原则的。"以宪法为核心的法律体系"是我国学术界和官方共同确定的一个基本观念。所谓以宪法为核心，是指所有法律在制定过程中不能脱离宪法，其内容必须体现宪法规定、原则和精神。例如，从法的理念上看，日本的集中环境立法是在日本环境问题大量爆发以后的 20 世纪 70 年代开

---

① 参见《宪法学》编写组编《宪法学》（第二版），高等教育出版社 2020 年版，第 151~152、171~173、180~184 页。
② 参见〔美〕劳伦斯·却伯《看不见的宪法》，田雷译，法律出版社 2011 年版，第 52、53 页。

始逐步开展的，而日本宪法制定于 1946 年，无疑环境法所需应对的问题是宪法实施之后才发生的，但环境法绝不能因此逾越宪法的基本理念和规范蕴涵，环境法可以具体化甚至局部发展宪法的条款，但绝不是绕开甚至否定宪法。[①]

（三）宪法生态文明规范体系的逻辑展开

1. 宪法上生态文明规范体系的宪法核

从政治逻辑看，宪法中的生态文明概念是 1972 年以来，在国家逐渐开始重视环境保护的实践中分阶段性逐级提升而形成的政治概念被宪法化的结果。2005 年中央人口资源环境工作座谈会提出了生态文明的概念，但被用在特定的"生态文明教育"语境之中。中共十七大第一次在党的重要文件中正式提出生态文明的概念，并将其列入全面建设小康社会的目标。党的十八大报告提出经济建设、政治建设、文化建设、社会建设、生态文明建设"五位一体"的总体布局和建设"美丽中国"的美好愿景。党的十九大报告明确指出，"建设生态文明是中华民族永续发展的千年大计"。至此，生态文明作为中国特定的政治概念得以系统化形成。

从规范逻辑看，2018 年修宪，生态文明被明确写进宪法。由此，在1978 年宪法首次规定环境保护，1982 年现行宪法进一步完善环境保护条款的基础上，宪法生态文明规范体系正式形成。其基本规范特征是，在宪法序言和正文中呈现点状分散规定，但又形成内在体系。宪法序言在我国宪法中既具有独特的政治叙事功能和历史叙事功能，也有特定的规范表达功能，在同类事项上，宪法条文往往是宪法序言的规范具体化。在生态文明规范体系中，最核心的内容主要体现在宪法序言第七自然段，宪法正文的相关条款是对其的具体化。在第七自然段中，与之相关的表述是"中国各族人民将继续在中国共产党领导下，在……习近平新时代中国特色社会主义思想指引下，……，不断完善社会主义的各项制度，……，健全社会主义法治，贯彻新发展理念，……，推动物质文明、政治文明、精神文明、社会文明、生态文明协调发展，把我国建设成为富强民主文明和谐美丽的

---

① 参见〔日〕大须贺明《环境法》，于敏译，法律出版社 1999 年版，第 66~69 页。

社会主义现代化强国，实现中华民族伟大复兴"。在上述内容中，包括习近平生态文明思想在内的习近平新时代中国特色社会主义思想作为指引，通过贯彻包括绿色发展理念在内的新发展理念，推动生态文明与其他四大文明协调发展，从而最终建成强国，实现民族的伟大复兴。从语言逻辑上看，强国和伟大复兴是通过推动五大文明协调发展从而实现的国家最终目标，其包含的内容非常广泛，生态文明建设是其重要指向和要求，而思想的指引和新发展理念的贯彻，均是为了推动包括生态文明在内的宪法上的文明体系的协调发展。

从理论逻辑看，依凯尔森提出的法律规范等级理论[①]，宪法规范体系主要由宪法制定规范、宪法核、宪法修改规范与宪法律组成，不同的规范之间形成不同的等级系列，即在宪法规范内部存在上位规范与下位规范，下位规范服从上位规范，下位规范不得改变上位规范。其中宪法核是指一种根本规范，提供实定法的客观合理性的依据，在法律秩序中居于最高地位，表明实定法创始的出发点。[②]在宪法生态文明规范体系中，绿色发展强调一种新的发展理念，实现发展方式的变革，美丽是强国的一种修饰语，在某种意义上，它们都是基于生态文明建设这一核心而衍生出来的概念，均通过生态文明而具备特定的宪法内涵。

总之，从政治逻辑、规范逻辑和理论逻辑看，生态文明更能凝练中国生态环境保护实践的核心的、综合的政治与法律表达，生态文明可构成宪法上生态文明规范体系的宪法核。以生态文明为宪法核，形成宪法上生态文明的系统规范体系。

2. 宪法生态文明的系统规范体系

宪法与生态文明直接相关的条款，以生态文明为核心，以习近平生态文明思想为指引，以自然资源的合理利用和保护环境等为主要内容，以绿色发展为方式，以美丽中国为目标，形成了一个系统的规范体系。具体而言，一则，生态文明，是相对于农业文明、工业文明等的更高形态的文

---

① 参见〔奥〕凯尔森《法与国家的一般理论》，沈宗灵译，中国大百科全书出版社1996年版，第141页。

② 参见韩大元《论宪法规范的至上性》，《法学评论》1999年第4期，第31页。

明，是人与自然、人与人、人与社会和谐相处的文明状态；① 2018 年修宪，生态文明建设被明确为国务院的职权。二则，习近平生态文明思想是宪法上规定的习近平新时代中国特色社会主义思想的五个最主要的组成部分之一，于 2018 年 5 月正式提出，目前认为，有六项原则、十个坚持。② 三则，《宪法》第 9 条关于自然资源的合理利用与第 26 条的保护环境等是主要内容。四则，绿色发展被包含在 2018 年明确写入宪法的新发展理念中，在创新发展、协调发展、绿色发展、开放发展、共享发展五大发展理念中，绿色位居正中，为创新、协调提出新的发展模式，为开放和共享界定理念基调；在人与自然的关系的处理上更具社会理性，在经济与其他社会现象的关系上更强调可持续发展性。五则，美丽与富强民主文明和谐一起构成社会主义现代化强国的不可或缺的标志性要素。这一规范体系，系统性彰显新时代国家发展的目标，不仅在传统的宪法关系视域下形成对国家权力的规范功能，更具有对国家发展的期许功能，国家治理的主动性更强，与其他宪法主体的关系的合作性明显增强，体现着一种新的宪法理念，既可以为生态环境法典的编纂塑形，又可以为其铸魂。

3. 深层解析宪法生态文明规范体系的两条路径

宪法生态文明规范体系，从属于更大的宪法规范体系，对其的深层解析，应该放在特定的中国宪法的理念与规范中。所谓中国八二宪法的特定理念，一个是对公民权利保障的重视，一个是对国家发展的期许。因此，深层解析宪法生态文明规范体系，具体包括两条规范识别路线。第一，权力与权利的关系。在宪法生态文明的规范体系中，不能只见国家，不见人。在宪法关系中，公民与国家的关系是最主要的关系。国家的任何任务、目标，其目的和受益者，最主要的都是公民。权利是公民利益的法律化表达。国家尊重和保障人权，明确规定在《宪法》第 33 条。国际社会已经普遍确认环境权为一项基本人权，特别是在 2022 年 7 月 28 日，联合

---

① See Ke Liu，"Ecological Ethics：The Spiritual Direction of Ecological Civilization Construction，" *International Journal of Education and Management*，Volume 7，Issue 3. 2022.

② 参见中共中央宣传部、中华人民共和国生态环境部编《习近平生态文明思想学习纲要》，学习出版社、人民出版社 2022 年版，第 2~3 页。

国大会以 161 票赞成、8 票弃权的结果通过了一项关于环境健康的历史性决议，宣布享有清洁、健康和可持续的环境是一项普遍人权。① 自 20 世纪70 年代我国参加第一次人类环境会议以来，国际社会关于环境权的讨论及发展潮流已经深刻地体现在我国的政治与法律活动当中。如党的十九大报告明确指出，环境是人民的美好生活需要之一，我国关于人权行动计划等的官方文件中，也明确提出了环境权利。② 基于我国宪法与党的意志与利益具有特殊的体现与表达关系，环境权已成为我国宪法关于生态文明规范体系深层解析的重要指向。第二，绿色与发展的关系。绿色发展是一个整体，不能只讲绿色，不讲发展。绿色强调发展应该转变新的理念和方式，而发展本身才是最终目的。2018 年修宪，《宪法》第 89 条将生态文明建设明确为国务院的职权，但需要注意关于国务院的第六项职权的完整表述是"领导和管理经济工作和城乡建设、生态文明建设"，这就是一种统筹经济建设和生态文明建设的宪法绿色发展观的典型体现。还需要注意的是《宪法》第 107 条规定了地方政府的多项职权，而 2018 年修宪，并没有增加关于地方政府生态文明建设职权的规定，这绝对不是说地方政府没有必要享有生态文明建设的职权，也不是为了节约修宪成本，而是宪法绿色发展观的一种特殊体现。

4. 宪法生态文明规范体系整体所形成的新认知

宪法生态文明规范体系是一个整体系统，它的形成，重构了传统的宪法关系等宪法理论。为此，应该改变传统的理论预设和分析模式，包括但不限于以下内容。第一，国家和公民的关系及其固化角色应被改变。在方式和内容上，国家和公民的二元对应关系趋向于以环境和生态为重要媒介的一种新的合作关系。第二，基本国策作为宪法上第三种结构的认知须发生改变。学术界普遍接受的一个观念是，自德国魏玛宪法以来，基本国策

---

① 参见《历史性决议！享有清洁健康环境是一项普遍人权》，环境法研究网，https://enlaw.zuel. edu. cn/hjf_xshd/show-30745. html，最后访问日期：2022 年 10 月 3 日。
② 参见《国家人权行动计划（2021—2025 年）》，共产党员网，https://www. 12371. cn/2021/09/09/ARTI1631153823635743. shtml，最后访问日期：2022 年 10 月 4 日。

普遍出现在宪法之中，并日益成为宪法上的第三种结构。① 事实上，基本国策是宪法上国家制度的具体化和政策化，内容上直接规制的是国家，而受益方是公民，方式上往往需要国家和公民的共同参与，所以其实质上仍然没有改变国家与公民的基本关系。具体到保护环境的国策，它是宪法生态文明规范体系的重要内容，从目的上看，保护环境当然有利于国家和民族的永续发展，但是保障公民的美好生活环境的政治要求首先要被保障；从方式上看，保护环境人人有责，因此，保护环境国策的制定与实施，不可能只见国家不见人。第三，对权利固有认知的改变。传统权利观主张主观权利功能和客观法秩序的二分法，学者们习惯于从主观权利功能的固定体系中去诠释权利，但这种诠释理念往往趋向于一种保守的权利观，可能更适合传统的宪法权利的理念及实践，而对于生态文明建设强力推动下公民的新的环境权利的诉求，这种解释力可能是不足的，或者说无法真正解决问题。

三　宪法生态文明规范体系是生态环境法典编纂的外部制度化依据

宪法生态文明规范体系对生态环境法典编纂的依据性，浓缩在"根据宪法，制定本法"的类似表达中，但这绝非流于形式，而是要深入依据的制度化层面。把宪法生态文明规范体系作为一个整体，其为生态环境法典编纂提供的立体性、过程性、全面性的制度化依据既包括外部层面，也包括内核层面。所谓外部制度化依据，是指宪法生态文明规范体系针对生态环境法典的编纂，将其作为一个新的立法现象进行整体性分析，并为之提供外部性的制度化的指导，包括生态环境法典名称的确定、性质的辨析以及环境法学者所主张的"适度"的生态环境法典的把握。

（一）关于生态环境法典的名称

中国法学会环境资源法学研究会组织的法典专家建议稿所使用的名称是"生态环境法典"②，2024 年 3 月 8 日《全国人民代表大会常务委员会

---

① 参见陈新民《宪法导论》，新学林出版股份有限公司 2005 年版，第 410 页。

② 参见《第三届宪法与环境法对话会：人类环境会议召开 50 周年纪念暨生态环境法典与环境宪法"学术研讨会召开》，中国法学会环境资源法学研究会网站，http://cserl.china-law.org.cn/portal/article/index/id/1175/cid/3.html，最后访问日期：2022 年 11 月 5 日。

工作报告》中亦明确提出:"启动生态环境法典编纂工作。"① 过去也有部分学者撰写文章,以环境法典来命名。② 笔者主张其正式的名称应确定为"生态环境法典"。主要理由如下。其一,"生态环境"的名称有宪法上的明确依据。现行宪法中直接出现"环境"和"生态环境"的是第 26 条第1 款。原文表述如下:"国家保护和改善生活环境和生态环境,防治污染和其他公害。"这意味着,为了防止污染,既要保护生态环境,也要保护生活环境。据此,《宪法》第 26 条第 1 款中的"生态环境"概念为"生态环境法典"的命名并成为该法典的基石概念提供了根本法依据。其二,从立法技术上讲,"生态环境法典"的名称可体现该法典在调整和规范对象上的精准性,且能彰显生态文明新时代的特色。现行宪法中,环境和生态的概念关系,从 1982 年到 2018 年,也在不断发生变化,大体上可以用"生态环境—环境—生态文明"这条主线来显现,在 1982 年现行宪法制定之时,环境的概念包括生态环境,而到了 2018 年,生态文明被写进宪法,生态文明的概念又大于环境。这说明,生态和环境的概念及其关系在不断变化。③ 党的十八大以来,习近平总书记高度重视"生态环境"在生态文明建设中的重要性,并就"生态环境"作了一系列重要论述,例如"良好的生态环境是最普惠的民生福祉""用最严格制度最严密法治保护生态环境""保护生态环境就是保护生产力,改善生态环境就是发展生产力""要像保护眼睛一样保护生态环境,像对待生命一样对待生态环境""中华民族生生不息,生态环境要有保证""提高生态环境领域国家治理体系和治理能

---

① 《全国人民代表大会常务委员会工作报告(摘要)》,人民网,http://lianghui.people.com. cn/2024/n1/2024/0309/c458561-40192082.html,最后访问日期:2024 年 3 月 9 日。

② 参见张忠民《环境法典绿色低碳发展编的编纂逻辑与规范表达》,《政法论坛》2022 年第2 期;吕忠梅《环境法典编纂视阈中的人与自然》,《中外法学》2022 年第 3 期;蔡守秋、张翔、秦天宝、陈海嵩、彭中遥、焦艳鹏《公法视阈下环境法典编纂笔谈》,《法学评论》2022 年第 3 期;刘超《环境法典污染控制编的立法重点与规范构造》,《法律科学》2022 年第 3 期;吕忠梅《论环境法典的"行政领域立法"属性》,《法学评论》2022 年第 4 期;陈海嵩《中国环境法治发展总体结构与环境法典编纂指引——以"生态文明入宪"为中心的分析》,《法学论坛》2022 年第 4 期;等等。

③ 参见张震《环境法典编纂的宪法根据及合宪性控制》,《东方法学》2022 年第 3 期,第74 页。

力现代化水平"等①。可见，生态环境法典的命名使用"生态环境"的概念，而不使用"环境"的概念，更能契合生态文明这一宪法核，更加符合顶层设计之话语体系，亦更能彰显新时代中国特色，故而是最佳选择。

（二）关于生态环境法典的性质

所谓生态环境法典的性质，是指从法的整体外部角度对生态环境法典在以宪法为核心的法律体系中的类别归属的学理确定。因此，其仍可归为外部依据的探讨。关于生态环境法典的性质的确定，对于其内容上法律责任的设置等，是有直接意义的。笔者具体主张如下。

1. 生态环境法典不能定性为私法

公私法的划分，是大陆法系一种基本的法律体系分类法。② 作为以宪法为核心的法律体系中最重要的基本法律，民法典调整平等主体之间的人身关系和财产关系，属于典型的私法。民法典的宪法依据性，除了宪法精神以外，具体在制度上还有与市场行为有关的那部分规范。③ 环境法律关系在内容上会涉及平等主体之间的关系，但针对这类内容，其调整手段和保护的利益可以通过民法典中的环境条款实现，也就是说这部分内容仍然归属于民法典而并非生态环境法典。如前文所述，生态环境法典的宪法依据是宪法上的生态文明规范体系。在该体系中，主要涉及国家目标、国家任务、基本国策、国家职权等内容，这些内容的调整手段和保护利益无疑主要属于公法范畴；即便是由宪法生态文明规范体系深层解析出的环境权利，也以《宪法》第 33 条的国家尊重和保障人权为规范依据，涉及的法律关系主要也是在国家和公民之间展开。因此，以宪法生态文明规范体系为依据编纂生态环境法典，其基本法律属性不能被定性为私法。生态环境法典在制度设计上，应该做好与民法典等私法的规范转介，而不是将其内容直接地过多地纳入。

①　习近平：《论坚持人与自然和谐共生》，中央文献出版社 2022 年版，第 26、43、62、87、146、248、285 页。

②　参见郭明瑞、于宏伟《论公法与私法的划分及其对我国民法的启示》，《环球法律评论》2006 年第 4 期，第 425 页。

③　参见王利明《何谓根据宪法制定民法？》，《法治现代化研究》2017 年第 1 期，第 73 页。

2. 生态环境法典也不能定性为社会法

所谓社会法，以维护社会利益而形成社会本位为特征，是国家为保障社会利益，通过加强对社会生活的干预而产生的一种立法，属于公法与私法以外的第三法域。① 社会法最基本的特征有两点，即社会利益和社会本位。尽管宪法中的生态文明规范体系，涉及社会利益的内容，但是国家利益以及国家利益所投射的公民利益才是该体系中的重要内容，该规范体系无论如何也不能得出以社会为本位的判断。因此，以宪法中的生态文明规范体系为依据编纂的生态环境法典，不能被定性为社会法。理论上，作为第三法域的社会法，"以维持社会经济弱者阶层的生存及其福利的增进为目的"②。在我国的立法实践中，根据全国人大官方确定的法律体系目录，截止到 2024年 3 月 11 日，社会法类别共有 28 件法律，除了关于工人退休、退职和职工探亲的决议，分别是《归侨侨眷权益保护法》《残疾人保障法》《未成年人保护法》《工会法》《妇女权益保障法》《矿山安全法》《红十字会法》《劳动法》《母婴保健法》《老年人权益保障法》《预防未成年人犯罪法》《公益事业捐赠法》《职业病防治法》《安全生产法》《劳动合同法》《就业促进法》《社会保险法》《军人保险法》《特种设备安全法》《反家庭暴力法》《慈善法》《境外非政府组织境内活动管理法》《退役军人保障法》《法律援助法》《家庭教育促进法》。③ 从以上法律的名称及其调整的内容看，将生态环境法典定性为社会法，并划入该法律部门，是不合适的。

3. 生态环境法典也不是传统的公法

相对于传统的公法，环境法是一个新兴的部门法。在法的观念、概念、内容、规范、制度设计以及法律责任上均有新的变化与发展。例如，人与自然和谐共生的理念，促使传统公法中的以人为本的法的观念产生新的发展，不能仅仅在人与国家的单组关系中思考，需要在人、国家与自然的多向关系

---

① 参见董宝华等《社会法原论》，中国政法大学出版社 2001 年版，第 1、11 页。
② 参见〔日〕星野英一《私法中的人》，王闯译，梁慧星主编《民商法论丛》（第 8 卷），法律出版社 1997 年版，第 186 页。
③ 《现行有效法律目录（300 件）》（截至 2024 年 3 月 11 日十四届全国人大二次会议闭幕，按法律部门分类），中国人大网，http://www.npc.gov.cn/npc/c2/c30834/202403/t20240315_436024.html，最后访问日期：2024 年 3 月 15 日。

中确定法律规范及法律关系。① 再如，关于环境权利与义务，也不适宜以传统的权利功能理论来诠释。多年来，学者们在对环境权的研究中，将过多的内涵塞进了环境权之中，反而导致人们对到底什么是环境权及其特殊价值一直存在困惑甚至疑问，因此，有必要将环境权区分为环境核权利和环境束权利。② 上述这些理解和分析，恰恰是在传统的公法权利观念和制度框架内难以完成的。事实上，宪法中的生态文明规范体系以及在此基础上形成的生态文明制度，对于宪法自身的理念、制度等也是一种更新和扩充。③ 因此，生态环境法典的编纂，应该及时对接跟进宪法中生态文明规范体系关于法的观念、概念及法律关系等的新变化与新内容。

4. 生态环境法典具有独立的法律部门性征

学理上，环境法被普遍认为是一个法律部门。④ 然而在目前的立法分类中，环境类法律被归属于行政法部门和经济法部门，这在某种程度上导致了环境法体系内部的支离破碎，使得环境基本法迟迟未来，难以满足新时代生态文明建设对法律功能的综合要求。⑤ 2018 年修宪，宪法中生态文明规范体系正式形成，随之生态文明制度成为宪法上的国家五大基本制度体系之一。生态文明制度在理念、概念及内容上，均不同于传统的经济、政治、文化和社会制度，这既对环境法体系的发展提出了新的要求，也更凸显环境法在调整对象和方法上，既不属于私法和社会法，亦体现出非传统的公法属性，日趋具有独立的法律部门性征。实践中，从当前司法机关的机构设置以及具体的司法实务看，在传统的刑事、民事、行政三大诉讼之外，环境诉讼日益呈现为第四大诉讼形态。总之，生态环境法典的编纂是环境法体系发展的必然体现，更加显现环境法的独立部门法属性，也可

---

① 参见张震《生态文明入宪及其体系性宪法功能》，《当代法学》2018 年第 6 期，第 54 页。

② 参见张震《环境何以为权利之体系论——以环境核权利与环境束权利为视角》，《吉首大学学报》（社会科学版）2020 年第 6 期，第 39~47 页。

③ 参见《宪法学》编写组编《宪法学》（第 2 版），高等教育出版社 2020 年版，第 180~184 页。

④ 沈宗灵主编《法理学》，高等教育出版社 1994 年版，第 327、337 页；张文显主编《法理学》，法律出版社 1997 年版，第 101、106 页。

⑤ 参见张震《环境法体系合宪性审查的原理与机制》，《法学杂志》2021 年第 5 期；张震《环境法典编纂的宪法根据及合宪性控制》，《东方法学》2022 年第 3 期。

在宪法依据的基础上更加充分发挥生态文明建设的综合法治功能。

（三）关于生态环境法典的规模或范围即所谓"适度"的把握

以宪法生态文明规范为依据，所谓"适度"的生态环境法典，应从以下三个方面理解。

其一，不能超出宪法生态文明规范体系的射程。科学立法，是全面贯彻实施宪法的一种重要途径。有效解释宪法，是保证立法质量的重要基础。而宪法解释，有一个基本的原则和要求，就是不能超出文义的射程。① 所谓宪法生态文明规范体系的文义射程，至少有两个限度：一是内容上，以生态文明为宪法核，以绿色发展为理念，国家基于特定目标而形成相关的任务，从而具备相应职权，但实现公民的权利保障也是题中应有之义；二是方式上，不宜将民法、刑法等的调整对象和方法呈现在生态环境法典之中，这样既会破坏生态环境法典体系自身的科学性和自洽性，同时也混淆了环境法与民法、刑法等的关系。

其二，能有效将宪法生态文明规范体系具体化。既不能无限扩展宪法上的生态文明规范体系的内涵，也不能进行实质性限缩。生态环境法典对宪法生态文明规范体系的落实，应该是在充分依据其规范内容的前提下，予以有效具体化。

其三，以能起到基本法的作用为目标。对生态环境法典编纂的功能期许，以改变现有环境类法律碎片化、实现环境类法律的体系化为基本指向，而环境法体系中具有基本法地位和功能的法典的编纂是关键。生态环境法典的制定可以有效改变现有环境法律分类，因缺少基本性法律而呈现多部法律之间的关系不清晰且支离破碎的状态。生态环境法典定位为基本法律，意味着以宪法为核心的环境法律体系的正式形成，意味着生态环境法典可以全面落实宪法上相关的规范与制度体系，意味着生态环境法典可以更好地实现有效推进生态文明建设的法律功能。②

将生态环境法典定位为基本法律，需要处理好与现有环境类单行法的

---

① 参见杨仁寿《法学方法论》，中国政法大学出版社1999年版，第92页。
② 参见张震《环境法典编纂的宪法根据及合宪性控制》，《东方法学》2022年第3期，第72~84页。

关系。在我国，以宪法为核心的法律体系，至少存在宪法、基本法律和基本法律以外的法律三个层次。基本法律以宪法为直接依据，基本法律以外的法律，原则上以依据宪法制定的基本法律为依据。生态环境法典应该在法的原则上、制度上包容单行法。而且，生态环境法典编纂出来以后，新的单行法的制定要以生态环境法典为直接依据。

四 宪法生态文明规范体系是生态环境法典编纂的内核制度化依据

所谓内核制度化依据，是指宪法生态文明规范体系对生态环境法典的编纂在诸如生态环境法典的核心理念、规范体系等内部的实质性核心内容上产生的制度化的规范影响。

（一）编纂生态环境法典应坚持做好生态文明宪法核的文章

生态文明在我国呈现一个从概念提出到系统成熟的清晰过程，且深具中国化的实践与规范基础，适宜作为生态环境法典的核心理念。第一，生态文明深植于中国共产党领导下治国理政的生动实践。2007 年党的十七大报告正式提出生态文明的概念；2012 年党的十八大报告把生态文明建设提升到与经济、政治、文化、社会建设"五位一体"的高度；2017 年党的十九大报告指出生态文明建设是实现中华民族永续发展的千年大计。生态文明，从正式提出上升到"五位一体"再到被确定为千年大计，体现着中国共产党治国理政、实现中国式现代化从理念到实践的日益丰富成熟，彰显了在人类社会从工业文明走向生态文明的过程中，中国实现伟大复兴，为人类社会贡献关于生态文明的中国智慧和中国方案的大国宏志。第二，生态文明具有明确的宪法依据。2018 年修宪，将生态文明上升到宪法国家文明体系的高度，强调生态文明与物质文明、政治文明、精神文明、社会文明协调发展，标志着中国共产党进行生态环境保护与治理的生态文明观的宪法成熟。概言之，生态文明作为宪法上生态文明规范体系的宪法核，应当贯穿于编纂生态环境法典的全过程。

（二）根据宪法核来确定生态环境法典在具体内容上的规范体系及制度安排

如前文所述，以生态文明为宪法核，宪法生态文明规范体系涵盖自然资源合理利用、生态环境保护、绿色发展等内容，因此，以宪法生态文明规范体系为依据，生态环境法典编纂应依照总分总的逻辑依次展开。

1. 关于总则和责任

在总则中，应该将生态文明的概念明确写在"生态环境法典"的第 1 条，并明确其表述和内涵，既以宪法上的生态文明为根据，又适度具体化制度化，这作为生态环境法典的核心理念应贯穿生态环境法典的总则和分则等各部分。总则部分应该全面符合宪法生态文明规范体系的精神，既将生态文明建设作为建设强国、实现民族复兴的国家使命的重要抓手，又要不断满足人民的美好环境生活需求，为此要在人、自然与国家多重要素中构建新的法律关系；全面体现宪法上的生态文明等关键性概念；全面落实宪法生态文明规范体系中的原则性内容。

责任部分应以公法意义上的责任规范为主要内容，既需要对公法规范中的责任制度转介规定，也需要凝练出环境法意义上的特定制度表达，同时也要结合考虑公私法衔接意义上的私法责任的相关规范。

2. 关于自然资源的合理利用

所谓自然资源是指人类可以直接获得并用于生产和生活的天然存在的自然物，如土地资源、气候资源、水资源、生物资源、矿物资源等。[①] 自然资源的使用，必须考虑到长远需要，做到资源的开发与保护相结合，使之兼有经济效益、环境效益和社会效益。《宪法》第 9 条关于"国家保障自然资源的合理利用"的规定至少包含两个层面的内涵，既能发挥自然资源对于经济社会发展的功能，又坚持合理、适度、合法地使用，重在强调对自然资源使用的方式和程度应该合乎自然资源的特点和规律。正如有学者所认为的，合理的资源利用既可以最大限度地促进社会经济的发展，又能最大限度地减少对生态环境的不利影响。[②]

3. 关于生态环境的保护与改善

所谓生态环境是指以整个生物界为中心，可以直接或间接影响人类生

---

① 参见邓绶林主编《地学辞典》，河北教育出版社 1992 年版，第 1058 页。
② 参见谭荣、曲福田《自然资源合理利用与经济可持续发展》，《自然资源学报》2005 年第 6 期，第 3~11 页。

活和发展的自然因素和人工因素的环境系统。① 人和自然是宪法中环境的两大组成部分。《宪法》第9条和第26条中的"保护"均强调维持较适宜的环境，这是环境保护的第一层次目标。有学者指出，这种维持性的保护包括三个方面：（1）排除已有的环境损害；（2）排除或减轻潜在的环境危险；（3）采取预防措施防止未来的环境危害。② 《宪法》第26条中的"国家保护和改善生活环境和生态环境"意在强调在维持现有环境条件的前提下，进一步提高环境质量。改善强调了环境保护的第二层次目标，即追求更良好的环境。为此，2018年宪法作出修改，明确了国务院的"生态文明建设"职权。重建人与自然和谐关系是人们对环境保护内容目标认识提升的表现，这与20世纪60年代前单纯强调对污染的控制形成鲜明对比。例如，为了应对公害问题，日本早期曾通过制定《公害对策法》的方式保全生活环境，而1993年日本《环境基本法》的制定则在理念上实现了从公害对策到环境治理的转变。③

4. 关于绿色发展

作为宪法序言中新发展理念的绿色发展有两个含义。首先，为国家永续发展提供理念指引。其次，绿色发展既强调发展又强调生态，协调统合经济发展与环境保护，写入宪法意味着宪法对兼顾环境保护与经济发展理念的确认并随之进行相关的制度安排。既不能为了经济发展而牺牲环境，也不意味着环境保护和治理就要影响发展。笔者一直主张，环境保护和经济发展的关系是可以调和的。④ 绿色发展，正是在对环境保护和经济发展进行实质理念融合的基础上所提出的新的发展模式。

（三）以环境权为生态环境法典的隐性主线

1. 环境权是宪法生态文明规范体系深层解析的主线

如前文所述，权力与权利的关系、绿色与发展的关系构成宪法中生态文明规范体系深层解析的两条路径。就第一条线即权力与权利的关系而

---

① 参见江伟钰、陈方林主编《资源环境法词典》，中国法制出版社2005年版，第799页。
② 参见陈慈阳《环境法总论》，中国政法大学出版社2003年版，第31页。
③ 参见〔日〕原田尚彦《环境法》，于敏译，法律出版社1999年版，第12~13、18~19页。
④ 参见张震《作为基本权利的环境权研究》，法律出版社2010年版，第46~48页。

言，权力的要素包括生态文明建设等在宪法中有明确规定，属于明线规范；权力与权利的关系作为隐线，是指权利作为权力的指向隐含在行使和规范权力而形成的制度中。就第二条线即绿色与发展的关系而言，绿色本身包含着环境美好生活的内容，通过绿色实现发展；发展包含着对环境正当利益的确认与保障。因此，在构成宪法中生态文明规范体系深层解析的两组关系中，环境权均具有明确的指向性。

2. 生态环境法典中环境权的特定证成

基于宪法中具有比较确定的环境权的意涵与主张，在生态环境法典的编纂中，如何对待环境权是一项重要课题。如果只是以传统的主观权利功能和客观法秩序的理论为框架，以及从传统国家的环境权入宪入法的历程以及诸多困惑看，似乎难以跳出理论困境、解释力不足等的窠臼，那不妨换一种思路来思考环境权入宪入法的问题。一项公民权利在法律上的证成，最基本的要素应该包括充分而明显的权利需求、确定的利益，以及特定政治共同体下的保障条件。事实上，关于新权利的证成及其规定，在中国的宪法和法律中已经形成了中国化的表达方式。具体到环境权而言，主要如下。

第一，公民对环境权的需求已经充分而明显。回顾中华人民共和国宪法史，1982 年宪法对人身自由等的充分和详细的规定，就是基于公民在当时背景下迫切的需求。[①] 同理，经过长达 40 余年的环境保护的实践，对环境美好生活的追求已经成为公民对美好生活向往的最重要的组成部分，而且环境的利益也可以确定地提炼出来。《国家人权行动计划（2021—2025年）》历史性地将环境权单列，使之与另外两类传统权利即政治权利公民权利和经济社会文化权利并列，就是对环境权重要性和需求性的充分彰显。

第二，不能忽视生态文明建设中政治资源的强力推动对权利证成的正向影响。在我国宪法中，为什么对受教育权和劳动权在强调权利的同时也会科以义务，很大程度上是中国宪法的社会主义性质对权利赋予的政治属

---

① 参见许崇德《中华人民共和国宪法史》，福建人民出版社 2003 年版，第 795~796 页。

性的体现。① 因此，不能忽视政治性的因素对中国宪法和法律中权利规定的影响。自党的十八大以来，生态文明建设被提升到了国家经济、政治、文化、社会、生态一体建设的高度，习近平生态文明思想被作为习近平新时代中国特色社会主义思想的最主要的五个组成部分之一，人与自然和谐共生的现代化被明确为中国式现代化的内涵之一，因此，生态文明建设对环境权的规定在政治上的推动已经非常有力。

第三，需要重视权利明示规定的特殊意义。从学术研究的视角看，宪法解释应该是规范宪法学立场下对宪法文本理解和运用的最基本方法，但如果站在一般民众的立场，宪法解释的专业性使非专业性人士很难感知到通过宪法解释所证成或所支撑的新的权利。因此，不能忽视法律针对某项权利的明确规定对于全体社会的现实意义。

3. 生态环境法典中环境权规定的技术路线

第一，在宪法没有明确规定环境权的前提下，生态环境法典能否明确规定环境权？我国现行宪法虽然没有明确规定环境权，但是环境权可通过宪法生态文明规范体系深层解析出来，所以仍然具备宪法依据。而且从我国的立法实践看，宪法中没有明确规定的权利，而法律予以明确规定的，并不少见。例如，在宪法没有明确规定生育权的前提下，《人口与计划生育法》第 17 条就规定了公民有生育的权利和义务。② 因此，在环境权具备特定意义上的宪法依据的前提下，在生态环境法典中规定环境权：首先，是对人民环境美好生活期待的合理反映；其次，有利于国家生态文明建设的目标落实；再次，是对国际上环境权发展潮流的及时跟进；最后，是绕开在传统思维下环境权入宪与否持续不断争论的另辟蹊径。

第二，环境权适宜写在生态环境法典的什么位置？有学者主张在生态环境法典总则中以一般规定条款方式确立环境权，即在对《环境保护法》

---

① 参见许崇德《中华人民共和国宪法史》，福建人民出版社 2003 年版，第 802~804 页。
② 参见张震《从生育政策到生育权：理论诠释、规范再造及功能地位》，《当代法学》2023 年第 2 期，第 34 页。

第 4 条、第 6 条进行整合的基础上，进行对各方权利、义务的一般规定。①笔者建议，放在总则第 2 条。按照立法惯例，总则第 1 条一般规定立法目的和立法依据，如前文所述，生态文明应规定在第 1 条，并作为基石概念。环境权作为生态环境法典的隐性主线，放置在第 2 条既是对生态文明的对应规定，更是习近平法治思想以人民为中心的根本立场在生态环境法典中的直接体现。

第三，生态环境法典中的环境权如何表述？笔者主张，生态环境法典中的环境权不能仅仅是程序性权利，还应该有实体性权利的内涵；既涉及生态环境，也包括生活环境，应以环境美好生活为核心概念，并充分关注健康、良好、适宜生活的环境等传统概念的内涵，注意将传统概念中的合理要素予以吸收并进行中国化、时代化的表达。

随着全国人大常委会 2021 年度立法计划公布和 2024 年 3 月《全国人大常委会工作报告》提出明确要求，生态环境法典的编纂在我国已经成为既定事实。无独有偶，邻国哈萨克斯坦已于 2021 年通过了生态环境法典，并由总统签字。② 2023 年 3 月，我国《立法法》的第二次修改，包括明确规定立法应当符合宪法规定、明确了编纂法典的形式、将 2018 年入宪的生态文明建设明确为立法事项等，为生态环境法典编纂如何更好地坚持宪法依据带来了新的契机、新的思考。当前，如何更好地编纂生态环境法典，是一项重大法学课题，这需要法学多学科关注和支持。从生态环境法典的依据上看，需要环境法与宪法的对话；从生态环境法典的内容上看，涉及行政法、民法、刑法乃至国际法等多个学科。就宪法学者而言，可能对生态环境法典编纂的贡献主要在于宪法依据的论证分析，当然首先需要尊重环境法学者基于本学科立场的思维、知识等对生态环境法典编纂的制度建议。但是，所谓宪法依据并非只是在"生态环境法典"第 1 条规定的类似"根据宪法，制定本法"的表达，更需明确生态环境法典的宪法依据到底

---

① 参见吕忠梅《以中国话语在生态环境法典中确认环境权》，《人民论坛·学术前沿》2024 年第 2 期，第 10 页。

② See OFFICIAL NEWS, "Kazakh President Signs Environmental Code into Law," INTERFAX: *Kazakhstan Mining Weekly* 2021.

是什么、到底如何对生态环境法典的编纂提供建设性的制度化的依据，以真正在实质上确保生态环境法典以宪法为依据，以保障生态环境法典编纂的质量，从而不仅可以为推动生态文明建设迈上新台阶[1]发挥其应有的综合性法律功能，也可以为环境法律部门在实证法律体系中的独立地位提供标志性的立法范本。当代宪法学的任务就是把不同理论整合成一个融贯的理论[2]，从而为具体的法治实践提供有效性、类型化、体系性的宪法依据[3]。为此，就需要深入生态环境法典的制度层面，既包括明晰生态环境法典编纂中诸如名称、性质、调整范围等外部制度化的宪法依据，也包括探究生态环境法典的核心理念、立法主线、基本框架等内核制度化的宪法依据。外部制度化依据为生态环境法典的编纂塑形，内核制度化依据为生态环境法典的编纂铸魂。总之，为生态环境法典中规定的"根据宪法，制定本法"的规范蕴涵，提供全方位的、制度化的诠释及建议，是宪法学者可以为生态环境法典编纂作出的学术贡献，也是进行中国特色社会主义宪法理论体系建设，构建中国宪法学自主知识体系[4]的一种有益探索。

第五节　生态环境法典编纂及其未来实施的合宪性控制

法律是一门科学，有自身的体系，左右、上下，特别是与宪法不能抵触。[5] 生态环境法典的编纂一旦启动，就要进行有效的合宪性控制，只有这样才能确保生态环境法典编纂有效坚持宪法依据，才能保证生态环境法典的编纂质量，才能更好地发挥生态环境法典预期的法律功能。所谓生态环境法典的合宪性控制，是指在充分有效坚持宪法依据的基础上，通过确

---

① 参见习近平《推动我国生态文明建设迈上新台阶》，《求是》2019 年第 3 期。
② See Richard H. Fallon, "A Constructive Coherence Theory of Constitutional Interpretation," *100 Harvard Law Review*, 1987, pp. 1189–1231.
③ 参见张震《依宪完善行政区划调整标准体系及其构建》，《政治与法律》2023 年第 3 期。
④ 参见莫纪宏《论中国特色社会主义宪法理论体系建设的三重维度》，《重庆大学学报》（社会科学版）2023 年第 1 期。
⑤ 彭真：《论新中国的政法工作》，中央文献出版社 1992 年版，第 396 页。

定的标准，经过一定的程序，并采取合理的基准，使生态环境法典的编纂过程、内容体系以及未来实施均能体现宪法精神。

一　生态环境法典合宪性控制的标准

其一，党的指导思想、政策等明确写入宪法的内容。我国宪法明确规定了马克思列宁主义、毛泽东思想、邓小平理论、"三个代表"重要思想、科学发展观、习近平新时代中国特色社会主义思想在国家和社会生活中的指导地位，具有最高的法律地位、法律权威和法律效力。宪法指导思想在国家政治生活和社会生活中具有根本指导作用，是解释和实施宪法的根本依据和行动指南。① 此外，在我国政治生活和立法活动中，党的政策、主张往往通过立法成为基本国策，其中最为重要的部分被写进宪法。宪法中确认的党的指导思想和政策等，如习近平生态文明思想和保护环境的基本国策等，对生态环境法典的编纂既产生外部法律规范意义上的宏观指导，也需要进行具体的制度落实，因而成为合宪性控制的宏观标准。

其二，宪法的精神、原则。"确保每一项立法都符合宪法精神"，既是全国人大立法计划的工作规定，更是落实依宪治国、依宪立法、全面实施宪法的基本要求。习近平总书记多次讲话明确要求弘扬宪法精神。② 宪法永恒不变的精神，就是要规范国家权力的行使，保障公民权利的实现，保持权力与权利的协调与平衡。③ 宪法精神将"人的尊严"作为宪法制度存在的基本哲学。宪法精神存在于宪法文本，约束着国家所有生活，包括立法、行政与司法等领域，以及个人的生活领域。特别在立法领域中宪法精神直接发挥价值引导、规范调整与凝聚社会共识的功能，使所有立法体现宪法价值，保持其合宪性基础。④ 我国宪法的基本原则有坚持中国共产党的领导、人民主权、社会主义法治、尊重和保障人权、权力监督与制约、

---

① 《宪法学》编写组编《宪法学》（第二版），高等教育出版社 2020 年版，第 85、88 页。

② 习近平：《论坚持全面依法治国》，中央文献出版社 2020 年版，第 128、218 页等。

③ 肖扬：《论宪法精神》，《电子政务》2004 年第 1 期，第 52 页。

④ 韩大元：《民法典编纂要体现宪法精神》，《国家检察官学院学报》2016 年第 6 期，第 3 页。

民主集中制等。① 宪法的精神、原则在生态环境法典的编纂中被具体化为法律规范和制度，既是生态环境法典编纂的依据，更是检验生态环境法典合宪性的中观标准。

其三，宪法的规范、概念和制度。宪法的规范和概念以及在此基础上形成的制度是一个整体的系统。"根据宪法，制定本法"到底意味着什么？一是，对整体的宪法规范与制度的落实。任何基本法律在其第 1 条均规定"根据宪法，制定本法"，而没有写明根据宪法的某一条或某几条制定，这就意味着，该部基本法律对宪法上的某项基本制度的落实首先要对整体的宪法规范与制度内涵进行系统体现。二是，对宪法上某项具体的基本制度的落实。一部基本法律不可能直接对我国宪法上全部的规范与制度予以体现，只能是依据宪法对某些领域的重要的基本制度予以具体化。② 具体到生态环境法典的编纂，宪法上的生态文明规范、概念和制度构成其合宪性规范和制度控制的直接标准，正如有学者所指出的，生态环境法典在编纂中，要明晰生态环境概念的宪法依据③；而宪法上与生态文明规范、概念和制度有间接关系的其他规范和制度系统则构成其合宪性规范和制度控制的间接标准。

二 生态环境法典合宪性控制的程序

其一，从主体上看，要坚持由全国人大实际有效主导生态环境法典的编纂。现行《宪法》第 58 条明确规定，全国人民代表大会和全国人民代表大会常务委员会行使国家立法权。依据现行《宪法》第 62 条，全国人民代表大会制定基本法律。党的十八届四中全会决定明确指出，人大主导立法。因此，生态环境法典的编纂当然应由全国人大作为制定主体。此处需要强调的是，全国人大不仅在程序上享有对生态环境法典编纂的立法

---

① 《宪法学》编写组编《宪法学》（第二版），高等教育出版社 2020 年版，第 92~106 页。

② 详见张震《"根据宪法，制定本法"的规范蕴涵与立法表达》，《政治与法律》2022 年第 3 期，第 108~119 页。

③ 参见吕忠梅《环境法典编纂方法论：可持续发展价值目标及其实现》，《政法论坛》2022 年第 2 期，第 18~31 页。

权，而且应该在实质上有效主导生态环境法典的编纂。生态环境法典的编纂是一项比较浩大的系统工程，生态环境法典的内容，不仅要全面落实宪法相关规定，而且要作为我国生态文明建设的主要依托和保障，所涉及的内容庞杂，对应的政府职能部门众多，因此，只有由全国人大实质主导生态环境法典的编纂，才可以满足上述要求，可以有效克服实际由部门立法会出现的相关问题。

其二，从阶段上看，分为事前合宪性控制、事中合宪性控制以及事后合宪性控制。所谓事前的合宪性控制，是指生态环境法典编纂一旦进入立法计划，开展前期工作的时候就应该纳入合宪性控制机制之中。主要是审查生态环境法典的编纂在宪法上的正当性、是否符合并具备充分的宪法依据。生态环境法典编纂启动的时机、条件成熟的重要标准，就是在宪法上的正当性和依据的适足。所谓事中的合宪性控制，是指生态环境法典的编纂工作启动后，同时进行合宪性考量。主要是审查生态环境法典的编纂是否坚持宪法精神、是否足够依据宪法规范与制度。具体来讲，生态环境法典的精神、原则要充分依据宪法；生态环境法典的结构要充分体现宪法内涵；生态环境法典的具体规范与制度要符合三个要求，即对宪法规范与制度的落实、对宪法规范与制度的具体化，以及在合宪性的基础上对宪法规范与制度的适度发展。所谓事后的合宪性控制，是指生态环境法典即便完成了编纂工作，在实施预备期以及实施过程中，要全程全域纳入合宪性控制的机制之中。即便是已经进行了充分的事前和事中的合宪性控制，也无法完全确保生态环境法典在宪法上没有任何瑕疵，因此事后的合宪性控制是必要的。这既包括有权机关依职权主动进行的合宪性审查，也包括抽象的或具体的利益相关人依申请启动的合宪性审查。由于环境法律关系的特殊性，不能仅限定具体的利益相关人才可以申请启动合宪性审查。在对生态环境法典进行事后合宪性控制之后，如果确有违反宪法的情形，则启动对生态环境法典的修改程序，以使其符合宪法的要求。

其三，从方式上看，合宪性审查、宪法解释等并用。针对生态环境法典的合宪性审查，是指在事前、事中以及事后三个阶段，当发现可能存在宪法性问题特别是可能存在宪法瑕疵时，均可启动宪法审查。生态环境法典的合宪性审查标准包括宪法指导思想、原则、规范及制度等。在生态环境法典的合宪性审查实践中，应以合宪性推定为原则，传统的合宪性推定原则对中国更适用的理论是指尊重立法权与维护宪法秩序的统一性。合宪性推定原则要求法治国家的立法者们在立法过程中始终关注作为上位法的宪法，以保障立法内容与宪法规范相一致。[①] 所以，针对生态环境法典的合宪性推定，在确保生态环境法典编纂进行有效的合宪性控制的前提下，只要不存在实质性宪法瑕疵，均以有利于生态环境法典的编纂及实施为原则。针对生态环境法典的宪法解释，包括两个阶段：一是在生态环境法典的编纂阶段，通过解释更加明确宪法的规范内涵，让生态环境法典更好地依据和落实宪法，减少可能的宪法瑕疵；二是在生态环境法典的实施阶段，通过宪法解释，可进行合宪性判断，如果存在宪法瑕疵，则可启动生态环境法典的修改程序。合宪性解释的规范功能体现为法律规范的合宪性控制和效力维护，二者包含于同一过程之中，是在宪法框架下通过"以法就宪"和"以宪就法"的反复循环而实现的宪法和法律的协调一致。[②] 针对生态环境法典的宪法解释，也应该奉行适度宽松原则，即只要不抵触和违反宪法，即视为可通过合宪性判断，这是基于对环境法的学科特点的尊重，以及实质促进生态文明建设的需要。[③]

三　生态环境法典合宪性控制的基准

法学上讲的审查基准，一般包括严格、中度、宽松或合理三个层面。[④] 三层次的审查基准，既经常运用在权利保障中，也适用于比例原则。在笔者看来，针对生态环境法典进行合宪性控制，既需要明确控制的标准，也

---

① 参见韩大元《论宪法解释程序中的合宪性推定原则》，《政法论坛》2003 年第 2 期，第 3~7 页。

② 参见李海平《合宪性解释的功能》，《法律科学》2021 年第 2 期，第 43~55 页。

③ 参见张震《环境法典编纂的宪法根据及合宪性控制》，《东方法学》2022 年第 3 期，第 82 页。

④ 参见杨登杰《执中行权的宪法比例原则 兼与美国多元审查基准比较》，《中外法学》2015 年第 2 期，第 367~390 页；刘权《比例原则审查基准的构建与适用》，《现代法学》2021 年第 2 期，第 144~155 页。

需要探讨控制到何种程度。具体而言，所谓生态环境法典合宪性控制的基准，是指依据确定的控制标准，并经过相关的程序及具体实施过程，针对生态环境法典的合宪性控制的程度。需要说明的是，标准是指依据什么进行控制，而基准侧重探讨控制的尺度和程度。

其一，严格基准。宪法的精神、原则、与人民利益直接相关的内容以及生态红线等构成生态环境法典合宪性控制的严格基准。宪法精神是宪法的灵魂，是宪法之所以为宪法并与其他法区分开来的关键。宪法基本原则既框定了我国的基本权力架构，更提供法律保障公民权利的基准。与人民利益直接相关的内容是宪法和法律的终极价值之所在。生态红线是生态环境保护的底线，是确保生态环境保护的意义及作用的基础。

其二，中度基准。环境保护与经济社会发展的关系构成生态环境法典合宪性控制的中度基准。保护环境是我国宪法确认的基本国策之一，是我国宪法上作为基本国家制度之一的生态文明制度的核心内容。同时，保护环境更是民族复兴、强国建设等宏大国家目标的大的发展系统中的重要一环，而且，满足人民环境美好生活需要也以经济社会的充足发展为社会和物质条件，因此有必要处理好环境保护与经济社会发展的关系。无疑，经济社会发展不能以牺牲环境为代价，如前文所述，生态红线是底线，但是如果经济社会发展的具体措施没有构成对保护环境的根本性破坏，只要符合法治等的基本要求，则是可以被允许的。当然最理想的状态是，既可以有效保护环境，又有力促进经济社会发展。

其三，宽松基准。宪法中未有明确规定特别是没有明确禁止的内容构成生态环境法典合宪性控制的宽松基准。宪法的根本法性质，决定了其制度多是原则性的，而且宪法为未来一定时期的制度发展进行了制度留白。宪法与法律的关系绝非僵化的单向的关系，法律上的制度创新也会带来宪法的发展。对于生态环境法典而言，制度创新的需求远大于传统的法律，因此依据宪法文本及其解释，只要不是宪法上明确禁止的，均是可以被允许的。

可以肯定的是生态环境法典的编纂会成为近一段时间立法上的一件大事。生态环境法典的编纂是一项系统工程，涉及的学科理论众多，既需要法学理论指导，也需要环境、生态相关学科的理论支持。就法学学科而言，最直接对应的是环境与资源法学学科，同时也对应行政法学、经济法学等其他法学学科，因此生态环境法典的编纂需要法学学科不同专业的协同知识与智慧。

不管是基于法律体系中以宪法为核心的基本特征和要求，还是生态环境法典的基本法律定位的属性使然，生态环境法典的编纂均需要在宪法框架下进行。宪法上的规范体系与理论架构是生态环境法典编纂中必不可少的，也是确保生态环境法典在法律体系中的重要与独立地位必不可少的。当代宪法学的任务就是把不同理论整合成一个融贯的理论。[①] 但是，宪法理论与规范体系能否为生态环境法典的编纂提供足洽的理论与规范供给；生态环境法典的宪法依据究竟应该如何理解，是对宪法规范的亦步亦趋，还是在合宪性的基础上交互影响；生态环境法典的编纂到底能解决法律上的什么问题，生态环境法典的编纂为环境法学和宪法学的发展又会带来什么积极变化……以上这些问题，不仅是宪法学需要充分回答的，也是环境法学需要认真思考的。

当然，生态环境法典的编纂一定要在宪法理论指导下进行。总之，在生态环境法典编纂的宪法依据以及合宪性控制等方面，尤其需要宪法学者和环境法学者通力合作。可主要围绕但并不限于以下问题展开：一是，生态环境法典中的用语、概念是否要完全与宪法上保持一致，在合宪性的基础上或者不与宪法相抵触的前提下，生态环境法典能否对宪法上使用的概念进行进一步的界定或扩充；二是，围绕生态环境法典的结构与具体制度，宪法上相关的国策条款、国家权力运行与国家制度条款、公民权利义务条款等规范体系以及在此基础上的理论体系能否有效供给；三是，在一些重要的、关键性的问题如生态文明、新发展理念、环境权等方面能否产生基本达成共识的研究成果并体现在生态环境法典的编纂当中。

[①] Richard H. Fallon, "A Constructive Coherence Theory of Constitutional Interpretation," *100 Harvard Law Review*, 1987, pp. 1189-1231.

第十二章　宪法框架下地方生态文明建设
立法的中国方案

地方生态文明建设立法是保证宪法生态文明规范体系实施的重要途径和促进生态文明建设迈上新台阶的关键。地方享有立法权的主体进行生态文明建设立法时，应当遵循宪法上的哪些规范依据，又如何对宪法生态文明条款予以落实，是生态文明建设地方立法体系构建的应有之义。基于此，本章采取法规范分析的法学方法，明晰宪法中生态文明建设政府职责条款的规范内涵，包括确立政府生态文明职责目标、明晰政府具体生态文明建设与监督职责、完善政府生态文明建设组织程序保障、健全生态文明建设的制度性保障等四个方面。在此基础上，研究提炼出地方生态文明建设立法的合宪性逻辑，包括明确规范依据是合宪性首要前提、遵循宪法规范为合宪性重要内容、界定特色边界需合宪性规范授权。①

第一节　地方生态文明建设立法的宪法秩序

自 2015 年设区的市获得有关环境保护等方面的立法权以来，地方有关生态文明建设的职权得到进一步完善。那么，地方生态文明建设立法应如何平衡中央法制统一与地方治理灵活性之间的张力，是该研究要解决的核心问题。当前，地方生态文明建设立法存在法律依据不尽统一、内容重复

---

① 张震、石逸群：《特色与融贯：生态文明建设地方立法的体系构建》，《中国人口·资源与环境》2023 年第 1 期，第 15 页。

创新不足、制度体系融贯不够等三个方面的问题。首先，立法依据的确定，可以检视立法制定的内容是否存在与上位法相冲突的情形，是否做到了对国家法制统一的维护。其次，内容重复一方面是对立法资源的浪费，另一方面不利于法制的统一。最后，地方立法除允许在一定权限范围的自治性特色内容外，其他部分是允许必要的重复，但是这种必要的重复应当保持地方立法的制度体系融贯。地方生态文明建设立法是对宪法生态文明条款体系的具体实施，宪法生态文明规范体系为生态文明建设立法提供了合宪性指引。各省份享有的立法权限范围有层次之分，造就了地方生态文明建设立法的差异，但这种差异仍然要符合宪法生态文明条款体系内的制度特色与规范融贯。基于此，本研究主要从作为根本法依据的宪法中生态文明建设政府职责条款出发，对其予以规范阐释，并以此检视地方生态文明建设立法的"特色"和"融贯"两个层面的规范要求，最后在此基础上提出地方生态文明建设立法的体系构建。

一　地方生态文明建设立法现状的检视

地方生态文明建设立法是我国环境治理体系与治理能力现代化构建和法治化实施的关键。2015 年修改的《立法法》扩大了地方立法主体范围，并赋予设区的市的人民代表大会及其常务委员会对环境保护等方面的事项制定地方性法规的权利，这是对央地关系中环境治理职权的重新分配。2018 年通过修宪将"生态文明"写入宪法，并将生态文明建设的职权赋予国务院，这在很大程度上配套了地方环境保护立法的需要。然而，《宪法》第 89 条第 6 项规定的生态文明建设职权究竟指的是什么，这一条款的规范属性如何，以及地方生态文明建设立法应如何符合宪性秩序，这些仍然需要进一步的研究。

本书对现有地方生态文明建设立法的样态进行分析（见表1），以此探讨地方生态文明建设立法的合宪性秩序。其一，从立法数量来看，全国各地生态文明建设立法每年的制定数量保持在一至三部。其二，从立法名称来看，只有厦门经济特区、十堰市的人大常委会在制定地方性法规时，直接选择以"生态文明建设条例"为立法名称。其他省市立法主体在制定地方性法规或规章时，都以"生态文明建设促进条例或办法"为立法名称。"促进"是指"推动发展，促使前进"①。此种类型的地方生态文明建设立法属于促进型立法。其三，从制定主体来看，仅有抚州市人民政府在2019年以制定地方政府规章的方式通过了《抚州市生态文明建设促进办法》，其他各省市制定地方生态文明建设立法都是以地方人大及其常委会制定地方性法规的形式。其四，从立法体例内容来看，地方生态文明建设立法的体例内容日趋齐全，既包括生态环境保护与治理、监督等方面，也包括新增的生态经济、生态文化、生态安全、示范创建等内容，地方生态文明建设制度规范日益完善。

相较于直接对宪法中生态文明建设职责的研究，学者们围绕政府生态文明建设的职责、中央与地方政府生态文明建设的权责分配的研究成果较多，但是从地方立法的视角来研究生态文明建设的成果鲜有。因此，本章研究的重点是将宪法中政府生态文明建设职责的融贯性解释作为逻辑起点，并运用法诠释学的分析方法，对宪法中生态文明建设义务予以类型化，旨在为地方生态文明建设立法提供价值指引与规范框架，为地方生态文明建设立法的特色与融贯提供合宪性秩序。

表1　2013~2021年地方生态文明建设立法情况

生效时间	数量	立法名称	制定机关
2013年	2部	《贵阳市建设生态文明城市条例》（2021修正）	地方人大
		《珠海经济特区生态文明建设促进条例》（2020修正）	地方人大常委会
2014年	2部	《贵州省生态文明建设促进条例》（2023修正） 《厦门经济特区生态文明建设条例》（2021修正）	地方人大常委会
2015年	1部	《青海省生态文明建设促进条例》（2015修正）	地方人大常委会
2016年	2部	《杭州市生态文明建设促进条例》（2016） 《湖州市生态文明先行示范区建设条例》（2016）	地方人大常委会
2018年	3部	《东莞市生态文明建设促进与保障条例》（2018） 《福建省生态文明建设促进条例》（2018） 《十堰市生态文明建设条例》（2018）	地方人大常委会

① 中国社会科学院语言研究所词典编辑室编《现代汉语词典》（第五版），商务印书馆2005年版，第231页。

生效时间	数量	立法名称	制定机关
2019 年	3 部	《白山市生态文明建设促进条例》（2019）	地方人大常委会
		《抚州市生态文明建设促进办法》（2019）	地方人民政府
		《江西省生态文明建设促进条例》（2019）	地方人大常委会
2020 年	2 部	《龙岩市长汀水土流失区生态文明建设促进条例》（2020）	地方人大常委会
		《云南省创建生态文明建设排头兵促进条例》（2020）	地方人大
2021 年	2 部	《南阳市生态文明建设促进条例》（2021）	地方人大常委会
		《西藏自治区国家生态文明高地建设条例》（2021）	地方人大

资料来源：作者根据立法情况梳理自制。

二　地方生态文明建设立法应符合宪法规范秩序

地方生态文明建设立法也应当符合宪法规范秩序，在宪法规范的框架下展开立法。"宪法对法律的依据性，不仅是在法律制定时对宪法条文和规范的体现，也包括为部门法解决具体问题提供思维和理论体系上的支持。"① 那么，宪法中生态文明建设政府职责条款作为地方政府生态文明建设的直接、根本的法依据，为地方生态文明建设的规范化提供了制度框架。《宪法》第 89 条是生态文明建设政府职责条款，但是对《宪法》第 89 条的解释，无法脱离对宪法其他生态文明条款文本的洞察，这也是对宪法生态文明规范体系的整体性解释的必然要求。因此，亟须对《宪法》第 89 条生态文明建设政府职责条款进行融贯性解释，并以此融贯性解释为地方生态文明建设立法提供合宪性规范秩序。通过融贯性解释，将宪法上的政府生态文明建设职责予以类型化，分别是政府生态文明职责目标、政府具体生态文明建设与监督职责、政府生态文明建设组织程序保障，以及生态文明建设的制度性保障等四个方面。

其一，确立政府生态文明职责目标。《宪法》序言的第七自然段表明了推动生态文明建设作为国家任务之一的时代使命，并且描绘了包含"文明和谐美丽"的社会主义现代化强国的动人图景。国家应当保证通过

---

① 张震：《区域协调发展的宪法逻辑与制度完善建议》，《法学杂志》2022 年第 3 期，第 28 页。

生态文明建设实现资源保障和保护、环境改善这一目标，[①] 并满足人民对美好生活的向往。宪法中政府生态文明职责目标，既为政府生态文明建设职责的行使提供了最低价值准则，又为政府生态文明建设提供了价值方向。最低的价值准则表现为对宪法人权条款的具体要求，即国家至少在最低限度内保障"人之为人"享有环境权利的职责；生态文明建设方向就是要不断满足人民群众对美好生活的需要，实现人与自然和谐共生的现代化。

其二，明晰政府具体生态文明建设与监督职责。首先，明确政府具体生态文明建设职权。这不仅是对生态文明制度体系的落实，也是对依法行政的具体要求，政府生态文明建设职权应当紧紧围绕制度展开实施。以"自然资源资产产权"制度建设为例，意味着政府负有全民所有自然资源资产所有者的职责。相应的配套制度，如自然资源资产产权制度、资源清单和管理体制、收益管理制度、有偿使用制度等都需要政府履行相应的职责。其次，生态文明建设保障对象的范围。政府除了负有保护生态环境、自然资源以及珍贵的动物和植物的职责，还需要对生态经济、生态文化、生态安全等对象予以保障。最后，政府生态文明建设的责任制度。责任的承担是为了更好地行使权力。2014 年修订后的《环境保护法》在总则第 6 条增加规定了"地方政府环境质量负责制"，作为对政府环境职责的一般性要求。但是法律对政府环境职责仍缺乏系统性规定，地方政府应当承担何种具体环境责任仍有待立法进一步明确。[②]

其三，完善政府生态文明建设组织程序保障。除了实体法的保障，还需要程序法上的保障。一般而言，可以从纵向和横向两个方面来阐释政府生态文明建设组织程序保障。在纵向组织结构方面，应当建立健全各层级政府及其职能部门分别行使的生态文明建设职权并细化责任承担。在横向组织结构方面，完善跨省市的环境治理组织之间的合作制度。近年来，有关跨省市的流域治理、森林资源保护、大气雾霾治理等，对政府横向组织

[①] 张震：《宪法环境条款的规范构造与实施路径》，《当代法学》2017 年第 3 期，第 35 页。

[②] 竺效、丁霖：《论地方政府环境责任追究机制的立法完善》，于文轩主编《环境资源与能源法评论》（第 3 辑），中国政法大学出版社 2018 年版，第 167 页。

合作、纵向职权整合提出了更高的制度要求，国家应当加强跨省市的环境治理的组织保障。

其四，健全生态文明建设的制度性保障。基于"基本国策条款的宪法委托理论"①，宪法生态文明条款对地方立法权形成了委托义务。生态文明建设不仅需要中央立法的顶层设计，还需要地方省市享有立法权的主体发挥生态文明建设的地方特色，增强地方生态文明建设制度的可操作性与社会实效。此外，生态文明建设的政治性也是该制度构建的重要属性，强调生态文明建设的法律制度保障的同时，也应当看到生态文明建设过程中呈现的"法律政策化""政策法律化"的现象，以政策引领生态文明建设的方向，以立法确认生态文明建设的成果。

三　地方生态文明建设立法的合宪性逻辑

对有关生态文明建设立法体系的"合宪性审查应直接对标宪法规范体系"②。地方生态文明建设立法体系构建需要遵循宪法生态文明建设政府职责条款规范秩序，并满足合宪性逻辑。地方生态文明建设立法应实现特色与融贯的调适，既体现地方生态文明建设立法的创制性与实施性，又体现生态文明建设立法的整体性融贯要求。

其一，地方生态文明建设立法的规范依据是合宪性的首要前提。规范依据是地方生态文明建设的立法依据，是指导下位法立法展开，以及确定其制定的边界的根本。当前我国并没有形成统一的有关地方生态文明建设立法依据的规范秩序。

对已经制定的地方生态文明建设立法进行梳理可知，我国大致形成了三种立法依据模式。（1）全囊式的立法依据。把"依据相关法律法规"作为表述，基本囊括了所有现行有效的与生态文明建设有关的法律。（2）上位法的立法依据。把"根据有关法律、行政法规的规定"作为表述，将上位法中有关生态文明建设的规定作为立法依据。（3）原则式的立法依据。

---

① 张震：《宪法环境条款的规范构造与实施路径》，《当代法学》2017 年第 3 期，第 38 页。
② 张震：《环境法体系合宪性审查的原理与机制》，《法学杂志》2021 年第 5 期，第 26 页。

把"根据有关法律、行政法规的基本原则"作为表述，将上位法的原则作为立法根据。这三种类型的立法依据在范围上的不同，直接决定了相应地方生态文明建设制度的制定范围的不同。

其二，地方生态文明制度的规范内涵是合宪性的重要内容。地方生态文明建设立法主要是以地方生态文明建设的展开为主要服务目的。那么，地方有关权力机构如何建设生态文明，其核心是生态文明建设应当包括哪些制度，以及其具有哪些规范内涵。

生态文明的概念，经过了"从政治概念到法律概念的转变，提升了生态文明概念的法律地位，也会对宪法上的观念、权利、制度及其实施产生重要影响"①。那么生态文明建设应当囊括哪些具体法律制度规范，这构成地方生态文明建设立法的核心内容。自 2013 年以来，生态文明制度在党内法规中不断丰富，这对地方生态文明建设立法也提出了更高的制度融贯要求。2013 年 11 月，中共中央印发《关于全面深化改革若干重大问题的决定》，提出要"加快生态文明制度建设"，并列举了四项制度要求，即健全自然资源资产产权制度和用途管制制度、划定生态保护红线、实行资源有偿使用制度和生态补偿制度、改革生态环境保护管理体制。2015 年 5 月，中共中央、国务院印发《关于加快推进生态文明建设的意见》，提出"生态文明重大制度基本确立""基本形成源头预防、过程控制、损害赔偿、责任追究的生态文明制度体系"的生态文明建设目标。2015 年 9 月，中共中央、国务院印发的《生态文明体制改革总体方案》列举了九项生态文明具体制度②。2022 年党的二十大报告中明确要求"生态文明制度体系更加健全"。这一系列举措体现了"法治思维与生态文明建设的有机结合"③。

地方生态文明建设立法应当如何对生态文明相关具体制度予以建构，

---

① 张震：《中国宪法的环境观及其规范表达》，《中国法学》2018 年第 4 期，第 5 页。
② 《生态文明体制改革总体方案》规定了自然资源资产产权制度、国土空间开发保护制度、空间规划体系、资源总量管理和全面节约制度、资源有偿使用和生态补偿制度、环境治理体系、环境治理和生态保护市场体系、生态文明绩效评价考核和责任追究制度等。
③ 吕忠梅：《生态文明建设的法治思考》，《法学杂志》2014 年第 5 期，第 13 页。

是保证地方生态文明建设有效实施的最直接的法律规范，而如何协调生态文明建设过程中法律与政策的关系，是地方生态文明建设全面实施的关键。对当前 6 部省级地方生态文明立法的体例内容予以梳理（见表 2），可见各省份对生态文明建设并没有形成大体一致的内容。这归根结底是地方立法没有对生态文明建设形成统一的逻辑脉络。

表 2　省级生态文明建设立法的体例内容

条例名称	条例体例	生效时间
《青海省生态文明建设促进条例》	规划与建设；保护与治理；保障机制；监督检查；法律责任	2015 年
《福建省生态文明建设促进条例》	生态规划编制与实施；生态环境保护；生态经济促进；生态文化培育；保障机制；监督考核；法律责任	2018 年
《贵州省生态文明建设促进条例》	规划与建设；保护与治理；保障措施；信息公开与公众参与；监督机制；法律责任	2018 年
《江西省生态文明建设促进条例》	目标责任；生态文化；生态经济；生态安全；生态文明制度；保障与监督；法律责任	2019 年
《云南省创建生态文明建设排头兵促进条例》	规划与建设；保护与治理；促进绿色发展；促进社会参与；保障与监督；法律责任	2020 年
《西藏自治区国家生态文明高地建设条例》	生态规划；生态安全；生态经济；生态文化；示范创建；社会协同；保障监督；法律责任	2021 年

资料来源：作者根据立法情况梳理自制。

其三，地方生态文明建设立法的特色边界应符合合宪性的规范授权。地方生态文明建设立法是严格依照宪法生态文明建设政府职责条款的规范要求展开，《宪法》第 3 条明确规定，"中央和地方的国家机构职权的划分，遵循在中央的统一领导下，充分发挥地方的主动性、积极性的原则"。按照地方生态文明建设立法的制定目的的不同，可以分为创制性生态文明建设立法和实施性生态文明建设立法。两者所遵循的宪法授权范围也是不同的。同时《宪法》第 5 条明确规定，"一切法律、行政法规和地方性法规都不得同宪法相抵触"。因此，地方生态文明建设立法，应当充分发挥地方建设需求的主动性和积极性，并在此基础上，不得同宪法相抵触。

其四，地方生态文明建设立法与其他生态环境保护类立法的制度衔接应符合合宪性融贯。生态文明建设立法属于针对生态文明建设的特别法，还是统筹环境保护的一般法？这不仅是生态文明建设法治体系逻辑的问题，而且关涉生态环境司法实践中法律适用的问题。

例如，贵州省人大常委会分别于2014年、2019年制定了《贵州省生态文明建设促进条例》和《贵州省生态环境保护条例》（如表3所示）。两者在制度规制方面存在不相融贯的情形。在生态功能区域制度保障方面，两部法律都作出了规定，但是规定享有此职权的主体却不相同。《贵州省生态文明建设促进条例》第11条第1款将确定生态功能区域的权力赋予省人民政府；《贵州省生态环境保护条例》第10条却规定县级以上人民政府是划定生态功能区域的主体。在环境信息公开方面，两部法律也都作出了规定，但是规定的公布主体范围却不一致。《贵州省生态文明建设促进条例》第57条明确规定环境信息公开的主体是县级以上人民政府，但是《贵州省生态环境保护条款》第48条却规定县级以上人民政府生态环境主管部门和其他负有生态环境保护监督管理职责的部门是环境信息公开的主体。

表3 贵州省生态文明建设立法与生态环境保护立法的对比

《贵州省生态文明建设促进条例》		《贵州省生态环境保护条例》		分析
第11条	省人民政府应当根据本省主体功能区规划和生态文明建设规划以及相关技术规范划定生态保护红线，确定生态保护红线区域……	第10条	县级以上人民政府应当根据不同区域功能和经济社会发展需要，划定生态功能区划并……	针对生态功能区域的确定，贵州省两部行政法规分别规定了不同的主体
第57条	县级以上人民政府应当建立生态文明建设信息共享平台，重点公开下列信息：（二）生态功能区的范围及规范要求；（八）生态保护红线的范围和内容	第48条	县级以上人民政府生态环境主管部门和其他负有生态环境保护监督管理职责的部门应当主动公开下列政府生态环境信息：（二）各类生态功能区划、生态保护红线的区域范围及管控措施	1. 公布主体的范围不一致；一部要求公开的主体是县级以上人民政府，另一部对负有生态环境保护监督管理职责的部门也作出了相应公开的要求。2. 公布内容的重复

《贵州省生态文明建设促进条例》		《贵州省生态环境保护条例》		分析
第58条第2款	重点排污单位应当向社会公开其主要污染物的名称、排放方式、排放浓度和总量、超标情况，以及污染防治设施建设和运行情况	第52条	重点排污单位应当公开下列生态环境信息：（二）主要污染物名称、排放方式、排放浓度和排放总量以及环境污染防治设施的建设和运行情况；（三）超过排放标准排放污染物、超过总量控制指标排放污染物等情况	存在重复立法，并且一部行政法规远远比另一部行政法规规定的详细
第59条第1款	公民、法人和其他组织发现污染环境和破坏生态行为的，有权向环境保护主管部门或者其他负有环境保护监督管理职责的部门举报	第59条第1款	公民、法人和其他组织发现污染环境或者破坏生态行为以及重点排污单位未依法公开生态环境信息的，可以通过信函、传真、电子邮件、环保举报热线、微信公众号、政府网站等途径，向生态环境主管部门或者其他负有生态环境保护监督管理职责的部门举报	存在重复立法的情形

资料来源：作者梳理自制。

由此，应当对生态文明建设制度与生态环境保护制度的区别予以界定，这直接关系到地方立法与中央立法的职权分配问题，也关系到地方立法制度体系融贯的问题。申言之，地方生态文明建设立法应遵循应有的宪法规范秩序，并提炼出内部制度规范的特色与外部制度规范的体系融贯两个方面应遵循的宪法秩序。

第二节　地方生态文明建设立法的特色空间

地方生态文明建设立法的个性是发挥地方治理活力的关键，但这种特色也应接受合宪性控制。笔者按照地方立法权主体享有立法权范围的大小，将地方生态文明建设立法分为创制性立法和实施性立法。创制性立法指享有"变通"立法权的主体从事立法活动的行为，是从无到有的创制特色。实施性立法是指具体化立法的方式，是从抽象到具体的实施特色，突出地方立法因地制宜实效，增强地方立法的可操作性。

一 规范创制性生态文明建设立法的先行先试功能

创制性生态文明建设立法主要是指经济特区行使"变通"立法权从事立法活动。由于当前并没有民族自治地方以制定自治条例或单行条例的方式制定生态文明建设立法，所以民族自治地方立法的变通权在此不纳入分析框架。

（一）创制性生态文明建设立法的规范要义

《立法法》第101条是对"变通"立法的规定，其第2款是对特区立法的规定，即"经济特区法规根据授权对法律、行政法规、地方性法规作变通规定的，在本经济特区适用经济特区法规的规定"。与《立法法》第101条第1款自治条例和单行条例的变通规定相比较，经济特区的变通是"根据授权"的变通。这种变通的本质是"先行先试"，即在有明确授权的前提下，经济特区的创制性立法可以突破现有的法律规范而为之，但不得同宪法相抵触。

创制性立法可以分为整体创制性立法和部分创制性立法。在"生态文明"没有写入宪法之前，最早可以追溯到2013年12月珠海市人大常委会通过的《珠海经济特区生态文明建设促进条例》。由于并没有直接的上位法依据，该部地方性法规是整体创制性立法。部分创制性立法以部分条款的方式，根据授权对制度予以变通。如2021年6月深圳市人大常委会通过的《深圳经济特区生态环境保护条例》，是根据《深圳建设中国特色社会主义先行示范区综合改革试点实施方案（2020—2025年）》（以下简称《实施方案》）的授权在深圳经济特区开展环境影响评价制度改革。该创制性制度内容体现在该条例第21条，丰富了环境影响评价管理制度类型，增加了对区域空间的生态环境评价管理制度。

当前创制性生态文明建设立法还存在以下问题。首先，从授权内容来看，授权的范围不是很明确。如深圳市《实施方案》的授权内容较为原则，没有为被授权主体提供变通立法的具体操作基准。其次，从立法监督来看，缺乏对特区立法的事后监督。当前授权模式为"一揽子"的方式，这有利于特区充分行使被授予的权力，激活特区经济发展活力。但是这种"五年实施方案"，还需要事后监督保证授权的稳步转化与实施。最后，从立法实施来看，经济特区的授权立法，应当恪守宪法平等原则。

（二）创制性生态文明建设立法的规范秩序

为了适应社会改革与发展的需要，填补法律的漏洞，创制性立法将成为法治建设中一种重要的立法类型。创制性生态文明建设立法在根据授权的同时，也应当遵循宪法生态文明建设制度体系的合宪性控制。

1. 授权主体的合宪性控制

2015 年《立法法》的修改，将 2000 年《立法法》第 65 条"根据全国人民代表大会的授权"直接修改为"根据授权"，表明特区立法的授权主体范围得到了扩大。对"根据授权"的规范理解，还需要对其进行合宪性解释。那么，除了全国人民代表大会可以授权，还有哪些权力机关可以授权？首先，通过对《宪法》第 67 条全国人大常委会职权条款的解释，可以得出，全国人大常委会也是符合此次《立法法》的授权主体。其次，省人大及其常委会都不是当然的授权主体。因为低位阶立法主体是没有权力对高位阶立法主体的立法内容予以变通的。最后，有关国务院是否是授权主体，在学术界有争议，即自己是否有权决定对自己的立法予以变通。笔者认为，国务院是有权授权对自己制定的行政法规予以变通的，但是对不属于自己制定的法律授权予以变通的正当性有待商榷。当前，国务院及其职能部门的授权规定较为普遍。

2. 将授权内容合宪性转化成制度规范

深圳市《实施方案》中提出"先行先试、引领示范"的工作原则，即在遵循宪法和法律、行政法规基本原则的前提下，允许深圳立足改革创新实践需要，根据授权开展相关试点试验示范。那么，如何有效地将授权内容转化成地方法律规范，其核心是改革与法治的协调。地方创制性立法具有试验田的功能，为后期中央立法提供经验，甚至在全国范围予以推广。创制性立法要与改革发展需求相调适。所以，对授权内容的制度规范性转化，不仅是国家法治建设需要，也是在法治的轨道上推进改革的必然要求。

此外，经济特区生态文明建设立法转化时间也要遵循合宪性控制。在授权时间范围内开展创制性生态文明建设立法，类似于"欧盟开放协调机制"。由中央授权立法后，经济特区应当进一步细化授权内容的实施方案与立法目标，并根据本区域社会发展实际情况来调整授权内容的实施进度，并适度地作出相应的"变通"。最后由监督机关对实施情况予以监督和评议。①

3. 上位法制度空白的创制性秩序

在坚持地方立法自治的范围内，厘清创制性生态文明建设立法的特色边界。首先，不得同宪法相抵触。《宪法》第 5 条第 3 款规定了"不得同宪法相抵触"原则，那么根据授权的经济特区立法，也不得同宪法相抵触，不能突破宪法规范的制度框架。其次，不得与法律、行政法规的基本原则相抵触。最后，经济特区的授权决定应当说明对法律、行政法规、地方性法规作出变通的情况。

二　增强实施性生态文明建设立法的因地制宜实效

地方生态文明建设立法的制定，除依法变通外，有的规范制度是对上位法的具体化与实施。由于地方生态文明建设立法没有直接的上位法依据，所以制定地方生态文明建设立法，其实质是对宪法生态文明条款的具体化。在具体化宪法生态文明条款的同时，要凸显地方因地制宜的制度特色、地域特色和治理特色。因为"地方立法的一个重要任务是把国家法律结合本地实际具体化，以保证法律更好地贯彻执行"②。

（一）实施性生态文明建设立法的规范要义

实施性生态文明建设立法是指地方享有立法权的主体，根据法律法规的规定，因地制宜地行使地方立法权制定生态文明建设立法。"立法特色

---

① 张震、石逸群：《新时代黄河流域生态保护和高质量发展之生态法治保障三论》，《重庆大学学报》（社会科学版）2020 年第 5 期，第 174 页。
② 王林、梁明：《地方立法突出地方特色的实践与思考》，《人大研究》2015 年第 8 期，第 42 页。

应当是对本地个性或特殊性的反映。"① 同时，所有的特色都应当落实在地方生态文明建设的制度特色之中。

制度特色的形成有三个方面的因素。其一，要以习近平生态文明思想为指导。西藏自治区生态文明建设立法中的"五个高地"定位、云南省生态文明建设立法中的"排头兵"定位都是对习近平生态文明思想的映照。其二，地方政策与地方立法的有机协同特色。各省市针对本辖区内生态文明建设的其他规范性文件也是地方特色的反映，最终都应当落实在地方立法之中。通过政策引领本辖区生态文明建设目标，并以立法规范本辖区生态文明建设实效。其三，地域引领特色。如青海省拥有高原草地、林地、湿地等生态资源，有生态功能制度的特色引领；西藏自治区有冰川保护制度、高原荒漠的生态保护和修复制度的特色。

当前实施性生态文明建设立法存在制度建设简单重复的问题，未能体现因地制宜的生态文明建设地方特色，亦即"形成了'问题趋同，制度趋同'的立法形态"②。这里的"重复"不仅是指与上位法的简单重复，而且包括不同省份之间的重复，没有凸显地域特色和治理特色。重复立法，一方面是对立法资源的浪费；另一方面不利于法制的统一。现行有效的17部生态文明建设地方立法存在的内容重复，除了本身相互之间的重复外，还存在与其他有关生态环境保护立法重复的情形。如《贵州省生态文明建设促进条例》和《贵州省生态环境保护条例》两部地方立法就存在立法重复的情形。在环境信息公开方面，两部法律对生态功能区和生态保护红线的范围及规范的公开都作出了规定。在重点排污单位信息公开方面和公民、法人和其他组织行使监督权的规定方面，两部法律也存在立法重复的问题。

（二）实施性生态文明建设立法的规范秩序

1. 国家法制统一下的特色规范秩序

其一，不得同宪法相抵触，这个是根本性要求。此外，《宪法》第3条第4款明确规定，"中央和地方的国家机构职权的划分，遵循在中央的

---

① 黄喆：《如何增强设区的市立法特色》，《人民之声》2020年第3期，第53页。
② 杜辉：《"设区的市"环境立法的理想类型及其实现：央地互动的视角》，《法学评论》2020年第1期，第127~129页。

统一领导下，充分发挥地方的主动性、积极性的原则"。这个是地方实践弹性空间的宪法保障。因此，一方面，地方实施性"特色"立法要符合宪法法律的规定，不得与上位法发生冲突，更不可出现地方保护主义；另一方面，地方立法应以"作为"的方式充分发挥主动性、积极性，否则构成立法的"不作为"。其二，地方"特色"立法不能减损公民对环境利益的享有；不能不合理增加公民、社会组织履行的义务，即将本属于政府生态文明建设的职责转移到公民、法人、其他社会组织承担的不合理的生态环境义务上来。

2. 地方自治范围内的制度实施特色

地方生态文明建设立法如何在中央立法的限度内发挥"特色"，"是地方立法的价值所在，没有特色的地方立法犹如没有灵魂的躯壳"①。其一，地方"特色"立法的范围。地方生态文明建设立法要立足于本地生态文明建设的真实问题，符合本地实际和需求，可以从治理方式、保护对象、治理手段等方面，增强地方生态文明建设制度规范的针对性、特色性和自治性。其二，地方"特色"立法的边界。这种特色也是有限的，应该接受宪法生态文明条款的合宪性控制。此外，实施性立法的权力空间小于创制性立法。采取地方性法规或地方政府规章的形式制定实施性生态文明建设立法的职权空间也是不同的。根据《立法法》第 80 条的规定，地方性法规的立法边界是"不同宪法、法律、行政法规相抵触"；根据《立法法》第 93 条第 1 款的规定，地方政府规章的立法边界是"根据法律、行政法规和本省、自治区、直辖市的地方性法规"。对两者立法边界的理解，要从"不抵触"与"根据"两者的含义出发。地方性法规的制定要求以"不抵触"为原则。"不抵触"要求地方性法规要与上位法的精神、原则相一致，但"不抵触"并不意味着宪法、法律、行政法规没有作出规定的，地方性法规便不能作出规定。否则，地方立法就失去了自治空间，有违地方立法的主动性、积极性原则。实际上，地方立法机关根据地方实际情况可以制定"试验性"的地方性法规。"根据"要求地方政府规章必须在上位法所

---

① 石佑启：《论地方特色：地方立法的永恒主题》，《学术研究》2017 年第 9 期，第 45 页。

规定的范围内构设法律条文，不得有"自主性"或"试验性"的立法。因此，地方生态文明建设立法若采取制定地方性法规的形式，则制定要求以"否定"的方式，排除抵触的规范内容，其他的都是允许的；若采取制定地方政府规章的形式，则制定要求以"肯定"的方式，遵循上位法立法秩序，其他的都不允许。其三，地方立法的可操作性。地方立法应充分发挥地方实践性，根据中央立法授权，在地方立法权限范围内，因地制宜地解决本地实际生态文明建设问题，维护地方生态文明建设秩序。

第三节　地方生态文明建设立法的融贯要求

地方生态文明建设立法除有"特色"外，其中"共性"的内容应保持融贯。因此，地方生态文明建设立法应当从程序正当、制度体系、权责匹配三个方面来实现立法融贯。

一　程序正当：地方生态文明建设立法依据

"根据我国地方环境立法实践和发展，地方环境立法可分为三种形式：执行性立法、特色性立法和试验性立法。"[①] 地方生态文明建设立法属于促进型立法，促进型立法作为一种新型立法模式，强调的是对立法对象的提倡性、促进性内容，不同于传统法律法规以管制性、约束性规范为主要内容，充分发挥政府的促进引导功能。有学者提出，"'促进型立法'是'管理型立法'的重要补充"[②]。促进型立法是介于传统的管理型立法与政策规范之间的一种新型立法模式，但其仍然是由享有立法制定权的主体经过法定程序制定出来的，其立法的制定也必须有相应的立法依据，"否则即与社会主义法制统一原则相抵触"[③]。那么，地方生态文明建设立法应遵循什么样

---

① 何卫东、周忠：《地方性环境与资源保护立法的几个问题》，《法学评论》1995 年第 1 期，第 62 页。

② 李艳芳：《"促进型立法"研究》，《法学评论》2005 年第 3 期，第 102 页。

③ 苗连营：《试论地方法工作中"不抵触"标准的认定》，《法学评论》1996 年第 5 期，第 59 页。

的立法依据，是生态文明建设制度规范体系融贯的关键。

根据公法理论"法无授权即禁止"，若按照机械的文义解释，在生态文明建设职权赋予国务院入宪之前，就当然地认为国务院不享有生态文明建设的职权的解释逻辑是不正确的，这种机械的文义解释方法不符合宪法生态环境条款的融贯性要求。事实上，早在"生态文明"写入宪法之前，2014年《中华人民共和国环境保护法》的修改，就将"推进生态文明建设"写入其中，有学者将这种现象称为"宪法与部门法的交互影响"，即"不能局限于'单向思维'，而应认真检视部门法的动态反作用"。[①] 因此，不能简单认为，"生态文明"入宪之前，地方制定的生态文明建设立法是没有直接的上位法依据的。

第一，地方立法并不适合直接写入"根据宪法，制定本法"。因为中央立法与地方立法并不属于同一位阶的法律，"如果将所有的不同位阶的法律文件都冠以'根据宪法，制定本法'则使其作为立法技术的存在失去了应有的价值"[②]。根据《立法技术规范（试行）（一）》对"法律条文表述规范"的要求，针对法律条文的立法目的与立法依据，法律一般不明示某部具体的法律为立法依据。但是，宪法或者其他法律对制定该法律有明确规定的，应当明示宪法或者该法律为立法依据。当前全国人大及其常委会、国务院并没有针对生态文明建设制定直接的法律、行政法规，所以地方各省市在进行本辖区生态文明建设立法时，确实可以不明示某部具体的法律为立法依据。

第二，根据立法主体权限范围的不同，应采取不同的立法依据。当前地方生态文明建设立法形成三种类型的立法依据，具体采取哪种类型的立法依据，是由立法主体、立法类型来决定的。例如，享有先行先试的经济特区立法权的立法依据与其他地方性法规的立法依据是不同的。在这一点上，当前两部经济特区生态文明建设立法的立法依据保持了一致，采取的是原则式的立法依据。

---

① 张翔：《环境宪法的新发展及其规范阐释》，《法学家》2018年第3期，第92页。
② 胡峻：《"根据宪法，制定本法"作为立法技术的运用》，《法治研究》2009年第7期，第16页。

二　多维保障：地方生态文明制度体系完善

党的十九届四中全会明确要"坚持和完善生态文明制度体系"，并强调法治是推动生态文明建设的必然选择。党的二十大报告进一步要求"生态文明制度体系更加健全"，但是"生态环境保护任务依然艰巨"。生态文明制度体系的形成是保障生态文明建设的根本，不仅需要明晰生态文明概念的内涵，而且还需要构建生态文明制度内部体系和外部体系的融贯。

第一，明晰生态文明概念的内涵，具体化宪法生态文明理念。地方生态文明建设立法中有关"生态文明""生态文明建设"的概念是保证地方立法合宪性制定与实施的根本。梳理地方生态文明建设立法，可以将生态文明建设的概念分为两种类型。第一种类型是，强调人与自然和谐共生下的生态形态。例如，《贵州省生态文明建设促进条例》第 3 条第 1 款①和《青海省生态文明建设促进条例》第 2 条第 1 款②对生态文明的定义采取此种生态形态。第二种类型是，不仅强调人与自然和谐共生，也强调经济生产的文明发展。例如，《福建省生态文明建设促进条例》第 2 条第 2 款③和《厦门经济特区生态文明建设条例》第 2 条④对生态文明的定义就是采取此种建设样态。要保证生态文明建设的全局性、整体性、系统性，就应该规范生态文明概念的内涵。

第二，生态文明制度内部体系的融贯建构。推动生态文明建设，必须

① 《贵州省生态文明建设促进条例》第 3 条第 1 款："本条例所称生态文明，是指以尊重自然、顺应自然和保护自然为理念，人与人和睦相处，人与自然、人与社会和谐共生、良性循环、全面发展、持续繁荣的社会形态。"

② 《青海省生态文明建设促进条例》第 2 条第 1 款："本条例所称生态文明，是指以尊重自然、顺应自然和保护自然为理念，遵循人与自然和谐发展的客观规律，实现人与自然和谐共生、良性循环、持续繁荣的社会形态。"

③ 《福建省生态文明建设促进条例》第 2 条第 2 款："本条例所称生态文明建设，是指树立尊重自然、顺应自然、保护自然的生态文明理念，坚定走生产发展、生活富裕、生态良好的文明发展道路，为建设美丽福建，实现人与自然和谐共生而从事的各项建设及其相关活动。"

④ 《厦门经济特区生态文明建设条例》第 2 条："本条例所称的生态文明，是指人与自然、人与人、人与社会和谐共生的文明形态，其建设目的是促进'社会—经济—自然'系统的良性循环、全面发展和持续繁荣。"

要将生态文明制度作为法治实施的依托，形成生态文明制度体系。生态文明相对于传统环境保护而言，"既关注各环境要素之间的协调性，也重视环境要素与其他要素之间的关系"①。有学者建议，应该制定一部《生态文明建设促进法》，将其作为总领下位法制定、实施生态文明建设的法律规范。②

第三，生态文明制度外部体系的融贯建构，即生态文明建设立法与其他生态环境法律规范的融贯。若简单地从立法依据等形式要件，将生态文明建设立法视为单独的法律序列，就割裂了生态文明建设法律规范与生态环境法律规范之间的联系，不利于社会主义法制体系的统一。

在中央立法层面，由于只制定了《环境保护法》，所以本书以环境保护法律规范对生态文明建设的融贯为例，阐释环境法律规范与生态文明制度体系融贯的问题，即环境法律规范缺少对宪法生态文明理念的融贯。环境法律规范不应仅仅是"环境污染防治"的法律规范，还应是自然资源合理开发与利用、生态环境修复与保护、自然价值和自然资本增值、生态环境与人口空间均衡发展、自然资源总量管理和全面节约、环境治理和生态保护市场的规范。当然，生态文明制度体系的完善，不仅需要地方生态文明建设立法的制定，还需要其他生态环境法律制度规范的配套出台，以推进生态文明建设。

此外，同一效力层级的地方立法也存在融贯的必要。从生态环境保护立法到生态文明建设立法的提出，这两者之间到底存在什么区别与联系，关系到中国特色社会主义法治体系的内部逻辑。有的省市既制定了促进生态文明建设的地方性法规，又制定了环境保护地方性法规。如上文提到的贵州省人大常委会分别通过了有关生态文明建设和生态环境保护的条例。有学者在提到两者之间的关系时认为，"至于是否用'生态文明建设法'或'生态文明法'来取代'环境资源法'，从学术和理论研究角度可以进

---

① 张震：《生态文明入宪及其体系性宪法功能》，《当代法学》2018年第6期，第50页。
② 秦天宝、苏芸芳：《制定〈生态文明建设促进法〉的必要性与可行性》，《环境与可持续发展》2019年第4期，第8页。

一步探讨，但这基本上不是一个纯学术问题，而是一个法治建设的实践问题"①，当然这也是一个法治体系融贯问题，要求法律制度之间相互论证无矛盾。另有学者认为，"生态文明法律制度是对环境资源法律制度的继承"，同时"生态文明法律制度是对环境资源法律制度的发展"。② 当然，有的省市仅仅制定了促进生态文明建设地方性法规，或者仅仅制定了地方性环境保护法规。

从中央到地方立法层面的融贯，在《杭州市生态文明建设促进条例》第1条立法目的条款可以找到有关生态文明建设立法与生态环境保护立法关系更直接的例证。该条例第1条列举《环境保护法》《土地管理法》等有关法律、法规作为自己的制定依据。从这个角度来看，《环境保护法》与生态文明建设地方立法是依据与被依据的关系。一方面，对于《环境保护法》中提到有关生态文明建设的制度，生态文明建设地方立法不得同上位法相抵触；另一方面，生态文明建设地方立法也要通过具体化上位法，增强上位法在本辖区治理的可操作性和社会实效。除此之外，随着生态环境法典的制定，将生态环境法典定位为基本法律后，也应当使生态文明建设立法与生态环境法典相融贯。③

三　权责匹配：地方生态文明建设行政义务

政府权责的规范化运行是新时代国家生态环境治理体系与治理能力现代化的必然要求，也是"有限政府、有为政府"建设的题中应有之义。④ 从宪法生态文明建设政府职责条款的规定来看，地方生态文明建设立法是规范政府行使生态文明建设职权的立法，是依法行政的内在要求。尽管地方生态文明建设立法对公民提出了倡导性、促进性的参与生态文明建设的义务，但是生态文明建设的主要义务主体指向的是政府机关。因此，应当将

① 蔡守秋：《生态文明建设的法律和制度》，中国法制出版社 2017 年版，第 45 页。
② 参见刘爱军、刘东晓、李盼盼《生态文明理念下的环境立法架构》，《东岳论丛》2014 年第 10 期，第 185 页。
③ 张震：《环境法典编纂的宪法根据及合宪性控制》，《东方法学》2022 年第 3 期，第 73~74 页。
④ 石佑启：《论民法典时代的法治政府建设》，《学术研究》2020 年第 9 期，第 1 页。

生态文明建设纳入法治的框架，使其在法治的轨道上运行。同时，也要正确看待生态文明建设体制改革与生态文明法律制度规范之间的关系。

2014 年修订的《环境保护法》将地方政府环境质量负责制写入总则第 6 条第 2 款，是对政府环境职责的一般性规定。具体又包括该法第 26 条规定的环境保护目标责任制和考核评价制度，第 27 条规定的向人大报告与接受人大监督制度，第 28 条规定的限期达标规划制度，等等。随后，2015 年《生态文明体系改革总体方案》规定对领导干部实行自然资源资产离任审计，对生态环境损害责任终身追究，强化了领导干部的地方生态文明建设责任。此外，过重的履职责任势必抑制地方生态文明建设的创新。有学者提出，有必要建立适当的"履职免责文件规范"。①

当前，政府机关生态文明建设权责未能形成制度保障体系，法律法规也没有对央地生态文明建设职权作出明确的划分。政府机关生态文明建设权责是基于对生态文明建设的需要，享有相应的生态文明建设职权，承担相应的生态文明建设义务。尽管宪法将生态文明建设职权赋予国务院，但是生态文明建设具体职权的行使还有赖于国务院各职能部门，以及各级地方人民政府及其职能部门。

地方生态文明建设立法是保证宪法生态文明规范体系有效实施的重要途径，是保证地方政府生态文明建设法治化的规范依据，还是实现生态环境治理体系与治理能力现代化的规范保障。2022 年党的二十大报告提出，要增强立法系统性、整体性、协同性、时效性②，对地方立法提出了更高的制度要求。地方生态文明建设立法如何平衡中央法制统一与地方治理灵活性之间的张力，是地方生态文明建设立法依宪、依法构建的关键。"地方立法具有从属与自主两重性。"③ 一方面，就地方立法自主性内容而言，生态文明建设立法应当保持特色；另一方面，就地方立法从属性内容

① 王灿发主编《新〈环境保护法〉实施情况评估报告》，中国政法大学出版社 2016 年版，第 188 页。
② 习近平：《高举中国特色社会主义伟大旗帜 为全面建设社会主义现代化国家而团结奋斗——在中国共产党第二十次全国代表大会上的报告（2022 年 10 月 16 日）》，《人民日报》2022 年 10 月 26 日，第 1~5 版。
③ 周旺生：《关于地方立法的几个理论问题》，《行政法学研究》1994 年第 4 期，第 31~33 页。

而言，生态文明建设立法应当保持融贯。在特色空间方面，应当从规范创制性生态文明建设立法的先行先试功能和增强实施性生态文明建设立法的因地制宜实效两个方面来凸显地方立法特色。在融贯要求方面，应当从立法依据的程序正当、制度体系的多维保障、行政义务的权责匹配三个方面来规范地方立法融贯。总之，特色是保持地方两个"积极性"的要求，融贯是保证一国法制统一的前提，只有这样才能助力生态文明建设地方立法的体系构建。除此之外，生态文明建设地方立法体系是保证地方生态文明依法建设的重要规范依据，要在此基础上进行生态文明建设地方改革与生态文明建设地方法治之间的有效对接，实现中央与地方立法之间的良性互动、法律与政策之间的有效转化、法治与改革之间的有机衔接。当然，本研究只是对生态文明建设地方立法的初步论证。笔者认为，还应该进一步考证生态文明建设地方立法的社会实效，对生态文明建设地方立法的实施进行评估，以此提高地方立法治理体系和治理能力现代化，从而推动地方生态文明建设的法治化进程。

第十三章 宪法框架下地方政府生态环境治理义务的中国实践

生态环境治理义务的外延大于环境保护义务，要求义务主体以积极的行为维护良好生态环境和生活环境，强调对生态风险的预防、生态危机的综合治理和促进生态文明的发展。新时代坚持和发展中国特色社会主义的基本方略要求人与自然和谐共生。现行宪法于 2018 年进行修改，将"生态文明"明确写入其中。法规范并非彼此无关地平行并存，其间有各种脉络关联。① 作为国家义务的生态文明建设要求治理主体在发挥治理功能、履行行政职责的过程中恪守维护生态环境的基本底线，同时需要在生态文明建设具体规范的指引下以积极的作为促进生态文明目标的实现。地方政府是其所辖区域内的主要治理力量，作为国家行政体系的一部分，需要依法在纵向上履行由上级政府统筹安排的生态文明建设工作，同时作为对地方国家权力机构负责的行政主体，亦需要履行其作为权力执行机关应当承担的具体地方生态文明建设职责，对本地方人民的生态建设期望和环境保护需求作出回应。因此，有必要对地方政府的生态环境治理义务进行专门探讨，为其提供相应的学理支撑。

第一节 地方政府环保职责的生态环境治理义务转向

新时代中国社会对生态法治提出了新的要求。新时代环境法学基础理

---

① 〔德〕卡尔·拉伦茨：《法学方法论》，陈爱娥译，商务印书馆 2003 年版，第 318 页。

论的构建，必须立足中国的政治发展道路，将生态文明建设的政治话语转化为法律话语、学术话语。① 生态环境治理要求地方政府将视角从环境保护向生态文明建设迁移，从具体的保护行为转向对高层次文明形态的追求。

一 生态环境客观变化的转向促进

首先，生态文明内涵的不断深化要求地方政府环境保护职责转向地方生态环境治理义务。生态文明是人类社会文明发展中所经历、形成的一种文明形态，对生态文明内涵的认知是一段时间内人类对其与自然之间关系的认知与总结，这种认知受制于特定的时间与空间。具体到我国的生态保护实践，国家对生态文明的认知、理解也经历了由初步理解外观到深入挖掘内涵的逐步深化过程。宪法文本的变迁生动地体现了这一点。② 宪法规范的发展过程体现的是国家治理主体及广大人民对人与自然关系认知的不断变革与深化。

其次，生态危机的演变逐步需要地方生态环境治理义务的接驳回应。生态危机是今日人类命运共同体面对的共同问题，该问题的根源在于资本主义生产方式和消费方式与地球生态系统的承受力之间的矛盾。③ 即生态危机是随着生产方式与消费方式的演变而处于不断变化中的。生态危机与环境问题不同，具有全球化、综合化、社会化、政治化、环境受害者与致害者的同一化和高科技化等特点。④ 针对其特点，人类应对生态危机的手段与方法亦需要跟随甚至是具有前瞻性地作出改变。尤其需要注意的是，在中国环境法从后果控制到风险预防的转型中，风险本身所具有的风险发生具有交互性、因果关系不确定性、风险的泛在性及危害后果不可逆转等特征⑤相较于生态环境的危害后果而言规制难度更大，这一客观情况对地

① 吕忠梅：《新时代环境法学研究思考》，《中国政法大学学报》2018年第4期，第7~9页。
② 张震、杨茗皓：《论生态文明入宪与宪法环境条款体系的完善》，《学习与探索》2019年第2期，第85~87页。
③ 张盾：《马克思与生态文明的政治哲学基础》，《中国社会科学》2018年第12期，第6页。
④ 吴卫星：《环境权研究——公法学的视角》，法律出版社2007年版，第20~21页。
⑤ 吕忠梅：《从后果控制到风险预防 中国环境法的重要转型》，《中国生态文明》2019年第1期，第12~13页。

方政府处理生态问题的能力提出了更高的要求。预防原则增强了决策者在决策之时的责任①，风险防范主体需要新的范式应对风险预防中的权与责。

二 生态环境治理现代化的系统要求

国家经济、社会的持续发展需要良好的环境和丰富的自然资源为支撑。② 生态治理是保证环境质量、实现自然资源高效利用的基础性手段，因此生态治理与经济治理、政治治理、文化治理和社会治理等共同在我国国家治理体系中占有重要地位。国家治理体系和治理能力现代化的总体目标针对的是包括中央政府和地方政府在内的国家治理主体，作为国家治理一部分的地方生态治理也是实现总体目标的应有之义。

首先，生态环境治理体系现代化要求对地方政府生态环境治理义务进一步明晰。国家治理体系本质上就是国家制度体系。国家治理制度法制化的路径一般是：党和政府先以党内法规和政策形式宣示、确认其治国理念、治国道路、治国路线、治国经验等，待这些党内法规和政策在治国理政的实践中进一步成熟后，再通过立法程序将其上升为法律，由宪法或法律加以确认、完善和定型。③ 2018 年"生态文明入宪"即执政党理念与国家政策通过立法程序转化为宪法规范中的国家目标，由此形成的宪法生态文明规范体系标志着生态治理体系在宪法制度层面获得了规范意义上的重大进步。在此基础上，对宪法条款进行解释，进一步明晰地方政府的生态环境治理义务是体现宪法生命力、推进宪法实施和进一步推进生态环境治理体系现代化的重要步骤。国家治理需要依法进行，宪法层面地方政府生态环境治理义务的明确意味着地方政府的生态环境治理行为得到了从宪法授权到法律，再由法律授权至行政机关的法治确认。地方政府生态环境治理行为的转型、治理能力的现代化与国家治理法治化这一基本要求实现了路径上的一致。

---

① 〔英〕珍妮斯·蒂尔：《风险与法律理论》，韩永强译，中国政法大学出版社 2012 年版，第 216 页。
② 王树义：《环境治理是国家治理的重要内容》，《法制与社会发展》2014 年第 5 期，第 51 页。
③ 张文显：《法治与国家治理现代化》，《中国法学》2014 年第 4 期，第 21 页。

其次，地方政府承担环境质量责任要求面向生态环境治理义务的制度构建。《环境保护法》第 6 条规定："地方各级人民政府应当对本行政区域的环境质量负责。"这一条款向政府治理主体说明了其应当在生态文明建设中具体作为的基本标准，但并没有对这一职责的义务来源进行明确，地方政府履行环境质量责任的法律层面的规范依据无法统筹整个治理行为的各个环节，在具体的履职过程中，行政主体的作为需要更高层次的规范依据予以支撑。从具体规范层面来看，自 2015 年生态文明体制改革开展以来，与 2015 年 9 月 11 日中共中央政治局审议通过的《生态文明体制改革总体方案》所配套的措施大量以党和国家的规范性文件的形式颁布并实施，且主要集中于"生态文明绩效考核和责任追究"方向，以环境法角度观之，生态文明绩效考核和责任追究领域的改革，是对《环境保护法》所确立的政府环境责任的完善与落实，也是有效促进我国环境法实施的有力措施。[①] 因此，对规范性文件的合宪性考察也需要对地方政府承担环境质量责任进行宪法层面的体系性解释。

三　公民权益范畴拓展的要点指引

生态危机的根源在于人类生产生活方式与自然之间的矛盾。人类生产生活方式的逐渐演化一方面导致其与自然之间的关系发生变化，进而引起新的生态危机，另一方面也使得公民对生态文明、环境保护的认知不断发生变革。客观生态环境的改变和主观认知的革新使人民对国家履行生态文明义务提出了更高的要求。

首先，人民对美好生活的向往需要地方政府的行为回应。法律规范的义务特性在于依法律规范的内容，法律义务人在其良知内接受法律规范的机会。[②] 中国共产党第十九次全国代表大会明确了我国社会主要矛盾已经转化为人民日益增长的美好生活需要和不平衡不充分的发展之间的矛盾。《宪法》第 1 条确定了中国共产党的领导是中国特色社会主义的最本质特

---

① 陈海嵩：《生态文明体制改革的环境法思考》，《中国地质大学学报》（社会科学版）2018 年第 2 期，第 67 页。

② 〔德〕考夫曼：《法律哲学》，刘幸义等译，法律出版社 2004 年出版，第 284 页。

征。在中国，宪法的政治化实施和法律化实施双轨并行。[①] 党的文件作为指导国家治理的政策性文件与宪法所规定的最本质特征相符，因此党的政策对宪法所明确的以政府为代表的国家治理主体具有规制作用，宪法对基本矛盾的变化应该作出回应，梳理明晰国家在解决主要矛盾中的义务是题中应有之义。

其次，环境权发展带来的理念变化。我国宪法尽管没有明确规定环境权，但是结合《宪法》第9条、第26条以及第33条等条款，可以为环境权主体提供间接保护。[②] 从规范的角度来看，生态文明入宪后，宪法环境权从生态文明建设的整体保障、国家环境保护义务的反向保护和公民权利保障的环境权关怀三个层次进行了表达。[③] 环境权的表达对应国家环境保护义务的保障，公民环境权利的实现依赖于政府环境保护义务的实际履行状况。环境权作为主观权利的一个原因在于通过客观法的再主观化，国家的保护环境义务可以成为公民针对国家的环境保护请求权。环境权入宪更主要的在于弥补我国当前环境公益诉讼的不足。[④] 环境权的主观属性与其实现的客观路径说明，国家保护义务针对公民环境权的履行最终作用于与具体公民直接相关联的以地方政府为代表的环境保护主体，宏观上国家环境保护义务的实现依赖于微观地方政府环境保护义务的履行。基于此，我国提出创新、协调、绿色、开放、共享的新发展理念，其中绿色是中华民族永续发展的必要条件和人民对美好生活追求的重要体现。

第二节　地方政府生态环境治理义务的宪法诠释

当前宪法文本中对地方政府的生态环境治理义务并没有明确的规范表达，但宪法生态文明规范体系客观上蕴涵了对地方政府生态环境治理义务

---

① 翟国强：《中国宪法实施的双轨制》，《法学研究》2014年第3期，第82页。
② 张震：《环境权的请求权功能：从理论到实践》，《当代法学》2015年第4期，第22页。
③ 张震、杨茗皓：《论生态文明入宪与宪法环境条款体系的完善》，《学习与探索》2019年第2期，第90页。
④ 王锴：《环境权在基本权利体系中的展开》，《政治与法律》2019年第10期，第29页。

的规范。之所以要从宪法层面对地方政府的生态义务进行分析，其原因在于两个方面。其一，对公权力的规制是宪法的应有功能，地方政府的履职行为必然伴随着权力的行使，则宪法规范理应为其划定边界，从而实现对公权力实施的范畴约束和效能保障。其二，部门法规范对地方政府履行生态环境治理义务行为的规范需要来自宪法规范解释的支持。2014 年《环境保护法》第 6 条规定："一切单位和个人都有保护环境的义务。地方各级人民政府应当对本行政区域的环境质量负责。"从宏观上为包括地方政府在内的广泛主体设定了环境保护义务，同时指向性地为地方各级人民政府设定了本行政区域环境质量责任。作为对宪法规范具体化的部门法规范，其必然有与之相对应的直接或间接的宪法规范为依据，当生态治理作为国家治理一部分需要在综合法治体系内实施行为、发生效能时，将地方政府生态环境治理义务由《环境保护法》第 6 条这一单纯的部门规范上升到宪法层次是完成生态文明建设和生态治理基础性规范诠释的任务。

一　《宪法》序言条款的价值表达

（一）国家根本任务对地方政府生态义务的指向

《宪法》序言规定国家的根本任务是，沿着社会主义道路，集中力量进行社会主义现代化建设。《宪法》序言所蕴涵的价值导向和政治宣示作用决定了序言中作为规范主体的国家概念的广泛性，此条规范中的"国家"除了指向行使公权力的实体，更可以延伸到中华人民共和国领域内的一切组织，即进行社会主义现代化建设应当为包括地方政府在内的一切组织的根本任务。"集中力量"既是对主观意志统一的督促，又是对客观资源聚合的要求，广泛意义上的"力量"赋予了地方政府最为宏观的权力行使范畴，在合乎宪法与法律规范的范畴内，一切能够被使用的方法、被调动的资源都应该"集中"于实现根本目标的活动中。"进行社会主义现代化建设"为行为主体的行动方向设定了指引。实现生态文明这一人类文明的最新形态是社会主义现代化建设的组成部分，地方政府等主体"集中"相应"力量"进行生态文明建设符合规范的要求。

高度抽象的国家根本任务包含着清晰的价值诉求，具体规范的消极拘束力在客观上决定了国家机关负有不得违反国家根本任务的义务，而规范在本质上要求国家机关运用其职权采取积极行动对法效力予以贯彻。行政机关落实国家根本任务的义务最为经常性地体现在具体行政行为上。[①] 地方政府针对具体的生态文明建设事项作出具体行政行为是对"社会主义现代化建设"中生态文明建设部分要求的效力遵循与贯彻。

（二） 生态文明条款的观念控制

从法律体系内部来看，生态文明入宪的体系性功能包括层层递进的三个方面，即生态观的宪法表达、生态制度的宪法安排以及生态权利的宪法保障。在此前提下，国家的权力表面上是由宪法授予，实质上是由人民让渡，因此，国家权力本质上是国家的职责，也可以转换为国家的义务。现行宪法所表达的积极生态观体现出宪法在生态环境治理中对国家权力的分解、规制与综合协调，继而形成以积极治理为要旨，凸显立法基础、行政主导、司法保障的权力合作机制。地方政府对生态文明建设职责的履行既是对宪法授予的国家权力的使用，亦是对国家义务的遵循。从国家义务体系的范畴来看，地方政府生态文明建设对国家义务的遵循既是对整体国家生态文明建设义务的尊重，更是对其自身生态文明建设义务的实质履行。地方政府负有生态环境治理义务，需要履行生态文明建设职责，从而具体地使用生态文明建设范畴内的公权力进行治理。

二　《宪法》总纲的制度约束

《宪法》序言从价值导向的层面对地方政府的生态环境治理义务进行了概括性的规范圈定，《宪法》总纲则对地方政府的生态义务进行了立体规范。

（一）《宪法》第 5 条对地方政府生态环境治理义务的宏观要求

首先，《宪法》第 5 条规定"一切法律、行政法规和地方性法规都不得同宪法相抵触"，意味着经法定立法程序制定的法律应当被推定为合宪。《环境保护法》第 6 条为地方政府设定的环境质量责任与宪法规范不相抵

[①]　陈玉山：《论国家根本任务的宪法地位》，《清华法学》2012 年第 5 期，第 73 页。

触，符合宪法规定。如前文所述，政府职责、权力、义务在宪法层面是对应的，部门法对地方政府责任的设定与宪法体系中的地方政府义务一致，地方政府生态文明建设职责在此处得到了侧面证成。

其次，"任何组织或者个人都不得有超越宪法和法律的特权"是地方政府履行生态环境治理义务的法治要求。对义务的履行意味着对权力的行使，其行使界限在于宪法规范及作为宪法规范具体化的部门法规范，因此对地方政府履职行政行为的合法性审查事实上是让行为接受合宪性审查的考验，其中行政主体对义务的正当履行和对权力的合理行使是审查的重要标准，宪法层面的地方政府生态环境治理义务在此方向得到了逆向证成。

（二）《宪法》第2条对人民授权和权力行使的路径证成

《宪法》第2条规定："中华人民共和国的一切权力属于人民。"人民主权原则作为宪法基本原则对宪法规范及其效力产生约束。人民主权原则明确了国家为人民之共同体，国家的权力源自人民的授权这一核心思想成为几乎所有现代国家所遵循的基本宪治原则。作为一种观念，"一切权力属于人民"蕴涵的意味在于权力随人民意志的变迁而产生变化，新时代生态文明建设作为一种为人民所广泛接受的社会共识已经以人民意志的形式转化为具有规范意义的宪法条款，相应的国家权力配置亦以之为基础产生变化的需求。

另外，《宪法》第2条继续规定："人民行使国家权力的机关是全国人民代表大会和地方各级人民代表大会。人民依照法律规定，通过各种途径和形式，管理国家事务，管理经济和文化事业，管理社会事务。"人民权力经由人民代表大会行使，地方人民代表大会授权给地方政府行使的人民权力来自本区域内人民的授权，其理应对本区域内的人民负有义务，包括生态环境治理义务。在我国《宪法》序言第六自然段的基础上，可以附带地从我国《宪法》第2条第3款、第41条等参与权与监督权条款中推衍程序性环境权，而人民"通过各种途径和形式"管理社会事务则为当前地方政府通过公众参与、合作治理等手段履行生态文明建设职责、生态治理义务提供了宪法基本原则层面的支持，是对地方政府生态环境治理义务的方法证成。

（三）《宪法》第 27 条对人民监督和风险预防的原则性阐释

《宪法》第 27 条规定："一切国家机关和国家工作人员必须依靠人民的支持，经常保持同人民的密切联系，倾听人民的意见和建议，接受人民的监督，努力为人民服务。"在宪法规范原则性的宪法监督之下，环境宪法为公权力设定生态环保义务，结构比较完整、内容比较系统，这为人民监督公权力在生态环保方面的职责履行提供了宪法依据。[①] 风险世界观要求我们抓住人类及各个子系统自身的行动来建构"风险"概念的法教义学，包括"客观"和"主观"两个维度。在中国宪法文本上，此种"风险"的宪法根据不仅包括客观政策维度，还包括对国家机构及工作人员行为所要求的理性、审慎等主观要求维度，其旨在防止国家活动自身成为风险源，如《宪法》第 27 条就蕴涵此种风险预防的深意。[②] 生态治理风险预防不仅仅是对环境损害和生态危机发生风险的预防，还应当拓展到对国家治理行为本身风险的预防，包括国家治理行为引起环境风险和国家进行生态治理的活动成为风险源而产生风险，即将"协调发展"统筹于风险预防之中。

（四）《宪法》第 9 条、第 22 条、第 26 条的明确证成

《宪法》第 9 条、第 22 条、第 26 条对地方政府负有的生态环境治理义务进行了明确证成。我国《宪法》第 9 条和第 26 条是宪法中的核心环境条款，确定了国家在规范中的法律主体地位；包括了保障性规范、禁止性规范和鼓励性规范；既有对规范手段的描述，也有对规范目的的描述，从消极的环境干预、积极的环境保护、环境基准的设定、环境教育、政府环境责任等几个方面对行政权作出了指向。[③] 作为行政权行使重要主体的地方政府受其规范指向的约束，被课以了生态文明建设的义务。《宪法》第 22 条规定："国家保护名胜古迹、珍贵文物和其他重要历史文化遗产。"该规范所指向的客体具有一定的概括性，赋予了部门法规范的具体诠释空

---

① 杜健勋：《国家任务变迁与环境宪法续造》，《清华法学》2019 年第 4 期，第 189~191 页。

② 王旭：《论国家在宪法上的风险预防义务》，《法商研究》2019 年第 5 期，第 116~118 页。

③ 张震：《宪法环境条款的规范构造与实施路径》，《当代法学》2017 年第 3 期，第 28 页。

间。《文物保护法》第 2 条列举了六大类受国家保护的文物①，其中包括的
"古文化遗址""古建筑""重要史迹"等客体往往具有多元化的特征，与
其所处的环境相映衬方能体现其独特的文化历史价值，如故宫博物院、颐
和园等重要文物保护单位的文物价值不仅仅体现在其历史性上，还包含了
文物与环境所形成的独特的生态文化气质。从世界范围来看，在联合国教
科文组织下属的世界遗产委员会所认定的《世界遗产名录》中，澳大利亚
卡卡杜国家公园、山东泰山、安徽黄山等均被认定为世界文化与自然双重
遗产。在特定的语境下，文物保护与生态保护相互配合交织，共同约束地
方政府的权力，发挥规范效力。

三　宪法公民环境权保护的客观需要

国家是履行国家义务的主体，国家获得权力以履行这些义务。国家机
关通过人民的授权完成宪法所规定的国家根本任务、实现国家目标、满足
人民的需要，实质上也是履行国家义务的一种表现形式。国家对公民基本
权利的保障与满足，即对国家义务的履行；国家所负有的尊重、保护、满
足或确保、促进等义务之间并不互相排斥，尽管其保障程度有差异，但保
障都是针对权力的一个侧面进行；国家负有针对这些侧面采取措施的全面
性任务。② 国家义务体现了正当化的国家理性，是现代国家的构成基础之
一，是国家权力积极介入经济社会各个领域、实现公共利益、保障基本权
利的基础性责任。当宪法规范可以被解释为具有保障公民基本权利的效能
时，应当推定该条款自然地对国家课以了相应的全面性义务，以政府为代

---

① 《文物保护法》第 2 条规定：在中华人民共和国境内，下列文物受国家保护：（一）具有
　　历史、艺术、科学价值的古文化遗址、古墓葬、古建筑、石窟寺和石刻、壁画；（二）
　　与重大历史事件、革命运动或者著名人物有关的以及具有重要纪念意义、教育意义或者
　　史料价值的近代现代重要史迹、实物、代表性建筑；（三）历史上各时代珍贵的艺术品、
　　工艺美术品；（四）历史上各时代重要的文献资料以及具有历史、艺术、科学价值的手
　　稿和图书资料等；（五）反映历史上各时代、各民族社会制度、社会生产、社会生活的
　　代表性实物。文物认定的标准和办法由国务院文物行政部门制定，并报国务院批准。具
　　有科学价值的古脊椎动物化石和古人类化石同文物一样受国家保护。
② 〔日〕大沼保昭：《人权、国家与文明》，王志安译，生活·读书·新知三联书店 2003 年
　　版，第 220 页。

表的治理主体需要履行由这一义务所转换出的责任，作为作出行政行为的重要主体的地方政府对具体行使国家权力进而从基础上保证宪法规范的效力负有责任。

我国现行《宪法》第 33 条的"人权条款"是环境权宪法保障的权利根基，是环境权国家保障义务的权利来源。在现代社会，国家对人权的尊重与保障义务已经从传统的公民权利和政治权利拓展到对经济、社会和文化权利的多维保障。因此，《宪法》第 33 条所规定的国家对人权的尊重和保障义务自然也应该适用于环境权保护领域。

此外，《宪法》第 38 条"人格尊严条款"是环境权宪法保障的价值核心。时至今日，良好的生态环境是公民的基本生存需要，是体面生活的保障。换句话说，维护人的尊严需要良好的生态环境，人的尊严为环境权提供权利正当性的价值基础。环境权通过"人权条款"和"人格尊严条款"的保障意味着国家对环境权的实现负有义务，地方政府对保障义务的履行通过具体行使国家权力达成治理目标得到体现。

四 宪法国家机构条款的职权规范

现行《宪法》第 105 条和第 110 条确定了各级地方人民政府既是地方国家权力机关的执行机关又是国务院统一领导下的国家行政机关，双重身份性质下的地方政府需要对本级人大负责并报告工作，同时对上一级国家行政机关负责并报告工作。据此，地方政府在职权上具有双重性，兼具地方自治机关和中央派驻机关的两种身份。这种"一身兼二任"的设置在比较法中是较为罕见的。① 作为国家机构的地方政府独立担负生态环境治理义务的直接规范依据可以从宪法国家机构章节获取，从中央对地方政府的权力委托与地方人大对地方政府的权力授予两个维度展开。

（一）国务院职权的对地方政府生态义务的纵向约束

我国单一制的特点决定了作为最高行政机关的国务院行使中央人民政

---

① 王建学：《论地方政府事权的法理基础与宪法结构》，《中国法学》2017 年第 4 期，第 113 页。

府的权力，统一领导各级国家机关工作。这一领导责任被写入《宪法》第89条第4款，在宪法规范中以明文的形式表现出来。国务院在履行领导责任的同时，还负责对地方行政机关的职权进行划分，也就是说，中央人民政府一方面对具体工作进行领导，另一方面还可以对具体权力进行针对性的配置。从国家权力与国家义务的关系来看，可推定为中央人民政府可以对地方政府课以一定的义务，这是地方政府职权的重要来源。

现行《宪法》第89条第6项规定国务院领导和管理经济工作和城乡建设、生态文明建设。"生态文明建设"是2018年宪法修改时加入的重要内容，强调国务院应在落实法律、依法行政的过程中，将生态文明建设作为一项重要的宪定职责去积极落实。明确生态环保并非严格法律保留事项，国务院亦可根据《立法法》第72条第2款第2项就生态文明建设工作制定行政法规，各部委可根据《立法法》第91条制定行政规章。① 结合《宪法》第89条第4项、第6项可以看出，作为中央人民政府职权的领导和管理生态文明建设，为中央人民政府管理地方政府的生态治理行为提供了依据，国务院及其部委亦可以在宪法、法律的框架内通过制定行政法规和行政规章的方式对生态文明建设职权进行配置，对地方政府课以相应的生态环境治理义务，健全生态文明制度体系，实现总体生态文明建设目标。

（二）地方人民代表大会的横向授权

人民通过全国人民代表大会和地方各级人民代表大会行使权力。地方各级人民代表大会的权力来自本地方能够参与民主选举的人民，地方政府对人民负责，受人民监督。现行《宪法》第99条规定了地方各级人民代表大会的职权，其中包括"保证宪法、法律、行政法规的遵守和执行""审查和决定地方的经济建设、文化建设和公共事业建设的计划"等。"审查"强调了地方国家权力机关的消极监督职能，"决定"强调了地方国家权力机关对权力的积极行使，"保证"则兼具监督与促进的意味。

在宪法层面具有规范意义的生态文明条款以及《环境保护法》等部门法对生态文明建设、环境治理等问题均进行了规范，地方人民代表大会有

---

① 张翔：《环境宪法的新发展及其规范阐释》，《法学家》2018年第3期，第92页。

义务保证法律规范的执行。生态文明建设无论是以政策的形式还是以法规范的形式经由执政党或法律实施的途径进入地方建设事业，对经济、文化、公共建设等产生影响是无可争辩的事实，地方人民代表大会审查和决定的过程自动隐含着对生态文明建设的监督与促进行为。作为《宪法》第105条规定的国家权力机关的执行机关的各级地方政府，是地方人大监督职能的重要客体，执行地方人大的生态文明建设职权，履行生态环境治理义务，这是《宪法》第99条和105条之间逻辑关联的推导结果。而《宪法》第105条具体列举的地方政府，在推进国家机构职能优化协同高效、健全部门协调配合机制的语境下，必然负有生态文明建设的具体职权。

综上，地方政府负有生态环境治理义务的直接宪法效力依据源自两个范畴：首先源于国务院对地方各级行政机关实行统一制领导下的生态文明建设国家权力委托的约束；其次是地方国家权力机关对作为其权力执行机关的地方政府执行权力行为的监督与管理。二者互相配合、交织、融合，并以地方政府实施生态治理行为的面貌表现出来。

第三节　地方政府生态环境治理义务的规范与实践挑战

对地方政府而言，国家义务的履行落脚于对既有被授予权力的行使，宪法、法律的规范效力则是权力行使的依据。地方政府在履行生态环境治理义务的过程中，主要面临来自宪法层面的具体规范缺失、新时代党政关系变化、部门法规范与宪法规范相间离和以环保督察为代表的新手段不清四个问题。

一　地方政府生态环境治理义务的宪法规范依据不足

现行《宪法》第107条是地方政府生态治理履职的直接宪法依据，对地方政府履行义务、行使公权力产生直接的规范约束。从生态环境治理义务的履行角度来看，《宪法》第107条规范存在三个值得思考的问题。

（一）宪法上地方政府生态义务的纵向延伸失位

2018年《宪法》修改后，"生态文明"被纳入《宪法》序言部分，从宪法规范的最高层进行整体约束。《宪法》第 89 条规定了作为中央人民政府的国务院领导和管理生态文明建设，明确了最高国家行政机关的生态环境治理义务。也就是说，现行宪法规定了作为国家目标的较为抽象的国家生态环境治理义务，设定了作为法定职权的相对具体的中央人民政府生态环境治理义务，却没有明确规定对生态治理起基础性作用的较为具体的地方政府生态环境治理义务。虽然如前文所述，地方生态环境治理义务于宪法中的存在和具体地位能够通过对宪法生态文明规范的体系性解释与理解得到证成与确定，但具体的授权性条款对地方行政主体大胆履行职权、实施生态治理的规范效力要高于现有文本。虽然地方政府履职所依据的权力来源呈现相对复杂的二元结构，但现有宪法生态文明规范的成熟以及体系性解释的运用为地方生态环境治理义务的文本化提供了完善的通路。

（二）宪法规范与部门法规范之间的解释逻辑不清

2014 年《环境保护法》第 6 条第 2 款规定："地方各级人民政府应当对本行政区域的环境质量负责。"2015 年《城乡规划法》第 4 条规定："制定和实施城乡规划，应当……改善生态环境，促进资源、能源节约和综合利用……"2016 年《固体废物污染环境防治法》对县级以上人民政府的固体废物污染环境防治工作进行了非常详细的规范。① 通过规范分析可以发现，包括作为环境基本法的《环境保护法》和多个环境要素法均对地方政府的环境保护义务作出了符合部门法律具体要求的规范，对地方政府生态治理职责的要求贯穿于环境法规范体系。部门法的效力来自宪法的授予，环境法设立地方生态环境治理义务的正当性来源于对宪法生态文明规范的体系性解释，但在生态文明建设逐渐上升为国家治理的一个重点时，对宪法规范中的地方生态环境治理义务做显性处理无疑更有利于生态治理目标的达成和生态文明的实现。

（三）现有规范对风险预防的转向应对不足

《宪法》第 107 条规定地方各级人民政府具有管理各项事务的职责，

---

① 2016 年《固体废物污染环境防治法》第 4 条、第 6 条、第 7 条、第 10 条、第 12 条和第 15 条对县级以上人民政府在固体废物污染环境防治中的具体职责作了非常详细的规定。

从法规范实践中可以得出其理应包含生态文明建设的相关事务，但从手段上来说，传统的由政府主导的线性管理模式不能对复杂社会问题给出有效的解释和应对①，风险预防的生态危机应对方法转向决定了生态治理的必然性。地方政府的管理功能已经无法满足生态治理的需要，要清晰梳理宪法层面的地方政府生态环境治理义务，则应当完成宪法相关规范从"环境管理"到"环境治理"的飞跃。

二 环境法规范的宪法解释效能失位

（一）环境法体系对生态责任的表述不明

其一，现行环境法规范对宪法环境条款的解释不够充分。2018 年《宪法》修改后，现有的环境法体系随之进行一定的修改，《大气污染防治法》《防沙治沙法》《农产品质量安全法》《循环经济促进法》《环境保护税法》等于 2018 年 10 月 26 日进行了修改，将其中的"环境保护"等概念统一修订为"生态环境"，规范术语的表述体现了立法目的之革新，与"生态文明入宪"的法治事件相关联。《野生动物保护法》《防沙治沙法》《循环经济促进法》等将"林业"修改为"林业草原"则体现了生态治理的体系性治理，由单一环境要素的保障发展到广泛的联动治理。但值得注意的是，包括作为环境基本法的《环境保护法》在内的诸多单行法律规范仍然未对环境宪法的发展作出回应，2014 年《环境保护法》虽然将"推进生态文明建设"作为立法目的纳入其中，但在具体文本中并没有将环境保护升格到生态环境的范畴，且《水污染防治法》等单行法规亦没有抢先对作为上位法的《宪法》的变迁作出回应。

其二，单行法律对生态义务的回应较少。当前，单行环境法中没有将地方行政机关的生态治理责任与宪法规范相对应。2014 年《环境保护法》确定了"地方各级人民政府应当对本行政区域的环境质量负责"的要求。其后颁布、修改的各环境保护要素法基本上将"环境质量负责"的理念全

---

① 范如国：《复杂网络结构范型下的社会治理协同创新》，《中国社会科学》2014 年第 4 期，第 99 页。

面贯彻到对地方政府生态环境治理义务的规范之中。即便 2018 年《宪法》修订后诸如《大气污染防治法》《防沙治沙法》等单行法律进行了修改，但责任设置部分仍未发生改变。目前《宪法》未对地方政府生态义务进行明文规定，但《宪法》第 89 条第 6 项规定了国务院行使领导和管理生态文明建设的职权，从"权责一致"的角度看，行使生态文明建设职权即需要承担生态责任，现行部门法的责任设置与宪法之间的对接存在不确定的解释空间。从规范意义上来看，生态文明建设的范畴肯定是大于环境保护，而环境质量责任的体系对应对象应当是环境保护职权，权责对应的原则既制约了地方政府履行职责，又模糊了地方政府承担生态治理责任的界限，不利于地方政府真正履行职责。

（二）环境法具体规范的实施差异

《环境保护法》第 10 条规定："国务院环境保护主管部门，对全国环境保护工作实施统一监督管理；县级以上地方人民政府环境保护主管部门，对本行政区域环境保护工作实施统一监督管理。县级以上人民政府有关部门和军队环境保护部门，依照有关法律的规定对资源保护和污染防治等环境保护工作实施监督管理。"该条文对国家机关的环境保护职责进行二元分野：环境保护主管部门对其辖区内的环境保护工作实施统一监督管理；人民政府有关部门和军队环境保护部门对资源保护和污染防治等环境保护工作实施监督管理。则环保部门在环境保护工作中进行统一安排，地方政府有关部门负责具体的工作实施。从宪制层面来讲，国家机关中的生态环境部门作为同级人民政府的组成部分履行行政职责，其与地方政府有关部门处于相同行政级别，由上级政府管辖，生态环境主管部门的统一监督管理面临行政系统内部的效率性阻碍。而无论是《党政领导干部生态环境损害责任追究办法（试行）》还是《中央生态环境保护督察工作规定》，均将地方生态文明建设的主体责任落实到具体的党委、政府，具体实施的政策制度与现行法律之间存在差异，法律效力的发挥面临来自实践的挑战。

三　国家治理体系具体制度融合的挑战

有学者认为，中国特色社会主义国家治理体系由以党章为统领的党内法规制度体系、以党的基本路线为统领的政策制度体系、以宪法为统领的法律制度体系三类制度所构成。① 在生态治理的范畴下，三类制度共同为解决生态问题、发展生态文明提供制度保障，怎样让三个体系的制度在一个维度下形成合力、发挥最大效能，考验着治理主体的智慧。

（一）党领导下国家机构改革带来的履职困惑

中国特色的党政关系深刻地影响着中国社会治理的现实，对国家治理的效果具有关键的作用。《宪法》第 1 条规定："中国共产党领导是中国特色社会主义最本质的特征。" 从党的领导实践进行考察，党的领导包括党的执政、党的政治领导和思想领导、党的组织嵌入和党政机构融合四个层面。党的十九大报告明确提出，"要深化机构和行政体制改革……科学配置党政部门及内设机构权力、明确职责。……在省市县对职能相近的党政机关探索合并设立或合署办公"。此外，2018 年 2 月 28 日通过的《中共中央关于深化党和国家机构改革的决定》，要求各地区各部门要坚决落实党中央确定的深化党和国家机构改革任务，党委和政府要履行主体责任。2018 年 3 月中共中央印发的《深化党和国家机构改革方案》则进一步强调深化党和国家机构改革要坚持加强党的全面领导，根据各层级党委和政府的主要职责，合理调整和设置机构，理顺权责关系。也就是说，在此次机构改革中，包括从中央组建自然资源部、生态环境部到地方在规定限额内因地制宜设置与生态文明建设有关的机构和配置职能，均是在执政党的领导下依据执政党政策完成的。此轮机构改革使党政融合的范围明显扩大，居于"幕后"主导行政过程的党的机构更多地走到了"台前"。② 这就使地方政府在履行生态环境保护和治理职责的过程中面临权力性质与来源的困惑。

（二）环境保护"党政同责"带来的具体挑战

2015 年 8 月 17 日，由中共中央办公厅、国务院办公厅联合下发的《党政领导干部生态环境损害责任追究办法（试行）》第 3 条规定："地方

① 张文显：《法治与国家治理现代化》，《中国法学》2014 年第 4 期，第 8 页。
② 林鸿潮：《党政机构融合与行政法的回应》，《当代法学》2019 年第 4 期，第 52 页。

各级党委和政府对本地区生态环境和资源保护负总责，党委和政府主要领导成员承担主要责任，其他有关领导成员在职责范围内承担相应责任。"这是"党政同责"这一概念在生态建设、环境保护领域首次被提出。其后，"党政同责"几乎被写入了新颁布的包括党内法规在内的环境保护政策和行政法规中，通过相关规范具体落实到了包括"环境保护垂直改革""中央环保督察"等重要环境保护制度当中①。从宪法层面来看，责任的承担等同于义务的负有，地方党委和政府在生态环境保护和治理中承担相同的责任，意味着地方党委和政府对生态文明建设负有相同的生态环境治理义务。执政党义务的宪法来源与政府所负有的国家义务的宪法来源具有较大差异，而作为治理主体的党委与政府主体性质的差别亦对其各自所承担义务的性质认定具有重要影响。党政同责中所共同承担的义务的具体来源、划分界限、重合范畴等问题均需要从宪法层面进行解释，否则将严重影响环境法律在生态治理领域发挥规制作用。

第四节　地方政府生态环境治理义务的宪法规范
供给路径

作为具体生态治理主体和生态责任承担者的地方政府在宪法层面承担什么生态环境治理义务、如何承担生态环境治理义务，是在生态宪法体系完善的过程中不可忽略的问题。通过对具体国家生态环境治理义务的诠释，进一步在宪法生态文明规范体系中以文本的方式对地方政府生态环境治理义务进行明确有利于生态目标的实现，在地方政府生态文明建设实践中发挥宪法效力应当着眼于宪法生态文明规范与环境法律规范的体系融贯和交互影响，而在宪法双轨制实施的视角下理解生态治理中政策与法律之

---

① 《中央生态环境保护督察工作规定》第 15 条规定："中央生态环境保护例行督察的内容包括：……（四）生态环境保护党政同责、一岗双责推进落实情况和长效机制建设情况……"《中共中央办公厅、国务院办公厅关于省以下环保机构监测监察执法垂直管理制度改革试点工作的指导意见》规定："地方党委和政府对本地区生态环境负总责。建立健全职责明晰、分工合理的环境保护责任体系，加强监督检查，推动落实环境保护党政同责、一岗双责。对失职失责的，严肃追究责任。"

间的关系则是治理效能最大化的基础。

一 破除地方政府生态环境治理义务的宪法实施障碍

（一）进一步激活序言"生态文明"条款的生命力

与承载着宪法核心价值诉求的国家目的相比，国家根本任务具有手段性和从属性。在规范性质上，国家根本任务乃是我国宪法规范体系内部层次最高的公共利益规定，其与《宪法》总纲诸条款之间存在一般与特殊的关系。我国各国家机关在具体化和现实化国家根本任务方面承担着不同的宪法义务。[①] 地方政府所承担的生态环境治理义务来自作为国家根本任务一部分的生态文明规定，生态文明规范的宪法地位直接影响地方生态环境治理义务的内涵明晰与外延划定。如《联邦德国基本法》第 20a 条明确了环境保护是德国的"国家目标"，在此基础上，作为国家目标的环境保护条款发挥其宪法规范功能的进路在于构成宪法委托、构成国家权力裁量空间的基准、构成法律解释的考量因素、限制基本权利提供合宪性基础和为国家权力配置提供标准五个方面。[②] 从宪法层面来看，生态文明写入宪法，在我国宪法文本中形成了生态环境保护较为完整的包括显性规范和隐性规范在内的生态文明规范体系，使其呈现国家根本问题和根本制度的属性，以宪法为依据，生态文明建设的法治化能够分层有效推行。但具体到生态文明建设实践中，我国地方政府履行生态环境治理义务不仅需要作为国家根本任务的生态文明条款的辐射性效力支撑，还应当由序言条款进一步作为国家权力配置标准作用于具体的国家机构职责划分，具体化国家对生态文明建设权力的授予，为地方政府行使生态文明建设职权提供权力裁量空间的基准，并为地方行政机关的生态治理行为提供合宪性依据。

（二）明确设定地方政府生态环境治理义务

对法律的合宪性审查不仅要具体考察被审查法律的实际内容，也要积极考察作为审查依据的宪法内容。法律的合宪性应当从规范实体和规范功

---

① 陈玉山：《论国家根本任务的宪法地位》，《清华法学》2012 年第 5 期，第 88 页。
② 张翔、段沁：《环境保护作为"国家目标"——〈联邦德国基本法〉第 20a 条的学理及其启示》，《政治与法律》2019 年第 10 期，第 12 页。

能两个角度进行判断，考察的最终指向是在不抵触宪法的前提下尽可能维持法律的稳定，因此法律的合宪性解释对宪法解释产生了反向的回馈。①在此基础上，合宪的环境法律规范对生态宪法规范产生制度性回馈。在地方政府生态环境治理义务的显明化发展下，对其的明确可以从两个路径进行。

其一，通过宪法变迁实现。当前，执政党政策的奖惩激励与法规范的效力约束基本能够满足地方政府发挥生态治理功能、履行生态文明建设义务的需要，但亦应当充分防范地方政府履行义务因缺乏宪法层面明确规范的支撑而出现低效、低能状态的风险，应当充分发挥宪法对法律的解释作用，以制宪目的的精神、依法解释、反映社会发展需求和体现宪法规范力②为标准解决具体宪法规范实施的问题。

其二，在未来生态文明建设进入新阶段后，可以通过宪法修订进一步完善规范的内涵。当然，出于维护宪法稳定性和公定力的考量，这一路径需要慎重对待，但当宪法规范的效力辐射已经完全无法满足生态建设的需要，与生态文明建设现实完全脱节之时，则应当及时启动相应的程序，保持宪法的生命力。

二　正视宪法与环境法、民法等部门法的交互影响

在某种意义上，2018 年宪法修改中的生态文明入宪，体现了部门法对宪法的反向作用。增补环境宪法的内容，当然体现了宪法辐射部门法的作用，但对此问题的思考不能局限于此种"单向思维"，而应认真检视部门法的动态反作用。宪法与部门法间存在着交互影响，一方面宪法约束部门法秩序，而另一方面部门法也反作用于宪法。③ 宪法生态文明规范体系的建构与发展在很大程度上是政策与法律发展的作用结果，这是国家治理体系和法秩序、法规范共同作用的结果。因此，从宪法与部门法的关系来看，环境法规范体系的发展将极大地助力地方生态文明保护义务的宪法效力实现。

---

① 黄茂荣：《法学方法与现代民法》，中国政法大学出版社 2001 年版，第 60 页。
② 胡锦光、韩大元：《中国宪法》（第三版），法律出版社 2016 年版，第 107 页。
③ 张翔：《环境宪法的新发展及其规范阐释》，《法学家》2018 年第 3 期，第 97 页。

首先，民法典的生态环境保护功能的实现为具体的生态治理主体在实施治理行为中对基本权利进行限制提供了法体系的合宪性资源。以公共利益保护为目的、以行政规制手段为主体的环境法制度，因行政机制僵硬、管理成本过高或者管理难以覆盖经济社会生活等同样达不到有效解决环境问题的目标。公法机制与私法机制的平衡与互动为环境治理提供了一个合理的新方向。宪法层面的人民基本权利的保障通过民法规范具体实现，国家对私人权利的限制受到公法的约束，二者统合于以宪法为中心的法体系中。① 在通过限制部分公民基本权利达成生态治理目标时，其行为的合法性、合宪性需要放置于整个法律体系中进行考量，民法规范的制度供给为对生态治理行为的考察和解释提供了私法视域下的利益衡量标准。

其次，环境法对地方政府生态治理责任的规范完善为宪法发展提供了资源。包括《环境保护法》在内的环境单行法对地方政府生态治理责任的确定既是对宪法生态文明规范的具体实施，也为地方政府生态环境治理义务的明确提供了部门法资源。在机构改革后，相关行政机关从"环境保护"部门向"生态环境"部门转型，环境法所规定的"环境质量责任"无疑应当向"生态环境质量责任"转向，也必然为地方政府生态环境治理义务在宪法层面的显明与发展提供新的实践资源与制度回馈。

三 完善国家治理体系功效的协同发挥机制

基于中国特色社会主义国家治理体系的基本架构，在我国生态环境保护和治理中发挥重要作用的制度类别包含生态环境党内法规、党的生态环境政策、生态环境法律制度三种。② 党的政治决断所产生的强有力的政治支持是我国环境立法创设及变迁的重要影响因素之一，使环境立法成为可能。③ 可以看到的是，在中国的生态环境法治中，中国共产党就生态文明

---

① 吕忠梅：《中国民法典的"绿色"需求及功能实现》，《法律科学》2018 年第 6 期，第107 页。

② 陈海嵩：《生态环境政党法治的生成及其规范化》，《法学》2019 年第 5 期，第76 页。

③ 郑少华、王慧：《中国环境法治四十年：法律文本、法律实施与未来走向》，《法学》2018 年第 11 期，第19 页。

建设所提出的路线、方针和政策对生态治理有重要的影响作用。这些制度虽然大部分不具有传统意义上严格的法律规范形式，却在事实上对生态治理进行着指导，属于国家治理体系的制度范畴。

另外，依法治国与国家治理相辅相成、殊途同归，推进国家治理体系和治理能力现代化，核心是要推进国家治理法治化。[①] 对生态治理具有实际重要影响的党内法规制度体系和政策制度体系应当在宪法的范畴内与生态环境法律制度体系互相配合、共同实施，这也是《中国共产党章程》规定"党必须在宪法和法律的范围内活动"和《宪法》依法治国原则的基本要求。地方政府履行生态治理和生态文明建设义务、实施生态治理行为受到生态环境党内法规、党的生态环境政策、生态环境法律制度的规制，从宪法层面证成这一法制体系，为"党政同责""环保督察"等制度的顺利实施提供了支持，也从法治的范畴为地方政府的生态治理履职确定了目标，划定了界限。

生态文明入宪是具有划时代意义的法治大事件，标志着宪法将生态文明所具备的规划国家发展目标，实现中华民族永续发展、伟大复兴以及保障人民美好生活的政治整合功能予以根本法上的确认，标志着生态文明从政治规范走向了法律规范。党的十九届四中全会公报再次强调"坚持和完善中国特色社会主义法治体系，提高党依法治国、依法执政能力"要"健全保证宪法全面实施的体制机制"。依法治国首先要坚持依宪治国，依法执政首先要坚持依宪执政。坚持和完善生态文明制度体系是完善国家治理体系的重要步骤，包括地方政府实施生态治理行为在内的生态治理是国家治理的重要范畴。在马克思主义理论视野下，当代中国生态环境法治是在"政党—国家—社会"框架中不断创新发展的过程，也是以"国家环境保护义务的履行和实现"为核心任务的制度变迁过程。宪法规范有必要与环境法治的变化相对应，宪法的规范效力应当延伸到生态治理的每一个角落。

[①]　李林：《依法治国与推进国家治理现代化》，《法学研究》2014年第5期，第6页。

第十四章　建构中国生态宪法学的
自主知识体系

在中国文化传统中，"生态"一词往往指一切美好事物。[1] 自 20 世纪 60 年代以来，环境问题被视为世界第三大问题，近年来在我国也得到极高程度的关注。从对环境保护问题的重视到生态文明概念的提出，体现了我国在该领域认识的不断提升及重点的变化。如党的十七大报告中指出："经济发展与人口资源环境相协调，使人民在良好生态环境中生产生活，实现经济社会永续发展。"[2] 当然，表述仍以环境为核心概念。党的十八大报告则突出了"生态文明建设"在统筹推进"五位一体"总体布局中的基础性作用，以及在协调推进"四个全面"战略布局中的特殊地位，并以此进行顶层设计。习近平总书记提出的"生态兴则文明兴，生态衰则文明衰"[3]，最有力地表明了生态与文明之间的内在关系，即生态文明建设已与新时代全面建成社会主义现代化强国、实现中华民族伟大复兴的根本历史使命紧密地联系在一起。这既是新时代丰富内涵的核心要义之一，也是新时代学术发展的重要实践基础。法学特别是宪法学如何回应生态建设的法治实践并提供综合保障方案，甚至建构新的中国特色生态宪法学学科体系、学术体系、话语体系，是无法回避的重大课题。

---

[1]　王旭烽主编《生态文化辞典》，江西人民出版社 2012 年版，第 120~121 页。

[2]　相关的具体论述，参见胡锦涛《高举中国特色社会主义伟大旗帜 为夺取全面建设小康社会新胜利而奋斗——在中国共产党第十七次全国代表大会上的报告（2007 年 10 月 15 日）》，人民出版社 2007 年版，第 16 页。

[3]　中共中央宣传部：《习近平新时代中国特色社会主义思想学习纲要》，学习出版社、人民出版社 2019 年版，第 167 页。

第一节　生态宪法学的提出维度

为更好服务生态文明法治建设的实践，我们需要在理论上将有关概念、知识进行根本法层面的系统整合，进而形成有助于中国积极参与全球环境治理的生态法治话语体系。因此，有必要提出生态宪法学的概念。①

一　服务生态建设的法治实践实效化的外在推动

党的十八大以来，我国对生态文明建设的重视和投入强度是前所未有的。根据现行宪法规定，中国共产党是我国各项事业的领导核心，是中国特色社会主义的本质特征和最大优势。我国宪法将"坚持中国共产党的领导"确立为政治体制的核心。② 所以，中国共产党的领导是推动生态文明建设的最直接最有利因素。我国关于生态文明建设实践的最集中表述和主张，均体现在党的相关文件中。党的十八大报告第一次单独用一个部分（第八部分）专门规定"大力推进生态文明建设"。党的十八届三中全会通过的《中共中央关于全面深化改革若干重大问题的决定》（第十四部分）专门指出"加快生态文明制度建设"。党的十九大报告把人与自然和谐共生作为习近平新时代中国特色社会主义思想的精神实质和丰富内涵之一，并在第九部分专门指出："加快生态文明体制改革，建设美丽中国。"③ 总之，党的十八大以来，中央高度重视并多次提出实现中华民族永续发展的千年大计、根本大计在于建设生态文明。习近平总书记多次强调，生态文明建设不仅关系国家未来和人民福祉，更关系中华民族永续发展的千年大计。生态环境治理属于党执政的重大政治问题且关系党的根本使命宗旨，

---

① 张震：《新时代中国生态宪法学的体系构建》，《厦门大学学报》（哲学社会科学版）2020年第3期，第10页。

② 付子堂、张震：《新时代完善我国宪法实施监督制度的新思考》，《法学杂志》2018年第4期，第1~8页。

③ 相关的具体论述，参见习近平《决胜全面建成小康社会 夺取新时代中国特色社会主义伟大胜利——在中国共产党第十九次全国代表大会上的报告》，人民出版社2017年版，第50~52页。

同时作为重大社会问题关系到"以人民为中心"的价值依归与评价标准。2018 年 3 月，"生态文明"被历史性地写入宪法，这意味着党的意志上升为国家意志。2019 年 2 月，习近平总书记撰文指出要推动我国生态文明建设迈上新台阶。① 如果说理论指导具体实践，那么实践必然推动理论发展。有学者指出，实践之学、应用之学是法学的一大特点。法治理论的实践性特征必须在新时代一以贯之，要更深入研究如何把"纸面上的法""条文中的法"切实变为"生活中的法""行动中的法"等法治实践和运行问题。② 因此，围绕生态文明建设，当前法学界的一项迫切任务就在于通过对生态文明规范体系的系统诠释，探索有效的实施机制，为推动生态文明建设迈上新台阶提供较充分的宪法与法律保障方案。要在实践中更加有效地以法律手段推动生态文明建设迈上新台阶，就必须在理论上对既有法治体系进行理念更新与新的范畴与制度的确立。

二 满足生态法治的点状理论系统化的内在要求

人类在改造自然环境和创建社会环境的过程中不断地相互影响和作用，产生了一系列环境问题。基于环境问题的实践应对，我国自改革开放以来，特别是伴随现行宪法文本中较清晰地规定环境条款，法学界的学者们围绕此类问题提出了许多富有价值的理论观点与方案。其中，既有以环境权③和环境义务④为核心命题的观点，也有环境治理及环境法治⑤的主

---

① 习近平：《推动我国生态文明建设迈上新台阶》，《求是》2019 年第 3 期，第 1 页。
② 李林：《新时代坚定不移走中国特色社会主义法治道路》，《中国法学》2019 年第 3 期，第 5~25 页。
③ 20 世纪 80 年代，蔡守秋教授在我国首倡环境权的概念。20 世纪 90 年代关于环境权的研究日益活跃，"环境权是一项人权"受到多数学者认可，同时环境权的内容及救济也成为学者们的探讨热点。需要注意的是，"用宪法保障环境权"的观点也在 90 年代被学者提出。进入 21 世纪以后，环境权研究成果多彩纷呈，有学者尝试破除环境法的常规研究桎梏，转而从宪法、民法的视角研究环境权；也有学者通过研究环境权的公益性属性，辨别环境权与民法上权利之间的本质差异。
④ 关于公民环境义务的观点，参见秦鹏《消费者环境义务的法律确立》，《法学论坛》2010 年第 1 期，第 76~82 页；曹炜《环境法律义务探析》，《法学》2016 年第 2 期，第 92~103 页；张震《公民环境义务的宪法表达》，《求是学刊》2018 年第 6 期，第 78~86 页；等等。
⑤ 关于环境治理及环境法治等相关论述，参见蔡守秋《我国环境法治建设的指导思想与生态文明观》，《宁波大学学报》（人文科学版）2009 年第 2 期，第 123~127 页；（转下页注）

张。根据系统论功能论①的观点，任何基于具体社会现象和问题的理论研究，均有内在形成某种理论体系甚至系统化的趋势。系统性是任何事物都具有的特性，系统是一个有机整体，这个整体又是由部分组成的，整体和部分的关系是辩证的。系统内部是有一定结构的，且是分层次的。系统论宪法学从社会整体性视角出发破解了现代宪法的"源代码"，使之得以处理现代社会固有的宪法问题。② 较为分散的点状问题的理论研究，既为环境问题全新理论体系的形成提供了坚实基础，也为更系统地解决环境问题提出了内在体系化的要求。

　　基于此，学者们尝试用环境宪法的概念来完成体系化的需求。然而，环境法学天然所具有的跨学科视野又使其自身理论发展不局限于实定法层面所能涵盖的范畴，也经常需要超越既定法规范体系，达致与诸多部门法领域形成视域交叉融合。由此，也会产生环境法理论体系的价值及规范需求不能自足之诉求。③ 如向法外要供给的政治主张，在当前"全面依法治国""依宪治国"的宪法法律秩序统合之下，这些诉求最终表现为向作为根本法的宪法要动力、要供给。当前，环境法学界对于建构一个超越环境部门法的环境宪法规范体系有着极高的理论期待及实践诉求，这主要基于两点考量：一是环境生态利益对于国家发展与个人生存的重要性；二是环境部门法学理论遭遇发展瓶颈后，希望通过宪法供给进行理论突破与重构。④ 但

（接上页注⑤）汪劲《中国环境法治三十年：回顾与反思》，《中国地质大学学报》（社会科学版）2009 年第 5 期，第 3~9 页；陈海嵩《中国环境法治中的政党、国家与社会》，《法学研究》2018 年第 3 期，第 3~20 页；郑少文、王慧《中国环境法治四十年：法律文本、法律实施与未来走向》，《法学》2018 年第 11 期，第 17~29 页；等等。

① 关于系统论的具体研究，参见丁东红《卢曼和他的"社会系统理论"》，《世界哲学》2005 年第 5 期，第 34~38 页；杜健荣《法律与社会的共同演化——基于卢曼的社会系统理论反思转型时期法律与社会的关系》，《法制与社会发展》2009 年第 2 期，第 109~117 页；等等。

② 陆宇峰：《系统论宪法学新思维的七个命题》，《中国法学》2019 年第 1 期，第 82~103 页。

③ 关于环境法理论体系的更新，参见吕忠梅《环境权入宪的理路与设想》，《法学杂志》2018 年第 1 期，第 23~40 页；曹明德《环境公平和环境权》，《湖南社会科学》2017 年第 1 期，第 54~60 页；等等。

④ 关于环境宪法的理论动向，参见张翔《环境宪法的新发展及其规范阐释》，《法学家》2018 年第 3 期，第 90~97 页。

在笔者看来，环境宪法的概念恐怕难以满足理论体系发展的需要。

其一，从概念上看，环境与生态这两个概念既有联系，又有区别。环境是指周围地方的情况和条件。通常只有在"环境保护"这个语词中，才有我们讲的环保的意涵。① 生态是指生物在一定的自然环境下生存和发展的状态。② 生物被认为是有生命的物质，如"气衰则生物不遂"，也指产生万物，如"留动而生物，物成生理，谓之形"。③ 因此，就一般意义而言，相比环境，生态概念的针对性、限定性以及生存和发展意涵更能直接满足生态环境保护及生态文明建设的原意。生物本身的生存样态在生态的概念之内能够得到更精准的涵盖，即包含了生物与生物之间、生物与环境之间本身的固有关系。

其二，从属性上看，生态强调整体性、系统性和能动性。环境强调以人类生存发展为中心的外部因素，更多地体现为为人类社会的生产和生活提供的广泛空间、充裕资源和必要条件。较之于环境概念，生态则具有更为综合性、包容性、开放性的蕴涵，其更为强调多重环境要素之间的和谐共生关系，既关注环境要素与其他要素之间的外部关系，也重视各环境要素之间的内部协调性，因而相比环境，生态表现为一个更高层阶的事物认知体系。④

其三，从层次上看，环境宪法是初阶，而生态宪法是高阶。"环境保护入宪"是宪法对工业社会以来环境问题的阶段性回应，具有历史进步性和重大意义，是宪法生态化的初级阶段。随着人类生态文明思想的日益深入，传统意义上的"环境保护入宪"暴露出的"人类利益中心"的弊端，并不完全符合法律生态化的价值依归及发展趋势。在越来越强调生态环境保护、肯定自然界内在价值的当下，宪法的生态化理论体系构建显然不是简单的"环境保护入宪""生态文明入宪"就能完成的，需要在规范、理

---

① 《现代汉语词典》（第 5 版），商务印书馆 2005 年版，第 594 页。
② 《现代汉语词典》（第 5 版），商务印书馆 2005 年版，第 1220 页。
③ 《辞源》（第三版）下册，商务印书馆 2015 年版，第 2781 页。
④ 张震：《生态文明入宪及其体系性宪法功能》，《当代法学》2018 年第 6 期，第 50~59 页。

论以及理念上有进一步的创新。① 在 1978 年宪法中，环境保护被首次写入我国宪法。而时隔 40 年的 2018 年修宪，生态文明被首次写入我国宪法，某种意义上也可说是这种差别的宪法体现。在笔者看来，就人与自然、生态的关系而言，其经历了人类中心主义、生态中心主义、人与自然和谐共生三个阶段。如果说相对于生态宪法，环境宪法人类中心主义的痕迹使得其无法真正承载应有的学术使命，那么，生态宪法（即生态与宪法的有机融合）则可以很好地体现这一学术使命。因为，宪法原有的核心价值是人，是对人的尊重和保障，生态的概念进入宪法以后，能够将生态自然价值与人的价值进行有机融合，从而高度契合人与自然和谐共生的理念。

三 契合时代要求的法学话语体系化的深度回应

党的十九大报告提出了中国特色社会主义进入新时代的论断，党的二十大报告进一步强调新时代新征程以中国式现代化推进社会主义现代化强国建设。法学界为此提出了围绕新时代法学发展与法治建设的若干新命题。② 新时代的法学话语体系要体现新时代特征，要具备中国特色，要引领法学潮流。新中国成立以来，尤其是改革开放以来的法治实践，为有中国特色的社会主义法治体系的构建提供了鲜活素材，而新时代的到来更为之提供了全新的社会基础和要求，改变了近代以来法治被单向输入的基本格局。有必要强调的是，在近代法治领域建设中，我国法治建设基本上处于西学东渐的状态，我们有责任把中国从一个法治思想的输入国转变成为一个既输入又输出的现代化法治国家，从而实现中西法学理论和法治思想

---

① 陈海嵩：《从环境宪法到生态宪法——世界各国宪法生态化趋势探析》，《云南行政学院学报》2012 年第 2 期，第 93~95 页。

② 关于新时代法学发展与法治建设的若干新命题，参见张文显《新思想引领法治新征程——习近平新时代中国特色社会主义思想对依法治国和法治建设的指导意义》，《法学研究》2017 年第 6 期，第 3~20 页；姚建宗《中国特色社会主义新时代法治建设的实践行动纲领——中国共产党十九大报告的法学解读》，《法制与社会发展》2017 年第 6 期，第 5~20 页；李林《开启新时代中国特色社会主义法治新征程》，《环球法律评论》2017 年第 6 期，第 5~29 页；王利明《新时代中国法治建设的基本问题》，《中国社会科学》2018 年第 1 期，第 5~29 页；等等。

的双向良性交流与协同互建。① 有学者多年前就指出，独立学术话语体系是该学科在学术上说话的权利能力与行为能力，乃至生存空间。② 回应上述要求，不管是法学学科整体还是构成法学学科的二级三级学科，均需要构建自己的话语体系。在新时代，必须坚持法治理论的科学性，要发现和认识法的基本规律，把握和驾驭法治的一般规律，使法治理论及其成果能够体现并反映经济社会发展规律的基本特征和内在要求。③

新时代法治建设与法学学科发展要服务于我国的生态文明法治，在笔者看来，至少要满足两个基本特征——既能有机融入新时代法学话语体系，又能有效服务新时代生态建设实践。在有效满足生态文明建设法治实践的基础上，生态宪法及以其为主要研究对象的生态宪法学可谓新时代中国法学学科体系话语体系构建及其表达的重要体现。其一，生态宪法学可以在理论上为生态文明建设提供法治需求；其二，作为新兴分支三级学科，生态宪法学可以补足新时代中国法学的学科体系；其三，生态宪法学的构建也可以成为中国法学为世界法学发展所作出的重要贡献之一，从而提升中国法学话语体系的表达与传播能力。

第二节　生态宪法学的学科定位

作为以生态宪法为主要研究对象的一门新兴子学科，我们有必要厘清生态宪法学的学科定位。

一　归属于部门宪法

部门宪法归属于宪法学的重要分支学科。有学者认为，所谓"部门宪法"乃是相对于传统"国家宪法"而言的，如"经济宪法""劳动宪法"

---

① 详见张文显教授在会议上的讲话。参见章安邦《中国法学话语体系的建构与话语权的提升——第二届"走向世界的中国法哲学"国际研讨会综述》，《法制与社会发展》2016年第4期，第192页。
② 李龙：《论当代中国法学学术话语体系的构建》，《法律科学》2012年第3期，第21页。
③ 李林：《新时代坚定不移走中国特色社会主义法治道路》，《中国法学》2019年第3期，第5~25页。

"社会宪法""教育宪法""文化宪法""宗教宪法""环境宪法""科技宪法"等。① 实际上，部门宪法更充分地表现为宪法"分则"，其通过宪法规范和社会各个功能领域之间的实质性连接，完成宪法原则、价值、精神对社会各个领域的渗透和指引。②

不管是基本的知识来源、基本范畴，还是研究思维和方法，生态宪法学都带有明显的宪法学特征，属于宪法学科的新发展领域，整体可算是部门宪法的重要一支。生态宪法作为部门宪法的重要意义在于，其尝试构建以政治、经济、文化、社会、生态基本国策和对应宪法制度为依据的五位一体化研究的部门宪法体系，将传统宪法研究推向全新的领域。

2018 年修宪将生态文明写入宪法，在彰显宪法根本法属性的同时，对宪法本身也会产生深刻影响。这标志着宪法上的政治制度、经济制度、文化制度、社会制度四大制度转变为生态制度、政治制度、经济制度、文化制度、社会制度五大制度。同时，宪法实施的外延也会随着生态制度、生态权利的"加入"而更加丰富。

二　定位于交叉学科

从研究对象和研究内容上看，生态宪法学与环境法学、生态法学等其他学科存在明显的交叉关系。

（一）生态宪法学与环境法学存在交叉关系

两者的主要研究对象尽管在法律部门中的位阶不对等，但在基本概念、研究内容以及在法律体系中的地位与目标等方面具有密不可分的关系。

其一，环境与环境权在生态宪法和环境法中的内涵是基本一致的。宪法规范为环境法中"环境"概念的内涵和外延的具体化提供依据，但两者均是围绕"以人为中心"展开的。

---

① 有关部门宪法的基本表述，参见周刚志《部门宪法释义学刍议》，《法学评论》2010 年第 3 期，第 3~11 页；赵宏《部门宪法的构建方法与功能意义：德国经验与中国问题》，《交大法学》2017 年第 1 期，第 66~78 页等。

② 赵宏：《部门宪法的构建方法与功能意义：德国经验与中国问题》，《交大法学》2017 年第 1 期，第 66~78 页。

其二，环境保护的根本规范和立法指引源于作为法律体系核心的宪法。具体而言，一是宪法作为立法依据，为环境法中的环境条款提供立法指引；二是宪法作为根本大法，为弥补环境法中环境规范权威性不足发挥兜底作用。环境法不仅是开展环境保护的首要法律依据，也将宪法环境条款的基本价值予以具体落实。在生态宪法规范的辐射之下，环境法部门内的相应规范和学理体系亦应朝生态宪法的方向调整。同时，环境法的理论沉淀与实践积累对"生态宪法"这一部门宪法的规范形成反作用力。所以，生态宪法与环境法由此形成"交互影响"的关系。①

其三，生态宪法、环境法均期望通过各自功能发挥来调整并实现环境保护的生态化，这体现出二者对环境保护的法律预期具有明确性和一致性。众所周知，20 世纪 60 年代以来，环境保护受到公众越来越多的认可，环境保护的深远目标被寄予了越来越多的关注。在此背景之下，经济社会发展目标的实现、人与环境和谐发展关系的建构完善等与环境保护之间的多维考量，正逐步替代早期强调的对环境污染的单一化控制。以日本为例，早期制定的《公害对策法》就是为了应对公害问题。在此以后，体现从公害对策到环境管理法治理念转变的则是 1993 年制定的《环境基本法》，立法基本目的调整为构建可持续发展的社会。② 我国《环境保护法》明确表达了保护环境的立法目的，其第 1 条就开宗明义规定："为保护和改善环境，防治污染和其他公害，保障公众健康，推进生态文明建设，促进经济社会可持续发展，制定本法。"在该条中，"为保护和改善环境，防治污染和其他公害"毋庸置疑体现了对宪法第 26 条更精准的部门法表达；"保障公众健康"强调了对公民的人格权保护；"推进生态文明建设，促进

---

① 交互影响理论最早由德国宪法学家鲁道夫·斯门德在 1927 年德国国家法学者联合会年会上提出。他在学术报告《自由的意见自由》中表达了这样的观点：基本权利是文化价值的一部分，如果基本权利可以被"一般性法律"限制，将使得应受保护的价值相对化。在此意义上，基本权利可能最初来自部门法，但最终却具有相对于部门法的优越性。斯门德的这一观点，在"二战"后被新成立的德国联邦宪法法院采纳而成为通说，也成为理解宪法与部门法关系的基础学理。参见张翔《环境宪法的新发展及其规范阐释》，《法学家》2018 年第 3 期，第 90~97 页。

② 有关日本从《公害对策法》到《环境基本法》的发展状况，参见〔日〕原田尚彦《环境法》，于敏译，法律出版社 1999 年版，第 12~13、18~19 页。

经济社会可持续发展"不仅符合宪法环境条款的核心要义，也促进了与民法总则绿色理念与原则的互相融合，更深层次地推进了环境法的立法目的实现和功能发挥。

（二）生态宪法学与生态法学存在交叉关系

作为生态法学核心概念的生态法，在 20 世纪 70 年代末由苏联法学家奥·斯·科尔巴索夫提出。实际上，现代生态法学的发展与苏联法律科学领域中的"生态学"存在密不可分的联系。根据奥·斯·科尔巴索夫的观点，现代生态学的发展，尤其是社会生态学的产生和发展以及社会对"生态"这一概念的认识深化，促成了"生态法"概念的诞生。已故的莫斯科大学法律系教授弗·弗·彼得罗夫认为："生态法是为了当代人和后代人的利益，调整社会与自然界相互作用领域里的生态社会关系的法律规范的总和。它规定人们在利用保护自然环境方面的准则。"①

相对于传统法学，生态法学有两大变化：一是其研究不仅关注当代人，也关注后代人；二是不仅仅关注人本身，更关注人与生态之间的合理关系。然而，人才应该是任何生态主义得以建构的基本逻辑出发点，不可能在人之立场之外存在所谓的超越人类中心主义。② 因此，就追求环境保护所体现的协调统一而言，现代生态主义突出强调的人类首先应当尊重自然、保护自然，与"以人为本"主义所强调的人的幸福与尊严③、人构成生态的重要一环，可谓异曲同工。保护生态环境、满足人的尊严体现了我国生态宪法学和生态法学的研究目标一致、功能殊途同归。

（三）与其他学科存在交叉关系

除了法学学科，生态宪法学与其他社会科学，甚至与生态学等自然科学也有一定的关系和交叉。生态宪法学中的一些重要概念、研究方法、分析工具从其他学科汲取营养，同时生态宪法学的发展也会对其他学科产生

---

① 有关生态法的表述，参见王树义《论俄罗斯生态法的概念》，《法学评论》2001 年第 3 期，第 105 页；曹明德《生态法的理论基础》，《法学研究》2002 年第 5 期，第 98 页。

② 王晓华：《生态主义与人文主义的和解之路》，《深圳大学学报》（人文社会科学版）2006 年第 5 期，第 101 页。

③ *Oxford Dictionary of Philosophy*，Oxford：Oxford University Press，1994，p. 178.

法学的有益的反哺影响。以生态学为例，其在 20 世纪初成为一门粗具理论体系的学科。作为自然科学的生态学，在其早期的研究中就显示包含了众多学科内容的综合特征并与相关基础学科交叉，物理、化学、生物、气象等学科的研究方法和技术被大量借鉴。1935 年，"生态系统"概念由英国生态学家坦斯利首次提出，他将有机体与其生存的环境视为一个不可分割的自然整体。可见，作为自然科学的生态学的发展经历了数次转变：一是在时间维度上，先后经历了从传统到现代；二是在研究对象上，从以研究生物为主体，以个体、种群、群落为重心的自然科学，到以研究人类为主体，以生态系统为重心；三是在研究方向即目标上，不断致力于自然科学与社会科学的交叉、渗透和融合，以探讨和研究当代人类面临的重大问题为己任。① 因此，当生态学开始研究人、研究人类问题时，就必然会与包括宪法学在内的法学发生联系并形成一定的交叉。

第三节　生态宪法学的基本范畴

范畴及其体系是人类在一定历史阶段理论思维发展水平的指示器，也是各门科学成熟程度的标志。法学领域的基本范畴主要围绕着主体、权利义务和法律行为等要素展开。② 在笔者看来，生态宪法学的基本范畴，应当主要涵盖以下四个方面。

一　宪法意义上的生态人

所谓生态人，一般认为是与"经济人"相对应的一个概念。与"经济人"相比，"生态人"更加侧重人的整体利益、社会利益及长远利益。近年来，除了其他学科，法学界对生态人概念也进行了较系统的研究。③ 在

---

① 关于生态学的发展阶段，参见刘贵华、朱小蔓《试论生态学对于教育研究的适切性》，《教育研究》2007 年第 7 期，第 3~7 页。

② 张文显：《法哲学范畴研究》（修订版），中国政法大学出版社 2001 年版，第 1 页。

③ 关于生态人的基本概念，参见蔡守秋、吴贤静《论生态人的要点和意义》，《现代法学》2009 年第 4 期，第 82 页；吴贤静《生态人的理论蕴涵及其对环境法的意义》，《法学评论》2010 年第 4 期，第 98 页。

笔者看来，法学上认识和把握生态人概念，应体现如下逻辑。

其一，生态人应该具备正确的宪法生态观。国家与公民的生态行为、生态义务得以有效规范和阐释的前提在于特定的宪法生态观。实际上，人类社会既有别于自然界又紧紧依附于自然界，并在本质上最终走向和谐统一的人与自然之间的基本关系，这在马克思《1844 年经济学哲学手稿》中早已得到深刻揭示和阐释。他指出："无论是在人那里还是在动物那里，类生活从肉体方面来说就在于人（和动物一样）靠无机界生活，而人和动物相比越有普遍性，人赖以生活的无机界的范围就越广阔。"① 毫无疑问，习近平新时代中国特色社会主义生态文明观继承了马克思主义生态观，并在此基础上予以了丰富和发展。② 对当下社会生态观念的精准概括集中反映在党的十九大提出的"社会主义生态文明观"。从宪法视角观察其实质内涵，可诠释为：通过尊重和保护生态环境，满足人民的美好生活向往与诉求，切实实现环境治理的现代化，保障国家与民族的永续发展。特定的中国生态宪法观的有机内容包括社会主义生态文明观，也是生态宪法中生态人的基本遵循。③

其二，生态人的主体不再指一般意义上的法律关系个体或自然人，而是既包括自然人，也包括国家及国家机关以及社会组织等。正如有学者所指出的，生态人指向每一个存在于生态系统中的人和团体（拟制法律人）。④ 因此，生态人是对传统的法律人概念的革新，在有关生态建设的理论研究与实践中，应当将生态人进行类型化分析。生态人既是个体人，更强调集体人；既指生态自然人，也指生态法人；既是当代人，也包括后代人。不同类型的生态人，其具体的权利义务及其法律行为均会有所不同。

其三，生态人的内涵应当在人与生态系统的应然和谐关系中把握，着眼于人类文明的延续与发展的历史使命，注重经济增长与社会可持续发展

---

① 《马克思恩格斯选集》（第 1 卷），人民出版社 2012 年版，第 55 页。
② 关于马克思主义生态观在新时代的发展，参见张占斌、戚克维《论习近平新时代中国特色社会主义思想中的生态文明观》，《环境保护》2017 年第 22 期，第 20~22 页。
③ 张震：《生态文明入宪及其体系性宪法功能》，《当代法学》2018 年第 6 期，第 50~59 页。
④ 吴贤静：《生态人的理论蕴涵及其对环境法的意义》，《法学评论》2010 年第 4 期，第 97~103 页。

的平衡秩序。因此，对生态人的认知应实现三个转变，即从个体界定到集体内涵的转变、从权利单向度到权利义务双向度的转变、从强调人的个体因素到人有机融入整个生态系统的转变。当前生态宪法学中生态人的阐释具体包括以下四个方面：（1）确定人属于法律上所规定的自然、环境、生态中的生命共同体的概念；（2）遵循宪法序言上有关生态人表述的宏大历史逻辑；（3）明晰环境权作为"美好生活"之权利保障的内在要求；（4）具备人类命运共同体的法治意识。

生态意识的提升是生态人内涵的应有之义，而生态法治教育则是生态意识提升的关键途径。[①] 当前，生态法治教育已经成为世界上多数国家全民教育的一项重要内容，主要是综合运用各种形式和传播手段对公民进行生态法治教育，使其获得对人与生态环境关系的基本认知，知悉人在生态环境系统中的精准定位，了解人、生态环境和社会各系统的相互影响及作用，以及如何保护和改善生态环境，防止生态环境污染和生态环境破坏的发生，最终实现人、社会与自然的和谐发展。[②]

二 生态权利与生态义务

（一）生态权利

"相互关联、彼此影响"是生态系统作为一个有机整体的最显著特征。生态系统将"自然、人、国家"囊括其中，并对人的利益乃至国家的发展产生能动作用。恩格斯曾经告诫："因此我们必须时时记住：我们统治自然界，决不象征服者统治异民族一样，决不象站在自然界以外的人一样，——相反地，我们连同我们的肉、血和头脑都是属于自然界，存在于自然界的……"[③] 因此，依据生态权利，我们或许能更好地概括生态环境问题日益增多的丰富面向，并在此基础上实现与生态政治学、生态哲学的良好对话。在生态法治视野下，生态权利逐渐演变为人权的重要组成部分，成为其他权

---

① Scott D., Willits F. K., "Environmental Attitudes and Behaviors: A Pennsylvania Survey," *Environment and Behavior*, Vol. 26, 1994, pp. 239-260.

② 《环境科学大辞典》，中国环境科学出版社 1991 年版，第 574 页。

③ 《马克思恩格斯选集》（第 3 卷），人民出版社 1972 年版，第 518 页。

利的重要实现基础与发展条件，并进一步带动权利观念的相应变迁。① 自然界不再是生态权利的唯一扮演者，而人和国家也应当随着权利观念的变迁成为生态权利变迁中的重要角色。当然，生态权利也应该摆脱某种单项价值和单一内容的权利桎梏。

生态权利的宪法化可谓大势所趋。有学者认为，生态权利、生态价值命题的提出，实际上就是要求在正常的制度和法律框架之内吸收生态环境中现行法律无法破解的难题，以"内部化、法律化"解决所谓的外部性问题。② 在权利社会化向权利生态化转型的过程中，充分体现对"人类和生态共同利益"亦即"生态权利"的保护，将成为宪法的中心任务和重要特征。③

从生态人的多维主体看，生态权利主要包括以下三个方面：（1）自然人基于美好生活的基本诉求在生态领域所享有的基本的正当合法的利益；（2）社会组织基于存在与发展而维持其运行的相关正当生态利益；（3）国家基于生态环境的维护及改善从而享有的可持续发展的利益。

从生态人的权利功能看，生态权利主要包括以下三个方面：（1）生态防御权，即生态人对其他生态人主体的破坏生态环境的行为阻却的权利；（2）生态请求权，即生态人请求其他生态人主体维持和改善必备的生态环境的权利；（3）生态受益权，即生态人从其他生态人主体的生态行为中获取正当生态利益的权利。

（二）生态义务

生态义务是指生态人在享受生态宪法中生态权利的同时应承担的对生态环境的重视、维护及改善等的法律上的义务。其主要分为三个层次。（1）初阶生态义务，即充分注意义务。所谓充分注意义务，是指生态人在实施与生态活动相关的行为时，应当具备良好的生态法意识或生态法治

---

① 关于权利的生态观念变迁，参见江必新《生态法治元论》，《现代法学》2013 年第 3 期，第 3~10 页。

② 李惠斌：《生态权利与生态正义——一个马克思主义的研究视角》，《新视野》2008 年第 5 期，第 67~69 页。

③ 关于生态权利的宪法，参见陈泉生《环境时代宪法的权利生态化特征》，《现代法学》2003 年第 2 期，第 128~136 页。

观，以及相应的生态法知识，充分考量行为实施对生态宪法规范涵盖的生态环境所产生的消极影响或积极效果。充分注意义务要求充分尊重国家、社会、集体以及其他公民的生态利益，属于生态人在法的框架内行为规范的较低层次要求，为生态义务的基础部分。（2）进阶生态义务，即积极维护义务。生态人的积极维护义务主要表现为积极配合国家的生态环境保护行为和个体主动地维护环境的行为，属于中等层次的要求。（3）高阶生态义务，即尽量改善义务。尽量改善意味着对生态宪法中"环境保护"的超越，对趋于恶化环境的改进以及对未来更好生态环境的打造。尽量改善义务属于较高层级的要求，为生态宪法面向生态文明建设的较高目标。正如有学者所指出的，构建宪法中的生态义务制势在必行，即生态义务理应成为宪法规定的自然人基本义务的新"增项"。作为新型的义务形式，生态义务制可以与其他宪法规定的义务制有效连接起来。[1]

事实上，"权利和义务是相关物，人们不可能有没有相应义务的权利，也不可能有没有相应权利的义务"[2]。生态文明建设的内涵和实质要求生态权利与生态义务二者并重。若只讲生态权利，则无法对破坏生态环境的行为追究归责；若只讲生态义务，则会阻却人对美好生活向往的利益实现。实际上，利益在任何时候均是驱动社会运转的基本动力。因而，法律需要正确地规范和保障利益，而不是简单地否定利益。

（三）生态权利与生态义务的复合性

20 世纪 80 年代环境权研究受到关注之初，就有学者指出，从权利与义务相统一的认识角度出发能更有利且有效地避免陷入从单向度的权利与义务出发提倡环境权的困境。[3] 实际上，生态宪法中的生态权利天然就是权利与义务的复合体，此种复合性难以将其割裂开来。生态权利与生态义务的复合性具体包括以下五个方面。

其一，尊重自然之法定义务。自然应当被国家及当代人视为利益共同体

---

[1] 李武斌、延军平、薛东前：《生态义务制的内涵与框架设计》，《资源科学》2013 年第 1 期，第 14～20 页。

[2] G. W. Paton, *A Textbook of Jurisprudence*, Oxford：Oxford University Press, 1972, p. 285.

[3] 蔡守秋：《环境权初探》，《中国社会科学》1982 年第 3 期，第 35 页。

中的重要一员，不应受到过度索取甚至破坏，后代人的利益必须得到重视。

其二，国家和人享有可持续发展之权利。国家和人可以从可持续发展中获得相关正当利益，但实现可持续发展的前提在于对自然的足够理性尊重。

其三，国家生态文明建设之法定职权。基于信赖利益，国家有权代表自然及后代人规范经济社会发展以及当代人对环境的不当行为。同时，作为拟制上的"自然人"，与其职权对应的是国家不仅享有生态职责、监管义务，也承担着积极保护和改善义务。

其四，公民生态权益。若公民实施的经济、社会行为是合法、适度的，符合生态宪法和法律的基本机制遵循，就当然有权在与生态有关的法律关系中获得正当的生态权益，且这种权益应属于积极受益权范围。

其五，公民生态义务。生态宪法规定的公民生态义务属于积极义务范畴，公民不但应履行生态义务，而且要积极履行。因此，生态权利与生态义务的复合性既表现为积极权利又表现为积极义务。

三　生态宪法与法律行为

所谓生态宪法与法律行为，是指宪法与法律规定的与生态环境的维护与改善有关，以生态权利与义务为核心内容，可以引起相关法律关系产生、变更及消灭的行为。生态宪法与法律行为本质上属于社会性而非个体性的行为，应当注重不同主体之间行为的相互影响性及社会利益性。同时，其也是生态制度形成的行为与事实基础。生态宪法与法律行为具有以下三大特征。

其一，社会属性。马克思指出："活动和享受，无论就其内容或就其存在方式来说，都是社会的，是社会的活动和社会的享受。"① 在实施生态行为时，要充分考虑其他人的利益，要充分考虑社会利益，以不损害其他人的利益和社会利益为底线。

其二，法律属性。凯尔森认为："行为之所以成为法律行为正因为它

---

① 《马克思恩格斯全集》（第42卷），人民出版社1979年版，第121~122页。

是由法律规范所决定的。行为的法律性质等于行为与法律规范的关系。行为只因为它是由法律规范决定并且也只在这一范围内才是一种'法律'行为。"① 生态行为的法律属性具体包括合法性、合理性、正当性。所谓生态行为的合法性，是指生态行为应遵循且符合明确的法律规范。所谓生态行为的合理性，是指由于生态建设实践的前沿性，会出现生态法律规范未明的情形，此时生态行为的实施应该合乎生态利益的常识常情常理。所谓生态行为的正当性，是指手段和目的二者的合比例，即便在法律规范未明或其他特殊情形下，也最终应该满足生态利益正面的保护要求。

其三，价值属性。生态环境资源既具有经济价值，也具有社会价值和法律价值。生态行为的实施应有利于生态系统的和谐，有利于人与生态系统的共生，有利于生态资源价值的满足。

四　生态宪法与法律制度

所谓生态宪法与法律制度，是指宪法与法律确认和调整的，保护和改善生态环境、提升国家环境竞争力及人民环境指数的宪法和法律规则、原则在制度层面上的总称。其直接目的是通过协调人、国家与环境之间的关系，保护和改善生态环境；间接目的则是通过法定的形式满足人民对美好环境的需要，进而实现国家经济社会的可持续发展。

生态文明入宪，标志着在我国宪法文本中已经形成有关生态文明建设与环境保护的较为完整的规范与制度体系。宪法中新写入的生态文明具有深刻内涵，意味着实现国家的永续发展离不开生态文明建设；"美丽"作为宪法对国家发展目标的主要描述之一，最终惠及人民；同时，现行宪法明确了国务院是生态文明建设的权力主体、责任主体，也规定了公民是生态文明建设的权利与义务主体。可见，生态文明法治保障体系是一个涵盖多方面内容的制度体系，而生态文明体制机制改革也是当下生态宪法发展的重点内容。2018年宪法作出修改，使得生态文明成为宪法和国家文明体

---

① 〔奥〕凯尔森：《法与国家的一般理论》，沈宗灵译，中国大百科全书出版社1996年版，第42页。

系中的重要组成部分，是社会主义现代化强国的主要标志。同时，也将促成宪法的理念变迁、行为模式与制度安排向更高级生态意义转变。

生态文明写入宪法，呈现了我国生态制度的双重互动模式。其一，广义的生态制度，即包含生态政治、政策、法律规范在内的综合性生态制度。很多情形下，生态政治、政策与法律规范无法完全分开。政策入法，本身也是现代宪法及法治发展的一种趋势。如"二战"以来环境保护作为基本国策已在美国、德国、泰国、印度等多国宪法中得到体现。① 再如我国的生态文明入宪，意味着将党的报告中所指出的生态文明建设这一党的意志上升为国家意志。我国《环境保护法》第 4 条也明确规定："保护环境是国家的基本国策。"需要指出的是，广义的生态制度又可分为两种情形，即生态政治、政策本身形成的制度以及生态法律规范中涉及的受生态政治、政策影响而形成的相关制度。其二，狭义的生态制度，主要是指以生态法律规范为基础所形成的宪法和法律相关制度。依照相关生态制度的内在逻辑联系，从生态教育到生态治理再到生态监管的制度依次展开。② 总而言之，广义的生态制度，拓展了狭义生态制度的理论视野与实施路径；狭义的生态制度是广义生态制度的核心，是当前提供生态文明建设的宪法和法律保障方案的关键。

第四节　生态宪法学研究需应对的三阶问题

当前，在实践与理论双重层面，生态宪法学的研究应采取合作、分化、再统合的思维，以应对三大阶段的不同层次问题。

一　第一阶问题

生态宪法学研究所要应对的第一阶问题来自实践层面。宪法与环境法

---

① 有关宪法中的环境保护国策，详见张震《中国宪法的环境观及其规范表达》，《中国法学》2018 年第 4 期，第 5~22 页；Naney K. Kubasek and Gary S. Silverman, *Environmental Law* (Fourth Edition), Prentice Hall, 2002, p.115.

② 狭义生态制度有关生态教育、生态治理、生态监管的论述，详见张震《生态文明入宪及其体系性宪法功能》，《当代法学》2018 年第 6 期，第 50~59 页。

等部门法学科应有机协同，以实践目标为导向，有效应对并解决生态文明建设迈上新台阶所面临的重点问题。在习近平生态文明思想指引下，生态文明建设要迈上新台阶，应坚持人与自然和谐共生、绿水青山就是金山银山、良好生态环境是最普惠的民生福祉、山水林田湖草是生命共同体、用最严格制度最严密法治保护生态环境以及共谋全球生态文明建设等六项基本原则；坚决打好污染防治攻坚战，应抓好加快构建生态文明体系、全面推动绿色发展、把解决突出生态环境问题作为民生优先领域、有效防范生态环境风险以及加快推进生态文明体制改革落地见效等关键问题。

通过充分调动全部法治资源，针对关键性问题，可提出如下宪法和法律保障方案。（1）运用法治思维构建生态文明体系，并为之提供宪法和法律保障。主要包括：作为生态文化体系准则的生态价值观念的法治化，为生态经济提供明确的法律规范依据和制度保障，对以改善生态环境质量为核心的环境目标责任体系的法治分解和支撑，将生态文明的宪法与法律规范体系有机融合到生态文明制度体系的建设当中，用法治方式和手段保障生态安全①，等等。（2）为全面推动绿色发展提供法治理念与方式、制度的支撑。（3）为着力解决突出生态环境问题、有效防范生态环境风险、提高环境治理水平提供法治思路和具体方案。（4）为加快推进生态文明体制改革提供法治思维、规范依据与具体思路。

二　第二阶问题

生态宪法学研究所要应对的第二阶问题上升到理论层面，从而形成理论初阶。宪法、环境法等相关法律学科应回到各自的视域下，运用各自学科的方法与思维，进行规范与理论分析，凝练与生态文明建设有关的各自学科的理论范畴，强调各自学科所发挥的功能。如宪法的功能在于合理分解并有效规范国家权力中的生态文明建设功能，为公民环境权的诉求提供根本的理论与规范依据，为生态文明建设提供根本规范依据及理论支撑，

① 张震、张义云：《生态文明入宪视阈下生态安全保障体系建构论》，《求是学刊》2020年第2期，第1~13页。

有机统合和协调各部门法，有效规范政策资源；环境法的功能在于通过对当代人与后代人的利益协调，对个人与集体的利益平衡，为生态文明建设进行具体的法律制度设计；民法的功能在于围绕生态文明建设及生态利益在私人主体间的展开进行规范和保障；刑法的功能在于对违反生态文明建设要求的行为进行控制和预防，从而保护生态公共利益。

各部门法上生态文明条款的实施属于以宪法为核心的同一法律体系内部的分工协作关系，在面向生态文明建设的各项法律制度中，环境法的实施是直接的，属于主要的部分，而宪法意义上的实施主要是为之提供理论和规范依据。当环境法等层面的实施偏离宪法轨道或者呈现某种部门法实施上的局限性时，宪法条款才会直接产生规范效力。

三　第三阶问题

生态宪法学研究所要应对的第三阶问题属于理论模式的进一步升华与凝练，可谓理论进阶。面向国家的、民族的、人类的生态文明建设的宏大课题，宪法与环境法等部门法学科须再一次有机整合，以生态宪法学的面貌整体登场，回答生态宪法学的理论体系建构的重大理论问题。这些体系，既具备较为完整的理论元素，具有内在的逻辑关系，也应该有一定的前瞻性，能够满足未来一定时期生态文明建设的实践需求。在笔者看来，生态宪法学应该既有传统的宪法学元素，又能有所不同甚至创新，既有效吸收环境法学、生态法学等学科的营养，又能够形成新的研究领域与理论架构，从而为生态文明建设提供针对性的知识供给以及整体性、系统性、功能性的理论方案。

生态文明建设是实现中华民族永续发展的根本大计、千年大计。生态文明入宪是具有划时代意义的法治大事件，标志着宪法将生态文明所具备的规划国家发展目标，实现中华民族永续发展、伟大复兴以及保障人民美好生活的政治整合功能予以根本法上的确认，标志着生态文明从政治规范走向了法律规范。[1] 当前，法学界需要进一步探讨的是生态文明的规范内

---

① 张震：《中国宪法的环境观及其规范表达》，《中国法学》2018 年第 4 期，第 5~22 页。

涵及其相应的制度建设。生态宪法学的提出，能够更好整合宪法与环境法等部门法学的理论，有效服务于生态文明建设的法治保障实践。在生态宪法学的研究中，既要探讨生态宪法学的基本范畴与学科定位，更需深度回答生态宪法学所要面对的实践与理论问题。当然，本章只是对上述问题进行了初步探讨，一则远未达致理论系统的高度，二则也需要实践的进一步检验，写作目的更主要还是希望抛砖引玉，引起学界对此问题更广泛更深入的关注。

附　录

一　宪法生态文明建构相关宪法条文

《宪法》序言第七自然段　中国各族人民将继续在中国共产党领导下，在马克思列宁主义、毛泽东思想、邓小平理论、"三个代表"重要思想、科学发展观、习近平新时代中国特色社会主义思想指引下，坚持人民民主专政，坚持社会主义道路，坚持改革开放，不断完善社会主义的各项制度，发展社会主义市场经济，发展社会主义民主，健全社会主义法治，贯彻新发展理念，自力更生，艰苦奋斗，逐步实现工业、农业、国防和科学技术的现代化，推动物质文明、政治文明、精神文明、社会文明、生态文明协调发展，把我国建设成为富强民主文明和谐美丽的社会主义现代化强国，实现中华民族伟大复兴。

第一条　中华人民共和国是工人阶级领导的、以工农联盟为基础的人民民主专政的社会主义国家。

社会主义制度是中华人民共和国的根本制度。中国共产党领导是中国特色社会主义最本质的特征。禁止任何组织或者个人破坏社会主义制度。

第二条　中华人民共和国的一切权力属于人民。

人民行使国家权力的机关是全国人民代表大会和地方各级人民代表大会。

人民依照法律规定，通过各种途径和形式，管理国家事务，管理经济和文化事业，管理社会事务。

第三条　中华人民共和国的国家机构实行民主集中制的原则。

全国人民代表大会和地方各级人民代表大会都由民主选举产生，对人民负责，受人民监督。

国家行政机关、监察机关、审判机关、检察机关都由人民代表大会产生，对它负责，受它监督。

中央和地方的国家机构职权的划分，遵循在中央的统一领导下，充分发挥地方的主动性、积极性的原则。

第九条 矿藏、水流、森林、山岭、草原、荒地、滩涂等自然资源，都属于国家所有，即全民所有；由法律规定属于集体所有的森林和山岭、草原、荒地、滩涂除外。

国家保障自然资源的合理利用，保护珍贵的动物和植物。禁止任何组织或者个人用任何手段侵占或者破坏自然资源。

第十条 城市的土地属于国家所有。

农村和城市郊区的土地，除由法律规定属于国家所有的以外，属于集体所有；宅基地和自留地、自留山，也属于集体所有。

国家为了公共利益的需要，可以依照法律规定对土地实行征收或者征用并给予补偿。

任何组织或者个人不得侵占、买卖或者以其他形式非法转让土地。土地的使用权可以依照法律的规定转让。

一切使用土地的组织和个人必须合理地利用土地。

第十四条第二款 国家厉行节约，反对浪费。

第二十二条第二款 国家保护名胜古迹、珍贵文物和其他重要历史文化遗产。

第二十六条 国家保护和改善生活环境和生态环境，防治污染和其他公害。

国家组织和鼓励植树造林，保护林木。

第三十三条第三款 国家尊重和保障人权。

第五十三条 中华人民共和国公民必须遵守宪法和法律，保守国家秘密，爱护公共财产，遵守劳动纪律，遵守公共秩序，尊重社会公德。

第八十九条第（六）项 国务院行使下列职权：（六）领导和管理经

济工作和城乡建设、生态文明建设。

二 宪法生态文明建构相关中央文件

2024年7月31日，中共中央、国务院印发《关于加快经济社会发展全面绿色转型的意见》，指出"推动经济社会发展绿色化、低碳化，是新时代党治国理政新理念新实践的重要标志，是实现高质量发展的关键环节，是解决我国资源环境生态问题的基础之策，是建设人与自然和谐共生现代化的内在要求"；要求"全面贯彻习近平经济思想、习近平生态文明思想，完整准确全面贯彻新发展理念，加快构建新发展格局，坚定不移走生态优先、节约集约、绿色低碳高质量发展道路，以碳达峰碳中和工作为引领，协同推进降碳、减污、扩绿、增长，深化生态文明体制改革，健全绿色低碳发展机制，加快经济社会发展全面绿色转型，形成节约资源和保护环境的空间格局、产业结构、生产方式、生活方式，全面推进美丽中国建设，加快推进人与自然和谐共生的现代化"。主要目标是："到2030年，重点领域绿色转型取得积极进展，绿色生产方式和生活方式基本形成，减污降碳协同能力显著增强，主要资源利用效率进一步提升，支持绿色发展的政策和标准体系更加完善，经济社会发展全面绿色转型取得显著成效。到2035年，绿色低碳循环发展经济体系基本建立，绿色生产方式和生活方式广泛形成，减污降碳协同增效取得显著进展，主要资源利用效率达到国际先进水平，经济社会发展全面进入绿色低碳轨道，碳排放达峰后稳中有降，美丽中国目标基本实现。"

2024年7月18日，党的二十届三中全会通过《中共中央关于进一步全面深化改革 推进中国式现代化的决定》，提出"聚焦建设美丽中国，加快经济社会发展全面绿色转型，健全生态环境治理体系，推进生态优先、节约集约、绿色低碳发展，促进人与自然和谐共生"；强调"中国式现代化是人与自然和谐共生的现代化。必须完善生态文明制度体系，协同推进降碳、减污、扩绿、增长，积极应对气候变化，加快完善落实绿水青山就是金山银山理念的体制机制"。

2023年12月27日，中共中央、国务院印发《关于全面推进美丽中国建设的意见》，指出"建设美丽中国是全面建设社会主义现代化国家的重要目标，是实现中华民族伟大复兴中国梦的重要内容"；提出"全面推进美丽中国建设，要坚持以习近平新时代中国特色社会主义思想特别是习近平生态文明思想为指导，深入贯彻党的二十大精神，落实全国生态环境保护大会部署，牢固树立和践行绿水青山就是金山银山的理念，处理好高质量发展和高水平保护、重点攻坚和协同治理、自然恢复和人工修复、外部约束和内生动力、'双碳'承诺和自主行动的关系，统筹产业结构调整、污染治理、生态保护、应对气候变化，协同推进降碳、减污、扩绿、增长，维护国家生态安全，抓好生态文明制度建设，以高品质生态环境支撑高质量发展，加快形成以实现人与自然和谐共生现代化为导向的美丽中国建设新格局，筑牢中华民族伟大复兴的生态根基"。主要目标是到2027年，美丽中国建设成效显著；到2035年，美丽中国目标基本实现；展望本世纪中叶，美丽中国全面建成。

2023年9月27日，中共中央办公厅、国务院办公厅印发《深化集体林权制度改革方案》，要求"以习近平新时代中国特色社会主义思想为指导，深入贯彻党的二十大精神，全面贯彻习近平生态文明思想，牢固树立和践行绿水青山就是金山银山理念，积极稳妥推进集体林权制度创新，依法保护农民和林业经营者的集体林权益，增强生态保护和林业发展内生动力，不断完善生态产品价值实现机制和生态补偿制度，充分发挥森林多种功能，推动林业高质量发展，推进农民农村共同富裕，促进人与自然和谐共生，努力实现生态美、百姓富的有机统一"。

2023年5月23日，生态环境部发布《关于促进新时代生态文学繁荣发展的指导意见》，指出"以习近平新时代中国特色社会主义思想为指导，全面贯彻党的二十大精神，深入贯彻习近平生态文明思想，聚焦新时代生态文明建设和生态环境保护伟大实践，加快建立健全以生态价值观念为准则的生态文化体系，繁荣生态文学，讲好中国生态环境保护故事，为建设人与自然和谐共生的现代化夯实思想基础、凝聚奋进力量"。

2023年1月3日，中共中央办公厅、国务院办公厅印发《关于加强新时代水土保持工作的意见》，要求"认真落实节水优先、空间均衡、系统治理、两手发力的治水思路，牢固树立和践行绿水青山就是金山银山的理念，以推动高质量发展为主题，以体制机制改革创新为抓手，加快构建党委领导、政府负责、部门协同、全社会共同参与的水土保持工作格局，全面提升水土保持功能和生态产品供给能力，为促进人与自然和谐共生提供有力支撑"。

2022年9月6日，中央全面深化改革委员会第二十七次会议审议通过《关于全面加强资源节约工作的意见》，提出"要完整、准确、全面贯彻新发展理念，坚持把节约资源贯穿于经济社会发展全过程、各领域，推进资源总量管理、科学配置、全面节约、循环利用，提高能源、水、粮食、土地、矿产、原材料等资源利用效率，加快资源利用方式根本转变"。

2021年12月5日，中共中央办公厅、国务院办公厅印发《农村人居环境整治提升五年行动方案（2021～2025年)》，要求"坚持以人民为中心的发展思想，践行绿水青山就是金山银山的理念，深入学习推广浙江'千村示范、万村整治'工程经验，以农村厕所革命、生活污水垃圾治理、村容村貌提升为重点，巩固拓展农村人居环境整治三年行动成果，全面提升农村人居环境质量，为全面推进乡村振兴、加快农业农村现代化、建设美丽中国提供有力支撑"。

2021年11月29日，第十三届全国人民代表大会常务委员会第106次委员长会议通过《全国人大常委会2022年度立法工作计划》，要求"强化对国家重大发展战略的法治保障，积极推进国家安全、科技创新、公共卫生、生物安全、生态文明、防范风险等重要领域立法"。

2021年11月11日，党的第十九届六中全会通过《中共中央关于党的百年奋斗重大成就和历史经验的决议》，指出"党的十八大以来，党中央以前所未有的力度抓生态文明建设，全党全国推动绿色发展的自觉性和主动性显著增强，美丽中国建设迈出重大步伐，我国生态环境保护发生历史性、转折性、全局性变化"。

2021年11月2日，中共中央、国务院发布《关于深入打好污染防治攻坚战的意见》，提出"以实现减污降碳协同增效为总抓手，以改善生态环境质量为核心，以精准治污、科学治污、依法治污为工作方针，统筹污染治理、生态保护、应对气候变化，保持力度、延伸深度、拓宽广度，以更高标准打好蓝天、碧水、净土保卫战，以高水平保护推动高质量发展、创造高品质生活，努力建设人与自然和谐共生的美丽中国"。

2021 年 10 月 19 日，中共中央办公厅、国务院办公厅印发《关于进一步加强生物多样性保护的意见》，要求"深入贯彻习近平生态文明思想，立足新发展阶段，完整、准确、全面贯彻新发展理念，构建新发展格局，坚持生态优先、绿色发展，以有效应对生物多样性面临的挑战、全面提升生物多样性保护水平为目标，扎实推进生物多样性保护重大工程，持续加大监督和执法力度，进一步提高保护能力和管理水平，确保重要生态系统、生物物种和生物遗传资源得到全面保护，将生物多样性保护理念融入生态文明建设全过程，积极参与全球生物多样性治理，共建万物和谐的美丽家园"。

2021 年 9 月 22 日，中共中央、国务院发布《关于完整准确全面贯彻新发展理念做好碳达峰碳中和工作的意见》，要求"深入贯彻习近平生态文明思想，立足新发展阶段，贯彻新发展理念，构建新发展格局，坚持系统观念，处理好发展和减排、整体和局部、短期和中长期的关系，把碳达峰、碳中和纳入经济社会发展全局，以经济社会发展全面绿色转型为引领，以能源绿色低碳发展为关键，加快形成节约资源和保护环境的产业结构、生产方式、生活方式、空间格局，坚定不移走生态优先、绿色低碳的高质量发展道路，确保如期实现碳达峰、碳中和"。

2021 年 8 月 11 日，中共中央、国务院印发《法治政府建设实施纲要（2021—2025 年）》，提出"积极推进国家安全、科技创新、公共卫生、文化教育、民族宗教、生物安全、生态文明、防范风险、反垄断、涉外法治等重要领域立法，健全国家治理急需的法律制度、满足人民日益增长的美好生活需要必备的法律制度"。

2020 年 11 月 27 日，第十三届全国人民代表大会常务委员会第 78 次委员长会议通过《全国人大常委会 2021 年度立法工作计划》，明确提出"研究启动环境法典、教育法典、行政基本法典等条件成熟的行政立法领域的法典编纂工作"。

2020年10月29日，党的第十九届五中全会通过《中共中央关于制定国民经济和社会发展第十四个五年规划和二○三五年远景目标的建议》，提出"推动绿色发展，促进人与自然和谐共生"，要求"坚持绿水青山就是金山银山理念，坚持尊重自然、顺应自然、保护自然，坚持节约优先、保护优先、自然恢复为主，守住自然生态安全边界。深入实施可持续发展战略，完善生态文明领域统筹协调机制，构建生态文明体系，促进经济社会发展全面绿色转型，建设人与自然和谐共生的现代化"。

2020年3月3日，中共中央办公厅、国务院办公厅印发《关于构建现代环境治理体系的指导意见》，要求"牢固树立绿色发展理念，以坚持党的集中统一领导为统领，以强化政府主导作用为关键，以深化企业主体作用为根本，以更好动员社会组织和公众共同参与为支撑，实现政府治理和社会调节、企业自治良性互动，完善体制机制，强化源头治理，形成工作合力，为推动生态环境根本好转、建设生态文明和美丽中国提供有力制度保障"。

2019年10月，党的十九届四中全会通过《中共中央关于坚持和完善中国特色社会主义制度推进国家治理体系和治理能力现代化若干重大问题的决定》，要求"坚持和完善生态文明制度体系，促进人与自然和谐共生"，指出"生态文明建设是关系中华民族永续发展的千年大计。必须践行绿水青山就是金山银山的理念，坚持节约资源和保护环境的基本国策，坚持节约优先、保护优先、自然恢复为主的方针，坚定走生产发展、生活富裕、生态良好的文明发展道路，建设美丽中国"。

2019年6月26日，中共中央办公厅、国务院办公厅印发《关于建立以国家公园为主体的自然保护地体系的指导意见》，指出"建立以国家公园为主体的自然保护地体系，是贯彻习近平生态文明思想的重大举措，是党的十九大提出的重大改革任务。自然保护地是生态建设的核心载体、中华民族的宝贵财富、美丽中国的重要象征，在维护国家生态安全中居于首要地位"。

2018年12月4日，中共中央办公厅、国务院办公厅印发《关于深化生态环境保护综合行政执法改革的指导意见》，要求到"2020年基本建立职责明确、边界清晰、行为规范、保障有力、运转高效、充满活力的生态环境保护综合行政执法体制，基本形成与生态环境保护事业相适应的行政执法职能体系"。

2018 年 6 月 16 日，中共中央、国务院发布《关于全面加强生态环境保护坚决打好污染防治攻坚战的意见》，指出良好生态环境是实现中华民族永续发展的内在要求，是增进民生福祉的优先领域。要深入学习贯彻习近平新时代中国特色社会主义思想和党的十九大精神，决胜全面建成小康社会，全面加强生态环境保护，打好污染防治攻坚战，提升生态文明，建设美丽中国。

2018 年 2 月 28 日，党的十九届三中全会通过了《中共中央关于深化党和国家机构改革的决定》，提出"改革自然资源和生态环境管理体制"，要求"实行最严格的生态环境保护制度，构建政府为主导、企业为主体、社会组织和公众共同参与的环境治理体系，为生态文明建设提供制度保障。设立国有自然资源资产管理和自然生态监管机构，完善生态环境管理制度，统一行使全民所有自然资源资产所有者职责，统一行使所有国土空间用途管制和生态保护修复职责，统一行使监管城乡各类污染排放和行政执法职责。强化国土空间规划对各专项规划的指导约束作用，推进'多规合一'，实现土地利用规划、城乡规划等有机融合"。

2018 年 2 月 5 日，中共中央办公厅、国务院办公厅印发《农村人居环境整治三年行动方案》，要求"坚持绿水青山就是金山银山，顺应广大农民过上美好生活的期待，统筹城乡发展，统筹生产生活生态，以建设美丽宜居村庄为导向，以农村垃圾、污水治理和村容村貌提升为主攻方向，动员各方力量，整合各种资源，强化各项举措，加快补齐农村人居环境突出短板"。

2018 年 1 月 18 日至 19 日，党的十九届二中全会通过了《中共中央关于修改宪法部分内容的建议》。1 月 26 日，中共中央向全国人大常委会提出《中国共产党中央委员会关于修改宪法部分内容的建议》。全国人大常委会法制工作委员会以中央修宪建议为基础，拟定了《中华人民共和国宪法修正案（草案）》。宪法修正案（草案）将宪法序言第七自然段中"推动物质文明、政治文明和精神文明协调发展，把我国建设成为富强、民主、文明的社会主义国家"修改为"推动物质文明、政治文明、精神文明、社会文明、生态文明协调发展，把我国建设成为富强民主文明和谐美丽的社会主义现代化强国，实现中华民族伟大复兴"。与此相适应，在宪法第三章《国家机构》第三节第 89 条第 6 项"领导和管理经济工作和城乡建设"后面，增加"生态文明建设"的内容。2018 年 3 月 11 日，第十三届全国人大一次会议第三次全体会议经以无记名投票方式表决，以全体代表的三分之二以上赞成票（赞成 2958 票，反对 2 票，弃权 3 票）通过了《中华人民共和国宪法修正案》。

2017 年 10 月 18 日，党的十九大报告中提出"坚持人与自然和谐共生"，指出"建设生态文明是中华民族永续发展的千年大计。必须树立和践行绿水青山就是金山银山的理念，坚持节约资源和保护环境的基本国策，像对待生命一样对待生态环境，统筹山水林田湖草系统治理，实行最严格的生态环境保护制度，形成绿色发展方式和生活方式，坚定走生产发展、生活富裕、生态良好的文明发展道路，建设美丽中国，为人民创造良好生产生活环境，为全球生态安全作出贡献"。

2017 年 9 月 26 日，中共中央办公厅、国务院办公厅印发《建立国家公园体制总体方案》，指出"建立国家公园体制是党的十八届三中全会提出的重点改革任务，是我国生态文明制度建设的重要内容，对于推进自然资源科学保护和合理利用，促进人与自然和谐共生，推进美丽中国建设，具有极其重要的意义"，要求"到 2020 年，建立国家公园体制试点基本完成，整合设立一批国家公园，分级统一的管理体制基本建立，国家公园总体布局初步形成"。

2016 年 9 月 22 日，中共中央办公厅、国务院办公厅印发《关于省以下环保机构监测监察执法垂直管理制度改革试点工作的指导意见》，提出"改革环境治理基础制度，建立健全条块结合、各司其职、权责明确、保障有力、权威高效的地方环境保护管理体制，切实落实对地方政府及其相关部门的监督责任，增强环境监测监察执法的独立性、统一性、权威性和有效性，适应统筹解决跨区域、跨流域环境问题的新要求，规范和加强地方环保机构队伍建设，为建设天蓝、地绿、水净的美丽中国提供坚强体制保障"。

2016 年 8 月 22 日，中共中央办公厅、国务院办公厅印发《关于设立统一规范的国家生态文明试验区的意见》，要求"坚持尊重自然顺应自然保护自然、发展和保护相统一、绿水青山就是金山银山、自然价值和自然资本、空间均衡、山水林田湖是一个生命共同体等理念，遵循生态文明的系统性、完整性及其内在规律，以改善生态环境质量、推动绿色发展为目标，以体制创新、制度供给、模式探索为重点，设立统一规范的国家生态文明试验区，将中央顶层设计与地方具体实践相结合，集中开展生态文明体制改革综合试验，规范各类试点示范，完善生态文明制度体系，推进生态文明领域国家治理体系和治理能力现代化"。

2015 年 9 月 21 日，中共中央、国务院印发《生态文明体制改革总体方案》，强调"推进生态文明体制改革要搭好基础性框架，构建产权清晰、多元参与、激励约束并重、系统完整的生态文明制度体系"，要求"到 2020 年，构建起由自然资源资产产权制度、国土空间开发保护制度、空间规划体系、资源总量管理和全面节约制度、资源有偿使用和生态补偿制度、环境治理体系、环境治理和生态保护市场体系、生态文明绩效评价考核和责任追究制度等八项制度构成的产权清晰、多元参与、激励约束并重、系统完整的生态文明制度体系，推进生态文明领域国家治理体系和治理能力现代化，努力走向社会主义生态文明新时代"。

2015 年 4 月 25 日，中共中央、国务院印发《关于加快推进生态文明建设的意见》，提出"加快推进生态文明建设是加快转变经济发展方式、提高发展质量和效益的内在要求，是坚持以人为本、促进社会和谐的必然选择，是全面建成小康社会、实现中华民族伟大复兴中国梦的时代抉择，是积极应对气候变化、维护全球生态安全的重大举措。要充分认识加快推进生态文明建设的极端重要性和紧迫性，切实增强责任感和使命感，牢固树立尊重自然、顺应自然、保护自然的理念，坚持绿水青山就是金山银山，动员全党、全社会积极行动、深入持久地推进生态文明建设，加快形成人与自然和谐发展的现代化建设新格局，开创社会主义生态文明新时代"。这是继党的十八大和十八届三中、四中全会对生态文明建设作出顶层设计后，中央对生态文明建设的一次全面部署。

2014年10月23日，党的十八届四中全会通过了《中共中央关于全面推进依法治国若干重大问题的决定》，在"加强重点领域立法"中要求"用严格的法律制度保护生态环境，加快建立有效约束开发行为和促进绿色发展、循环发展、低碳发展的生态文明法律制度，强化生产者环境保护的法律责任，大幅度提高违法成本。建立健全自然资源产权法律制度，完善国土空间开发保护方面的法律制度，制定完善生态补偿和土壤、水、大气污染防治及海洋生态环境保护等法律法规，促进生态文明建设"。

2013年11月12日，党的十八届三中全会通过了《中共中央关于全面深化改革若干重大问题的决定》，提出"加快生态文明制度建设"，要求"建设生态文明，必须建立系统完整的生态文明制度体系，实行最严格的源头保护制度、损害赔偿制度、责任追究制度，完善环境治理和生态修复制度，用制度保护生态环境"。

2012年11月8日，党的十八大报告中提出"大力推进生态文明建设"，指出"建设生态文明，是关系人民福祉、关乎民族未来的长远大计。面对资源约束趋紧、环境污染严重、生态系统退化的严峻形势，必须树立尊重自然、顺应自然、保护自然的生态文明理念，把生态文明建设放在突出地位，融入经济建设、政治建设、文化建设、社会建设各方面和全过程，努力建设美丽中国，实现中华民族永续发展"。

参考文献

一　中文著作

包存宽:《生态兴则文明兴:党的生态文明思想探源与逻辑》,上海人民出版社 2021 年版。

蔡守秋:《基于生态文明的法理学》,中国法制出版社 2013 年版。

蔡守秋:《生态文明建设的法律和制度》,中国法制出版社 2017 年版。

曹明德:《生态法原理》,人民出版社 2002 年版。

曹晓凡编著《生态环境保护综合执法疑难问题解析》,中国民主法制出版社 2019 年版。

陈晓红等:《生态文明制度建设研究》,经济科学出版社 2024 年版。

陈新民:《德国公法基础理论(增订新版·上卷)》,法律出版社 2010 年版。

陈新民:《德国公法学基础理论(增订新版·下卷)》,法律出版社 2010 年版。

《邓小平文选》(第三卷),人民出版社 1993 年版。

方印:《环境法律前沿问题研究》,知识产权出版社 2018 年版。

龚祥瑞:《比较宪法与行政法》,法律出版社 2012 年版。

郭道辉、刘永艳:《政党与宪制》,法律出版社 2015 年版。

韩德培主编《环境保护法教程》(第八版),法律出版社 2018 年版。

韩广富、陈鹏:《新时代生态文明建设理论与实践研究》,人民日报出版社 2021 年版。

贺培育主编《生态文明：从科学认识到全民共建》，湖南大学出版社 2020 年版。

侯佳儒：《环境法学与民法学的对话》，中国法制出版社 2009 年版。

胡鞍钢：《中国：创新绿色发展》，中国人民大学出版社 2012 年版。

胡锦光、韩大元：《中国宪法》（第四版），法律出版社 2018 年版。

胡锦光：《中国宪法问题研究》，新华出版社 1998 年版。

《胡锦涛文选》（第三卷），人民出版社 2016 年版。

《环境科学大辞典》，中国环境科学出版社 1991 年版。

郇庆治、李宏伟、林震：《生态文明建设十讲》，商务印书馆出版 2014 年版。

《建国以来毛泽东文稿》（第一册），中央文献出版社 1987 年版。

江伟钰、陈方林主编《资源环境法词典》，中国法制出版社 2005 年版。

《江泽民文选》（第三卷），人民出版社 2006 年版。

姜素红编著《环境法基本问题》，知识产权出版社 2021 年版。

金海统：《资源权论》，法律出版社 2010 年版。

景跃进、陈明明、肖滨主编《当代中国政府与政治》，中国人民大学出版社 2016 年版。

雷磊：《法律体系、法律方法与法治》，中国政法大学出版社 2016 年版。

李龙：《宪法基础理论》，武汉大学出版社 1999 年版。

李挚萍：《环境基本法比较研究》，中国政法大学出版社 2013 年版。

联合国千年生态系统评估项目组：《生态系统与人类福祉：评估框架》，张永民译，中国环境科学出版社 2007 年版。

林来梵：《从宪法规范到规范宪法——规范宪法学的一种前言》，法律出版社 2001 年版。

林立：《法学方法论与德沃金》，中国政法大学出版社 2002 年版。

刘爱军：《生态文明与环境立法》，山东人民出版社 2007 年版。

刘长兴：《公平的环境法》，法律出版社 2009 年版。

刘经纬等：《中国生态文明建设理论研究》，人民出版社 2019 年版。

刘茂林：《中国宪法导论》（第三版），北京大学出版社 2022 年版。

卢风等：《生态文明：文明的超越》，中国科学技术出版社2019年版。

卢艳芹、王晓政：《"美丽中国"视阈下价值观的生态化转向研究》，中国社会科学出版社2020年版。

吕忠梅：《沟通与协调之途——论公民环境权的民法保护》，中国人民大学出版社2005年版。

吕忠梅：《环境法新视野》（第三版），中国政法大学出版社2019年版。

吕忠梅、田时雨：《梦想与行动：中国环境法典之证成》，法律出版社2024年版。

吕忠梅主编《环境法原理》（第二版），复旦大学出版社2017年版。

《马克思恩格斯选集》（第一卷、第三卷），人民出版社2012年版。

《毛泽东文集》（第七、八卷），人民出版社1999年版。

莫菲等译《法国环境法典》，法律出版社2018年版。

欧爱民：《党内法规与国家法律关系论》，社会科学文献出版社2018年版。

钱海：《生态文明与中国式现代化》，中国人民大学出版社2023年版。

秦鹏、杜辉：《环境义务规范论——消费视界中环境公民的义务建构》，重庆大学出版社2013年版。

秦书生：《中国共产党生态文明思想的历史演进》，中国社会科学出版社2019年版。

曲格平、彭近新主编《环境觉醒——人类环境会议和中国第一次环境保护会议》，中国环境科学出版社2010年版。

曲向荣主编《环境保护与可持续发展》，清华大学出版社2010年版。

沈满洪等：《绿色制度创新论》，中国环境科学出版社2005年版。

盛连喜主编《环境生态学导论》，高等教育出版社2009年版。

《世界各国宪法》编辑委员会编译《世界各国宪法》，中国检察出版社2012年版。

宋功德：《党规之治》，法律出版社2015年版。

苏永钦等：《部门宪法》，元照出版公司2006年版。

陶火生：《马克思生态思想研究》，学习出版社2013年版。

汪劲：《环境法律的理念与价值追求》，法律出版社2000年版。

汪劲：《环境法学》（第四版），北京大学出版社 2018 年版。

王灿发主编《新〈环境保护法〉实施情况评估报告》，中国政法大学出版社 2016 年版。

王树义等：《环境法前沿问题研究》，科学出版社 2012 年版。

王曦主编《环境法学》，中国环境出版社 2017 年版。

王曦主编《中国环境百科全书（选编本）》，中国环境出版社 2017 年版。

王旭烽主编《生态文化辞典》，江西人民出版社 2012 年版。

王正平：《环境哲学——环境伦理的跨学科研究》，世纪出版集团、上海人民出版社 2004 年版。

吴卫星：《环境权研究——公法学的视角》，法律出版社 2007 年版。

吴卫星：《环境权理论的新展开》，北京大学出版社 2018 年版。

习近平：《决胜全面建成小康社会 夺取新时代中国特色社会主义伟大胜利——在中国共产党第十九次全国代表大会上的报告（2017 年 10 月 18 日）》，人民出版社 2017 年版。

习近平：《论坚持全面依法治国》，中央文献出版社 2020 年版。

习近平：《高举中国特色社会主义伟大旗帜 为全面建设社会主义现代化国家而团结奋斗——在中国共产党第二十次全国代表大会上的报告（2022 年 10 月 16 日）》，人民出版社 2022 年版。

习近平：《论坚持人与自然和谐共生》，中央文献出版社 2022 年版。

《习近平谈治国理政》（第一卷）（第二卷）（第三卷）（第四卷），外文出版社有限责任公司 2014 年、2017 年、2020 年、2022 年版。

《习近平著作选读》（第一卷、第二卷），人民出版社 2023 年版。

《现代汉语词典》（第 5 版），商务印书馆 2005 年版。

《宪法学》编写组编《宪法学》，高等育出版社 2011 年版。

《宪法学》编写组编《宪法学》（第二版），高等教育出版社 2020 年版。

肖蔚云、姜明安主编《北京大学法学百科全书·宪法学 行政法学》，北京大学出版社 1999 年版。

肖贤富主编《现代日本法论》，法律出版社 1998 年版。

徐祥民、田其云等：《环境权：环境法学的基础研究》，北京大学出版社

2004 年版。

杨朝霞：《生态文明观的法律表达：第三代环境法的生成》，中国政法大学
　　出版社 2019 年版。

杨仁寿：《法学方法论》（第二版），中国政法大学出版社 2013 年版。

张宝：《环境侵权的解释论》，中国政法大学出版社 2015 年版。

张夺：《生态学马克思主义自然观与生态文明理念研究》，人民出版社 2021
　　年版。

张文显：《法哲学范畴研究》，中国政法大学出版社 2001 年版。

张翔：《基本权利的规范建构》，法律出版社 2017 年版。

张震：《作为基本权利的环境权研究》，法律出版社 2010 年版。

中共中央党史和文献研究院编《十九大以来重要文献选编（上)》，中央文
　　献出版社 2019 年版。

中共中央文献研究室编《习近平关于全面依法治国论述摘编》，中央文献
　　出版社 2015 年版。

中共中央文献研究室编《习近平关于社会主义生态文明建设论述摘编》，
　　中央文献出版社 2017 年版。

中共中央宣传部编《习近平新时代中国特色社会主义思想学习纲要（2023
　　年版)》，学习出版社、人民出版社 2023 年版。

中共中央宣传部、中华人民共和国生态环境部编《习近平生态文明思想学
　　习纲要》，学习出版社、人民出版社 2022 年版。

《周恩来选集》（下卷），人民出版社出版 1984 年版。

周珂编著《我国民法典制定中的环境法律问题》，知识产权出版社 2011
　　年版。

周林刚：《基础规范的基础：凯尔森基础规范学说批判》，法律出版社 2019
　　年版。

周训芳：《环境权论》，法律出版社 2003 年版。

周叶中主编《宪法》（第五版），高等教育出版社 2020 年版。

朱伯玉等：《低碳经济的政策法律规制》，中国社会科学出版社 2013 年版。

竺效等译《瑞典环境法典》，法律出版社 2018 年版。

庄贵阳、周宏春主编《碳达峰碳中和的中国之道》，中国财政经济出版社
　　2021年版。

卓泽渊：《法治国家论》，法律出版社2018年版。

二　外文译著

〔美〕A. 列奥鲍德：《听到野生之歌》，新岛义昭译，森林书店1986年版。

〔美〕E. 博登海默：《法理学：法律哲学与法律方法》，邓正来译，中国政
　　法大学出版社2004年版。

〔日〕阿部照哉等编著《宪法（上册）》，周宗宪译，中国政法大学出版社
　　2006年版。

〔美〕彼得·温茨：《环境正义论》，朱丹琼、宋玉波译，上海人民出版社
　　2007年版。

〔日〕大须贺明：《生存权论》，林浩译，法律出版社2001年版。

〔日〕大沼保昭：《人权、国家与文明》，王志安译，生活·读书·新知三
　　联书店2003年版。

〔美〕丹尼尔·A. 科尔曼：《生态政治——建设一个绿色社会》，梅俊杰
　　译，上海译文出版社2006年版。

〔日〕富井利安等：『環境法の新展開』，法律文化社，1995年版。

〔德〕哈贝马斯：《在事实与规范之间》，童世骏译，三联书店出版社2003
　　年版。

〔英〕海沃德：《宪法环境权》，周尚君、杨天江译，法律出版社2014
　　年版。

〔美〕汉娜·阿伦特：《公共领域和私人领域》，刘锋译，汪晖、陈燕谷主
　　编《文化与公共性》，生活·读书·新知三联书店1998年版。

〔美〕杰罗姆·巴伦、托马斯·迪恩斯：《美国宪法概论》，刘瑞祥等译，
　　中国社会科学出版社1995年版。

〔德〕卡尔·拉伦茨：《法学方法论》，陈爱娥译，商务印书馆2003年版。

〔德〕卡尔·施米特：《宪法学说》，刘锋译，世纪出版集团、上海人民出版
　　社2016年版。

〔奥〕凯尔森：《法与国家的一般理论》，沈宗灵译，中国大百科全书出版社1996年版。

〔德〕考夫曼：《法律哲学》，刘幸义等译，法律出版社2004年出版。

〔日〕芦部信喜：《宪法》（第三版），〔日〕桥和之增订，林来梵等译，北京大学出版社2006年版。

〔美〕罗斯科·庞德：《通过法律的社会控制　法律的任务》，沈宗灵、董世忠译，商务印书馆1984年版。

〔意〕莫诺·卡佩莱蒂编《福利国家与社会正义》，刘俊等译，法律出版社2000年版。

〔日〕杉原泰雄：《宪法的历史——比较宪法学新论》，吕昶、渠涛译，社会科学文献出版社2000年版。

〔德〕乌尔里希·贝克：《世界风险社会》，吴英姿、孙淑敏译，南京大学出版社2004年版。

〔瑞典〕亚历山大·佩策尼克：《论法律与理性》，陈曦译，中国政法大学出版社2015年版。

〔日〕原田尚彦：《环境法》，于敏译，法律出版社1999年版。

〔美〕珍妮斯·蒂尔：《风险与法律理论》，韩永强译，中国政法大学出版社2012年版。

三　论文

蔡守秋：《从环境权到国家环境保护义务和环境公益诉讼》，《现代法学》2013年第6期。

蔡守秋等：《公法视阈下环境法典编纂笔谈》，《法学评论》2022年第3期。

蔡守秋、吴贤静：《论生态人的要点和意义》，《现代法学》2009年第4期。

曹明德：《社会系统论视角下实现碳达峰碳中和目标的法律对策》，《中国法学》2023年第5期。

曹炜：《环境法律义务探析》，《法学》2016年第2期。

曹炜：《论环境法法典化的方法论自觉》，《中国人民大学学报》2019年第2期。

陈伯礼、余俊：《权利的语境变迁及其对环境权入宪的影响》，《法律科学》2009 年第 6 期。

陈海嵩：《国家环境保护义务的溯源与展开》，《法学研究》2014 年第 3 期。

陈海嵩：《论环境法与民法典的对接》，《法学》2016 年第 6 期。

陈海嵩：《〈民法总则〉"生态环境保护原则"的理解及适用——基于宪法的解释》，《法学》2017 年第 10 期。

陈海嵩：《中国环境法治中的政党、国家与社会》，《法学研究》2018 年第 3 期。

陈海嵩：《生态环境损害赔偿制度的反思与重构——宪法解释的视角》，《东方法学》2018 年第 6 期。

陈海嵩：《生态环境政党法治的生成及其规范化》，《法学》2019 年第 5 期。

陈海嵩：《国家环境保护义务在我国环境法典中的定位与表达》，《现代法学》2022 年第 4 期。

陈海嵩：《中国环境法治发展总体结构与环境法典编纂指引——以"生态文明入宪"为中心的分析》，《法学论坛》2022 年第 4 期。

陈进华：《治理体系现代化的国家逻辑》，《中国社会科学》2019 年第 5 期。

陈景辉：《宪法的性质：法律总则还是法律环境？从宪法与部门法的关系出发》，《中外法学》2021 年第 2 期。

陈玉山：《论国家根本任务的宪法地位》，《清华法学》2012 第 5 期。

陈云良：《基本医疗服务法制化研究》，《法律科学》2014 年第 2 期。

程飞鸿：《环境法适度法典化：立法限度、规范表达与教义学构造》，《政治与法律》2023 年第 6 期。

单平基：《环境民事公益诉讼惩罚性赔偿的适用及规制》，《政法论坛》2023 年第 5 期。

邓海峰：《环境法与自然资源法关系新探》，《清华法学》2018 年第 5 期。

丁霖：《论生态环境治理体系现代化与环境行政互动式执法》，《政治与法律》2020 年第 5 期。

董正爱：《环境风险的规制进路与范式重构——基于硬法与软法的二元构造》，《现代法学》2023 年第 2 期。

钭晓东、杜寅：《中国特色生态法治体系建设论纲》，《法制与社会发展》2017 年第 6 期。

杜健勋：《国家任务变迁与环境宪法续造》，《清华法学》2019 年第 4 期。

范如国：《复杂网络结构范型下的社会治理协同创新》，《中国社会科学》2014 年第 4 期。

付子堂、张震：《新时代完善我国宪法实施监督制度的新思考》，《法学杂志》2018 年第 4 期。

付子堂、朱林方：《中国特色社会主义法治理论的基本构成》，《法制与社会发展》2015 年第 3 期。

公丕祥：《习近平法治思想与中国式法治现代化》，《法学家》2022 年第 5 期。

龚向和：《国家义务是公民权利的根本保障——国家与公民关系新视角》，《法律科学》2010 年第 4 期。

巩固：《环境法律观检讨》，《法学研究》2011 年第 6 期。

巩固：《民法典物权编"绿色化"构想》，《法律科学》2018 年第 6 期。

郭延军：《环境权在我国实在法中的展开方式》，《清华法学》2021 年第 1 期。

韩大元：《宪法实施与中国社会治理模式的转型》，《中国法学》2012 年第 4 期。

韩大元：《中国宪法学研究三十年（1985—2015）》，《法制与社会发展》2016 年第 1 期。

韩大元、姜秉曦：《中国宪法学自主知识体系的历史建构》，《中外法学》2023 年第 4 期。

韩大元：《中国式现代化的宪法逻辑》，《法学研究》2023 年第 5 期。

何江：《为什么环境法需要法典化——基于法律复杂化理论的证成》，《法制与社会发展》2019 年第 5 期。

贺剑：《绿色原则与法经济学》，《中国法学》2019 年第 2 期。

侯佳儒、王明远：《边缘与前沿：当代法学背景中的环境法学》，《政治与法律》2016 年第 10 期。

胡锦光、苏锴：《论中国语境下宪法实施和法律实施的关系》，《法学论坛》2024 年第 1 期。

胡静：《比较法视野下生态环境损害救济的行政主导实质及其启示》，《比较法研究》2023 年第 3 期。

胡静：《环境权的规范效力：可诉性和具体化》，《中国法学》2017 年第 5 期。

胡静：《环境民事公益诉讼中停止侵害责任适用研究》，《中国法学》2024 年第 1 期。

胡明：《以中国式法治现代化全面推进法治中国建设》，《政法论坛》2023 年第 1 期。

黄文艺：《推进中国式法治现代化　构建人类法治文明新形态——对党的二十大报告的要义阐释》，《中国法学》2022 年第 6 期。

黄文艺：《论党的二十大以来习近平法治思想的新发展》，《法学杂志》2024 年第 1 期。

黄锡生、姜渊：《绿色发展理念下的绿色发展法》，《法学》2017 年第 6 期。

黄锡生、史玉成：《中国环境法律体系的架构与完善》，《当代法学》2014 年第 1 期。

江必新：《生态法治元论》，《现代法学》2013 年第 3 期。

焦艳鹏：《自然资源的多元价值与国家所有的法律实现——对宪法第 9 条的体系性解读》，《法制与社会发展》2017 年第 1 期。

焦艳鹏：《生态文明保障的刑法机制》，《中国社会科学》2017 年第 11 期。

焦艳鹏：《矿产资源犯罪判断中的法益识别》，《政治与法律》2024 年第 2 期。

柯坚：《我国〈环境保护法〉修订的法治时空观》，《华东政法大学学报》2014 年第 3 期。

雷磊：《融贯性与法律体系的建构——兼论当代中国法律体系的融贯化》，《法学家》2012 年第 2 期。

李海平：《合宪性解释的功能》，《法律科学》2021 年第 2 期。

李林：《依法治国与推进国家治理现代化》，《法学研究》2014 年第 5 期。

李林：《开启新时代中国特色社会主义法治新征程》，《环球法律评论》2017 年第 6 期。

李林：《新时代坚定不移走中国特色社会主义法治道路》，《中国法学》2019 年第 3 期。

李龙：《论当代中国法学学术话语体系的构建》，《法律科学》2012 年第 3 期。

李雯智：《〈民法典〉视阈下预防性环境民事责任的适用规则》，《法学杂志》2023 年第 3 期。

李艳芳：《论生态文明建设与环境法的独立部门法地位》，《清华法学》2018 年第 5 期。

李忠夏：《宪法教义学反思：一个社会系统理论的视角》，《法学研究》2015 年第 6 期。

林鸿潮：《党政机构融合与行政法的回应》，《当代法学》2019 年第 4 期。

林彦：《通过立法发展宪法——兼论宪法发展程序间的制度竞争》，《清华法学》2013 年第 2 期。

刘长兴：《〈民法典〉合同编绿色条款解析》，《法学杂志》2020 年第 10 期。

刘超：《〈民法典〉侵权责任编的绿色制度创新》，《法学杂志》2020 年第 10 期。

刘超：《习近平法治思想的生态文明法治理论之法理创新》，《法学论坛》2021 年第 2 期。

刘晗：《宪法的原旨解释及其中国路径》，《中外法学》2024 年第 1 期。

刘剑文：《论领域法学：一种立足新兴交叉领域的法学研究范式》，《政法论丛》2016 年第 5 期。

刘茂林：《论保证宪法全面实施的制度体系及其构成》，《法商研究》2024 年第 1 期。

刘茂林、王从峰：《论宪法的正当性》，《法学评论》2010 年第 5 期。

刘权：《比例原则审查基准的构建与适用》，《现代法学》2021 年第 2 期。

刘志刚:《基本权利对民事法律行为效力的影响及其限度》,《中国法学》2017 年第 2 期。

陆宇峰:《系统论宪法学新思维的七个命题》,《中国法学》2019 年第 1 期。

吕忠梅:《中国生态法治建设的路线图》,《中国社会科学》2013 年第 5 期。

吕忠梅:《论生态文明建设的综合决策法律机制》,《中国法学》2014 年第 3 期。

吕忠梅:《环境权入宪的理路与设想》,《法学杂志》2018 年第 1 期。

吕忠梅等:《"绿色原则"在民法典中的贯彻论纲》,《中国法学》2018 年第 1 期。

吕忠梅、窦海阳:《民法典"绿色化"与环境法典的调适》,《中外法学》2018 年第 4 期。

吕忠梅:《环境法回归 路在何方?——关于环境法与传统部门法关系的再思考》,《清华法学》2018 年第 5 期。

吕忠梅:《中国民法典的"绿色"需求及功能实现》,《法律科学》2018 年第 6 期。

吕忠梅:《习近平法治思想的生态文明法治理论》,《中国法学》2021 年第 1 期。

吕忠梅、田时雨:《在习近平法治思想指引下建设生态文明法治体系》,《法学论坛》2021 年第 2 期。

吕忠梅:《习近平生态环境法治理论的实践内涵》,《中国政法大学学报》2021 年第 6 期。

吕忠梅:《中国环境法典的编纂条件及基本定位》,《当代法学》2021 年第 6 期。

吕忠梅:《中国环境立法法典化模式选择及其展开》,《东方法学》2021 年第 6 期。

吕忠梅:《发现环境法典的逻辑主线:可持续发展》,《法律科学》2022 年第 1 期。

吕忠梅:《环境法典编纂方法论:可持续发展价值目标及其实现》,《政法论坛》2022 年第 2 期。

吕忠梅：《做好中国环境法典编纂的时代答卷》，《法学论坛》2022 年第
　　2 期。

吕忠梅：《环境法典编纂视阈中的人与自然》，《中外法学》2022 年第
　　3 期。

吕忠梅：《人与自然和谐共生视野下的环境法学理论创新》，《东方法学》
　　2023 年第 2 期。

吕忠梅：《"人与自然和谐共生"视野下的环境法价值论》，《政治与法律》
　　2023 年第 7 期。

吕忠梅：《生态环境法典编纂与优秀传统生态文化的传承》，《法律科学》
　　2024 年第 3 期。

吕忠梅：《习近平生态文明思想的"最严法治"论》，《法学》2024 年第
　　5 期。

苗炎：《加快建构中国法学的自主知识体系》，《法制与社会发展》2022 年
　　第 3 期。

莫纪宏：《论法律的合宪性审查机制》，《法学评论》2018 年第 6 期。

宁凯德：《自然权利：宪法学的基石范畴》，《法学论坛》2018 年第 2 期。

彭峰：《法律进化与环境法法典化的未来》，《东方法学》2010 年第 6 期。

彭峰：《论我国宪法中环境权的表达及其实施》，《政治与法律》2019 年第
　　10 期。

彭峰：《中国环境法法典化的困境与出路》，《清华法学》2021 年第 6 期。

彭峰：《环境法法典化之难题及其克服——以党政联合规范性文件与法律
　　之关系为视角》，《政治与法律》2021 年第 11 期。

秦鹏：《消费者环境义务的法律确立》，《法学论坛》2010 年第 1 期。

秦前红、苏绍龙：《党内法规与国家法律衔接和协调的基准与路径——兼论备
　　案审查衔接联动机制》，《法律科学》2016 年第 5 期。

秦天宝：《整体系统观下实现碳达峰碳中和目标的法治保障》，《法律科学》
　　2022 年第 2 期。

秦天宝：《论新时代的中国环境权概念》，《法制与社会发展》2022 年第

3 期。

秦天宝：《中国环境法学的社会理论进路：学源、功能与场域》，《法学》2023 年第 5 期。

秦天宝：《野生动物刑法保护法益之重构》，《法商研究》2024 年第 1 期。

苏永钦：《大陆法系国家民法典编纂若干问题探讨》，《比较法研究》2009 年第 4 期。

唐世平：《国际秩序变迁与中国选项》，《中国社会科学》2019 年第 3 期。

汪劲：《论中国环境法典框架体系的构建和创新——以中国民法典框架体系为鉴》，《当代法学》2021 年第 6 期。

王灿发：《论生态文明建设法律保障体系的构建》，《中国法学》2014 年第 3 期。

王建学：《论生态文明入宪后环境条款的整体性诠释》，《政治与法律》2018 年第 9 期。

王建学：《论地方政府事权的法理基础与宪法结构》，《中国法学》2017 年第 4 期。

王锴：《宪法解释的融贯性》，《当代法学》2012 年第 1 期。

王锴：《环境权在基本权利体系中的展开》，《政治与法律》2019 年第 10 期。

王锴：《环境法典编纂的宪法基础》，《法学评论》2022 年第 5 期。

王锴、刘犇昊：《宪法总纲条款的性质与效力》，《法学论坛》2018 年第 3 期。

王利明：《新时代中国法治建设的基本问题》，《中国社会科学》2018 年第 1 期。

王若磊：《依规治党与依法治国的关系》，《法学研究》2016 年第 6 期。

王树义：《环境治理是国家治理的重要内容》，《法制与社会发展》2014 年第 5 期。

王树义：《论生态文明建设与环境司法改革》，《中国法学》2014 年第 3 期。

王伟国：《国家治理体系视角下党内法规研究的基础概念辨析》，《中国法学》2018 年第 2 期。

王旭：《论自然资源国家所有权的宪法规制功能》，《中国法学》2013 年第
　6 期。

王旭：《论国家在宪法上的风险预防义务》，《法商研究》2019 年第 5 期。

王旭：《作为国家机关原则的民主集中制》，《中国社会科学》2019 年第
　8 期。

王旭：《健全保证宪法全面实施的制度体系及其展开——党的二十大报告
　中"加强宪法实施和监督"精神解读》，《法学家》2023 年第 1 期。

王雨荣：《略论作为人权的环境权》，《法制与社会发展》2023 年第 4 期。

魏建馨：《合宪性审查从制度到机制：合目的性、范围及主体》，《政法论
　坛》2020 年 3 期。

文正邦、曹明德：《生态文明建设的法哲学思考——生态法治构建刍议》，
　《东方法学》2013 年第 6 期。

吴家清、宁凯惠：《论宪法序言的价值构造及其功能》，《法学论坛》2019
　年第 3 期。

吴凯杰：《论环境法典总则的体系功能与规范配置》，《法制与社会发展》
　2021 年第 3 期。

吴凯杰：《生态区域保护法的法典化》，《东方法学》2021 年第 6 期。

吴胜利：《论我国生态环境法典内在体系的立法融贯》，《法学评论》2024
　年第 4 期。

吴卫星：《环境权入宪的比较研究》，《法商研究》2017 年第 4 期。

吴卫星：《宪法环境权的可诉性研究——基于宪法文本与司法裁判的实证
　分析》，《华东政法大学学报》2019 年第 6 期。

吴卫星：《环境权在我国环境法典中的证成与展开》，《现代法学》2022 年
　第 4 期。

吴贤静：《生态人的理论蕴涵及其对环境法的意义》，《法学评论》2010 年
　第 4 期。

谢宇：《立法实施能够全面实施宪法吗？——对我国宪法实施模式的反思
　与完善》，《法学评论》2023 年第 1 期。

徐祥民：《绿色发展思想对可持续发展主张的超越与绿色法制创新》，《法

学论坛》2018 年第 6 期。

徐祥民：《地方政府环境质量责任的法理与制度完善》，《现代法学》2019 年第 3 期。

徐祥民：《关于编纂"自然地理环境保护法编"的构想》，《东方法学》2021 年第 6 期。

徐祥民：《生态环境法典编纂的〈会典〉模式探讨》，《法学评论》2024 年第 3 期。

徐以祥：《论我国环境法律的体系化》，《现代法学》2019 年第 3 期。

许瑞超：《宪法与一般法关系命题的观念溯源与当代表达》，《环球法律评论》2023 年第 1 期。

阎立东：《以"权利束"视角探究数据权利》，《东方法学》2019 年第 2 期。

杨登杰：《执中行权的宪法比例原则——兼与美国多元审查基准比较》，《中外法学》2015 年第 2 期。

杨立新：《民法分则侵权责任编修订的主要问题及对策》，《现代法学》2017 年第 1 期。

姚建龙：《中国式现代化进程中的法治：功能与定位》，《政治与法律》2023 年第 1 期。

姚建宗：《中国特色社会主义新时代法治建设的实践行动纲领——中国共产党十九大报告的法学解读》，《法制与社会发展》2017 年第 6 期。

姚中秋：《从革命到文明：八二宪法序言第一段大义疏解》，《法学评论》2015 年第 2 期。

叶海波：《"根据宪法，制定本法"的规范内涵》，《法学家》2013 年第 5 期。

殷啸虎：《对我国宪法政策性条款功能与效力的思考》，《政治与法律》2019 年第 8 期。

于文轩、胡泽弘：《习近平法治思想的生态文明法治理论之理念溯源与实践路径》，《法学论坛》2021 年第 2 期。

于文轩：《习近平生态文明法治理论指引下的生态法治原则》，《中国政法大学学报》2021 年第 4 期。

余德厚：《环境治理视域下国家环境保护义务的证立与展开》，《法学杂志》2018 年第 7 期。

袁立：《公民基本权利视角下国家义务的边界》，《现代法学》2011 年第 1 期。

翟国强：《中国宪法实施的双轨制》，《法学研究》2014 年第 3 期。

张盾：《马克思与生态文明的政治哲学基础》，《中国社会科学》2018 年第 12 期。

张红：《论国家政策作为民法法源》，《中国社会科学》2015 年第 12 期。

张璐：《促进人与自然和谐共生的中国式法律协同观》，《法学研究》2023 年第 3 期。

张璐：《环境法与生态化民法典的协同》，《现代法学》2021 年第 2 期。

张文显：《法治与国家治理现代化》，《中国法学》2014 年第 4 期。

张文显：《推进全球治理变革，构建世界新秩序——习近平治国理政的全球思维》，《环球法律评论》2017 年第 4 期。

张文显：《新思想引领法治新征程——习近平新时代中国特色社会主义思想对依法治国和法治建设的指导意义》，《法学研究》2017 年第 6 期。

张文显：《国家制度建设和国家治理现代化的五个核心命题》，《法制与社会发展》2020 年第 1 期。

张文显：《习近平法治思想的理论体系》，《法制与社会发展》2021 年第 1 期。

张文显：《全面推进国家各方面工作法治化》，《法制与社会发展》2022 年第 6 期。

张文显：《法治现代化的"共同特征"和"中国特色"》，《政治与法律》2024 年第 2 期。

张翔、段沁：《环境保护作为"国家目标"：〈联邦德国基本法〉第 20a 条的学理及其启示》，《政治与法律》2019 年第 10 期。

张翔：《"合宪性审查时代"的宪法学：基础与前瞻》，《环球法律评论》2019 年第 2 期。

张翔：《环境宪法的新发展及其规范阐释》，《法学家》2018年第3期。

张翔：《基本权利的体系思维》，《清华法学》2012年第4期。

张新宝、汪榆淼：《环境污染与破坏生态侵权责任的再法典化思考》，《比较法研究》2016年第5期。

张一粟、陈奇伟：《论我国环境权入宪的基本架构》，《法学论坛》2008年第4期。

张震：《宪法上环境权的证成与价值——以各国宪法文本中的环境权条款为分析视角》，《法学论坛》2008年第6期。

张震：《宪法上住宅社会权的意义及其实现》，《法学评论》2015年第1期。

张震：《环境权的请求权功能：从理论到实践》，《当代法学》2015年第4期。

张震：《宪法环境条款的规范构造与实施路径》，《当代法学》2017年第3期。

张震：《中国宪法的环境观及其规范表达》，《中国法学》2018年第4期。

张震：《生态文明入宪及其体系性宪法功能》，《当代法学》2018年第6期。

张震：《环境法体系合宪性审查的原理与机制》，《法学杂志》2021年第5期。

张震：《"根据宪法，制定本法"的规范蕴涵与立法表达》，《政治与法律》2022年第3期。

张震：《环境法典编纂的宪法根据及合宪性控制》，《东方法学》2022年第3期。

张震：《宪法生态文明规范体系对环境法典编纂的制度化依据——以〈立法法〉第二次修改为背景的探讨》，《法学论坛》2023年第5期。

张忠民：《中国环境司法的能动协同现象与形成发展逻辑》，《中国法学》2023年第5期。

张忠民：《论生态环境损害赔偿制度的法理基础与规范构造》，《现代法学》2024年第4期。

张梓太：《论我国环境法法典化的基本路径与模式》，《现代法学》2008 年第 4 期。

张梓太：《中国古代法典传统与当代生态环境法典编纂》，《法学评论》2024 年第 3 期。

章安邦：《中国法学话语体系的建构与话语权的提升——第二届"走向世界的中国法哲学"国际研讨会综述》，《法制与社会发展》2016 年第 4 期。

郑少华、王慧：《中国环境法治四十年：法律文本、法律实施与未来走向》，《法学》2018 年第 11 期。

周刚志：《部门宪法释义学刍议》，《法学评论》2010 年第 3 期。

周骁然：《体系化与科学化：环境法法典化目的的二元塑造》，《法制与社会发展》2020 年第 6 期。

周叶中：《关于中国共产党党内法规建设的思考》，《法学论坛》2011 年第 4 期。

朱福惠：《"五四宪法"与国家机关体系的形成与创新》，《中国法学》2014 年第 4 期。

竺效、丁霖：《绿色发展理念与环境立法创新》，《法治与社会发展》2016 年第 2 期。

竺效：《论中国环境法基本原则的立法发展与再发展》，《华东政法大学学报》2014 年第 3 期。

竺效：《论环境侵权原因行为的立法拓展》，《中国法学》2015 年第 2 期。

竺效：《环境法典编纂结构模式之比较研究》，《当代法学》2021 年第 6 期。

四　外文文献

Akill Reed Amar, *The Bill of Right*, Yale University Press, 1999.

Alexander M. Bickel. *The Least Dangerous Branch*：*The Supreme Court at the Bar of Politics*, Yale University Press, 1986.

Almaden, Catherine Roween C., "Management Regimes of River Basin Organisations," *Environmental Policy and Law*, 2015（3/4）.

Andrew Dobson, *Citizenship and the Environment*, Oxford University Press, 2003.

Andrew Dobson, *Justice and the Environment*, Oxford University Press, 1998.

Benjamin J. Richardson, "The Emerging Age of Ecological Restoration Law, Review of European," *Comparative & International Environmental Law*, 2016 (3).

Edinburgh, *Media Regulation*, *Public Interest*, *and the Law*, Edinburgh University Press, 1999.

G. W. Paton, *A Textbook of Jurisprudence*, Oxford University Press, 1972.

Henrik Josefsson, "Achieving Ecological Objectives," *Laws*, 2012 (1).

James Michael Acheson, Julianna Acheson, "Maine Iand: Private Property and Hunting Commons," *International Journal of the Commons*, 2010 (1).

John Barry, "Resistance is Fertile: From Environmental to Sustainability Citizen-ship," Andrew Dobson and Derek Bell (eds.). *Environ-mental Citizenship*. Cambridge: MIT Press, 2006.

Leonor Moral Soriano, "A Modest Notion of Coherence in Legal Reasoning. A Model for the European Court of Justice," *Ratio Juris*, Vol. 16, No. 3, September 2003.

Marc D. Davidson, "Intergenerational Justice: How Reasonable Man Discount Climate Damage," *Sustainability*, 2012 (1).

Matt McDonald, "Climate Change and Security: Towards Ecological Security?" *International Theory*, 2018 (2).

Muhammed Siddik Abdul Samad, George K., Babu J. Alappat, "Environmental Forensics in India-Four Years after the National Green Tribunal Act, 2010," *Procedia Environmental Sciences*, 2015 (2).

R. Alexy, *The Argument from Injustice—A Reply to Legal Positivism*, Trans by B. L. Paulson and S. L. Paulson. Oxford: Claren-don Press, 2002.

Rangreji, Luther, "'The Future We Want' -Reflections on the 'Sustainable De-velopment'," *Paradigm*, *Environmental Policy and Law*, 2013 (6).

Scott D, Willits FK, "Environmental Attitudes and Behaviors: A Pennsylvania Survey," *Environment and Behavior*, 1994.

Shi-Ling Hsu, "Introduction: Environmental Law Without Congress," *Journal of Land Use & Environmental Law*, 2014 (1).

Syrvey, *Critique and Prosposals for Reform: Environmental Bill of Rights*. UMI Company, 1997.

The Oxford Dictionary of Philosophy, Oxford University Press, 1994.

后　记

在这本专著《宪法生态文明的中国建构》即将付梓之际，我心中充满了无限的感慨与感激。这不仅是对我多年来学术探索的一次总结，更是对我国生态文明建设法治化进程的一次深情回望。

十多年前，当我在中国人民大学法学院攻读博士学位时，我的学位论文便以"作为基本权利的环境权研究"为题，初步涉足了宪法与环境权的交叉领域。那时的我，怀揣着对环境保护的朴素情感与对宪法理论的深切热爱，试图通过环境权在两者之间架起一座沟通的桥梁。然而，那时的中国，生态文明建设尚处于起步阶段，宪法中的环境条款亦显单薄，我的研究虽充满热情，却也难免稍显稚嫩。

党的十八大以来，随着生态文明建设被提升至前所未有的战略高度，一系列顶层设计相继出台，为我国的生态文明建设指明了方向。2018年3月修宪，生态文明更是被庄严写入宪法，这一历史性的决策不仅为我国的生态文明建设提供了坚实的宪法保障，也为我个人的学术研究指明了新的方向。我深感责任重大，于是，围绕中国宪法的环境观及其规范表达、宪法环境条款的规范构造与实施路径、环境何以权利之体论、公民环境义务的宪法表达、生态文明入宪与宪法环境条款体系的完善、生态文明入宪视域下生态安全法治保障体系的建构、新时代地方政府生态义务的宪法规范诠释与实践供给等议题，我发表了系列论文，试图从理论与实践两个层面，对生态文明入宪的深远意义进行深刻剖析。

2019年7月，我有幸获批立项国家社科基金一般项目"生态文明入宪研究"（19BFX158）。在四年的研究过程中，基于"宪法生态文明的中国建构"

这一时代命题，我深入挖掘宪法文本与环境法律规范的内在联系，系统探究了宪法生态文明条款的体系性宪法功能及其对生态环境法典编纂的制度化依据、生态环境法典编纂的宪法根据及合宪性控制、宪法生态文明条款与环境法律规范的体系融贯、环境法体系合宪性审查的原理与机制、生态文明建设地方立法的融贯特色及体系构建、新时代中国生态宪法学的体系建构等重要的理论和实践问题。同时，我还关注了民法典中绿色原则的宪法根据及分层实施、新时代黄河流域生态保护和高质量发展的生态法治保障、完善野生动物保护立法的宪法依据、人与自然和谐共生的中国式现代化之法治体系与方略、面向人与自然和谐共生的环境党内法规的治理逻辑、人类命运共同体视域下全球环境治理的制度更新及完善等前沿问题，力求为我国生态文明建设的法治化进程贡献绵薄之力。该项目于 2023 年 9 月以优秀等次顺利结项，这既是对我过去努力的肯定，也是对未来研究的鞭策。

在此，我要衷心感谢各位师长和领导，是你们的悉心指导与无私提携，让我得以在宪法学与环境法学的交叉领域深耕细作，不断取得新的突破；感谢各位学界同仁，是你们的宝贵建议与热情支持，让我的研究之路不再孤单，充满了前行的力量；感谢我指导的各位博士研究生、硕士研究生，是你们的勤奋参与和积极探索，为我的研究注入了新的活力与灵感；感谢众多核心期刊编辑对我系列论文的青睐与采用，正是有了你们的慧眼与耕耘，学术的花园才得以繁花似锦，生机勃勃；此外，我还要特别感谢社会科学文献出版社的编辑老师，是你们的辛勤付出与精心打磨，让这部专著得以顺利出版，呈现在广大读者面前。

我深知，学术研究永无止境，错漏在所难免。这部专著虽是我多年心血的结晶，但其中定有不足之处，甚至可能存在谬误。因此，我恳请学界同仁与广大读者不吝赐教，批评指正。您的每一条建议，都将是我未来研究的重要参考与宝贵财富。

展望未来，我将继续秉持对宪法与生态文明理念的敬畏之心，深化研究，拓展视野，为我国生态文明建设的法治化进程贡献自己的力量。愿这部专著能够成为促进我国生态文明建设的一股涓涓细流，汇聚成共同守护美丽中国和地球家园的磅礴力量。

图书在版编目（CIP）数据

宪法生态文明的中国建构／张震著 . -- 北京：社
会科学文献出版社，2025.3. --（西南政法大学新时代
法学理论研究丛书）. -- ISBN 978-7-5228-4638-5

Ⅰ. D921.04

中国国家版本馆 CIP 数据核字第 2025YH0133 号

西南政法大学新时代法学理论研究丛书
宪法生态文明的中国建构

著　　者／张　震

出 版 人／冀祥德
责任编辑／易　卉
责任印制／岳　阳

出　　版／社会科学文献出版社·法治分社（010）59367161
　　　　　　地址：北京市北三环中路甲 29 号院华龙大厦　邮编：100029
　　　　　　网址：www.ssap.com.cn
发　　行／社会科学文献出版社（010）59367028
印　　装／三河市龙林印务有限公司

规　　格／开　本：787mm×1092mm　1/16
　　　　　　印　张：25.5　字　数：385 千字
版　　次／2025 年 3 月第 1 版　2025 年 3 月第 1 次印刷
书　　号／ISBN 978-7-5228-4638-5
定　　价／158.00 元

读者服务电话：4008918866

Ⓐ 版权所有 翻印必究